le rendez-vous

manqué

DÉJÀ PARUS

Pierre Anctil
« Le Devoir », les Juifs et l'immigration.
De Bourassa à Laurendeau.
IQRC, 1988, 170 pages.

Pierre Anctil et Gary Caldwell
Juifs et réalités juives au Québec.
IQRC, 1984, 371 pages.

Les Juifs de Montréal
face au Québec de
l'entre-deux-guerres

Pierre Anctil

le rendez-vous

manqué

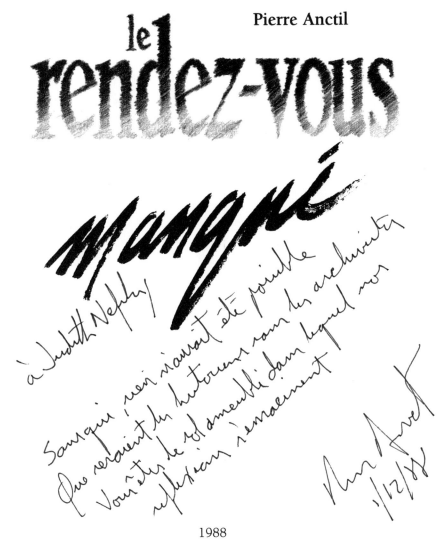

1988

INSTITUT QUÉBÉCOIS DE RECHERCHE SUR LA CULTURE

Données de catalogage avant publication (Canada)

Anctil, Pierre, 1952-

    Le rendez-vous manqué : les Juifs de Montréal face au Québec de l'entre-deux-guerres.

    Comprend un index.
    Bibliogr. : p.

    ISBN 2-89224-112-X

    1. Juifs — Québec (Province) — Montréal — Histoire — 20ᵉ siècle. 2. Antisémitisme — Québec (Province) — Histoire — 20ᵉ siècle. 3. Étudiants juifs — Québec (Province) — Montréal — Histoire — 20ᵉ siècle. I. Institut québécois de recherche sur la culture. II. Titre.

FC2947.9.J5A52 1988   305.8'924'0714281   C88-096580-0
F1055.J5A52 1988

Conception graphique de la couverture : Norman Dupuis

ISBN 2-89224-112-X
Dépôt légal, 3ᵉ trimestre 1988 — Bibliothèque nationale du Québec
© Tous droits réservés

Distribution :
Diffusion Prologue Inc.
2975, rue Sartelon, Ville Saint-Laurent
Québec H4R 1E6 — (514) 332-5860

Institut québécois de recherche sur la culture
14, rue Haldimand, Québec GlR 4N4 — (418) 643-4695

À mes parents et grands-parents,
qui m'inspirèrent
un esprit de tolérance et d'accueil
envers autrui.

Remerciements

Même signé par un seul auteur, un livre reste un ouvrage collectif. Au cours de ma démarche de recherche et d'écriture, j'ai reçu l'appui de plusieurs personnes, chacune contribuant par sa part d'encouragement et de compétence à la construction de l'édifice. J'aimerais d'abord mentionner le nom de Rona Donefer, qui contribua de manière décisive à l'élaboration des chapitres 2, 3 et 4. Ma gratitude va aussi à David Rome et à Judith Nefsky, qui m'ouvrirent généreusement les Archives du Congrès juif canadien. Méritent aussi une mention de reconnaissance, Anne Bourassa qui me donna accès aux archives privées de son père et Danielle Saint-Hilaire de l'Institut d'histoire de l'Amérique française, à Outremont.

Je tiens aussi à souligner l'apport de Zachary Baker et du personnel de la Bibliothèque publique juive de Montréal, qui ne ménagèrent aucun effort pour m'initier à la documentation juive pertinente. Il me paraît impossible de passer sous silence la contribution de Meir Ifergan, mon professeur d'hébreu, et de Lieb Tencer, Ruth Wisse et Eugene Orenstein de l'Université McGill, qui eurent la patience de m'enseigner pendant quatre ans la langue et la littérature yiddish. Un mot de remerciement également à Denise Helly de l'IQRC et Ira Robinson de l'Université Concordia, qui lurent les premiers ce manuscrit, et à Robert Harney, Hesh Troper et Morton Weinfeld qui firent beaucoup pour me convaincre de poursuivre dans la direction que je m'étais initialement fixée.

Table des matières

---

* Il s'agit de la devise du Congrès juif canadien fondé en 1934 : *El ha'emes ve'el ha'din ve'el ha'chalom.*

Liste des tableaux, carte et graphique

13

Carte

Graphique

Liste des illustrations

Liste des sigles

AANB	Acte de l'Amérique du Nord britannique
ACJC	Association catholique de la jeunesse canadienne-française
ACJCM	Archives du Congrès juif canadien, Montréal
AGEUM	Association générale des étudiants de l'Université de Montréal
AMU	Archives de McGill University
ANQ	Archives nationales du Québec
ANQM	Archives nationales du Québec à Montréal
APC	Archives publiques du Canada, Ottawa
APJ	Archives provinciales des Jésuites, Saint-Hippolyte
AUL-MPSQ	Archives de l'Université Laval, Musée du Petit Séminaire de Québec
AUM	Archives de l'Université de Montréal
CJC	Congrès juif canadien
GRC	Gendarmerie royale du Canada
JCC	Jewish Community Council
JEC	Jewish Education Committee
JIAS	Jewish Immigrant Aid Society of Canada
SSJB	Société Saint-Jean-Baptiste

Glossaire

aliyah   Terme hébreu signifiant « montée », « progression » ou « cheminement ». Désigne généralement dans le contexte politique juif moderne l'immigration vers la Palestine juive, et après 1948, l'État d'Israël.

Ashkénaze   Terme désignant dans la littérature hébraïque une région de peuplement juif centré en Allemagne, au Moyen Âge, autour de la vallée du Rhin, et qui donna naissance au début de l'ère moderne aux populations juives d'Europe de l'Est. Par extension, désigne également l'ensemble des traits culturels, religieux et linguistiques propres à la culture juive du centre et de l'est de l'Europe.

beys din   Littéralement : « maison du jugement ». Une cour de justice ecclésiastique chargée de l'exécution des questions relatives à la loi mosaïque.

beys médresh Littéralement : « maison d'études », soit un lieu communautaire où sont abordées et discutées, dans la tradition ashkénaze, les questions pertinentes à la loi juive.

bund	Désigne un parti politique juif fondé en Russie en 1897 et de tendance socialiste. Il défendit l'idée d'un nationalisme séculier juif enracinée en Europe de l'Est, et se dévoua à la perpétuation de la culture et de la langue yiddish. Ses adeptes sont appelés bundistes.
Eretz-Isræl	Littéralement : « Terre d'Israël ». Zone d'occupation juive au Moyen-Orient telle que délimitée lors de la période biblique.
goy	Terme d'origine biblique et désignant dans la langue yiddish un non-Juif.
goyim	Forme plurielle de *goy*.
halakha	Terme hébreu qui désigne dans le judaïsme tout ce qui concerne l'aspect légal de la tradition.
kacher	Adjectif qui désigne dans la religion juive les aliments propres à la consommation.
kachrout	Terme qui englobe l'ensemble des lois juives concernant la préparation et la consommation de la nourriture.
khadorim	Forme plurielle de *khéder*.
khéder	École juive traditionnelle où sont enseignés aux jeunes enfants les rudiments du judaïsme. Ce terme ne s'emploie que dans le cadre du courant culturel ashkénaze.
khutspah	Mot hébreu signifiant « audace sans limite », et couramment employé en yiddish pour décrire le comportement des personnes agissant sans retenue ni gêne.

Kol Nidre	Une partie du rituel employé lors de *Yom Kipour* et déclarant nuls et non avenus les promesses et vœux faits inconsidérément durant l'année précédente. Les antisémites considérèrent souvent ce geste comme la base de pratiques déloyales juives en matière d'éthique commerciale.
Kristallnacht	Terme d'origine allemande employé pour désigner les événements violents qui eurent lieu en Allemagne et en Autriche dans la nuit du 9 au 10 novembre 1938, au cours de laquelle plus d'une trentaine de Juifs perdirent la vie et plusieurs centaines de propriétés juives furent détruites, dont un grand nombre de synagogues.
mélamdim	Forme plurielle de *mélamed*.
mélamed	Enseignant dans une école juive traditionnelle en Europe de l'Est (*khéder*).
mitnagdisme	Mouvement qui se développa en Europe de l'Est à la fin du XVIIIe siècle, en réaction au hassidisme, et qui mit en valeur les aspects traditionnels de la pensée rabbinique ashkénaze. Les *Mitnagdim* privilégiaient l'étude du Talmud.
pogromchtchik	Personne se rendant coupable, lors d'un pogrom, d'exactions et de violence envers la population juive. Terme yiddish d'origine slave.
pogromchtchikes	Forme plurielle de *pogromchtchik*.
shékhita	Rituel d'abattage des animaux, telle que prescrit par la loi juive.

shokhet	Fonctionnaire religieux chargé de l'abattage des animaux.
shul	Maison de prière ou synagogue. Terme propre à la tradition ashkénaze.
Talmud	Nom donné à deux ouvrages composés entre la fin du IIIe siècle et le VIe siècle de l'ère chrétienne, et qui contiennent des discussions légales et une exégèse des textes bibliques du point de vue de la loi mosaïque. Ces livres, particulièrement le Talmud composé à Babylone, formèrent en Europe de l'Est et ailleurs dans la diaspora la base de la tradition religieuse juive.
Tora	Le pentateuque et par extension le corps de doctrine qu'il renferme.
Va'ad Ha'ir	Fondé d'abord comme une première ébauche de structure communautaire intéressée à tous les aspects de la vie juive à Montréal, il est aujourd'hui surtout chargé de veiller à la stricte application des préceptes de la loi juive. En hébreu, le terme signifie littéralement «comité de la ville».
yéshiva	Institution traditionnelle juive d'enseignement supérieur, centrée sur l'étude du Talmud.
Yom Kipour	Littéralement: «jour du pardon». Fête la plus importante du calendrier religieux juif, marquée par un jeûne complet, pour l'expiation des fautes de l'année écoulée.

Liminaire

Contrairement à des pays comme l'Allemagne, la France et la Pologne, où la question juive fut à l'époque moderne au cœur du débat concernant l'émergence de l'État-nation et le traitement accordé aux minorités, au Canada, les Juifs ne furent pas au centre de l'opinion publique. Tandis qu'en Europe du Nord les populations juives, établies depuis un millénaire, soulevaient par leur présence des problèmes de fond dont les répercussions politiques étaient profondes, au sein de l'ensemble canadien il pouvait sembler facile d'oublier au tournant du siècle la présence toute récente de quelques dizaines de milliers d'immigrants juifs, pour la plupart bloqués au bas de l'échelle sociale dans des emplois peu rémunérateurs. Certes, la société canadienne a pu être méfiante face aux nouveaux venus et les repousser souvent en marge de son économie, que ces nouveaux venus soient juifs ou d'autres origines. Mais, les Juifs n'attirèrent pas au Canada, comme au temps de l'affaire Dreyfus en France ou plus tard dans l'Allemagne hitlérienne, une attention hors de toute commune mesure avec leur nombre ou leur influence véritable, au point d'attiser les passions partisanes et les haines raciales.

Cependant, le Canada du XXe siècle, généralement indifférent face à la minorité juive, ne vécut pas de la même manière d'un océan à l'autre l'établissement au pays des Juifs européens. Dans une région en particulier et au sein d'une des deux principales communautés linguistiques, la migration juive eut une résonance qu'il

Le cas
du Québec

convient de traiter à part, comme un sujet en soi. Chez les francophones catholiques du Québec et du Canada, les Juifs soulevèrent certaines réactions étrangères aux anglophones protestants, héritiers d'une tradition sociopolitique tout autre. Binational et biculturel, du moins dans l'esprit de ses citoyens de langue française, l'État canadien né de la Confédération de 1867 reposait sur une certaine autonomie des gouvernements provinciaux, dont un, celui du Québec, représentait la majorité des Canadiens français. Au sein de cet ensemble politique régional que beaucoup de nationalistes francophones considérèrent comme le centre de leur nationalité, émergea une identité culturelle autonome, et qui reposait essentiellement sur les valeurs éthiques de la foi catholique, l'usage quotidien de la langue française et une certaine expérience de la ruralité.

Dans la société québécoise francophone, au sein de laquelle s'était tissé un réseau d'institutions basé sur son identité franco-catholique dans son sens le plus strict, l'arrivée à la fin du XIXe siècle d'une vague d'immigrants juifs est-européens marqua un tournant. Certes, les conséquences de la Conquête de 1763 ont été radicales pour les francophones installés sur le continent depuis plus de cent cinquante ans. Toutefois, les conquérants avaient installé chez les habitants de leur colonie un régime gouvernemental parlementaire à leur image. Après un siècle de colonisation, les Canadiens français avaient fini par s'accomoder tant bien que mal de la tutelle anglaise. Les Juifs participaient d'une autre tradition politique. De plus, les nouveaux arrivés appartenaient à un courant spirituel, le judaïsme, souvent perçu comme radicalement éloigné du christianisme, et donc en contradiction avec un volet fondamental du référent identitaire canadien-français.

Dès l'abord, les Juifs furent perçus par les francophones comme porteurs d'une altérité irréductible, comme les héritiers de croyances et de pratiques inconciliables avec les fondements de la société canadienne, et particulièrement dans le domaine propre à la juridiction provinciale québécoise. En soi, il eût été possible à la fin du XIXe siècle de démontrer qu'il n'en était rien et que, comme toutes les populations immigrantes de la même période, les Juifs est-européens ne demandaient pas mieux que de se fondre à l'ensemble canadien, surtout dans les sphères économique et politique. Malgré cela, et parce que ces Juifs yiddishophones formaient au Québec la première collectivité immigrante porteuse d'une tradition spirituelle non chrétienne, à cette époque d'équivalence de langue française et foi catholique, ils furent désignés comme marginaux à tous les points de vue ou, pire, susceptibles de menacer un équilibre démographique franco-britannique déjà considéré par les francophones comme fragile.

Cette perception négative demeura relativement inopérante jusqu'à la fin de la Première Guerre mondiale, quand deux facteurs nouveaux contribuèrent à fixer cette image du Juif inassimilable et inapte à contribuer au développement de la société québécoise. Les années vingt virent la montée d'une première génération de Juifs, nés au Canada et aspirant à une certaine mobilité sociale, justement dans les secteurs susceptibles d'attirer la classe moyenne francophone, tels le petit commerce et les professions libérales. Cette mobilité se produisit alors que l'économie canadienne entamait un long déclin, du reste mondial mais qui exacerba la compétition dans un marché restreint, où le petit boutiquier juif pouvait faire figure de rival. L'entre-deux-guerres

Aux méfiances d'ordre culturel, dues à l'isolement au sein d'une société d'inspiration chrétienne d'une population de quelques milliers de Juifs, et dont il ne s'était pas trouvé d'équivalent jusque-là, s'ajoutèrent après 1920 des facteurs purement économiques qui, réunis aux premiers, firent que cette minorité acquit une visibilité démesurée. Les francophones furent tentés de désigner à l'opprobre général la communauté juive, et même tous les immigrants, et à les tenir partiellement responsables du chômage généralisé qui prévalait. Cette perception, souvent vague mais bien réelle, se retrouve par exemple dans un passage de la correspondance du poète Charles Gill, daté de 1911 : Le rôle de l'économie

> Tout à l'heure, je descendais la rue St-Laurent — que tu connais — quand j'apperçus [sic], regardant des cravates dans une vitrine, [le poète] Ferland. [...] Le soleil se couchait, dans une poussière d'or passait la foule cosmopolite. Ce soleil au couchant, cette rue que j'avais vue il y a vingt ans toute française, l'agonie de ce noble et fier poète [Ferland], cette foule composée de races hostiles à

notre étoile, la diversité des langages, notre race représentée là surtout par ses prostituées de douze ans et ses
jeunes ivrognes, tout cela me frappa. Nous étions demeurés près de la vitrine ; j'attirai Ferland jusqu'au bord
du large trottoir ; d'un geste je lui montrai le soleil et de
l'autre la foule : « Regardez, Ferland ! lui dis-je, regardez
mourir le Canada français !! (Gill, 1969 : 27-28)

Les Juifs
pris à partie

Les Juifs de Montréal devinrent entre les deux
guerres mondiales, bien malgré eux, la cible privilégiée
de certains mouvements de revendication des canadiens-
français, et une aulne à partir de laquelle mesurer la
situation des francophones, confrontés à des conditions
économiques critiques. Cette centralité de la question
juive, telle que proclamée par des activistes et des idéologues de l'époque, mérite en soi d'être expliquée et décrite, ce que cet ouvrage s'attache à faire à partir du cas
précis de l'admission des étudiants juifs à l'Université
McGill et à l'Université de Montréal, de la crise des écoles
juives et des positions de personnalités du courant nationaliste franco-catholique. Il y a plus cependant. Parce qu'il
s'agit d'un groupe à part aux points de vue culturel et
religieux, les Juifs et les réactions qu'ils provoquèrent
donnent l'occasion de mesurer la perception des Canadiens français de l'altérité culturelle, et ultimement permettent de comprendre comment s'autodéfinissait dans la
période des années trente la collectivité francophone. La
rencontre avec l'autre, dans le cas québécois étudié, ne
produit pas seulement un sentiment de rejet et de crainte,
mais aussi offre la possibilité de se mesurer à soi-même,
de préciser des limites identitaires peut-être restées
floues en d'autres circonstances moins exigeantes et surtout moins dramatiques.

La peur
du modernisme

La rencontre judéo-catholique du début du siècle à
Montréal, qu'une crise économique devait rendre encore
plus problématique une génération plus tard, mérite une
attention particulière. L'exemplarité de la problématique
juive nous mène en fait au cœur même de la question
nationale, comme nous le verrons dans le cas du quotidien *Le Devoir** et de ses principaux artisans, et fait aussi
ressortir chez les principaux intellectuels du temps leur
dépendance à des modèles de société et des systèmes de

---

* Pierre Anctil, «*Le Devoir*», *les Juifs et l'immigration*. Québec, IQRC, 1988.
170 pages.

pensée européens, autant dans la sphère politique que religieuse, alors que l'ensemble de l'économie montréalaise basculait dans l'orbite de la nord-américanité. Le Juif porta donc sur lui, pendant un court moment et chez une collectivité francophone encore à peine extirpée d'un XIXᵉ siècle dominé par la ruralité et un relatif isolement culturel, l'odieux d'une prise de conscience particulièrement pénible au Canada français, à savoir que l'heure de l'industrialisation et du cosmopolitisme urbain avait sonné et, partant, celle de la pénétration d'influences exogènes, radicalement inédites et jusque-là perçues comme néfastes. Une certaine intelligentsia franco-québécoise jugea que, à cette aube nouvelle et menaçante de la modernisation, l'arrivée des Juifs à Montréal représentait un signe avant-coureur, sinon un sinistre présage des bouleversements à venir.

L'ouvrage que voici appartient donc pleinement au champ des études québécoises, tant parce qu'il traite du peuple francophone canadien et de son histoire comme société d'accueil, que parce que les Juifs dont il est question ici vécurent tous à Montréal et ont été partie intégrante de la société du Québec. Nous n'avons pas voulu aborder ici la question du judaïsme lui-même et de ses racines spirituelles millénaires. Nous importaient surtout l'histoire moderne du peuple juif et le processus de sa migration en Amérique du Nord, depuis les bourgades juives de Pologne et de Russie jusqu'aux grandes villes du Canada et des États-Unis. Aussi avons-nous privilégié lors de cette étude le concept de judéité, c'est-à-dire cet ensemble de comportements, de valeurs culturelles et de pratiques qui identifie le Juif autant face à lui-même qu'à l'extérieur de sa communauté. Il nous a donc fallu, pour mener à bien notre projet, franchir une frontière culturelle bien précise et tenter non seulement de voir comment ont été décrits et compris par les chrétiens d'ici le judaïsme et ses adhérents, mais aussi comment la communauté juive elle-même a répondu à cette image et a tenté de la modifier pour l'adapter à notre réalité sociologique et culturelle. Comment le Juif a-t-il réagi au regard puis au discours dont il fut l'objet dans les années 1930? Comment a-t-il réussi à s'en détacher?

Notre méthode de travail est empruntée à celle de l'historien d'aujourd'hui, concernant une collectivité en

Juifs
québécois

Histoire
et anthropologie

27

particulier et une période précise de son évolution. Le déchiffrement de la question juive au Québec a exigé des recherches dans plusieurs fonds d'archives et le dépouillement de publications littéraires et journalistiques contemporaines de la période visée ou s'y référant. Le Juif, par contre, apparaît le plus souvent au travers de cette littérature comme un être déformé, dont certains traits sont grossis et exagérés et les autres passés sous silence. Comment se fier aux textes issus du milieu francophone, sinon pour dresser un catalogue de représentations plus ou moins significatives? Au-delà d'un ethnocentrisme trompeur, il fallait pénétrer la culture et l'histoire juives de l'intérieur dans sa rationalité, dans ses propres termes, sans l'interférence d'une autre tradition religieuse. Cet effort de recul critique vis-à-vis de l'autre, dans un contexte historique précis, commandait l'approche de l'ethnologie: apprentissage des langues d'origine, recul conscient. Il nous fut nécessaire de mettre à contribution une forme de ce savoir qui, loin d'être incompatible avec la démarche proprement historique, la rend au contraire opérante quand il s'agit de la rencontre de cultures différentes.

L'antisémitisme   Restait un dernier point, celui de définir le concept qui, dans le cas des relations judéo-chrétiennes, résume à lui seul les réactions ethnocentriques plus ou moins manifestes à l'endroit des Juifs: l'antisémitisme. L'histoire de ce rendez-vous obligé à Montréal des francophones et des immigrants juifs d'Europe de l'Est, a souvent été résumée par ce mot chargé d'émotivité et dont les significations concrètes plus ou moins péjoratives demeurent complexes. Nous avons cru utile pour éclairer notre lecteur, de donner de l'antisémitisme une définition concise, applicable à la période contemporaine, soit depuis l'apparition du terme lui-même en Allemagne en 1879. D'après Ben Halpern, le phénomène de l'antisémitisme n'apparaît généralement pas seul, mais à l'intérieur d'un continuum dont un pôle demeure la tolérance face aux Juifs, reliée à une seule et même perception traditionnelle (Halpern, 1981). Il n'y a pas, à proprement parler, de distinction très nette entre, d'une part, ce que croient les antisémites et, d'autre part, l'indifférence relative des gens face au judaïsme. Ce qui sépare les deux groupes reste l'étendue et l'intensité de la réaction des individus confrontés à une présence juive. Un antisémite doit être défini comme celui qui, même sans association avec d'autres personnes, fait de son hostilité à l'endroit du Juif la principale et souvent l'unique rationalité de sa pensée politique et sociale. Les antisémites demeurent convaincus que le «Juif» menace fondamentalement la société, et ne peuvent tolérer de le côtoyer à quelque niveau que ce soit, même symboliquement. Les autres acteurs sociaux, même s'ils entretiennent une opinion quelconque au sujet du judaïsme, ont si peu l'occasion de s'en soucier que, à toutes fins utiles ils comptent le plus souvent pour peu dans le débat concernant les Juifs.

Peu de gens au Québec, même dans la période de l'entre-deux-guerres, se méritèrent explicitement le qualificatif d'antisémites. Nous étudierons dans un autre volume, à partir de Henri Bourassa et d'André Laurendeau, le cas des intellectuels francophones et des institutions et mouvements à l'intérieur desquels ils œuvrèrent. Ils eurent tendance à aborder la question juive d'une manière oblique, le plus souvent à l'occasion d'événements précis ou de crises ponctuelles. Pour la plupart des penseurs catholiques québécois, les Juifs ne formaient qu'un élément secondaire d'une toile de fond où entraient en ligne de compte la domination économique du Québec par des intérêts étrangers, l'anglicisation des masses et la paupérisation des régions rurales. Certes, les Juifs n'eurent pas bonne presse dans les milieux nationalistes francophones, c'est-à-dire qui défendaient l'affirmation du fait français, mais le plus souvent on se contenta de les houspiller de loin, répétant à gauche et à droite sur le ton d'une récitation bien apprise les lieux communs du folklore antisémite occidental. Montréal constitua un cadre particulier, comme le lecteur pourra le constater dans les chapitres portant sur la crise des écoles juives, le Congrès juif canadien et les racines religieuses de l'antisémitisme au Québec. Dans l'esprit des leaders de la communauté juive québécoise, l'hostilité des francophones catholiques à leur présence dans la métropole constitua au cours des années trente un obstacle qui menaçait à brève échéance le développement du judaïsme au pays. En ce sens, la période que ce livre aborde peut être considérée comme une sorde de ligne de partage des eaux où les Juifs de Montréal s'orientent résolument vers une rupture avec le milieu francophone et ses aspirations identitaires.

Une retenue oblique

29

1.
Montréal en 1932, vue du Mont-Royal vers le sud. *Archives de la ville de Montréal*.

PREMIÈRE PARTIE

Tentatives de mobilité sociale

2.
Inauguré en 1930, le nouveau pont, vers la rive sud, est officiellement nommé «Jacques-Cartier» en 1934, à l'occasion du 400ᵉ anniversaire de la découverte du site de Montréal par l'explorateur français du même nom. *Archives de la ville de Montréal, Z-168-2.*

3.
Le port de Montréal à la fin des années 1930, avec en arrière plan son entrepôt frigorifique. *Archives de la ville de Montréal, Z-168-1.*

1

La communauté juive
de Montréal :
statut socio-économique
pendant l'entre-deux-guerres

Qui étaient ces immigrants juifs du Montréal de l'entre-deux guerres et quelles étaient leurs particularités culturelles et socio-économiques ? La question a son importance car maintes considérations sociologiques et théoriques contenues dans cet ouvrage, et relatives à la situation des Juifs dans le Québec des années trente et leur place dans l'histoire québécoise en général, découleront pour une part de ces incidences géographiques, démographiques et économiques. Récemment installée au pays, la communauté juive dut subir au long de la période qui nous intéresse des contraintes sérieuses, qui influencèrent la perception que les francophones et les anglophones développèrent à son égard, et qui conférèrent aux Juifs de Montréal et du Québec une visibilité troublante et propice aux malentendus de tous ordres.

Les Juifs présentaient une première particularité dans le contexte québécois : ils formèrent dès le début de leur immigration une population essentiellement urbaine[1]. 96,5 % d'entre eux résidaient en 1931 dans la région métropolitaine de Montréal, surtout dans la municipalité de Montréal. On les retrouvait aussi, mais en nombre beaucoup plus limité, dans les villes voisines

Des citadins

33

TABLEAU 1

Nombre et pourcentage de Juifs dans certaines municipalités de la région métropolitaine de Montréal 1921-1931

	1921		1931	
	Nombre	**%**	**Nombre**	**%**
Montréal	42 817	6,7	48 724	5,9
Outremont	1 195	9	6 783	23,7
Westmount	1 002	5,7	1 780	7,3
Verdun	149	0,6	344	0,6
Lachine	536	3,5	266	1,4
Longueuil	40	0,9	21	0,4
Dorval	4	0,3	19	0,9
La Salle	9	1,2	16	0,7
Montréal-Ouest	25	1,3	15	0,5
Saint-Lambert	—ᵃ	—	15	0,2
Mont-Royal	1	0,6	4	0,2
Saint-Pierre	7	0,2	7	—
Montréal-Est	—	—	2	—
Saint-Jean-de-Dieu	2	0,1	1	—
Côte-Saint-Luc	10	2,7	—	—
Pointe-aux-Trembles	5	0,3	—	—
Total	**45 802**	**6,1**	**57 997**	**5,8**

a) Dans les cas où aucun pourcentage n'apparaît, cela signifie que dans cette municipalité les Juifs formaient moins de 0,1 % de la population totale.
Source: Rosenberg, 1939, Tableau 19, p. 31.

d'Outremont et de Westmount (Tableau 1). À cette concentration fort importante, s'ajoutait en plus à Montréal en 1931 une répartition des immigrants juifs dans seulement 4 des 35 quartiers montréalais. Ainsi retrouvait-on entassés sur une superficie fort restreinte certes les trois quarts des Juifs habitant le Québec. Très minoritaires ailleurs au Québec, les Juifs formaient à Montréal au début des années trente la majorité de la population des quartiers Saint-Louis et Laurier, et plus du tiers des quartiers Saint-Michel et Saint-Jean-Baptiste, où ils côtoyaient à l'est de forts noyaux francophones et à l'ouest une masse anglophone (Tableau 2). Cette enclave juive, qu'on pouvait traverser à pied en moins d'une heure et où étaient regroupées les institutions communautaires du réseau institutionnel juif de la ville, était située dans le couloir traditionnel des immigrants, à partir des quais et allant vers le nord suivant un front étroit le long des rues Saint-Urbain et Clark, du boulevard Saint-Laurent et de l'avenue du Parc en bordure du mont Royal. Cette zone d'occupation s'arrêtait à la hauteur de la rue Jean-Talon, soit à la limite du peuplement urbain à cette époque. Dans cette mince bande s'établirent à la première génération la majorité des immigrants qu'accueillit Montréal, depuis la fin du XIXe siècle jusqu'à aujourd'hui, lieu où ils formèrent bientôt la majorité des habitants. Les Juifs y côtoyaient les Italiens de la première vague et les populations d'origine slave ou allemande de la ville[2].

Depuis le tournant du siècle, les Juifs formaient la principale communauté ethnique de Montréal, suivis des Italiens (Linteau, 1982). En 1938, ils étaient près de 50 000 et comptaient pour 5,9 % des habitants de la ville. Dans l'ensemble de la province, ils représentaient une collectivité culturelle négligeable et seulement 2,09 % de la population (Tableau 3). À l'échelle canadienne, cependant, les Juifs de la région de Montréal comptaient pour une force considérable puisqu'ils constituaient la plus ancienne communauté du pays, la mieux établie économiquement, et la plus importante numériquement (60 000 âmes), devançant ainsi en 1931 celles de Toronto (45 000 âmes) et de Winnipeg (17 000 âmes). Aussi depuis le début du siècle, les Juifs de Montréal donnaient-ils le ton à l'effort organisationnel consenti par leur communauté à travers le pays; souvent, leurs embarras, leurs difficultés, face surtout à l'antisémitisme montréalais, étaient répercutés et discutés dans les autres centres juifs du Canada. En ce sens, à l'époque que nous étudions, le Juif montréalais demeurait le paradigme de la judéité canadienne en devenir, et sur lui se fondaient les espoirs de progression socio-économique et d'intégration à la société entière : nul n'était mieux placé que lui au pays pour briser le cercle d'isolement et d'infériorité dans lequel se débattaient la masse de ses coreligionnaires.

Géographiquement très concentrée, la communauté juive de Montréal demeurait aussi en ces années 1900-1930 une collectivité d'immigrants récents, assez peu intégrés sur le plan économique et social à leur pays d'accueil (Szacka, 1984b). En 1931, moins de la moitié des Juifs du Québec étaient nés au Canada, soit 44,67 % d'entre eux et tout près de 20 % avaient encore le statut de

Le Juif montréalais

Une immigration récente

35

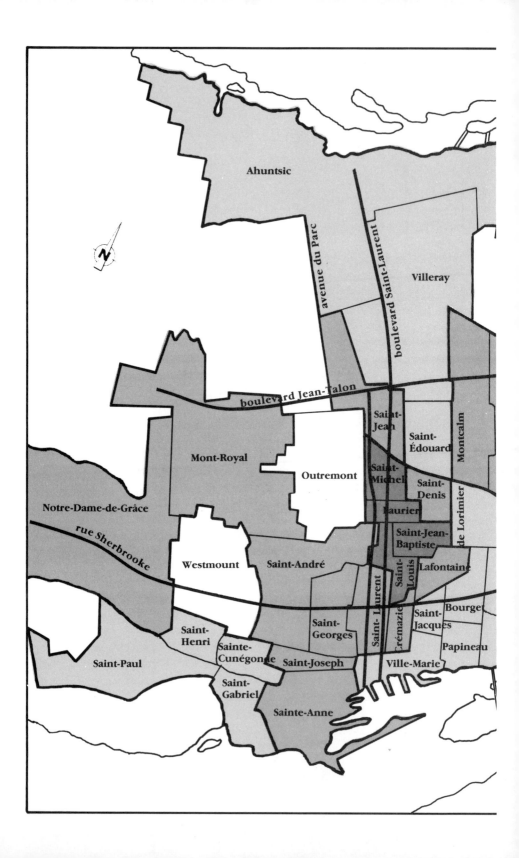

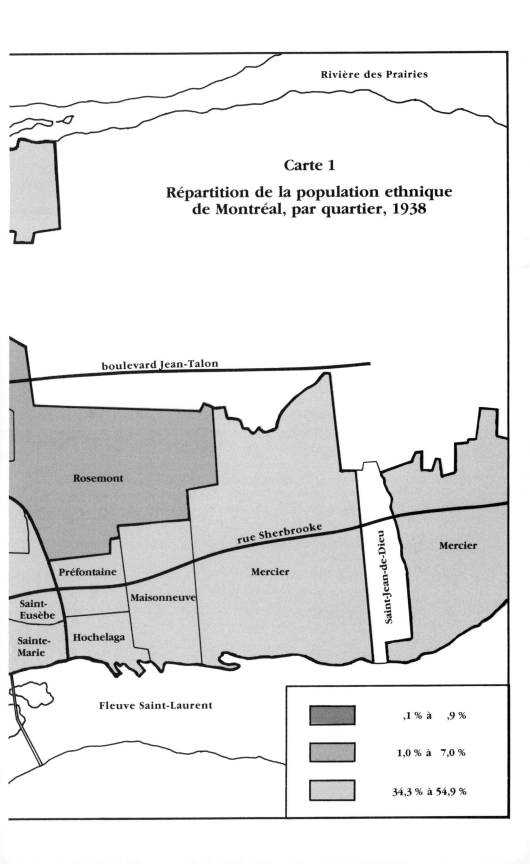

Rivière des Prairies

Carte 1

Répartition de la population ethnique
de Montréal, par quartier, 1938

boulevard Jean-Talon

Rosemont

rue Sherbrooke

Préfontaine

Mercier

Saint-Jean-de-Dieu

Mercier

Saint-
Eusèbe

Maisonneuve

Sainte-
Marie

Hochelaga

Fleuve Saint-Laurent

	,1 % à ,9 %
	1,0 % à 7,0 %
	34,3 % à 54,9 %

TABLEAU 2

Répartition en pourcentage de la population de Montréal, par quartier et par origine ethnique, 1938

Quartier	Juifs	Personnes d'origine française	Personnes d'origine britannique
Saint-Louis	54,9	21,5	5,4
Laurier	51,0	38,1	7,7
Saint-Michel	38,6	25,3	33,0
Saint-Jean-Baptiste	34,3	58,3	3,6
Notre-Dame-de-Grâce	7,0	17,7	70,3
Saint-Laurent	6,6	25,8	40,1
Montcalm	4,7	69,7	12,3
Crémazie	3,5	47,9	6,0
Lafontaine	3,5	84,0	7,2
Saint-André	2,8	22,9	65,8
Mont-Royal	2,7	41,9	51,1
Saint-Jean	2,3	67,7	10,9
Saint-Georges	2,3	17,3	67,0
Saint-Joseph	1,4	41,7	34,4
Saint-Denis	1,3	86,6	9,0
Sainte-Anne	1,3	37,2	42,3
Rosemont	1,0	66,2	26,6
Sainte-Cunégonde	0,9	72,8	22,8
Saint-Édouard	0,8	83,0	10,1
Ahuntsic	0,5	81,6	12,8
Papineau	0,5	89,2	7,1
Ville-Marie	0,5	85,0	8,8
Saint-Gabriel	0,4	43,4	47,8
Sainte-Marie	0,4	91,0	3,1
Villeray	0,4	73,9	17,4
Bourget	0,2	93,4	4,3
de Lorimier	0,1	83,2	13,6
Hochelaga	0,1	91,1	7,3
Maisonneuve	0,1	74,7	21,5
Préfontaine	0,1	83,5	11,8
Saint-Eusèbe	0,1	78,0	5,1
Saint-Henri	0,1	84,8	9,0
Saint-Jacques	0,1	90,9	3,2
Saint-Paul	0,1	65,7	23,7
Mercier	—a	77,6	16,6
Total	**5,9**	**63,9**	**21,8**

a) Moins de 0,1 %.

Source : Étude menée par la Commission métropolitaine de Montréal et publiée dans *La Presse*, 11 mars 1938, p. 18.

Tableau 3

**Progression numérique de la population juive
en chiffres absolus et en pourcentage
de la population totale au Canada et au Québec
1901-1941**

| Année | Canada | | Québec | |
	Population juive totale	% de Juifs sur la population totale	Population juive totale	% de Juifs sur la population totale
1901	16 131	0,31	7 607	0,46
1911	75 681	1,05	30 648	1,52
1921	126 196	1,44	47 977	2,03
1931	156 606	1,50	60 087	2,09
1941	170 241	1,47	66 277	1,99

Sources: Rosenberg, 1939, Tableau 27, p. 41; et Canada, recensement 1941.

ressortissants étrangers (Tableau 4). Parmi les nouveaux venus, qui formaient la masse des Juifs montréalais, on note en 1931 surtout des personnes originaires d'Europe de l'Est, dans une proportion de près de 90 %, puis une minorité d'Européens venus de la côte atlantique, à laquelle s'ajoute une poignée de natifs des États-Unis (Tableau 5). Les Juifs émigrés depuis la traditionnelle zone de résidence obligatoire[3] de l'Empire russe dominaient le paysage à Montréal et pas moins de 99,02 % des Juifs résidant au Québec et âgés de plus de dix ans considéraient en 1931 le yiddish[4] comme leur langue maternelle. D'ailleurs, comme les chiffres l'indiquent très clairement, la communauté juive de Montréal avait dépendu presque entièrement pour son développement, depuis le début du siècle, de l'apport décisif de l'immigration. Au cours de la première décennie du XXe siècle, 68 000 immigrés juifs avaient été admis au Canada et 56 000 étaient demeurés au pays ; entre 1901 et 1910, 5 500 naissances seulement ont été enregistrées chez eux, donnant lieu à un accroissement naturel total d'à peine 3 200 âmes (Tableau 6). Au cours de cette même période, le nombre de Juifs au Canada était passé de 16 000 à près de 76 000, et au Québec de 7 600 à 30 000, soit la plus forte croissance jamais enregistrée par la communauté.

TABLEAU 4

Statut légal des résidents d'origine juive au Canada et au Québec, 1931

Citoyenneté	Canada (%)	Québec (%)
Citoyens du Canada par naissance	43,2	44,7
Citoyens du Canada par naturalisation	36,5	33,1
Citoyens nés en Grande-Bretagne	2,8	1,8
Total des citoyens canadiens	82,5	79,6
Citoyens étrangers	17,5	20,4
Total	**100**	**100**

Source: Rosenberg, 1939, Tableau 153, p. 245.

TABLEAU 5

Lieux de naissance de la population juive au Canada et au Québec, 1931

Pays	Canada (%)	Québec (%)
Canada	**43,85**	**44,67**
Russie	26,05	27,24
Pologne[a]	15,94	10,64
Roumanie	4,87	7,64
États-Unis	2,77	2,34
Grande-Bretagne	2,49	2,10
Autriche	1,71	2,45
Hongrie	0,26	0,32
Allemagne	0,25	0,33
Tchécoslovaquie	0,09	0,08
France	0,07	0,10
Autres pays	1,65	2,09
Total (nés à l'étranger)	**56,15**	**55,33**

a) Il s'agit ici de la Pologne telle que créée en 1918. Avant cette date, les Juifs polonais étaient pour une majorité considérés comme sujets russes, et pour une minorité comme sujets autrichiens.

Source: Rosenberg, 1939, Tableau 55, p. 78.

Une arrivée aussi soudaine que massive n'a pas manqué d'attirer l'attention des médias et des politiciens, alors que s'amorçait en 1911 une décennie de forte croissance. Cependant, la décennie des années vingt devait sonner le glas pour l'ensemble juif canadien d'une époque sans précédent de croissance démographique due à l'immigration. De 1921 à 1931, le nombre d'immigrants installés à demeure avait presque égalé l'excédent des naissances sur les décès, soit plus de 17 000 contre près de 13 000. Mais, le bilan des années trente au Canada fut négatif pour la communauté juive : plus de Juifs quittèrent le Canada, la plupart vers les États-Unis, que les autorités n'en laissèrent entrer au pays. Entre 1931 et 1941, le peuplement juif ne s'accrut que de 14 000 âmes au Canada et de 6 000 âmes au Québec, tandis que la proportion relative des Juifs diminuait pour la première fois depuis le milieu du XIXe siècle dans les deux cas[5] (Choinière, 1980).

Une arrivée soudaine

Les Juifs québécois demeurèrent donc, durant l'entre-deux-guerres, un groupe stagnant sur le plan démographique, mais encore fortement marqué par l'expérience de l'émigration et soumis à un nécessaire processus d'adaptation à la société canadienne. La communauté juive de Montréal vécut au cours des années trente une période transitoire relativement pénible, où ses membres purent entrevoir la possibilité d'échapper aux privations et à l'enfermement culturel des premières années de leur établissement au pays, mais sans y parvenir, notamment parce qu'une crise économique sévère leur bloquait la voie. On peut lire un indice de cette évolution, par exemple dans le fait que, massivement yiddishophones, les Juifs canadiens âgés de 10 ans et plus avaient tout de même adopté en 1931 l'anglais comme langue d'usage dans une proportion de 98,6 %[6]. Toutefois, malgré leur commune origine judaïque une grande diversité de sous-cultures subsistait chez les Juifs montréalais et canadiens et produisait un effet centrifuge au sein de la communauté, ralentissant d'autant les efforts d'unification entrepris par une certaine élite juive et entravant l'intégration de la masse aux institutions dominantes du pays. Bien peu de similitudes par exemple, unissent les Juifs britanniques arrivés à Montréal au début et au milieu du XIXe siècle formant déjà une classe économiquement supérieure, et

Une communauté divisée

41

TABLEAU 6

Croissance de la population juive au Canada selon l'immigration et l'accroissement naturel
1901-1938

Années	Immigration	Émigration	Bilan d'immigration	Naissances	Décès	Accroissement naturel[a]	Accroissement total	Population totale
1901								16 401
1901-02	1 244	—	1 244	225	95	130	1 374	17 785
1902-03	2 534	—	2 534	244	104	140	2 674	20 459
1903-04	4 578	8	4 570	280	118	162	4 732	25 181
1904-05	9 427	11	9 416	345	146	199	9 615	34 796
1905-06	9 067	429	8 638	477	201	276	8 914	43 710
1906-07	9 882	1 818	8 064	602	254	348	8 412	52 122
1907-08	11 849	2 393	9 456	719	304	415	9 871	61 993
1908-09	4 702	2 780	1 922	857	363	494	2 416	64 409
1909-10	6 164	2 262	3 902	889	376	513	4 415	68 824
1910-11	8 729	2 420	6 309	950	402	548	6 857	75 681
Total: 1901-11	68 176	12 121	56 055	5 588	2 363	3 225	59 280	
1911-12	9 099	1 896	7 203	1 037	439	598	7 801	83 482
1912-13	11 624	1 467	10 157	1 144	484	660	10 817	94 299
1913-14	18 031	2 559	15 472	1 292	547	745	16 217	110 516
1914-15	7 677	3 404	4 273	1 514	641	873	5 146	115 662
1915-16	6 539	6 450	89	1 584	671	913	1 002	116 664
1916-17	6 533	6 347	186	1 598	679	919	1 105	117 769
1917-18	1 311	1 099	212	1 613	683	930	1 142	118 911
1918-19	2 316	2 114	202	1 629	690	939	1 141	120 052
1919-20	3 785	3 326	459	1 645	696	949	1 408	121 460
1920-21	7 045	3 269	3 776	1 664	704	960	4 736	126 196
Total: 1911-21	73 960	31 931	42 029	14 720	6 234	8 486	50 515	

1921-22	8 454	2 134	6 320	1 792	681	1 111	7 431	133 627
1922-23	2 843	4 856	2 013[b]	1 897	722	1 175	838[b]	132 789
1923-24	4 305	7 920	3 615[b]	1 886	717	1 169	2 446[b]	130 343
1924-25	4 509	3 268	1 241	1 851	704	1 147	2 388	132 731
1925-26	3 637	931	2 706	2 043	580	1 463	4 169	136 900
1926-27	4 863	1 268	3 595	1 958	638	1 320	4 915	141 815
1927-28	4 766	1 761	3 005	2 142	689	1 453	4 458	146 273
1928-29	3 848	1 629	2 219	2 181	775	1 406	3 625	149 898
1929-30	4 164	1 624	2 540	2 194	873	1 321	3 861	153 759
1930-31	3 421	1 704	1 717	2 160	910	1 250	2 967	156 726
Total: 1921-31	44 810	27 095	17 715	20 104	7 289	12 815	30 530	
1931-32	649	472	177	2 188	932	1 256	1 433	158 159
1932-33	772	491	281	2 117	959	1 158	1 439	159 598
1933-34	943	571	372	2 092	975	1 117	1 489	161 087
1934-35	624	751	127[b]	2 155	1 020	1 135	1 008	162 095
1935-36	880	769	111	2 132	1 042	1 090	1 201	163 296
1936-37	619	917	298[b]	2 130	1 050	1 080	782	164 078
1937-38	584	1 183	599[b]	2 130	1 050	1 080	481	164 559
Total: 1931-38	5 071	5 154	83[b]	14 944	7 028	7 916	7 833	
Total: 1901-38	192 017	76 301	115 716	55 358	22 914	32 442	148 158	

a) Avant 1921 au Canada, et avant 1926 au Québec, il n'existe pas de statistiques précises des naissances et des décès chez la population d'origine juive.

b) Il s'agit d'années où le bilan migratoire est négatif et parfois d'un accroissement démographique négatif.

Source: Rosenberg, 1939, Tableau 101, p. 150.

4.
En plein cœur du quartier immigrant juif de Montréal, en 1932, un garçonnet se tient à l'intersection du boulevard Saint-Laurent et de l'avenue des Pins. La caméra pointe vers le nord, découvrant l'artère commerciale telle que les Juifs la connurent entre les deux guerres. À droite de la photo, partiellement masquée par un poteau électrique, une affiche en langue yiddish. *Archives de la ville de Montréal, Z-13.*

5.
Les affiches en caractères hébraïques n'étaient pas rares sur le boulevard Saint-Laurent. En 1934, au nord de la rue Anne-Marie, un commerçant annonce en langue yiddish des services auxquels les immigrants avaient souvent recours: vente de billets pour traversées transocéaniques et échange de monnaies étrangères. Au deuxième étage, une synagogue s'identifie sous le nom de «tséiré das ve daas». *Archives de la ville de Montréal.*

6.
La rue Craig en 1926, photographiée vers l'ouest depuis la rue Bleury, aujourd'hui appelée Saint-Antoine, marquait la limite sud du quartier immigrant de Montréal. *Archives de la ville de Montréal, Z-468.*

7.
Les conséquences de la crise boursière de 1929 ne se firent pas attendre à Montréal. En 1930, des indigents font la queue devant le refuge Meurling, rue Champ-de-Mars. *Archives de la ville de Montréal, Z-35.*

les nouveaux arrivants en provenance de Russie ou de Pologne. Même parmi les yiddishophones, de subtiles différences linguistiques et culturelles étaient la cause de clivages et de morcellements. Sur le plan idéologique, de violents remous secouaient parfois la collectivité juive, opposant patrons et employés, Juifs sécularisés et pratiquants orthodoxes, tenants du nationalisme et partisans du socialisme ou du communisme (Szacka, 1984c). Perçue de l'extérieur, la communauté juive de l'entre-deux-guerres pouvait apparaître homogène et ses membres solidaires, mais d'un autre point de vue, rarement celui d'un observateur impartial, elle subissait les tensions nées de la présence en son sein de multiples origines culturelles et socio-politiques.

La crise économique

Dans ce climat d'affrontement idéologique, les Juifs de Montréal eurent à subir, comme l'ensemble de la population canadienne d'ailleurs, les effets de la Grande Dépression : « Le Juif, au Canada n'est pas à l'abri des effets des tendances sociales et économiques qui touchent tous les Canadiens, quelle que soit leur origine »* (Rosenberg, 1939 : 151). Si une période de prospérité et de politiques d'immigration tolérantes avait permis l'établissement au tout début du XXᵉ siècle d'une communauté juive d'une certaine importance numérique, un climat économique défavorable la frappait alors qu'elle avait à peine entrepris son ascension sociale. Malgré tout, d'après Louis Rosenberg du moins, les Juifs abordèrent la période de l'entre-deux-guerres en meilleure posture que les autres collectivités immigrantes car ils comptaient dans leurs rangs relativement plus d'employés de bureaux, plus de travailleurs dans les usines et les commerces et moins dans le secteur tertiaire du service domestique (Household Services). La répartition occupationnelle de la collectivité juive était chez les groupes d'immigrants celle qui ressemblait le plus au modèle des majorités francophone et anglophone, notamment par sa proportion plus élevée de cols blancs et son nombre plus faible de travailleurs non spécialisés. De plus, chez les Juifs, les propriétaires fonciers ou de moyens de production étaient surtout des petits entrepreneurs et des petits commerçants, plutôt que des agricul-

---

* Les citations suivies d'une astérisque ont été traduites de l'anglais par monsieur Robert Paré.

Tableau 7

**Pourcentage comparé de la distribution des emplois au Canada
pour les individus des deux sexes et âgés de plus de 10 ans
selon l'origine ethnique, 1931**

Secteur d'activité économique	Population totale	Origine française	Origine britannique	Origine juive
Secteur primaire	32,62	31,97	28,73	1,37
Secteur manufacturier	11,27	12,33	11,33	29,62
Travail manuel non spécialisé	11,12	14,11	8,22	2,67
Hôtellerie et restauration	8,52	8,87	7,77	3,44
Commerce et mise en marché	7,99	6,86	9,03	35,93
Transports et communication	6,77	6,31	7,94	2,83
Emplois de bureau	6,14	4,06	8,58	10,16
Professions libérales	6,08	6,23	7,42	5,06
Construction	5,17	6,02	5,47	3,20
Entreposage	0,89	0,57	1,23	1,21
Énergie et électricité	0,83	0,59	1,09	0,04
Administration publique	0,80	0,73	1,10	0,09
Assurance et secteur immobilier	0,66	0,51	0,89	1,17
Buanderie, blanchisserie et teinturerie	0,57	0,50	0,33	2,48
Finance	0,28	0,15	0,41	0,21
Divertissement et sports	0,25	0,14	0,24	0,48
Autres activités	0,04	0,05	0,05	0,04

Source: Rosenberg, 1939, Tableau 107, p. 158.

teurs, comme c'était le cas en 1931 chez la majorité des nouvelles communautés culturelles établies au Canada (Tableaux 7 et 8).

Au Canada et à Montréal, les Juifs se retrouvaient pour la période qui nous intéresse dans deux secteurs d'activité économique : celui du commerce ou de la mise en marché et celui des manufactures, si bien que deux Juifs sur trois y travaillaient en 1931. Dans ces deux domaines, ils restaient nettement surreprésentés par rapport aux francophones et aux anglophones, alors qu'ils étaient absents ou presque de l'agriculture, de la production minière ou forestière, soit du secteur primaire qui absorbait au Canada à l'époque environ le tiers des travailleurs. À Montréal, en 1931, 44,25 % des personnes actives d'origine juive et âgées de plus de 10 ans exerçaient leur activité dans le secteur général du commerce, de la mise en marché et des affaires, et 31,03 % à celui du commerce seulement. Près de 24,69 % de la population juive travaillait dans le seul commerce de détail[7]. À la concentration

Commerçants et ouvriers

TABLEAU 8

Pourcentage des Juifs engagés
dans certains secteurs d'activité économique
par rapport à l'ensemble de la population juive
et par rapport à l'ensemble de la population
au Canada, au Québec et à Montréal, 1931

Secteur d'activité économique	Canada		Québec		Montréal	
	Juifs	Popu-lation totale	Juifs	Popu-lation totale	Juifs	Popu-lation totale
Commerce et mise en marché	35,93	7,99	33,16	8,14	31,03	11,81
Secteur manufacturier	29,62	11,27	32,27	13,81	34,98	18,95
Emplois de bureau	10,16	6,14	11,41	6,33	10,82	10,73
Professions libérales	5,06	6,08	4,78	7,04	4,25	7,06
Hôtellerie et restauration	3,44	8,52	3,67	9,45	3,47	11,32
Construction	3,20	5,17	3,00	6,15	3,30	8,86
Transports et communications	2,83	6,77	3,03	6,46	3,37	9,24
Travail manuel non spécialisé	2,67	11,12	2,41	13,70	2,72	15,12
Buanderie, blanchis-serie et teinturerie	2,48	0,57	2,69	0,69	3,10	1,27
Secteur primaire	1,37	32,62	0,38	25,00	0,06	0,60
Entreposage	1,21	0,89	1,32	0,73	1,38	1,42
Assurance et secteur immobilier	1,17	0,66	1,30	0,66	1,02	0,96
Divertissement et sports	0,48	0,25	0,25	0,16	0,22	0,28
Finance	0,21	0,28	0,19	0,25	0,14	0,35
Administration publique	0,10	0,80	0,07	0,76	0,05	1,25
Énergie et électricité	0,04	0,83	0,06	0,63	0,05	0,72
Autres activités	0,03	0,04	0,01	0,04	0,04	0,06

Source: Rosenberg, 1939, Tableau 108, p. 160.

juive à Montréal se superposait ainsi une densité d'occupation dans certains secteurs de l'économie, qui comme la
première peut s'avérer trompeuse. Certes, une masse de
Juifs travaillaient dans la vente au détail, mais l'empile-
ment juif dans les quartiers Saint-Louis et Laurier était
plutôt dû à la pauvreté et au manque de ressources, et le
marchand juif moyen au cours des années trente restait un
petit propriétaire, travaillant lui-même dans sa boutique,
secondé par les membres de sa famille ou par un ou deux
employés au plus. À cette époque, on ne rencontrait aucun
Juif parmi les directeurs des grands magasins, où à des
postes de gestion et de décision dans le secteur industriel.

Les Juifs s'étaient lancés dans le commerce, au Canada comme ailleurs, pour deux raisons fondamentales. D'abord, parce que souvent ils avaient une connaissance des langues nationales et des coutumes et mœurs des divers peuples parmi lesquels ils avaient vécu en Europe de l'Est, ce qui joua à leur avantage dans l'Ouest canadien où ces peuples s'établirent. De plus, contrairement à une opinion très répandue, ce secteur était moins compétitif et plus facile d'accès :

> Si les Juifs, au Canada, ont pénétré les différentes branches du commerce, ce n'est pas par quelque besoin intérieur ou préférence particulière, mais parce que... la concentration de la propriété et de la direction, dans le commerce au détail, avait pris du retard sur cette même tendance dans l'industrie lourde, avant 1921, de sorte que la boutique de vente au détail semblait offrir au Juif ayant relativement peu de capital la possibilité de se libérer de la peur du chômage et de devenir son propre employeur. (Rosenberg, 1939 : 183).*

La crise des années trente avait bien sûr affecté ce secteur autant que d'autres ; en 1931, rapporte Rosenberg, la tendance au sein de la communauté juive canadienne était à l'abandon des petites entreprises familiales en faveur du travail salarié dans des commerces de plus grande échelle, qui n'étaient pas dans la plupart des cas entre leurs mains. Disparaissait ainsi d'année en année du milieu québécois, au cours de cette période, et par suite de conditions économiques défavorables, cette figure si répandue dans les campagnes et les quartiers ouvriers francophones du *peddler* juif qui, tenant un petit magasin en un lieu précis, battait les chemins jusqu'aux endroits les plus reculés pour offrir ses marchandises. C'est d'ailleurs sous cette figure typée du vendeur itinérant ou du boutiquier de quartier que continuera de se présenter dans la culture québécoise francophone, longtemps après sa disparition quasi complète, le modèle même de l'immigrant juif.

Le déclin du *peddler* juif

Dans le secteur manufacturier qui, à Montréal en 1931, employait 35 % de la population juive active, la concentration s'avérait encore plus marquée. Parmi les Juifs qui y détenaient des emplois, 75,72 % étaient engagés dans le seul secteur du textile et de la confection[8]. Si l'on inclut dans ce calcul toutes les industries reliées de près ou de loin au vêtement, comme celle de la fourrure et du cuir, le pourcentage des Juifs engagés dans le créneau de

L'industrie du vêtement

l'habillement grimpe à près de 80 % à Montréal, ce qui ne laisse que des miettes à la présence juive au sein des autres industries. Or, en 1931, le vêtement ne constituait que 30 % du secteur secondaire à Montréal, même s'il occupait le premier rang parmi les entreprises à main-d'œuvre intensive et à faible capitalisation. Dans le prêt-à-porter féminin particulièrement, 60 % des travailleurs étaient d'origine juive, et 53,9 % dans son équivalent masculin, deux sous-branches où les petits propriétaires juifs formaient la masse du patronat, où les salaires étaient bas, les conditions de travail déplorables et les conflits de travail fréquents. Une telle densité juive dans un même secteur dit « mou » de production met en lumière la fragilité des bases économiques de la communauté juive immigrante à Montréal entre les deux guerres. Une importante proportion de la main-d'œuvre juive active n'avait pas encore pu pénétrer les secteurs plus rentables de l'activité industrielle, et continuait d'être confinée dans les *sweatshops*, pour la plupart localisés dans le corridor montréalais du boulevard Saint-Laurent.

Espoirs de mobilité sociale   La situation restait d'autant plus précaire que, depuis les années vingt, le patronat juif avait eu tendance à remplacer ses travailleurs juifs, surtout des hommes, par des jeunes femmes immigrantes d'autres origines, ou par des francophones issues des milieux ruraux, et ce, pour mettre un frein à la menace de la syndicalisation et diminuer la masse salariale. Une mécanisation accrue et la concentration progressive du capital contribuaient également à augmenter la taille des unités de production, et donc à réduire le nombre de personnes employées. Entre 1921 et 1931, on observa donc un déplacement progressif de la main-d'œuvre juive masculine et féminine vers les secteurs de l'imprimerie et des produits du métal qui seuls pratiquement pouvaient les accueillir, surtout à cause de la similitude des processus de production[9]. Cette contraction des secteurs manufacturiers d'embauche traditionnellement juifs à Montréal et l'essoufflement manifeste du petit commerce de détail, dû à la crise économique, allaient provoquer une réorientation des aspirations d'ordre économique des immigrants juifs, qui voyaient ainsi fondre leurs débouchés et se fermer leurs domaines-refuges. Un choix s'offrait toutefois aux Juifs de Montréal au cours de l'entre-deux-guerres, celui de pénétrer des domaines d'activité plus spécialisés, mieux rémunérés et surtout demandant peu d'investissement en capital. En somme, il s'agissait pour eux de tenter de se rapprocher un peu plus de la grille occupationnelle des deux groupes majoritaires à Montréal, et donc de quitter progressivement les ghettos où ils avaient été jusque-là confinés. Population essentiellement urbaine, les Juifs pouvaient difficilement songer à des activités dites primaires, comme l'agriculture ou les pêcheries; ils tentèrent plutôt de se frayer un chemin dans les bureaux d'affaires, le transport où ils étaient nettement sous-représentés, et surtout dans les professions libérales.

Cette tendance de la communauté juive de Montréal se manifesta dès la fin de la Première Guerre mondiale. Cet effort de mobilité sociale qui l'accompagna constitue l'arrière-plan de toutes les considérations sociologiques et idéologiques qu sont au cœur de cet ouvrage. Ce déplacement socio-économique des Juifs des créneaux où ils n'étaient en concurrence qu'avec eux-mêmes, vers des secteurs d'activité massivement investis par l'une et l'autre des majorités ethnolinguistiques de Montréal, stimulera en fait au sein des populations de vieille souche un sentiment d'assiègement et de menace parfois grossièrement exagéré et propice à la dissémination de thèses antisémites. La crise économique, dont les effets seront aussi très marquants au sein de la classe ouvrière et de la petite bourgeoisie francophone, ne fera de surcroît qu'accentuer de part et d'autre de la barrière ethnique la volonté de s'accaparer les meilleurs emplois et les clientèles les plus rentables, provoquant dans une économie en contraction accélérée une sorte de sur-concurrence dans les secteurs professionnels et des services. Dans une société montréalaise déjà fort marquée par le conflit entre francophones et anglophones, et où des secteurs complets d'activité avaient été monopolisés par les collectivités majoritaires, telles la finance par des anglophones et l'administration publique par les francophones, l'arrivée des Juifs, même en nombre très restreint, constituait un phénomène inédit et provocant qui ne pouvait passer inaperçu. Dans ces conditions particulières à l'entre-deux-guerres, la visibilité de la communauté juive à Montréal eut tendance à s'amplifier prodigieusement, stimulant les velléités, parfois latentes et parfois manifestes au sein de la majorité, d'exclusivisme ethnique. Le choc sera d'autant

Sur le devant de la scène

51

plus violent au cours des années trente que seuls les Juifs, parmi tous les groupes immigrants installés à Montréal ou au Québec, étaient alors en mesure d'entreprendre cette lente ascension sociale, appuyés qu'ils étaient par une certaine masse démographique et par une expérience historique des milieux urbains. Presque toujours, au cours de cette période, quand un immigrant accédera à un statut économique supérieur, ce sera sous la figure d'un Juif est-européen de deuxième génération.

L'attrait des professions libérales — Au cours des années trente, un secteur précis subira la pression de la montée sociale juive, celui des professions libérales. Au Canada en 1931, 6,08 % de la population active totale occupait un emploi dans ce domaine contre 5,06 % des membres de la communauté juive. Au Québec, et plus précisément à Montréal, l'écart entre cette proportion et celle des Juifs au sein des professions libérales était plus élevé, soit 7,04 % et 4,78 % respectivement dans la province, et 7,06 % et 4,25 % dans la métropole. Voilà bien en effet un domaine d'activité que les Juifs pouvaient espérer pénétrer, d'abord parce que souvent le professionnel est son propre employeur et qu'il n'a qu'un minimum de capital à investir au départ, mais surtout parce que les jeunes de la communauté juive n'étaient pas rebutés par les longues études que ce choix impliquait. En Europe de l'Est les Juifs avaient quasi partout formé dans leur patrie d'adoption la collectivité la plus instruite, et de loin ; ici au Canada, ils jouissaient parmi les groupes d'immigrants d'un des taux d'alphabétisation les plus élevés[10]. Dans ces conditions, décider au Canada de prendre la voie des professions libérales pouvait sembler un chemin tracé à l'avance, n'eussent été l'encombrement déjà marqué de ce domaine et les barrières élevées par les différentes corporations et associations professionnelles. Un obstacle demeurait cependant, presque infranchissable pour les immigrants eux-mêmes, mais que les Juifs nés au pays avaient déjà commencé à lever dès le début du siècle: celui de la langue de travail et du système de valeurs associé au capitalisme libéral nord-américain.

Une progression inégale — Déjà en 1931, les Juifs de Montréal avaient effectué de remarquables percées dans certaines professions libérales, telles que le droit et le notariat, la médecine et la pratique dentaire, où ils étaient légèrement surreprésentés (Tableau 9). Au Québec, en 1931, les professionnels de ce type formaient au sein de la communauté juive une proportion deux fois plus élevée que les membres de toutes ces professions réunies au sein de la masse québécoise en général, soit 2,11 % contre 0,96 %, proportion qui diminuait à 1,80 % contre 1,28 % si l'on ne tenait compte que de l'agglomération montréalaise. Cette année-là, Montréal comptait 97 médecins, 73 avocats et notaires et 47 dentistes d'origine juive, soit un nombre en forte progression depuis le début du siècle (Tableau 10). Dans des professions moins réglementées, mais aussi moins rémunérées et par définition plus liées à la transmission des acquis linguistiques, culturels et religieux, comme le professorat et le service hospitalier, les Juifs accusaient un retard marqué. Il aurait fallu multiplier par deux en 1931 le nombre de Juifs dans l'enseignement primaire et secondaire, par huit celui des infirmières graduées et par seize celui des professeurs de collège, pour que leur proportion par rapport au total des emplois détenus dans la communauté soit égale à la moyenne provinciale. En 1931 à Montréal, dans les carrières scientifiques, les diverses branches du génie en passant par la chimie et le dessin industriel, les Juifs n'étaient guère présents. De même dans le secteur de la finance et, à plus forte raison, dans les grandes banques à charte du pays, la présence juive était infime, contrairement à toutes les avancées des antisémites : en 1931, un seul Juif sur 500 au Canada pouvait prétendre avoir quelque lien que ce soit avec une quelconque activité bancaire. Ainsi, en 1937, d'après le *Canadian Directory of Directors* publié par le *Financial Post*, sur 4 670 directeurs occupant au pays 12 350 charges administratives privées, seuls 44 étaient juifs, soit moins de 1 %, alors que la communauté juive représentait environ 1,5 % de la population totale d'un océan à l'autre[11]. Entre 1900 et 1940, aucun Juif n'avait siégé au Canada sur le conseil d'administration d'une grande banque ou d'une compagnie de fiducie canadienne, ou encore d'une compagnie importante de téléphone, de pâtes et papier ou d'électricité.

Le déplacement timidement amorcé, entre les deux guerres, des Juifs vers les professions libérales et les emplois de cols blancs à Montréal, pouvait difficilement laisser indifférentes les élites établies des deux groupes linguistiques, d'autant plus que ce déplacement était d'an-

La réplique antisémite

53

née en année devenu plus visible même s'il ne concernait qu'un petit nombre de personnes. Sous divers déguisements idéologiques, dont celui de l'antisémitisme le plus classique, mais aussi par le biais des divers nationalismes et du cléricalisme protestant ou ultramontain, les bourgeoisies francophone et anglophone tentèrent, chacune à leur manière, et à des degrés divers, de barrer la route aux Juifs qui cherchaient une voie d'accès aux professions libérales. Si les simplifications les plus étonnantes concernant le caractère racial et culturel des Juifs, sinon des inventions pures et simples, ont parfois suffi à remuer l'imagination des foules et à susciter dans la masse la crainte des petits marchands itinérants d'origine étrangère, il en allait tout autrement dans la fraction instruite, particulièrement dans les cercles intellectuels et universitaires, par où devaient nécessairement transiter les aspirants à la mobilité sociale. Pour devenir, qui médecin, qui avocat, les membres de la communauté juive devaient à tout prix passer par le creuset d'une formation universi-

Tableau 9

**Pourcentage de Juifs des deux sexes
engagés dans certaines professions libérales
par rapport à l'ensemble de la population
au Canada, au Québec et à Montréal, 1931**

Secteur d'activité économique	Canada		Québec		Montréal	
	Juifs	Population totale	Juifs	Population totale	Juifs	Population totale
Musiciens et professeurs de musique	0,57	0,22	0,59	0,20	0,54	0,31
Avocats et notaires	0,57	0,21	0,47	0,23	0,35	0,35
Médecins et chirurgiens	0,55	0,25	0,59	0,27	0,47	0,34
Dentistes	0,25	0,13	0,26	0,08	0,23	0,13
Photographes	0,15	0,07	0,15	0,07	0,16	0,12
Opticiens	0,05	0,02	0,02	0,02	0,03	0,03
Architectes	0,03	0,03	0,01	0,04	—	0,06
Professeurs de danse et d'éducation physique	0,03	0,02	0,02	0,02	0,01	0,03
Ostéopathes et chiropraticiens	—	0,01	—	0,01	—	—
Vétérinaires	—	0,03	—	0,02	—	0,01
Total : professionnels non salariés	2,21	0,99	2,11	0,96	1,80	1,28

Tableau 9 (suite)

**Pourcentage de Juifs des deux sexes
engagés dans certaines professions libérales
par rapport à l'ensemble de la population
au Canada, au Québec et à Montréal, 1931**

Secteur d'activité économique	Canada		Québec		Montréal	
	Juifs	Population totale	Juifs	Population totale	Juifs	Population totale
Professeurs	1,18	2,11	0,94	2,55	0,89	2,19
Rabbins ou fonctionnaires religieux	0,47	0,64	0,42	1,09	0,43	0,83
Comptables et vérificateurs	0,32	0,50	0,47	0,63	0,40	0,64
Artistes et professeurs d'art	0,09	0,07	0,08	0,07	0,08	0,13
Infirmières graduées	0,09	0,52	0,08	0,43	0,08	0,66
Infirmières en formation	0,07	0,29	0,02	0,18	0,03	0,31
Chimistes et métallurgistes	0,08	0,08	0,08	0,10	0,04	0,13
Auteurs, éditeurs et journalistes	0,08	0,08	0,08	0,08	0,09	0,13
Dessinateurs industriels	0,08	0,12	0,09	0,14	0,09	0,22
Travailleurs sociaux	0,06	0,03	0,08	0,02	0,04	0,04
Ingénieurs civils et arpenteurs	0,05	0,19	0,06	0,20	0,04	0,26
Ingénieurs en électricité	0,04	0,10	0,04	0,12	0,03	0,18
Professionnels de la santé	0,04	0,04	0,02	0,02	0,02	0,04
Ingénieurs miniers	0,03	0,04	0,03	0,03	0,03	0,03
Ingénieurs en mécanique	0,02	0,07	0,02	0,14	0,02	0,14
Professeurs et principaux de collège	0,02	0,08	0,02	0,18	0,01	0,16
Bibliothécaires	0,01	0,02	0,02	0,02	0,03	0,03
Administrateurs de syndicat	0,01	0,01	—	—	—	—
Professionnels dans des services bénévoles	—	0,01	—	0,01	—	—
Professionnels de l'agriculture	—	0,02	—	0,02	—	—
Juges et magistrats	—	0,01	—	0,01	—	—
Autres professions	0,10	0,06	0,12	0,04	0,10	0,17
Total: professionnels salariés	**2,85**	**5,09**	**2,67**	**6,08**	**2,45**	**5,78**
Total: pour toutes les professions libérales	**5,06**	**6,08**	**4,78**	**7,04**	**4,25**	**7,06**

Source: Rosenberg, 1939, Tableau 123, p. 191.

TABLEAU 10

Répartition et nombre de Juifs dans les corps professionnels, Montréal, 1931

Professionnels	Hommes	Femmes	Total
Professionnels non salariés:			
Musiciens et professeurs de musique	85	27	112
Médecins	96	1	97
Avocats et notaires	73	—	73
Dentistes	47	—	47
Photographes	31	1	32
Opticiens	5	—	5
Professeurs de danse et d'éducation physique	3	—	3
Architecte	1	—	1
Ostéopathe et chiropraticien	1	—	1
Vétérinaire	1	—	1
Total: professionnels non salariés	**343**	**29**	**372**
Professionnels salariés:			
Professeurs	126	60	186
Rabbins et fonctionnaires religieux	90	—	90
Comptables et vérificateurs	77	7	84
Dessinateurs industriels	18	—	18
Auteurs, éditeurs et journalistes	16	1	17
Artistes et professeurs d'art	11	5	16
Infirmières graduées	—	16	16
Chimistes et métallurgistes	8	—	8
Ingénieurs civils et arpenteurs	8	—	8
Travailleurs sociaux	3	5	8
Ingénieurs en électricité	6	—	6
Ingénieurs miniers	6	—	6
Infirmières en formation	—	5	5
Bibliothécaires	2	3	5
Professionnels de la santé	3	1	4
Ingénieurs en mécanique	4	—	4
Professeurs et principaux de collège	2		3
Autres professions	18	5	23
Total: professionnels salariés	**398**	**109**	**507**
Total	**741**	**138**	**879**

Source: Rosenberg, 1939, Tableau 235, p. 370.

taire, seule porte d'entrée au pays vers les professions libérales. C'est donc dans ce milieu minoritaire numériquement, mais tout à fait apte à filtrer l'accès aux professions, que se développa en premier, à Montréal, dès le lendemain de la Première Guerre mondiale, une pensée cohérente sur la gestion de cet empressement juif à monter dans l'échelle sociale.

Notes du chapitre premier

1. En 1931, 99,23 % de la population juive du Québec était urbaine, contre seulement 59,5 % de la population totale du Québec. Depuis 1881, jamais plus de 3,3 % des Juifs québécois n'ont élu domicile dans des zones rurales. Voir Rosenberg, 1939, Tableau 11, p. 23.

2. Le romancier montréalais Mordecai Richler a amplement décrit dans ses romans l'atmosphère qui régnait avant la Deuxième Guerre mondiale dans l'enclave juive du boulevard Saint-Laurent. Voir par exemple *The Street* et *Son of a Smaller Hero*.

3. Sous les gouvernements de Catherine II et d'Alexandre I, au début du XIXe siècle, il fut décidé de restreindre l'accès du territoire russe, pour ce qui est des Juifs, à une zone d'un million de kilomètres carrés comprenant pour l'ensemble les provinces polonaise, du Caucase et de la mer Noire. C'est dans cette zone que se trouvait encore au début du XXe siècle la majorité des Juifs de nationalité russe.

4. Voir Rosenberg, 1939, chapitre XXVII. Le yiddish est une judéo-langue dont la période de formation remonte aux environs de l'an 1000, et qui était encore comprise par la vaste majorité des Juifs est-européens au moment de la période de pointe de l'émigration juive au Canada.

5. Une telle situation d'étranglement de l'immigration juive au Canada fut en grande partie imposée par les politiques discriminatoires du gouvernement fédéral à l'endroit de cette catégorie d'immigrants. Après le milieu des années trente, Ottawa, au grand dam de la communauté juive canadienne, refusa systématiquement d'admettre au pays les immigrants d'origine juive. Voir à ce sujet l'étude d'Irving Abella et Harold Troper, *None Is Too Many*.

6. Rosenberg, 1939, chapitre XXVII. Parmi les groupes immigrants, les Juifs comptaient également en 1931 le plus haut pourcentage de personnes bilingues, c'est-à-dire maîtrisant le français et l'anglais.

7. *Ibid.*, Tableau 119, p. 185.

8. *Ibid.*, Tableau 116, p. 176.

9. *Ibid.*, chapitre XVIII.

10. *Ibid.*, chapitre XXVII.

11. *Ibid.*, chapitre XXII.

8.
Roddick Gates, porte d'entrée de l'Université McGill sur la rue Sherbrooke, vers 1930. À cette époque, le campus de McGill était encore une oasis de verdure en contre-bas du versant sud du Mont-Royal. *Archives de la ville de Montréal, Z-l63-3.*

2

L'Université McGill

Mis à part une minorité de familles aisées, installées à Montréal depuis le milieu du XIXe siècle ou même dès les débuts du régime anglais, la masse des Juifs étaient vers 1910 des immigrants récents, confinés à des quartiers d'habitation spécifiques et à des emplois peu rémunérateurs exercés dans des conditions pénibles (Brown, 1987). Au sein de cette population immigrante encore très attachée aux traditions du judaïsme est-européen et constamment revitalisée par des apports nouveaux des zones d'origines, une première génération née au Canada aspirait à une éducation supérieure susceptible de lui permettre une certaine mobilité sociale. Trouver dans des délais relativement brefs une porte d'entrée à un système d'écoles et d'établissements universitaires créés pour et par une population chrétienne de tradition occidentale, constitua pour la communauté juive une préoccupation majeure tout au long de la première moitiée au XXe siècle. Il lui fallait non seulement s'adapter en terre nord-américaine à un certain modèle d'institutions d'enseignement, ce qui est le lot de toute collectivité immigrante, mais il lui fallait aussi négocier avec elle-même jusqu'à quel point il était souhaitable de pousser l'intégration des enfants juifs. En s'insérant dans le réseau scolaire canadien, les Juifs renonçaient par le fait même à une longue tradition d'éducation basée sur des préalables tout autres.

Remplacer le *khéder* ?

Au débat sur l'admissibilité des Juifs dans le système d'enseignement propre au Québec, et qui se fit sur la place publique dans un certain climat de véhémence, correspondit donc *intra-muros*, entre Juifs eux-mêmes, une autre discussion peut-être encore plus virulente, sur les mérites respectifs de leurs différentes formes d'éducation traditionnelles. Les Juifs d'Europe de l'Est avaient en effet développé au cours des siècles, et souvent en réaction au climat politique et social imposé par les majorités chrétiennes, un système d'éducation autonome imbu des principes de la loi mosaïque dans un contexte culturel et linguistique bien précis. Depuis le *khéder*, sorte d'école de village rudimentaire où les petits enfants apprenaient les fondements du judaïsme, jusqu'à la *yéshiva*, académie de haut savoir talmudique, en passant par des institutions comme le *beys medresh* et la *shul*, ou maisons de prières collectives, l'univers juif d'Europe de l'Est était traversé d'occasions d'étudier la *tora* et ses commentaires traditionnels (Ertel, 1982). Même si une bonne partie des Juifs qui débarquèrent au Canada au tournant du siècle professaient ouvertement avoir abandonné la loi mosaïque au profit d'idéologies plus modernes et peut-être à leurs yeux mieux adaptées à leur double statut d'immigrants et de peuple minoritaire, le système traditionnel d'éducation juif n'avait pas cessé d'être un point de référence explicite par rapport aux institutions d'éducation publiques, ne serait-ce qu'au sujet des méthodes pédagogiques employées et des matières séculières enseignées.

Sur le seuil de l'école québécoise

Deux fronts s'ouvrirent donc dès le début du siècle, quant à la question de l'éducation, entre la société québécoise et le monde immigrant juif de Montréal. Mis à part ce terrain de conflit potentiel à l'intérieur de la communauté juive elle-même, portant sur les institutions qu'elle contrôlait, il s'agissait dans le cas qui nous intéresse de l'école publique primaire et secondaire telle que soutenue par les fonds gouvernementaux, puis de l'université et des institutions d'enseignement supérieur la plupart privées. Même en supposant que la communauté immigrante juive fût en mesure de susciter et de financer à Montréal un réseau d'écoles juives traditionnelles, il était inévitable que les Juifs viennent tôt ou tard frapper à la porte des institutions de la majorité. Forte à Montréal de 7 607 âmes en 1901, comme on l'a vu au chapitre premier, la communauté juive passa dans l'intervalle de dix ans à 30 648 âmes, puis à 47 977 en 1921. La plupart de ces Juifs s'étaient frottés aux diverses idéologies socialistes ou marxistes ayant cours en Europe. Certains, par exemple, s'afficheront *bundistes*, plusieurs travaillistes-sionistes et d'autres professeront être des Juifs pour qui l'attrait de la société occidentale et libérale dépassera leur attachement aux valeurs séculaires de la diaspora est-européenne et pour qui les *mélamdim* et les *khadorim* ne seront que des survivances d'un autre âge. Chez tous, un compromis s'imposait pour que leurs enfants entrent de plain-pied dans les écoles publiques et les universités de la majorité en tant que citoyens canadiens, tout en espérant que soit respecté jusqu'à un certain point leur attachement relatif à la tradition judaïque.

En somme, beaucoup cherchaient pour eux-mêmes, selon l'heureuse expression de Roland Barthes, un degré zéro d'identité qui laisserait subsister du judaïsme et de ses lois ce qui était compatible avec les Lumières et les exigences de l'État moderne, et permettait une mobilité au sein d'une société nord-américaine qui semblait assez peu préoccupée à première vue par l'origine culturelle ou religieuse de ses membres. Un tel équilibre entre les pratiques de la vie privée ou familiale et les conduites publiques et professionnelles, ou aucune des deux sphères n'entrerait en conflit avec l'autre représentait l'idéal inspiré des révolutions européennes que semblait incarner la société nord-américaine au tournant du siècle. La mobilité sociale que supposait une telle adaptation, ignorée des Juifs de l'Europe de l'Est et à peine entrevue en Occident, passait par une éducation séculière moderne, quel qu'en soit le prix quant au maintien des formes traditionnelles du judaïsme. Ce compromis avait été le lot de la plupart des Juifs qui s'étaient illustrés d'une manière ou d'une autre dans la société européenne du XIXe siècle, et dans certain cas avait conduit jusqu'à leur apostasie. Il avait fallu que Alfred Dreyfus entre à l'École de Guerre pour devenir capitaine dans l'armée française, et plus tard vivre ce fameux procès qui devait diviser si profondément la France ; tout comme il fallait bien que

Un compromis honorable

Moses Mendelssohn se familiarise à l'université avec les disciplines profanes, pour aspirer un jour à exercer une quelconque influence sur la philosophie allemande (Bredin, 1983 ; Katz, 1973).

L'université
comme cible
Dans cette fresque historique qui vit en un siècle les Juifs ashkénazes d'Europe de l'Est s'insérer dans la société libérale nord-américaine, le Québec représentait un lieu particulier de par la nature même des institutions d'enseignement qui y avaient été développées depuis la Conquête anglaise de 1759. À Montréal, les Juifs durent faire leur chemin dans une société à peu près également partagée sur le plan des institutions entre les francophones catholiques et les protestants anglophones. Assez curieusement, même si l'accès à l'école primaire et secondaire ne pouvait manquer de susciter chez les Juifs un intérêt primordial, à cause du grand nombre d'enfants concernés et de l'importance d'une formation de base adéquate, c'est à l'université que se déclencha d'abord, et avec le plus d'acuité au lendemain de la Grande Guerre, le problème de l'admission des Juifs aux institutions d'enseignement de la majorité. La communauté juive de Montréal était en effet parvenue depuis les toutes premières années du XXe siècle à s'accommoder de la Commission des écoles protestantes de Montréal, sans trop de tensions et de soubresauts et ce jusqu'à la fin des années vingt. À l'université et dans les collèges privés, la situation était par contre tout autre, d'une part, parce qu'avant 1914 les Juifs ne s'y étaient jamais pressés en grand nombre et, d'autre part, parce que contrairement aux commissions scolaires publiques où des ententes tacites ou légales avaient été conclues, aucunes négociations ou tractations n'avaient été à cette époque menées entre les administrations universitaires et des représentants de la communauté juive. Avant la Première Guerre mondiale, il n'existait en effet entre les deux parties en cause qu'un *modus vivendi*, fruit de décisions prises au cas par cas, selon l'humeur des individus en place au sein de la hiérarchie universitaire et le dossier académique de chaque candidat juif.

« Grandescunt aucta labore »

« Le travail
les a grandi »
Au début des années vingt, deux universités se disputaient la palme de l'excellence dans la région de Montréal, l'Université McGill de tradition anglo-saxonne

et protestante et l'Université de Montréal francophone et d'allégeance catholique. Chacune de ces institutions de haut savoir entretenait au sujet de l'admissibilité d'étudiants d'origine juive une attitude spécifique, révélatrice de la mentalité propre à chacune d'elles et de leurs points précis de résistance, autant sur le plan des structures que des perceptions culturelles. Pour des raisons inhérentes au développement historique de McGill et aussi par suite du processus d'anglicisation progressive engagé au sein de la communauté juive montréalaise dès le début du siècle, c'est à cette université que fut posée en premier et au plus haut niveau la question de l'admission des étudiants juifs. Au début des années vingt, soit depuis plus d'une génération, les écoliers juifs fréquentaient massivement les classes de la Commission des écoles protestantes de Montréal et la plupart des jeunes hommes et de jeunes femmes d'origine juive en âge d'entrer dans des établissements d'enseignement supérieur maîtrisaient plutôt bien l'anglais. Au sein des écoles primaires et secondaires protestantes régnait un climat britannique authentique, même si dans certains quartiers la clientèle était majoritairement juive. Le milieu juif montréalais penchait à cette époque indéniablement vers le centre de gravité linguistique anglophone, et quoi de plus indiqué dans ces circonstances pour un jeune juif que d'aspirer à un diplôme d'une université qui représentait depuis près d'un siècle déjà, aux yeux de l'intelligentsia et du milieu des affaires anglobritanniques, la quintessence même des valeurs anglosaxonnes.

L'Université McGill avait vu le jour aux débuts du XIXe siècle, grâce à la générosité d'un homme d'affaires de Montréal, James McGill, qui avait légué à cette fin une somme importante d'argent et des terrains situés en bordure de la trame urbaine montréalaise d'alors. Les premiers cours s'y donnèrent en 1829, lors de la constitution d'une Faculté de médecine. Ce n'est qu'en 1843 cependant qu'une Faculté des arts fut créée au sein de ce qui demeurait essentiellement une institution d'enseignement supérieur privée, pourvue d'une charte royale. La croissance de l'Université fut lente ; il lui fallut attendre les années 1880 avant de compter un millier d'étudiants, soit seulement après que la Faculté des arts ait ouvert en 1884 ses portes aux femmes. Vers 1895, près de 350 étudiants

Le legs de
James McGill

fréquentaient cette même faculté, presque tous des membres de la collectivité anglo-protestante de Montréal :

> Le corps étudiant, à cette époque, formait un groupe homogène. La seule minorité importante était celle des Canadiens français, la plupart étant inscrits à la Faculté de droit. [...] Jusqu'au début du XXᵉ siècle, les personnes de souche britannique constituaient une partie assez importante de la population montréalaise et c'est de l'élément protestant de ce groupe que McGill tirait la plupart de ses étudiants. (Frost and Rosenberg, 1980 : 37).*

En 1864, le Board of Governors de McGill, instance suprême de l'Université, s'était d'ailleurs donné le droit, par voie de statut, de nommer ses propres membres et de ne les choisir qu'au sein des congrégations protestantes du Bas-Canada. Tandis que McGill choisissait de devenir officiellement protestante, l'Université Laval obtenait quelques années plus tard, en 1876, le statut d'institution romaine catholique, en vertu de la bulle papale *Inter varias sollicitudines* (Cunningham, 1985 : 5).

Des Juifs ?   Jusqu'à la Première Guerre mondiale McGill maintint à environ 1 500 ses effectifs étudiants. Sans s'être prévalue d'une affiliation officielle avec quelque Église protestante, McGill demeurait dans la ville une institution imbue du christianisme anglais réformé, et fortement appuyée par une classe possédante anglophone qu'elle avait singulièrement contribué à former depuis trois ou quatre générations. C'est dans ce contexte que la population juive de McGill atteignit en 1913 un premier sommet, avec 112 étudiants ou 6,8 % du total des inscrits :

> Au commencement de la Première Guerre mondiale, le corps étudiant était encore un groupe compact et homogène de jeunes hommes et de jeunes femmes, la plupart issus des couches économiques moyennes de la société, et de souche britannique, ou à tout le moins anglophone, et protestante (Frost, 1984 : 125).*

Le choc culturel ressenti par l'institution au lendemain de l'armistice de 1918 fut amplifié, d'autant plus que rien n'avait laissé prévoir au cours des années précédentes l'arrivée massive d'étudiants juifs à McGill. Une fois passées deux ou trois années de flottement au cours desquelles nombre de vétérans de la guerre se prévalurent de programmes spécialement conçus pour permettre leur réinsertion à la vie civile, la population étudiante de

McGill grimpa jusqu'à 3 000 et plus et se maintint à ce niveau jusqu'à la fin des années trente. Cependant, contrairement au précédent cycle de croissance enregistré entre 1880 et 1895, l'homogénéité du corps étudiant de McGill était rompue pour de bon. Dès 1924-1925, près du quart des inscrits en première année étaient d'origine juive, dont 34 % à la seule Faculté des arts et près de 40 % à celle de droit (Tableaux 11, 12). Cette augmentation soudaine de la clientèle juive dut frapper vivement les imaginations, d'autant plus qu'à la même époque aucun autre groupe ethnique important ne semble s'être prévalu du privilège d'envoyer ses jeunes à McGill, ni les immigrants italiens, ni les groupes slaves, ni même la collectivité catholique francophone ; du moins rien dans les documents officiels du temps ne l'atteste ou même ne le suggère. Brutalement, au début des années vingt, les administrateurs de McGill adoptèrent un nouveau vocabulaire pour décrire la situation : la correspondance et les documents internes commencèrent tout à coup à mentionner l'existence d'un *Jewish Problem*. C'est d'ailleurs à cette date que des méthodes statistiques furent élaborées afin de distinguer l'origine ethnique de la clientèle étudiante.

Au même moment, en 1923-1924 par exemple, les catholiques de toutes origines ne comptaient à McGill, au sein de la Faculté des arts, que pour moins de 8 % des étudiants de première année (21 sur 282). En 1925-1926, alors que 314 étudiants d'origine juive étaient inscrits à la Faculté des arts sur un total de 922, soit le tiers, seulement 60 catholiques figuraient parmi leurs confrères de classe. En tout et pour tout cette année-là, il y avait deux fois moins de catholiques à McGill que d'étudiants de confession mosaïque, le droit et la médecine restant les seules facultés où le nombre d'étudiants catholiques approchait celui de leurs confrères juifs (Tableau 13). Si l'on imagine que parmi ces étudiants catholiques romains, admis à fréquenter McGill, une bonne part pouvait être de langue maternelle anglaise, et les autres de vieille souche québécoise, on voit à quel point pouvait grossir démesurément aux yeux des administrateurs de l'Université la représentation juive au sein du corps étudiant, d'autant plus qu'elle originait des milieux immigrants de Montréal. La crise fut en fait sérieuse à l'Université McGill ; les archives du bureau du principal ne font pas le plus souvent de distinc-

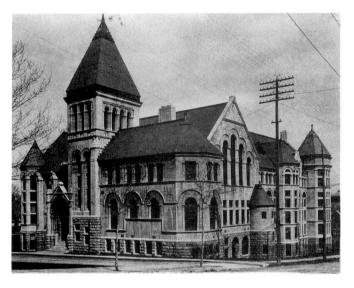

9.
La bibliothèque universitaire Redpath, sur la rue McTavish, telle que la connurent les étudiants de McGill au cours des années trente. *Archives de l'Université McGill, PLO 6156.*

10.
Le pavillon de la Faculté des arts de l'Université McGill, vers 1926. C'est dans cet édifice que se donnaient, entre les deux guerres, les cours relatifs aux professions libérales et aux sciences humaines. *Archives de l'Université McGill, PLO 6156.*

TABLEAU 11

Appartenance religieuse des étudiants de première année à la Faculté des arts et au Département de commerce de l'Université McGill
1923-1925

Appartenance religieuse des étudiants	Faculté des arts		Département de commerce	
	1923-1924	1924-1925	1923-1924	1924-1925
Anglicans	50	55	17	22
Catholiques romains	21	24	10	16
Méthodistes	33	31	14	9
Presbytériens	62	69	19	12
Autres chrétiens	21	15	5	7
Total des chrétiens	187	194	65	66
Juifs	95	101	17	14
Total des étudiants	282	295	82	80
% d'étudiants juifs	34	34	21	17

Source: AMU, Fonds du registraire (1930).

TABLEAU 12

Pourcentage d'étudiants juifs à l'Université McGill dans certaines facultés et écoles
1924-1927, 1930-1931, 1935-1936

Facultés et écoles	1924 1925	1925 1926	1926 1927	1930 1931	1935 1936
Faculté des arts	32	34	31	24	13
Département des sciences				15	19
Département de commerce	19	21	18	19	9
Faculté de droit	41	39	44	40	5
Faculté de sciences dentaires	27	19	23	47	27
Faculté de médecine	25	24	24	15	11
Faculté de sciences appliquées	3	4	4		
Faculté de pharmacie[a]		88	77		
École de service social		16	27	3	
École pour infirmières graduées					5
École d'éducation physique			3	5	11
Faculté de génie (génie)				7	7
Faculté de génie (architecture)				25	28
Total		25	24	17	12

a) La Faculté de pharmacie de McGill ferma ses portes en 1930.

Sources: AMU, Fonds du registraire (1930), et ACJCM, « McGill University. Distribution of Jewish Students, 1930-31 », non daté.

tion, chez la population étudiante, entre les différentes origines ethniques ou religieuses, mais répartissent la clientèle en deux groupes : les Gentils et les Juifs. Pour la première fois de son histoire quasi séculaire, l'heure sonnait où l'Université McGill songerait à interdire son accès à une catégorie spécifique de la population définie selon son origine ethnique et confessionnelle, ou à tout le moins allait tenter d'en réduire arbitrairement le nombre admissible. Voilà qui constituait, au milieu des années vingt, une rupture considérable avec la politique de laisser-faire qui avait prévalu jusque-là et qui avait si bien servi la cause de McGill :

> McGill, qui avait d'abord pris racine dans les notions de libéralisme du XVIIIe siècle, demeura fermement engagée, pendant tout le XIXe siècle, dans une politique d'ouverture. Les professeurs et les étudiants venant de milieux différents de celui de la tradition britannique protestante, dans laquelle McGill et la communauté anglophone étaient enracinées, étaient toujours librement admis à la vie et à l'œuvre de l'Université. Il y avait, bien sûr, des cas particuliers d'hostilité et de préjugés, mais les étudiants que l'on pourrait qualifier d'ethniques étaient de plus en plus nombreux à demander leur admission à l'Université, car ils trouvaient que McGill, comme établissement protestant, leur était largement ouverte (Frost, 1984 : 11, 127).*

Si, après 1920, le nombre des étudiants d'origine autre que française ou britannique était effectivement à la hausse dans les registres de l'Université McGill, ils ne furent toutefois plus accueillis de la même manière, à plus forte raison lorsqu'ils se déclarèrent de confession juive et fils ou filles d'immigrants.

Une réticence indéniable

Les premières démarches entreprises par l'administration de McGill, pour tenter de mettre un frein à l'apport grandissant de la communauté juive au sein du corps étudiant, survinrent au début de 1925. Premier concerné à McGill par le « problème juif », étant donnée la proportion remarquablement élevée d'étudiants juifs à la Faculté des arts, le doyen Ira Mackay sollicita par lettre le 6 janvier 1925, du bureau du régistraire[1], le détail des affiliations confessionnelles des étudiants soumis à sa direction.

TABLEAU 13

Nombre et pourcentage des étudiants à l'Université McGill pour certaines matières, selon l'appartenance religieuse 1925-1926

1925-1926	Arts	Com-merce	Droit	Éduca-tion physi-que	Méde-cine	Phar-macie	Scien-ces appli-quées	Scien-ces den-taires	Ser-vice social	Total
Anglicans	135	55	7	16	81	1	119	13	6	433
Baptistes	12	9	—	1	26	—	5	—	1	54
Catholiques romains	60	24	23	3	82	3	46	16	3	260 (12%)
Église unie	72	22	7	15	72	—	47	13	6	255
Presbytériens	85	18	4	9	54	—	41	10	1	222
Autres protestants	232	16	3	9	33	—	48	14	4	359
Total des chrétiens	608	145	44	53	363	4	315	66	21	1 619
Juifs	314	38	28	—	119	31	14	16	4	564
Total des étudiants	922	183	72	53	486	35	329	82	25	2 187
% d'étudiants juifs	34	21	39	—	24	88	4	19	16	25

Sources : AMU, Fonds du registraire (1930).

Mackay voulait savoir, parmi les étudiants admis en première année en 1923-1924 et ceux qui étaient inscrits à la session 1924-1925, lesquels étaient juifs ou chrétiens, et à quelle Église appartenaient ces derniers. Il ajouta : « Cette information sera sans doute demandée à la réunion de la Faculté des arts, vendredi prochain, quand on proposera une motion pour limiter l'inscription la première année[2]. »* Plusieurs mois passèrent avant qu'une décision ne soit prise et, dans un premier temps, l'administration se contenta de mesures dilatoires. Le 15 juin 1926, quelques semaines avant le début d'une nouvelle année académique, le doyen Mackay enjoignit le régistraire J. A. Nicholson de ne plus accepter d'« Hébreux » qui ne soient pas déjà résidents de la province de Québec : « Qu'ils fréquentent leurs universités locales[3] »* commentait le doyen de la Faculté des arts. Toutes les autres directives à l'intention de Nicholson contenues dans la lettre du 15 juin 1926 concernaient des critères purement académiques de sélection, critères qui devaient être appliqués universellement selon un calendrier préétabli. Le même scénario se répéta d'ailleurs en 1927, puis à l'été de 1928, avec cette fois une nouvelle précision quant aux candidats juifs originaires d'Ottawa :

> Nous sommes convenus, je crois, [...] de ne pas admettre d'Hébreux d'Ottawa ou de la vallée de l'Outaouais, ou de quelque autre endroit en dehors de la province de Québec. J'aimerais dire en dehors de la ville de Montréal, car je ne vois aucune raison pour que les étudiants venant d'autres parties de la province n'aillent pas à Bishop's ou à Queen's ou ailleurs plutôt que de s'entasser à McGill[4].*

Ériger des barrières

L'idée d'établir un pourcentage maximum d'étudiants juifs au sein de chaque département de la Faculté des arts semble avoir surgi à cette même époque. Dans une lettre manuscrite confidentielle et datée du 3 octobre 1927, le régistraire Nicholson expliquait à Mackay son inquiétude à voir diminuer au sein de la faculté, dans les années à venir, le nombre d'étudiants en arts et en commerce[5]. Pourquoi ne pas en admettre quelques-uns de plus cette année parmi les candidats déjà évalués, plaidait-il :

> Dans la liste, se trouvent les noms de six candidats en commerce, cinq Juifs et un chrétien, et de neuf en lettres, tous juifs. Un seul parmi eux a eu plus de 660 [points à l'examen d'admission].

À part ceux-ci, nous avons reçu des inscriptions de 17 autres Juifs, tous au-dessus de 600, trois ou quatre d'entre eux ayant plus de 650; mais je ne sais pas s'ils désirent entrer. [...]

Si l'on admettait 8 ou 10 Juifs de plus, cela n'augmenterait pas le pourcentage [de Juifs en commerce] au-dessus de 18 [%]. L'année dernière, il était de 22 [%][6].*

La politique de discrimination par régions géographiques de résidence dut être considérée comme un échec par Mackay, de même que la libéralité relative du régistraire, puisqu'à la veille de l'année académique 1928-1929, le doyen conçut un moyen de limiter non seulement l'admission des «indésirables», mais de réduire leur nombre en regard des pourcentages atteints les années précédentes (Tableau 12). Un moyen très simple de contrôle fut trouvé, qui consistait à exiger dans le dossier de l'étudiant juif constitué à la suite d'examens d'admission ou lors de l'étude de sa candidature, une moyenne cumulative supérieure à celle qui était exigée des étudiants de confession chrétienne[7]. On n'accepterait donc plus à la Faculté des arts de McGill que les plus brillants des étudiants juifs :

Je m'apprête maintenant à partir pour Métis, ce soir, et j'y resterai jusqu'au 10 septembre. À partir d'aujourd'hui, par conséquent, et jusqu'à mon retour, veuillez admettre tous les Hébreux ayant un total de plus de 700 et les non-Hébreux ayant un total de plus de 630, à moins qu'à votre avis leurs notes en latin, en anglais et en mathématiques ne soient pas crédibles[8].*

Les directives pour l'année académique 1929-1930 furent probablement aussi exigeantes, car après cette date deux classes de citoyens figurèrent dans les dossiers du secrétariat universitaire :

Je pars ce soir à sept heures pour St. Andrews (N.B.), où je serai jusqu'au 26 ou 27. Il est possible que des demandes d'admission locales arrivent entre-temps. Je suggère que tous les non-Hébreux qui font leur demande et qui ont passé leur examen d'admission avec succès soient acceptés à votre convenance et à votre discrétion, à moins, disons, qu'ils aient obtenu un total inférieur à 640 points.

Je suggère également que les demandes d'Hébreux soient mises en attente jusqu'à mon retour, car je crois que nous devrions nous entendre de façon plus précise avec le principal avant d'entreprendre ce travail pour la session. Je ne suis pas du tout satisfait des résultats de notre travail par le passé[9].*

Une chute de fréquentation brutale

Vraisemblablement combinées sans doute avec le déclin des activités industrielles et de la prospérité engendré par le krach de 1929, les mesures draconiennes instituées par McGill à l'endroit de sa clientèle juive eurent un effet immédiat : le pourcentage d'étudiants juifs au département de commerce diminua de moitié entre 1926-1927 et 1929-1930, passant de 31 % à 16 %, soit 192 sur un total de 1 220. Pour l'année scolaire 1930-1931 on maintint pour les seuls candidats juifs, l'exigence de moyenne cumulative de 700 et plus, alors qu'elle était fixée à 600 pour tous les autres. À ces conditions, Mackay ne prévoyait plus en septembre 1931 admettre au sein de sa faculté que 55 candidats de confession mosaïque[10]. Les politiques, mises en place d'abord à la Faculté des arts, semblent avoir été appliquées d'une façon ou d'une autre dans les autres secteurs de la vie universitaire. En 1932-1933, la Faculté de médecine ne comptait que 11 % d'étudiants juifs, comparé à un sommet de 24 % au cours de la période faste du milieu des années vingt. La Faculté de droit passait quant à elle de 40 % à 19 % au cours du même intervalle et le pourcentage pour l'ensemble des facultés chuta en quelques années de 25 % à 12 % (Tableau 12). Le contingentement imposé par la haute administration entraîna la fermeture en 1930 d'une petite faculté, fréquentée presque exclusivement par des Juifs, et la suppression de tout un programme d'enseignement. La Faculté de pharmacie ne comptait en effet que 35 étudiants en 1925-1926, mais elle était fréquentée à 88 % cette année-là par des membres de la communauté juive. Quelques années plus tard, au cours des années trente, quand la même onde de choc atteindra l'Université de Montréal, plusieurs gestionnaires de l'institution francophone exprimeront l'opinion ferme, au cours de discussions concernant le « problème juif », que cette faculté a été abandonnée à McGill dans le but de réduire le nombre d'étudiants d'origine juive :

> L'attitude de l'Université McGill de Montréal, anglo-protestante, rend la situation encore plus délicate. Voyant sa Faculté de Pharmacie envahie par les Juifs, elle l'a supprimée tout simplement : nous seuls possédons

maintenant une Faculté de ce genre; pour les autres enseignements, la même Université a fixé un *quantum*, c'est-à-dire un nombre restreint d'admissions qu'elle ne dépasse pas[11].

La Faculté de médecine de McGill semble toutefois avoir emprunté à la même époque un chemin différent dans son désir de réduire la présence des Juifs en son sein, préférant la méthode dite du *numerus clausus* plutôt que celle plus insidieuse et arbitraire appliquée à la Faculté des arts. Chaque année le doyen permettait en effet à huit ou dix candidats Juifs de suivre des études en médecine à McGill, et ce quota semble avoir été relativement bien connu, voire même accepté par une partie de la communauté juive de Montréal. Dans une lettre au principal[12] Douglas, le doyen-adjoint Simpson expliquait en 1938 qu'il n'y a pas de discrimination spéciale dans sa faculté à l'égard des Juifs d'origine américaine, mais qu'un pourcentage fixe s'applique aux Juifs en général :

> Il y a quelques années, après consultation auprès de nombreux étudiants et diplômés juifs, et de plusieurs citoyens juifs bien en vue de Montréal, nous avons décidé que nous devrions réserver environ huit places par année pour les étudiants juifs. Étant donné la proportion de la population et la difficulté pour les Juifs d'obtenir des places d'internes, nos amis juifs pensèrent que c'était un généreux quota. Nous ne sommes jamais tombés sous ce nombre ; nous avons habituellement 10 [étudiants, sur un total de 104, soit 10 %][13].*

Cette clause quant au nombre de candidats admis à la Faculté de médecine semble avoir été en vigueur vers 1932-1933, date où le pourcentage d'étudiants juifs de cette faculté tomba à 11 % et fut maintenu jusqu'au début du deuxième conflit mondial. Si entre le 24 % de Juifs admis en 1926-1927 et le 11 % de 1932-1933 il y a effectivement toute une marge, il ne faut pas oublier que dans les cas de la médecine, contrairement à celui des arts et des sciences humaines, une réaction corporatiste de la part de médecins juifs eux-mêmes a pu jouer dans cette décision d'instituer et de tolérer un quota en médecine à McGill. Comment expliquer autrement l'absence de protestations publiques de la part de la communauté juive et des premiers intéressés ? Sur dix candidats admis à la Faculté de médecine, huit ou neuf provenaient de la Faculté des arts et des sciences de McGill[14] où ils avaient acquis leur formation scientifique de base, et un ou deux de plus étaient issus d'autres universités canadiennes. Il est facile de comprendre comment la Faculté des arts constitua le verrou majeur permettant de contrôler l'entrée des Juifs à McGill, et devint donc très vite le lieu où venaient se buter les candidats.

Les méthodes discriminatoires de Mackay étaient d'autant plus déloyales qu'elles ne furent jamais l'objet d'un règlement officiel de l'Université. L'annuaire de McGill continua tout au long de la période à publier des directives en apparence uniformes à l'endroit des candidats admissibles à la Faculté des arts (junior matriculation entrance requirements), sans souffler mot des pratiques arbitraires du doyen à l'endroit des Juifs. Le doyen-adjoint de la Faculté de médecine n'admettait-il pas lui-même en 1938 que le *numerus clausus* n'avait fait l'objet d'aucune ratification officielle :

> J'aimerais faire remarquer que cette décision [d'établir un quota] en était une purement administrative et ne fut jamais portée à l'attention de la Faculté ou du Conseil de l'Université[15].*

Le plus loin que l'Université soit allé quant à une définition claire et officielle du statut des étudiants juifs fut la création d'un sous-comité à cet effet au sein du Comité d'admission (Committee on Matriculation Requirements and Admission). Le pas fut franchi le 4 avril 1930, en présence du régistraire et de professeurs de l'Université, lorsque la direction proposa de réunir un petit groupe de personnes dont le rôle serait d'étudier la question et de remédier à toute forme de surreprésentation ethnique au sein du corps étudiant :

> Le sous-comité, vu le nombre limité d'étudiants pouvant être admis à la Faculté [des arts] à chaque année, aura le pouvoir de déterminer de temps à autre si, selon lui, quelque province de la Confédération, quelque autre pays ou quelque autre nationalité, race ou religion se trouve représenté au collège [l'Université McGill] dans une telle disproportion que la composition traditionnelle du corps étudiant s'en trouve altérée et, si tel était le cas, de définir à titre d'information pour le comité [sur les conditions d'inscription et d'admission], une proportion équitable entre les différentes descriptions de ceux qui font une demande d'admission, de manière à ce que

74

toute représentation disproportionnée, peu importe dans quelle direction, soit corrigée[16].*

Comme on peut facilement le conjecturer, ce n'était là que reconnaître officiellement un état de choses qui existait depuis deux ou trois ans à la Faculté des arts et qui s'étendait depuis comme un feu de prairie aux autres facultés de McGill. Par prudence, les auteurs du rapport avaient préféré taire le nom de la principale communauté visée, qui déjà subissait les conséquences d'un certain nombre de mesures restrictives.

La crise économique des années trente mit fin précipitamment au développement de McGill et priva là comme ailleurs nombre de citoyens de l'accès à l'enseignement universitaire. N'empêche que la ponction exercée par les mesures discriminatoires de l'administration, appliquées aux jeunes Juifs et Juives en âge d'entrer à McGill, a pu s'élever au bas mot à 300 ou 400 places chaque année, et ce, tout au long des années trente. Aucune forme véritable de protestation organisée ne s'éleva à cette époque contre un tel état de fait, pas même au sein de la communauté juive, ni de la part d'individus crédibles, ni de la part d'organismes constitués. Certes la diminution du nombre d'étudiants juifs inscrits à McGill dut apparaître évidente au cours de ces années, mais les administrateurs de l'Université cachèrent bien leur jeu en n'entérinant aucune réglementation ouvertement antisémite, agissant avec toute la discrétion que permet l'unanimité d'opinion, et usant d'une stratégie qui offrait nulle prise à une forme quelconque de contestation. Le *gentleman's agreement* concernant le pourcentage d'étudiants juifs à McGill fut en fait si efficace qu'il passa presque inaperçu dans la cohue d'une décennie riche en événements par ailleurs traumatisants et combien plus menaçants pour la communauté juive internationale. Tout au plus, le principal de l'Université dut-il répondre à plusieurs reprises, au début des années vingt surtout, à des plaintes émanant du *Va'ad Ha'ir*, du rabbin Herman Abramowitz de la Congrégation Shaar Hashomayim de Montréal ou du Maccabean Circle, principale organisation étudiante juive à McGill à l'époque, concernant la tenue d'examens importants le samedi ou le jour de grandes fêtes religieuses juives. McGill ne fit jamais de concessions à ce sujet. En toute logique, les administrateurs durent

Une réaction juive timide

75

11.
Les trois protagonistes de la question juive à McGill au cours de l'entre-deux-guerres, le principal Arthur William Currie, le doyen Ira Allen McKay et le chancelier E.W. Beatty, réunis en 1930 sur la photo officielle de graduation de la Faculté des arts. *Archives de l'Université McGill, PLO 6257.*

12.
Le principal Arthur W. Currie (1920-1933) prenant la parole lors d'une cérémonie de graduation à l'Université McGill, le 6 octobre 1933. *Archives de l'Université McGill, PLO 6156.*

juger que les étudiants juifs qui avaient réussi à franchir Roddick Gate avaient déjà surmonté assez d'obstacles, sans devoir se soucier maintenant du calendrier juif[17]. Seul le rabbin Harry Joshua Stern du Temple Emanu-El de Montréal, un citoyen américain, osa après 1930 affronter l'administration de McGill sur la question des admissions juives à une époque où la communauté avait sur ce point jeté la serviette (Cleator et Stern, 1981).

Ira Allen Mackay

Une attitude et des gestes aussi hostiles à l'admission des étudiants juifs à l'Université McGill, de la part des administrateurs, ne pouvaient être le fruit de préjugés superficiels ou anodins. Il fallait qu'une armature idéologique complexe et bien appuyée existe a priori, pour qu'il soit possible d'ériger à l'intérieur même des structures de l'institution un tel ensemble de mesures discriminatoires. Une correspondance significative fut échangée sur le sujet dès 1926 entre le principal Sir Arthur Currie et le doyen de la Faculté des arts Ira Mackay, tous deux protagonistes de la question juive à McGill au cours de la période qui nous intéresse. Mackay écrivait le 23 avril 1926 :

> Dans une récente conversation que nous avons eue ensemble, vous m'avez demandé de vous mettre par écrit mon attitude présente face à l'enseignement aux Juifs, dans cette université, et je suis très heureux de m'exécuter, puisque ce problème me touche en ce moment de plus près que tout autre membre de la direction de l'Université, à part vous seul[18].*

Il semble bien qu'à McGill cette question avait été discutée dès le début des années vingt, soit dès que l'administration constata l'existence d'une forte proportion d'étudiants juifs à la Faculté des arts. L'affaire portait à conséquence car cette faculté ouvrait la porte à un ensemble de professions libérales et de situations lucratives jusque-là considérées comme le privilège des anglophones protestants, telles que la médecine, le professorat universitaire, les compétences reliées à l'exercice du commerce et de l'administration ainsi que les sciences appliquées. Mackay n'avait certes pas tort en affirmant :

> Les professions libérales des communautés de langue anglaise de cette province se recrutent en grande partie à l'Université McGill et l'avenir de ces professions dépend

donc largement de nous. Alors vous reconnaîtrez, je crois, qu'il s'agit d'un problème très vaste, qui affecte non seulement la vie de l'Université, mais aussi celle de la communauté et du Canada tout entier, et auquel on doit, par conséquent, faire face sans hésitation[19].*

Éliminer des compétiteurs gênants

Fondamentalement, l'objection de McGill était donc d'ordre social et économique. En un premier temps il importait aux administrateurs de l'institution, qui se percevaient comme les gardiens d'un certain statut quo, de préserver les acquis du groupe anglophone en place, ou du moins de ne pas mettre en péril un réseau d'affiliations somme toute ethnique, et qui avait valu aux anglophones leur prospérité. Entrait également en jeu une conception du pays et de son histoire récente sous la couronne britannique, qui consacrait en quelque sorte une division du travail bâtie sur une certaine idée de «peuple fondateur». Dans ce schéma abstrait, qui se retrouve, par exemple, en filigrane dans les politiques d'immigration pratiquées par Clifford Sifton au début du siècle, les Anglo-Saxons se réservaient la direction des grandes entreprises commerciales et industrielles du Dominion ainsi que la pratique des principales professions libérales, tandis que les immigrants d'autres origines culturelles se voyaient offrir les secteurs d'activité primaires, tel que l'agriculture et les mines, tous localisés hors des grands centres urbains. Plus tard, on consentit ouvertement à intégrer les nouveaux arrivés dans la trame urbaine, mais par le biais du travail salarié dans des industries où la rémunération était faible, les conditions de travail exécrables et les possibilités de mobilité sociale nulles à court terme. Dans une partie du pays, cependant, on dut tenir compte de la présence bien établie d'un autre peuple dit «fondateur», auquel le libéralisme britannique du XIXe siècle avait fini par consentir le statut de majorité régionale, en la dotant d'un État provincial en 1867 (Rudin, 1985). Une telle conception de la société canadienne n'aurait certes pas survécu à un examen le moindrement attentif de la réalité socio-économique, surtout à la période qui nous intéresse, mais elle constituait un point de référence des mentalités, une sorte de nord magnétique à partir duquel juger les tendances et les événements présents et passés. Les administrateurs de McGill n'échappaient pas à l'attrait de cette vision d'ensemble de l'histoire canadienne telle qu'articulée au siècle précédent. Ils s'y réservaient même un rôle de choix, celui d'imprimer une certaine couleur ethnique aux générations montantes, qui bientôt saisiraient les leviers de commande d'un pays d'allégeance britannique. De quel droit Currie et Mackay auraient-ils modifié un plan directeur qui avait si bien servi McGill et que leur entourage social s'attendait à voir préservé pendant plusieurs décennies encore?

Et qui donc étaient les Juifs sinon un de ces peuples qui n'avaient pas droit au partage des richesses du pays, et que rien ne préparait à jouer un rôle vraiment utile. Le Canada, puissance du Nouveau-Monde, n'entrevoyait-il pas déjà les possibilités que lui conféraient sa situation géographique et ses ressources naturelles encore largement inexplorées? Le Dominion n'avait-il pas devant lui de vastes territoires inhabités, d'énormes superficies cultivables encore en friche et une idée tout à fait approximative des réserves de matières premières enfouies dans son sous-sol. À quoi pouvait contribuer un peuple traditionnellement connu pour préférer aux grands espaces le confinement des zones urbaines, et au travail physique productif la manipulation des marchandises et des valeurs en bourse: *Judenrein*

> En fait, nos conditions économiques étant, par nature, ce qu'elles sont, au Canada, le Juif est probablement l'immigrant le moins désirable à venir s'installer au pays. Le Canada a besoin de scientifiques ayant de l'initiative et de l'intuition, des ingénieurs, des entrepreneurs, des agriculteurs et des ouvriers, alors que la population de la communauté juive est presque entièrement engagée dans les professions libérales et dans les activités de prêt à intérêt et de commerce. De toute évidence nous n'avons plus besoin de cette classe au Canada[20].*

Mackay, qui n'était pas lui-même allé s'établir en région péri-glaciaire pour participer sur place au développement optimum des richesses naturelles de son pays, pouvait craindre que l'arrivée massive à McGill des étudiants juifs ne sonne l'heure de leur entrée, à quelques années d'intervalle, dans les professions libérales lucratives de la région de Montréal. À ses yeux, un tel avènement apparaissait pour le moins inopportun, compte tenu de la forte compétition qui existait déjà entre Anglo-Saxons de vieille souche:

Je dois avouer que, à chaque fois que je vois un nouveau Juif passer ce seuil [celui de la porte du doyen], je murmure, *rien que pour moi*: «Voilà un autre jeune Canadien propre, en bonne santé et bien bâti qui traverse la frontière pour aller pratiquer sa profession aux États-Unis d'Amérique[21].»*

Une certaine classe de Juifs

D'autres critères secondaires intervenaient dans le jugement des autorités de l'université. Tous sauf un étaient des corollaires du premier qui s'appuyait avant tout sur des raisons économiques. Les Juifs établis ici n'avaient pas pris les mêmes risques que les bâtisseurs du pays et bénéficiaient en quelque sorte d'un héritage légué par les pionniers, de plus, ils n'étaient pas toujours en mesure de contribuer une juste proportion des frais inhérents au maintien d'une université de haut calibre telle que McGill. D'après Mackay, la communauté juive consentait peu financièrement à la survie de l'institution et profitait du legs consenti par les premiers bienfaiteurs de l'institution, qui eux avaient dû «trimer dur» plusieurs générations auparavant pour ériger McGill College et ce à une époque où il y avait peu de Juifs au pays. Était-ce là justice que d'offrir aux ouvriers de la onzième heure le même salaire qu'aux premiers? En ce sens, un capital accumulé par des chrétiens pouvait-il être mis impunément à la disposition des Juifs immigrés à Montréal:

Je ne suis pas du tout sûr, non plus, que la communauté juive consentira jamais à payer sans réserves sa juste part de dotation universitaire. Enfin, il m'apparaît clairement, par conséquent, qu'on doit prendre certaines mesures pour limiter la croissance du nombre de Juifs fréquentant l'Université en ce moment[22].*

Finalement, les manières et le comportement des étudiants juifs risquaient, aux yeux de Mackay, de ternir la réputation de McGill quant à son environnement social et d'indisposer les Anglo-Saxons, qui jusque-là avaient occupé presque tout le terrain des activités para-scolaires: sociétés étudiantes, joutes oratoires, clubs athlétiques, etc. Peut-on voir ici dans l'esprit du doyen l'idée d'une réelle différence de culture et de tradition spirituelle qu'il croyait irréconciliable avec l'héritage britannique. Sous cet angle les mesures discriminatoires de McGill seraient nées de préoccupations d'ordre ethnocentrique plutôt qu'économique, comme si le Juif était un être radicalement étranger au chrétien, voire même hostile, plutôt qu'un membre d'une communauté immigrante cherchant à percer le marché de l'emploi à Montréal. Mackay, qui connaissait sans doute la propension des Juifs de Montréal à s'assimiler à l'ethnie dominante, renonça cependant à ce type d'objections à leur présence : « Ce n'est pas à cause de la race que le chrétien s'objecte au Juif, mais pour des raisons purement personnelles. La meilleure classe de Juifs est toujours traitée de la façon la plus libre et la plus amicale[23]. »* Après tout, il y avait bien quelques vieilles familles juives installées au pays depuis la Conquête de 1763, les Hart, les Judah et les Joseph, par exemple, et on avait vu à McGill des rabbins d'origine britannique tel Abraham de Sola, enseigner en toute dignité au Département de littérature orientale et hébraïque, dès le milieu du XIXe siècle (Rodal, 1984). La reine Victoria elle-même n'avait-elle pas jugé bon d'élever Moses Montefiore, un Juif anglais de vieille souche, au titre de chevalier (knight) et ne l'avait-elle pas honoré de surcroît de son estime personnelle ? Apparemment, pour un type de Juif bien précis, les portes de McGill étaient ouvertes, même au cours des années trente.

La lettre du 23 avril 1926, telle que rédigée par Mackay, proposait toutefois quelques avenues de solution, à savoir que pas plus de 20 % des étudiants inscrits en première année à la Faculté des arts ne soient à l'avenir de confession mosaïque, que tous les Juifs acceptés soient sans exception natifs du Canada ou d'un pays d'allégeance britannique, et que des critères d'admission discriminatoires sur le plan de l'excellence académique leur soient imposés. Currie dut acquiescer à ces règles de sélection, puisque les conditions soumises par le doyen Mackay en 1926 furent mises en application dans les mois qui suivirent, avec les résultats que l'on sait à moyen terme : en 1935-1936, non plus 20 % des étudiants de la Faculté des arts étaient Juifs, comme 10 années plus tôt, mais seulement 13 %. Mackay avait d'ailleurs en 1926 adressé ces remarques à Currie avec l'espoir de se voir confirmer très vite dans ses intentions :

La décision de 1926

> Naturellement, aussi, je ne veux entreprendre l'application d'aucune règle [concernant le recrutement juif] sur un sujet aussi vaste que celui-ci, sans d'abord m'armer de l'autorité nécessaire[24].*

Une autre lettre à Currie fut versée à ce dossier par Mackay, le 21 juillet 1933, réitérant presque exactement la même opinion que sept ans plus tôt:

> Cette université a une grande responsabilité envers les peuples tant français qu'anglais de la province de Québec et de toutes les autres provinces du Canada, et nous rendrons un mauvais service, à notre façon, si nous permettons que les professions médicale et surtout légale deviennent surpeuplées de praticiens juifs. Il y a, je crois, très peu de questions sur lesquelles je sois intraitable, mais celle-ci en est une[25].*

Cette fois aucune mention n'était faite de l'identité culturelle juive ou du judaïsme comme épouvantail à brandir, seule comptait l'idée que les Juifs de Montréal n'avaient pas encore su encore établir de fonds de dotation significatif à l'Université McGill. Le dossier de l'admission des étudiants juifs a été déposé sur le bureau du principal Currie et toute décision à son sujet finit par lui appartenir en propre. Currie resta en poste de 1920 jusqu'à sa mort en 1933, soit tout au long de la période cruciale au cours de laquelle McGill fit son lit en cette matière. Le principal jouait en effet à cette époque un rôle primordial dans toute la gestion de l'institution:

> Ce sont souvent la vision et la personnalité du principal qui ont déterminé le cours du développement de McGill. Par conséquent, les archives [du bureau du principal], non seulement nous renseignent sur les activités administratives du bureau, mais aussi reflètent le caractère de l'établissement* (Anon., 1985: 6).

Sir Arthur William Currie

Sir Arthur William Currie n'était certes pas le dernier venu lorsqu'il fut affecté en 1920 à la direction de McGill. En fait, il jouissait dans l'ensemble du Canada d'une excellente réputation de leader pour avoir été, au cours de la Grande Guerre, le premier Canadien au poste de commandant du corps expéditionnaire canadien en Europe, succédant en 1917 à nul autre que le Baron de Byng:

> Mais, derrière cette réussite, se trouvait un caractère solide, une personnalité équilibrée, simple et discrète, mais fermement ancrée dans toutes les qualités humaines auxquelles nous attachons le plus de prix et qui

font d'Arthur Currie un exemple de ce qu'il y a de meilleur comme Canadien[26].*

Sir Currie s'était tout particulièrement illustré en menant au cours des cent derniers jours de la guerre, la plus efficace des offensives alliées et en brisant la ligne Hindenburg devant Amiens (Berton, 1986; Urquhart, 1950). Il avait été fait chevalier en 1918 et c'est en cette qualité qu'il prit la tête de McGill deux ans plus tard, sans avoir au cours de sa carrière complété un seul cours universitaire, mais après avoir fait l'expérience d'hommes d'une toute autre trempe (Dancocks, 1985). Quand Currie vint occuper le bureau du principal, la situation financière de l'Université McGill était plutôt mauvaise, et il dut dès 1920 lancer une campagne de souscription qui rapporta un peu plus de six millions de dollars. À cette époque et jusqu'aux années 1960, McGill ne recevait aucune subvention gouvernementale directe. L'université conservait ainsi son statut d'institution privée et dépendait entièrement de la générosité des citoyens anglo-saxons et de l'*establishment* financier de Montréal. Tout au long du mandat de Currie, McGill se débattit à la limite de la solvabilité, situation qui fut aggravée par la crise de 1929 :

> Mais la première préoccupation du principal était le manque d'argent. Pendant mes années passées avec sir Arthur Currie, il n'y avait tout simplement pas d'argent et pas moyen d'en obtenir. Le Canada venait de se dépenser à gagner la guerre et, même si la victoire a procuré soulagement et optimisme, les grandes attentes de l'après-guerre ne se sont pas matérialisées immédiatement* (McMurray, 1974: 19).

Sous le mandat de Currie, le nombre d'étudiants inscrits à McGill doubla et doubla aussi le corps professoral, mais ce fait ne vint cependant pas alléger le fardeau financier de l'institution. Incapable d'offrir plus de ressources aux étudiants qui piétinaient sur le seuil de l'Université, Currie préféra tout simplement réserver les places disponibles à la clientèle ethnique traditionnelle de McGill, barrant ainsi arbitrairement le chemin aux candidats juifs. Currie, qu'on ne pouvait certes pas accuser de ne pas être un ardent patriote ou un fidèle défenseur de l'Empire britannique, avait des raisons personnelles d'agir ainsi. Mackay, pour sa part, n'évoqua jamais aussi clairement par écrit les raisons de sa conduite à l'égard des Juifs.

Des opinions fermes

Le général était bien sûr très au fait des exigences de la sécurité du pays et du maintien de l'influence britannique sur la planète. En 1919 par exemple, il avait été nommé inspecteur en chef de la milice canadienne, un organisme paramilitaire et, la même année, Principal Military Councillor. Tout au long des années vingt, Currie eut entre les mains des documents confidentiels préparés par les services secrets britanniques ou issus du ministère de la Défense canadien, concernant certaines activités subversives menées en Amérique du Nord et au Mexique, et susceptibles de nuire aux intérêts de la Grande-Bretagne dans le monde. Ainsi, dans un mémorandum daté du 3 juin 1926, parvenu entre les mains du général, un agent britannique basé à New York depuis huit ans et en contact constant avec le Home Office, réclamait d'être mis en rapport avec la Gendarmerie royale du Canada afin d'améliorer l'efficacité de son travail d'informateur : « En tant que loyal sujet du grand Empire, on ne veut pas voir une fille de la famille souffrante ou susceptible de souffrir à cause de la négligence d'un parent[27]. »* L'agent faisait référence ici à la révolte populaire en Inde, à la Révolution russe, à la subversion irlandaise et enfin rangeait parmi les forces hostiles à son pays une certaine conspiration juive internationale :

> Il s'agit maintenant d'un mouvement international de la part d'éléments à travers le monde, dont les émotions et les passions sont le jouet et l'instrument de cerveaux plus sinistres et plus malins, qui cherchent l'éclatement de notre Empire, la spoliation de notre commerce, la destruction de notre civilisation[28].*

Le complot juif

Une annexe au même mémorandum s'attaquait toutefois séparément à la question juive, avec une violence qui ramène le lecteur au genre emprunté par les *Protocoles des sages de Sion*, qui parurent en Occident à peu près à cette époque (Poliakov, 1955-1971 ; Cohn, 1981). Le document commence d'ailleurs par cette phrase : « Qu'il existe une conspiration à l'échelle mondiale de la part des chefs du judaïsme, dans le but d'établir une nation juive, on ne peut plus raisonnablement en douter[29]. »* Les Juifs, d'après l'auteur resté anonyme, tentaient alors désespérément de bâtir un État juif en Palestine, au détriment bien sûr des intérêts britanniques dans la région. Pour y parvenir ils comptaient s'associer à la hiérarchie de l'Église catholique romaine aux États-Unis, et étaient sur le point de mobiliser financièrement l'oligarchie juive mondiale comme de s'allier tous les mouvements révolutionnaires en action à travers le monde. L'auteur du mémorandum croyait même reconnaître la trame de la conspiration juive dans le déroulement de la Révolution mexicaine et jusque dans les événements qui menèrent à la guerre des Bœrs (1899-1902), guerre qui ébranla sérieusement le prestige militaire britannique. Dans le sillage de la déclaration Balfour de 1917, concernant l'établissement d'un foyer national juif en Palestine, et à la suite des émeutes qui éclatèrent en 1921 à Jaffa entre Arabes et Juifs, la diplomatie britannique se trouva en effet sérieusement concernée par la question juive au Moyen-Orient. De là à voir dans le peuple juif la source unique de tous les embarras ou échecs subis par les Britanniques sur la planète depuis le dernier quart de siècle, il y avait un fossé énorme que notre auteur anonyme franchit allègrement en 1926 dans un mémorandum secret. Aux yeux de cet agent, le Juif était prêt à toutes les pratiques déloyales pour parvenir à ses fins et faire triompher ses idéaux :

> Son agressivité [celle du Juif], sans égard aux insultes ou aux rebuffades ; son empressement à s'abaisser à tout acte, peu importe à quel point il peut être déshonorant ou illégal ; son absence totale de bienséance en société, en affaires ou dans la vie spirituelle, *en ce qui concerne le Gentil* ; sa ruse, développée pendant des siècles de ségrégation forcée et de lutte pour l'existence, permet au Juif de rivaliser avec ses concurrents gentils et de les battre, eux qui ne s'abaisseraient pas à son niveau ou n'admettraient pas de tels actes dans la conduite de leurs affaires ou dans leurs relations avec le monde[30].*

Currie accorda-t-il quelque crédit aux machinations des services secrets britanniques et à leur perception croissante du monde à travers le miroir déformant de l'antisémitisme le plus classique qui soit? Sans doute, puisqu'il versa des documents d'une telle teneur idéologique dans les dossiers officiels de l'Université McGill, et qu'il se comporta somme toute comme un homme convaincu de l'existence d'une conspiration mondiale menée par les Juifs aux seules fins d'affaiblir l'Empire britannique et de créer un État juif en Palestine. Simple variante de formes plus anciennes, élaborées dans d'autres circonstances historiques, comme à l'époque de

Briser
un certain
élan

la Révolution française ou lors des troubles de 1905 en Russie, l'antisémitisme de Currie ne pouvait trouver toutefois d'exutoire direct et immédiatement palpable qu'auprès de la population étudiante juive de McGill. Dans l'esprit du principal, la méfiance face aux Juifs devint donc une sorte de réflexe défensif devant ce qui était perçu comme une marée montante aux conséquences imprécises. Comme on arrache le faîte d'une plante qu'on ne veut pas voir se reproduire trop rapidement aux dépens d'autres espèces, de même Currie supprima-t-il d'un coup de plume arbitraire l'accès que la communauté juive de Montréal était en train de se tailler au sein d'une institution de haut savoir britannique. Il ne vint toutefois pas à l'esprit du général de toucher aux racines encore fraîchement ancrées en sol canadien de la communauté, à ces milliers de travailleurs juifs besogneux, occupés à des tâches ingrates et sans avenir, ou à ces innombrables petits commerces juifs qui se multipliaient dans les quartiers immigrants de la ville. L'essentiel pour Currie était que la communauté juive ne connût pas une efflorescence hâtive et que ses représentants ne se répandent pas à tous vents, dans toutes les professions où il faudrait bien leur ouvrir les portes, avec égalité des chances. Là où d'autres en Europe préparaient à la même époque une extermination en masse des Juifs, ou à tout le moins une suppression totale de leurs droits civils acquis, Currie se contentait d'imposer à « ses Juifs » une barrière concernant les échelons supérieurs de la société. C'était en somme, dans la lignée du libéralisme anglais du XIXᵉ siècle, une tolérance tacite dont on n'osait pas formuler publiquement les conditions et les limites, mais qui bénéficiait auprès des hautes sphères de la société en place de l'appui extrêmement efficace d'un consensus immatériel et muet.

Currie voulait sans doute éviter une attitude extrémiste dans ses rapports avec la communauté juive de Montréal, et n'était de toute évidence pas un adepte des idéologies fascistes alors naissantes dans l'Europe du milieu des années vingt. Dans les circonstances il eût été d'ailleurs parfaitement inutile pour Currie de faire preuve d'agressivité verbale ou d'hostilité ouverte, car une unanimité certaine, sans droit d'appel, avait fait son chemin à ce sujet au sein de l'administration de McGill. En 1933, soit la dernière année du règne de Currie, onze Juifs seulement étaient employés à McGill en qualité de professeurs sur un total de 323 où se retrouvaient 28 catholiques romains. Chez les occasionnels, la proportion de Juifs était de 11 sur 226, soit un rapport légèrement plus favorable (Tableau 14). Muselée, une bonne partie de la communauté juive accepta tout simplement la pitance que lui concédait Currie, tandis que les nouveaux immigrants juifs, majoritaire à cette époque, étaient trop occupés de leur survie pour songer à réclamer leur place à l'université anglophone de Montréal. Quelques jours avant sa mort, en novembre 1933, Currie eut une ultime occasion d'exprimer son opinion sur ce sujet brûlant d'actualité, cette fois à un Britannique installé en Caroline du Nord et membre de l'organisation fasciste américaine des *Silver Shirts*. À ce dernier qui réclamait appui et encouragement dans sa lutte contre le communisme et «la diablerie juive», Currie répondit:

> Ce que je sais, c'est que mon experience dans cette université m'apprend quelque chose au sujet de l'agressivité et d'autres particularités des gens de race juive, mais, franchement, je ne suis pas très sympathique à l'hitlérisme... Je n'avais pas entendu parles des Silver Shirts of America. Je remarque que vous m'écrivez du quartier général du commandant et j'en déduis que vous occupez un poste important dans l'organisation. J'en observerai donc avec intérêt le progrès futur[31].*

TABLEAU 14

Affiliation religieuse du personnel de l'Université McGill, automne 1933

	Protestants	Juifs	Catholiques
Personnel régulier (professeurs et chargés de cours)	284	11	28
Personnel à contrat (techniciens et assistants)	204	11	11
Total	**488**	**22**	**39**

Source: AMU, Fonds du bureau du principal (1920-1939), «A compilation made in the Principal's Office showing the numbers of Protestants, Roman Catholics and Hebrews among the members of our staff, 19 September 1933».

« *Earth and High Heaven* »

La mort de Currie ne changea rien à la politique de McGill concernant l'admission des étudiants juifs. Le long intérim de 1933 à 1935, au cours de duquel l'Université demeura sans principal, ne permit pas de réviser les règles du jeu, à supposer qu'une telle volonté eût existé. En octobre 1935, fidèle à sa préférence alors marquée pour des intellectuels de formation et d'origine britannique, McGill recruta comme principal un Anglais, Arthur Eustace Morgan. Son mandat fut cependant de courte durée et dix-huit mois plus tard, en septembre 1937, après une période d'ajustement difficile, le nouveau principal retraversait l'Atlantique. L'année suivante, McGill choisit cette fois un Américain pour présider à ses destinées. Lewis William Douglas, qui avait été directeur du Budget fédéral américain et s'était taillé une réputation d'administrateur exigeant, ne resta cependant à Montréal que deux ans, préférant retourner dans son pays d'origine en septembre 1939, soit dès le début des hostilités en Europe. Pendant toutes ces années qui vont de la mort de Currie en 1933 au choix de Frank Cyril James en janvier 1940, McGill demeura donc pratiquement sans leadership véritable et ne modifia en rien son image ni ses critères d'admission et de recrutement. L'Université était de plus à cette époque paralysée dans son évolution par des déficits d'opération chroniques et une incapacité à court terme de renouveler son corps professoral.

Un silence embarrassé

Depuis bientôt dix ans que durait le régime d'exception imposé aux candidats juifs, des failles apparaissaient cependant dans l'édifice d'arbitraire si patiemment élaboré par Currie et Mackay. Il devenait en effet de plus en plus difficile à la fin des années trente de soutenir une inégalité de traitement alors que de nouvelles forces pesaient dans la balance. Une onde de choc inouïe était venue depuis la lointaine Europe battre les remparts patiemment érigés par McGill, et bouleverser du coup les données de la question juive à l'intérieur de l'institution : la persécution hitlérienne à l'égard des Juifs prenait une telle ampleur en Allemagne qu'il devenait insoutenable de s'y associer, même indirectement, comme par coïncidence. Dans un tel contexte politique, McGill ne tenait pas à être accusée d'antisémitisme, même sous une forme bénigne ou dans des limites non violentes. L'université préféra ne rien révéler de ses choix administratifs, plutôt que d'être coincée entre l'enclume et le marteau et de devoir admettre la vérité toute crue d'avoir imposé un traitement discriminatoire aux étudiants de confession mosaïque. Dans un mémo interne non daté, mais sans doute soumis vers 1936 ou 1937 à un principal nouvellement entré en fonction, on trouve une description détaillée de toutes les organisations juives logées sur le campus, et un compte rendu des contributions financières de sources juives parvenues à McGill jusque-là. Ce document administratif se termine ainsi :

> L'Université n'a pas recherché les contributions juives, craignant surtout que cela ne lui apporte d'autres troubles dans le problème juif.
>
> Mais, en général, l'Université a toujours pensé que l'étudiant juif était loin de contribuer autant qu'il le devrait aux finances de l'Université — ou, plutôt, la communauté juive. On reçoit, au fil des ans, plusieurs plaintes de différentes branches de la Graduate Society, déplorant qu'il y ait trop de Juifs acceptés ici et qu'ils ne donnent rien.
>
> La proportion des Juifs admis : environ 9 % à 10 % du corps étudiant. Et nous exigeons qu'un Juif passe l'examen d'admission avec à peu près 100 points de plus qu'un Gentil[32].*

L'Université a été à cette époque interrogée indirectement sur sa politique d'admission, en novembre 1937 quand *The Jewish Advocate*, publié à Boston, voulut connaître la situation des étudiants juifs au sein des universités nord-américaines, dont McGill. Le chancelier[33] E. W. Beatty préféra charger de la réponse le principal intérimaire W. H. Brittain, lui ayant dicté la ligne de conduite à prendre :

Prudence!

> Étant donné que *The Jewish Advocate* est une publication américaine, il serait possible, je crois, d'éviter d'avoir à rédiger un article, en leur envoyant une lettre pour leur dire que nos étudiants et anciens juifs sont dans la même catégorie que les autres et que, par conséquent, il n'est pas souhaitable de les traiter de façon particulière comme membres d'une certaine race[34].*

Brittain transcrivit dans sa lettre au *Jewish Advocate* exactement les mots de son chancelier[35]. C'était là à tout le moins masquer la vérité. L'embarras de McGill monta toutefois d'un cran après *Kristallnacht* quand, en novembre 1938, des Juifs allemands, victimes du régime nazi, voulurent se réfugier au Canada. Le problème devint si endémique que le régistraire G. H. Matthews tenta, en janvier 1939, d'obtenir que le principal Douglas consente à une politique plus adaptée aux nouvelles circonstances :

> J'ai, en ce moment, des demandes d'admission de quatre ou cinq étudiants européens, la plupart juifs, qui sont, de toute évidence, impatients d'émigrer. La semaine dernière, un avocat de New York est venu en avion spécialement pour me rencontrer, concernant quatre étudiants juifs venus d'Europe, auxquels il s'intéresse. L'un est menacé d'arrestation, tandis que le père d'un autre, éditeur berlinois très connu, Léo Springer, est maintenant dans un camp de concentration. La Faculté de médecine a déjà accepté le fils Springer, mais je crois que de telles demandes vont probablement devenir beaucoup plus nombreuses et pourraient constituer un réel problème pour l'université[36].*

La réponse précise de Douglas à cette question de son régistraire montre la difficulté pour McGill de ne pas perdre la face en regard des politiques pratiquées au sein de l'institution depuis les années vingt. Il fut décidé de traiter chaque cas individuellement, de manière confidentielle, afin d'éviter d'avoir à se compromettre éventuellement par l'adoption d'une politique globale. Peut-être escomptait-on en haut lieu que l'orage passerait sans plus de conséquences. Après tout, la politique de McGill avait été conçue loin des oreilles du public, dans une situation particulière, et l'administration entendait toujours, contre vents et marées, traiter cette affaire des admissions juives en vase clos : « Mon opinion, pour ce qu'elle vaut, c'est que ceci est un sujet controversé, voire dangereux, et qu'il pourrait causer beaucoup d'embarras, s'il devait être discuté en public[37]. »*

Erika Drake et Marc Reiser

Il existe en rapport avec la sociographie de cette période trouble un roman de langue anglaise d'une exceptionnelle qualité : *Earth and High Heaven* de l'auteur Gwethalyn Graham, publié en 1944. Cette œuvre littéraire décrit, par le biais des rapports amoureux entre une Anglo-Saxonne et un Juif, le contexte des relations ethniques à Montréal entre les deux guerres mondiales. Jeune femme issue de la bourgeoisie bien établie de Montréal, l'héroïne du roman, Erika Drake, provoque un tollé de protestations au sein de sa famille dès qu'elle se lie d'amitié avec un Juif, fils d'immigré autrichien et avocat de profession. Jusque-là adorée de son père et très protégée, Erika découvre à cette occasion la dureté des préjugés ethniques dont son milieu est imbu de part en part. Elle est particulièrement choquée de découvrir, entre autres, une fois la question soulevée explicitement, l'antisémitisme manifeste de ses parents : «Après tout, nous, Canadiens, ne sommes pas fondamentalement en désaccord avec les Nazis, au sujet des Juifs ; nous pensons simplement qu'ils vont un peu trop loin »* (Graham, 1969 : 48). Dans une série d'échanges entre Erika et son beau-frère René de Sévigny, au sujet de l'hostilité latente entre les diverses communautés de Montréal, il est aisé de percevoir le drame qui se prépare entre les deux amoureux :

> Il dit d'un ton acerbe : « Désolé, je ne suis qu'un Canadien français, je ne saisis pas très bien ces distinctions subtiles. Vous autres, les Canadiens anglais, vous passez votre temps à nous prêcher, mais vous ne semblez jamais vous rendre compte que, si vous vouliez bien une fois faire l'effort de mettre en pratique ce que vous prêchez, votre sermon aurait peut-être un peu plus d'effet. »
>
> [...]
>
> «Comme Canadien français, vous n'êtes pas vraiment bien placé pour nous critiquer sur notre antisémitisme. »
>
> Haussant les épaules, René dit : «Au moins, nous ne faisons pas le contraire de ce que nous disons »* (Graham, 1969 : 67-68).

L'idée que sa fille puisse un jour épouser un Juif répugne totalement au père d'Erika, Charles Sickert Drake, non pas que l'individu en question — Marc Reiser — soit indigne d'elle, mais uniquement parce qu'il est Juif. En fréquentant Erika, Marc prend d'ailleurs conscience qu'il est toujours le seul Juif présent dans l'entourage des Drake, et à part quelques Canadiens français, souvent le seul non-Britannique. Si les francophones qui font partie du milieu socio-culturel des Drake sont l'objet de quelque subtil mépris, sous la forme d'opinions politiques violemment opposées, Marc se rend compte que les Juifs eux n'y comptent pour absolument rien. Personne dans la maison des Drake ne se rappelle avoir eu des amis juifs, ou des connaissances, ou même des relations d'affaires au sein de ce groupe ethnique particulier : le vide le plus total entoure le prétendant d'Erika. Le père soupçonne d'ailleurs Reiser d'avoir des ambitions sociales, habilement dissimulées, et l'accuse de se servir de sa fille comme d'un tremplin. Que son fils Anthony soit allé chercher son épouse au sein d'une vieille famille canadienne-française est admissible, mais que sa fille songe à convoler avec un Juif, point du tout. Charles Drake n'accepte pas que Erika soit pour un fils d'immigrant juif l'instrument rêvé et l'aubaine inespérée qui le ferait passer d'une vie confinée aux marges de la société à un brillant avenir auprès d'une des vieilles familles protestantes de Montréal. Que Drake lui serve, par l'alliance que sa fille désire, de point d'ancrage à un parvenu, il ne parvient pas à l'admettre. Comment pourrait-il expliquer un tel geste à ses amis, aux membres de sa propre famille qui partagent son désir d'exclusivisme sur le plan social:

> « Pourquoi ? » répéta-t-il en la regardant. « Eh bien, je vais te le dire pourquoi. Je ne veux pas voir ma fille passer sa vie, ni chair ni poisson, dans une sorte de no man's land où la moitié des gens que tu connais ne l'accepteront jamais et la moitié des gens qu'il connaît ne t'accepteront jamais. Je ne veux pas d'un gendre qui gênera nos amis, un gendre que je ne pourrai inscrire à mon club et qui ne pourra pas nous accompagner dans des lieux que nous avons fréquentés toute notre vie. Je ne veux pas d'un gendre pour lequel je devrai m'excuser et m'expliquer, et que je devrai entendre se faire insulter indirectement, à moins de pouvoir me souvenir de prévenir les gens d'avance »* (Graham, 1969: 97).

La mécanique interne du préjugé

Le père d'Erika ne peut simplement pas accepter les Juifs, un à un, comme des êtres humains, indépendamment de leurs origines et de leurs manières. Derrière Marc Reiser se lève menaçante toute sa « race », atavisme qui finira bien par lui dicter des comportements et des actes méprisables. D'ailleurs, avance Charles Drake un peu à la manière des Currie et des Mackay, il y a bien quelques Juifs de commerce agréable à Montréal et rien n'empêche d'avoir avec eux des rapports d'ordre professionnel. Jamais cependant ni eux ni lui ne songeraient d'un commun accord à forger une quelconque intimité de sentiments: « Je n'ai rien contre les Juifs; certains de ceux que je connais, en ville, sont des gens très convenables, mais cela ne veut pas dire que je veuille les voir chez moi, pas plus qu'ils ne veuillent me voir chez eux... »* (Graham,

1969 : 50). Mieux vaut de l'avis du père garder une distance appréciable entre les différents groupes ethniques, à plus forte raison avec les Juifs, communauté qui abrite plus que son lot de profiteurs et de magouilleurs, que des siècles de cohabitation dans des pays chrétiens n'ont pas poussés à s'assimiler et qui sans cesse réclament des privilèges et des exemptions. Après tout, la preuve n'était-elle pas faite à Montréal, que la plupart des contrevenants aux prix fixés en temps de guerre par la Commission fédérale de contrôle ont été des Juifs, pressés de s'enrichir aux dépens d'une cause patriotique et sacrée, et n'ayant comme objectif premier que leur propre ascension sociale :

> [...] Tout ceci non seulement se trouvait réuni dans un seul individu, mais un individu bien déterminé à ne pas se laisser assimiler, à demeurer un étranger, et qui se trouvait presque toujours où on ne voulait pas de lui, envahissant les hôtels, les plages, les clubs et pratiquement tous les endroits où on le laissait entrer* (Graham, 1969 : 132).

Le précédent américain

On retrouve assez curieusement certains aspects de l'intrigue du roman f235Earth and High Heaven dans la correspondance du principal Currie. Dans les années trente, des diplômés juifs de McGill avaient fait leur entrée dans la vie professionnelle montréalaise, notamment dans le domaine juridique. Dans une lettre à Currie datée du 17 octobre 1933, Walter Molson, lui-même diplômé de McGill et ancien membre du Bureau des gouverneurs de l'Université, s'amuse à noter l'audace apparemment sans bornes de deux avocats, Myerson et Sigler, avocats. Ces derniers lui réclamaient des dommages pour un accident survenu à un de leurs clients sur la propriété des Molson, au lac Brulé. Malheureusement, aux dires de l'intimé, les avocats juifs en question ne se comportaient pas selon les règles éthiques reconnues au sein du milieu anglo-saxon de Montréal : leurs tournures de phrase étaient trop agressives, leurs honoraires exhorbitants et leur version des faits effrontément insoutenable. En un mot, voilà des concurrents qui n'avaient pas suffisamment de manières pour mériter que l'on prît leur pratique professionnelle très au sérieux :

Vous trouverez ci-joint copie d'une lettre [de Myerson et Sigler] qui pourrait vous faire sourire, comme ce fut le cas pour nombre de mes amis et pour moi-même.

En supposant que Noé fût un Hébreu, la situation présente un amusant parallèle avec l'Arche.

La lettre m'a également remis en mémoire nos différentes conversations sur la mission de McGill, quant à l'enseignement à dispenser à différents éléments de notre population. J'ai eu la curiosité de consulter l'annuaire des lauréats de McGill, où j'ai retrouvé les noms des deux éminents associés [Myerson et Sigler].

Je crois que « The English as she is spoke », de même que l'aveu naïf que leurs demandes sont excessives (incidemment, mes avocats les qualifient de ridicules) sont délicieux, bien que pas très flatteurs pour leur alma mater et pour leurs pairs diplômés[38].*

13.
Abraham M. Klein, tel qu'il apparaissait en 1930 sur sa photo de graduation, à la Faculté des arts de l'Université McGill. Klein, qui s'était d'abord destiné au droit, allait devenir un des plus grands écrivains juifs de langue anglaise au Canada. *Archives de l'Université McGill, PLO 6257.*

De toute évidence, les avocats Myerson et Sigler n'appartenaient pas, comme Marc Reiser de *Earth and High Heaven*, à la classe des Juifs enracinés dans la société canadienne du fait de l'ancienneté de leurs familles. Currie répondit d'ailleurs à son ami Molson quelques jours plus tard que les portes de l'Université s'étaient déjà fermées sur cette espèce de Juifs qui plaçaient l'ambition sociale au-dessus de toute autre considération :

> Cependant, vous serez heureux d'apprendre, et j'espère que vous en informerez vos amis, que les Juifs ont déserté notre école de droit. Des 39 étudiants inscrits en première année, à cette session, seulement un est juif[39].*

L'Université McGill ne fit pas cavalier seul dans toute cette affaire de discrimination antisémite. Bien au contraire, tout indique quelle se comporta face à sa clientèle juive de la même manière que les autres institutions anglophones de haut savoir au Canada ou ailleurs sur le continent, et pour les mêmes raisons. En fait, il semble bien que l'Université Columbia, New York, fut la première université nord-américaine qui ait tenté de mettre un frein à l'admission d'étudiants d'origine juive. Conçue sur le même modèle élitiste anglo-protestant que McGill, Columbia subit plus tôt ce genre de pression parce qu'elle était établie dans la ville de New York, lieu de la plus forte concentration juive aux États-Unis. Là, comme à McGill, on avait voulu faire de ce milieu universitaire privé la pépinière d'une élite traditionnellement anglo-saxonne et protestante, formée dans le respect d'une certaine éthique sociale et culturelle, et issue en bonne partie des vieilles familles qui avaient fondé la colonie trois siècles auparavant. Déjà en 1915 une bonne proportion de la clientèle sous-graduée de Columbia était constituée d'immigrants ou de descendants d'immigrants, le plus souvent des Juifs originaires d'Europe de l'Est. Dans une ville comme New York, où l'éducation secondaire était gratuite et largement accessible depuis la fin du XIXe siècle, les Juifs avaient en effet été très empressés d'obtenir pour eux-mêmes et leurs enfants une éducation supérieure, et ce, plus que tout autre groupe ethnique. Dès le début du siècle, des Juifs américains s'étaient en effet inscrits en masse à Columbia, qui jusque-là n'avait reçu qu'une population étudiante traditionnellement anglo-protestante et socialement huppée (Higham, 1975b).

Columbia
University

95

Effrayés par la perspective d'une entrée massive d'étudiants juifs qui viendrait gâcher le caractère élitiste de l'institution, Columbia songea vers 1910 à contingenter leur nombre. C'est probablement à cette époque que l'on inventa l'expression « desirable Jew », pour distinguer les Juifs d'origine sépharade ou allemande établis aux États-Unis depuis au moins le milieu du XIXe siècle, et les autres, d'origine polonaise ou russe, récemment arrivés et n'ayant rien perdu de leur « rusticité ». Selon les désirs de son administration, Columbia devait rester ouverte à la première catégorie de Juifs, mais fermée à la seconde. On reconnaît là facilement le type d'antisémistisme social que pratiqua McGill au cours des années vingt et trente, à cette différence près qu'à Montréal le nombre de familles juives établies de longue date était moindre et les Juifs « distingués » peu nombreux. Pour parvenir à ses fins, Columbia institua dès la fin de la Première Guerre mondiale un système de sélection « positif » des étudiants, et commença à réduire le nombre de personnes admises à son collège préparatoire[40]. L'administration prépara une liste de critères basés non seulement sur la fiche académique des candidats, mais aussi sur leur origine sociale, leurs intérêts personnels, leurs motivations et leurs qualités de leadership.

> Immédiatement après avoir été nommé doyen du collège Colombia, en 1910, Frederick Keppel fit le point sur le « problème juif ». Columbia avait aspiré à être une institution nationale. Le collège espérait attirer des étudiants aux traits de caractère et aux antécédents familiaux enviables, de telle sorte qu'il en sortirait des diplômés bien placés et fortunés [...]. Le doyen critiqua la manière dont Columbia s'était occupé du problème juif jusque-là. Il comprenait qu'aucune mesure ou combinaison de mesures ne conduirait à l'élimination totale des étudiants juifs du collège, mais il espérait limiter l'élément juif aux étudiants « désirables » qui arrivaient au collège avec des « avantages sociaux » et, d'une manière ou d'une autre, éliminer les indésirables, qui venaient en dépit de désavantages sociaux* (Wechsler, 1977: 150).

À ceci s'ajouta un tout nouveau test d'intelligence, tel que nous les connaissons aujourd'hui, conçu et développé par l'Armée américaine au cours de la grande campagne de recrutement de 1917. Rédigé en anglais et préparé pour des esprits éduqués dans des institutions occidentales, le test désavantageait à coup sûr les immigrants ayant une langue maternelle autre et une formation intellectuelle différente. Armé de ces informations pertinentes, Columbia pouvait étiqueter avec plus d'assurance les candidats que l'administration avait jugés indésirables sur le plan social.

Le résultat de ces politiques fut presque immédiat, de 40 % qu'il était avant ces mesures discriminatoires, le pourcentage d'étudiants juifs passa vers 1921 à 22 % au sein du collège de l'institution. En 1934, durant la crise économique, le nombre de Juifs dans les mêmes salles de classe était tombé à 17 %. Il demeure toutefois intéressant de noter que Columbia n'eut jamais à résister à un influx comparable de la part d'étudiants catholiques, car, à New York comme à Montréal, nombre d'institutions catholiques avaient été créées, conformément aux directives vaticanes concernant l'éducation supérieure. Comme à McGill, Columbia ne chercha pas à rendre publique à tous vents son intention de contrôler arbitrairement la composition ethnique de sa clientèle étudiante. Même si l'hostilité de Columbia envers les Juifs était bien connue, aucun document officiel de l'Université n'en fit état ou annonça un quelconque train de mesures administratives à leur détriment.

Les Juifs seuls

Par sa politique antisémite, McGill ne fit donc que se mettre au diapason de d'autres universités privées nord-américaines et pour les mêmes raisons (Shaffer, 1987). Comme à Harvard ou à Yale à la même période, McGill tenta aussi de circonscrire le bassin géographique où l'Université recrutait ses étudiants, et ceci afin d'exclure le plus grand nombre possible de Juifs (Oren, 1985; Wechsler, 1977). McGill imita également Columbia et beaucoup d'autres institutions, en ajoutant aux critères purement académiques de sélection des données aisément subjectives concernant l'origine sociale, religieuse et ethnique des candidats qui se pressaient à ses portes. Enfin, McGill refusa, elle aussi, de laisser augmenter son corps étudiant au rythme de la demande, et créa pour les Juifs une exigence nettement supérieure aux examens d'entrée qu'elle imposait. La réaction plus tardive et plus modérée de McGill tint sans doute au fait qu'à New York les Juifs formaient déjà en 1910, avec un peu plus d'un million d'âmes, 23 % de la population totale de la ville. En

À Montréal comme à New York

1920, juste avant que la république américaine n'adopte des lois destinées à mettre fin de façon définitive au flot d'immigrants en provenance d'Europe du Sud et de l'Est, les Juifs de New York faisaient 29 % de la population de la ville et représentaient tout près de la moitié des Juifs résidant à cette époque aux États-Unis. À Montréal, par contre, les Juifs ne représentèrent à la même époque jamais plus de 6 ou 7 % de la population de la ville.

Derniers feux et premières lueurs

McGill finit par céder sur la question juive, et ce, juste à la veille du conflit mondial. Le 6 mai 1938, l'Université conféra un doctorat honorifique à cinq personnes, dont le rabbin Stern de Montréal. Ce dernier s'était mérité cet honneur par ses efforts répétés dans le domaine du dialogue interreligieux au Canada et le rapprochement entre les différentes communautés culturelles du pays. Stern, il en sera question plus loin, était alors le chef spirituel d'une congrégation juive réformée située dans la municipalité de Westmount, le Temple Emanu-El, connu pour ses tendances assimilationnistes et américanisantes et composé de riches Juifs dont la modération avait gagné la confiance de l'élite anglo-saxonne de Montréal. Concernant Stern, McGill ne prenait pas un grand risque et était loin d'atteindre le cœur de la communauté des *Downtowners* qu'elle voulait tenir à bonne distance :

> En honorant le rabbin Stern, l'Université McGill s'honore elle-même, car personne ne s'est mérité plus de respect que lui dans la communauté. Son grand sens du service public est proverbial et il possède les qualités et les talents qui font de lui le candidat idéal pour la reconnaissance dont on s'apprête à l'honorer. Nous serons fiers de le compter parmi les membres de notre université[41].*

Stern avait constitué, depuis son arrivée à Montréal en 1927, la seule opposition admise aux politiques discriminatoires de McGill à l'endroit de la communauté juive. En honorant ce rabbin libéral, l'Université tentait sans doute de tourner la page sur l'histoire peu reluisante de l'accès à une éducation supérieure semée d'embûches pour quiconque ne pouvait se déclarer d'origine ethnique anglo-saxonne. L'heure avait sonné de réviser ou, à tout le moins dans un premier temps, de reconsidérer l'attitude de la haute administration à l'égard de sa clientèle étudiante juive :

> Les différences raciales et religieuses ne peuvent avoir de place dans les gestes et l'attitude d'une université, et l'Université McGill ne serait sûrement pas digne de son bon nom et de sa grande réputation, si elle laissait des considérations politiques ou religieuses influencer ses décisions quand il s'agit d'honorer d'éminents Canadiens [42].*

Craintes
et réserves

L'Université souscrivit également en 1939 à une déclaration de principe issue d'un certain nombre d'universités américaines, concernant l'accueil en Amérique du Nord de réfugiés politiques européens qui possédaient dans le domaine intellectuel une solide réputation. Il s'agissait en somme de sauver d'une déchéance morale et physique de brillants esprits mondialement reconnus et que leur opposition tacite ou non au nazisme ou au fascisme avait condamnés à l'inaction ou pire à la persécution. Parmi ces victimes recrutées dans les universités européennes, se trouvaient un grand nombre de Juifs allemands versés dans les disciplines universitaires. Plusieurs furent accueillis à New York quand le New School for Social Research fonda en 1933 « L'Université en exil ». On peut toutefois mesurer les réserves des institutions québécoises à ce sujet dans une correspondance échangée en 1939 entre le principal de l'Université McGill et le recteur de l'Université de Montréal. Mgr Olivier Maurault qui, ayant refusé d'engager les ressources de son institution dans cette campagne en faveur des intellectuels européens réfugiés, eut droit à une mise au point de son vis-à-vis Douglas : McGill irait de l'avant dans un premier temps, à condition que le projet de coopération n'ait pas de suite concrète. C'est du moins ce qu'il faut comprendre de la formulation employée par le principal de McGill dans une lettre au recteur Maurault : « Sujet à certaines réserves, telles que celles qui pourraient surgir de la formulation d'une procédure visant à rendre le principe effectif[43]. »* Rien ne laisse entendre que McGill ait dépassé, au sujet des intellectuels réfugiés, une prise de position théoriquement favorable.

À McGill, « le problème juif » se régla définitivement avec la défaite des forces militaires fascistes en Europe. La guerre et ses conséquences sur le peuple juif

De nouvelles
politiques
d'admission

d'une part, la libéralisation des lois de l'immigration fédérale après 1948 d'autre part, rendirent rapidement caduques les mesures subtiles que l'Université avait élaborées au cours des années vingt et trente pour tenter de bloquer l'accès de son campus à certains groupes ethniques. Brusquement, à McGill, le nombre d'étudiants passa de quelque 3 500 au début des années quarante à plus de 8 000 dix ans plus tard. La prospérité de Montréal et la montée démographique des ethnies tierces, dont les Juifs, rendit impossible au sein de l'institution toute forme de contingentement arbitraire. Il n'y avait déjà plus dans les années cinquante suffisamment d'Anglo-Saxons dans la ville pour remplir les salles de cours de McGill, et encore moins pour permettre à l'Université de poursuivre une expansion continue (Rudin, 1985). Les politiques anti-juives de l'Université avaient toutefois laissé un goût plutôt amer et plusieurs membres de la communauté juive de Montréal gardaient encore en mémoire, même après la fin du deuxième conflit mondial, le souvenir des brimades subies à McGill au cours des années trente par les étudiants de confession mosaïque. Pendant de nombreuses années, les Juifs qui s'aventurèrent sur le campus de la rue Sherbrooke, même en l'absence de mesures et d'attitudes spécifiquement hostiles, ressentirent néanmoins la distance qui les séparait sur le plan culturel de leurs confrères et consœurs anglo-britanniques.

Le témoignage de A.M. Klein   Engagé par McGill en 1945 comme professeur invité, dans le cadre d'un cours sur la poésie, l'écrivain A. M. Klein a laissé dans son journal intime un portrait sans doute subjectif mais peut-être fidèle, de ce que furent, dans le cadre plus libéral de l'après-guerre, les rapports judéo-protestants au sein de l'institution. Invité au University Club par le principal F. Cyril James, Klein eut tôt fait de remarquer la gêne mutuelle qui marqua leur entretien :

> J'ai pu déduire de ce que dit le docteur [James] qu'il était amoureux de choses primitives. Le sacré pittoresque des Arabes est notre plus grand obstacle dans notre tentative d'intéresser les Anglais. Ils préfèrent les autochtones, qui sont colorés et plus faciles. Mais, les maudits Juifs, ils passent leur temps à citer les mêmes livres que vous lisez, désagréables occidentaux. Le docteur n'a pas dit ça, mais c'est ce qu'on pouvait sentir dans ses remarques* (Caplan, 1982 : 128).

Même, si McGill avait abandonné à cette époque
ses politiques discriminatoires, James reçut à la fin des
années quarante, de la part de Juifs montréalais, nombre
de protestations concernant l'attitude jugée injuste de
l'Université à l'endroit de sa clientèle juive. Plusieurs Juifs
tenaient pour acquis que McGill, même après 1945, avait
continué de fermer ses portes aux jeunes gens de confession mosaïque, comme cela avait été le cas à peine quinze
ans plus tôt. En novembre 1948, par exemple, le conseiller
municipal Max Bailey avait cru bon de rappeler à l'Université, à l'occasion d'une promesse de subvention de la part
de la Ville de Montréal, qu'il n'était pas entièrement satisfait des critères d'admission au niveau du 1er cycle:

> On semble avoir l'impression, dans une bonne partie de
> la population juive, qui constitue la majorité dans le
> quartier que je représente au Conseil, qu'il existe une
> politique discriminatoire à l'égard du recrutement des
> étudiants juifs. On croit généralement que le candidat
> qui est juif doit avoir une note plus élevé qu'un candidat
> non juif, s'il veut être admis[44].*

James, principal depuis 1940 seulement, eut fort à
faire pour convaincre ses interlocuteurs juifs que la politique des deux poids deux mesures, avait effectivement été
complètement abandonnée au début de son mandat et
qu'elle ne serait pas réinstituée:

> Pour ce qui a trait à la question particulière que vous
> soulevez, je suis heureux de pouvoir vous assurer qu'il
> n'y a, en ce moment, absolument pas de discrimination,
> en aucune façon, à l'égard d'étudiants de quelque reli-
> gion que ce soit demandant à être admis à l'Université
> McGill. À la Faculté des lettres et des sciences, qui reçoit
> la plupart de nos étudiants du secondaire, la note mini-
> mum, pour l'admission, est basée sur les notes et une
> lettre confidentielle du principal de l'école, que nous
> recevons avec chaque candidature[45].*

Les archives de l'université ont même retenu le cas d'un
citoyen d'origine juive qui, en 1949, soutenait avec une
telle véhémence être convaincu de l'inéquité des procé-
dures d'admission à McGill[46], que le principal dut demander au responsable sur le campus de la Fondation Hillel, le
rabbin Samuel Cass, de lui écrire personnellement pour
le persuader du contraire:

En me basant sur mon expérience et sur mon association avec l'Université McGill comme directeur de la B'nai B'rith Hillel Foundation, j'ai le privilège de vous informer qu'il n'y a absolument pas de différence dans les exigences et les critères d'admission, à l'Université McGill, entre les candidats juifs et les candidats non juifs. De plus, toute analyse impartiale des quelques 1 100 étudiants juifs ou plus, présentement inscrits à l'Université McGill, démontrera qu'il n'y a pas de « quotas d'admission » entre les différentes facultés[47].*

Des routes enfin ouvertes   Un autre facteur contribua enfin à libéraliser la perception de l'université face à la communauté juive locale. McGill cessa au cours des années cinquante et soixante d'être l'institution privée qu'elle avait été depuis sa fondation. Désormais l'État québécois contribuait à une part sans cesse grandissante de son budget, et l'université reçut de Juifs montréalais, notamment de la famille Bronfman, des dotations financières qui eurent un impact certain dans plusieurs départements. Dès 1964, la population étudiante juive atteignait un nouveau sommet avec 28 % du total des inscriptions soit plus que le niveau maximum qu'avait connu l'Université pendant une brève période au début des années vingt (Frost et Rosenberg, 1980 : 43). Depuis cette date, il est légalement interdit à McGill, comme à aucune autre institution, de recueillir des données concernant l'affiliation confessionnelle de ses étudiants.

* * *

Dans *Earth and High Heaven*, Marc Reiser finit à l'automne 1942 par obtenir la main d'Erika Drake, et ce juste avant son départ pour rejoindre les rangs de l'Armée canadienne en Europe. Pourtant, jusqu'à la toute fin, l'opposition des Drake à son mariage demeura inflexible et rien ne put distraire le père de ses opinions concernant les ambitions effrontées des Juifs et leur impertinence sociale. Reiser n'avait même jamais osé retourner à la résidence des Drake, depuis qu'avaient été dévoilés ses sentiments pour Erika : l'impasse était totale. Jusqu'à la famille Reiser qui avait cru bon, un jour de *Yom Kipour*, de mettre leur fils en garde contre les difficultés inhérentes à un mariage avec un Gentil, dans un monde où les conséquences de l'antisémitisme finissaient apparemment par atteindre les meilleures âmes. Tout en serait probablement resté là si un événement imprévisible n'était venu changer les règles du jeu : soudainement, le seul fils des Drake, Anthony, fut porté disparu quelque part en Méditerranée, celui-là même qui en épousant une francophone avait consenti à élever ses enfants dans la foi catholique. Du coup le monde s'écroula autour de Charles Drake, et il ne trouva plus la force de pousser plus loin le conflit avec sa fille : il savait que désormais autour de lui il ne saurait plus se trouver seulement des Anglo-Saxons protestants à sa manière, du type de ceux qui acquirent à Montréal sa prééminence dans les affaires canadiennes. Drake apparaît dans le roman *Earth and High Heaven*, comme le dernier des Anglo-Saxons, le vestige d'une société qui bascule de plus en plus dans le pluralisme ethnique et s'oriente vers la francisation. Anthony décédé, plus rien n'allait s'opposer à ce que le petit-fils de Charles Drake devienne, grâce aux soins de sa mère, à la fois un francophone et le premier catholique de la famille depuis le règne du roi Charles II d'Angleterre.

Ces pressions que subirent les Drake dans *Earth and High Heaven*, McGill les vécut au lendemain de la paix de 1945 à un autre niveau. Les mesures ethnocentriques imaginées par Currie et Mackay quelques années auparavant durent être abandonnées quand il devint évident que Montréal cesserait bientôt d'être une ville dominée par une élite anglo-saxonne, et que seules des méthodes honteusement racistes empêcheraient les Juifs ou les autres communautés culturelles d'avoir accès à la richesse dans une société d'idéologie libérale. En fait, on peut facilement conjecturer que les mesures anti-juives de McGill constituèrent au cours de la période étudiée une sorte de combat d'arrière-garde, mené par des esprits qui, face à une société changeante, tentèrent de jouer une dernière carte, déloyale celle-là, pour contenir la marée montante de la pluri-ethnicité. Privé de ses étudiants juifs, McGill fut-il vraiment un milieu humainement épuré et davantage imbu des valeurs anglo-saxonnes ? L'institution sombra-t-elle plutôt dans la médiocrité propre aux milieux refermés sur eux-mêmes ? La crise juive à McGill fut probablement le reflet de l'angoisse profonde qui s'empa-

La fin
d'une époque

103

ra d'une élite qui voyait décliner autour d'elle un certain monde impérial et victorien, que la Grande Guerre avait déjà fortement ébranlée, et qui languissait sous les difficultés nées de la Dépression économique des années trente. Il y a dans ce geste d'éloigner de McGill tout élément non britannique le désir de restituer à sa gloire première une coterie menacée de toutes parts. N'est-il pas d'ailleurs significatif que l'homme qui présida aux destinées de l'Université pendant sa période la plus antisémite se définissait justement comme un soldat de l'ancienne école, et qui avait connu de vifs succès dans la défense de l'Empire sur les champs de bataille de l'Europe.

Boucs-émissaires
Sans doute, le Juif personnifiait-il mieux que tout autre aux yeux de ces nostalgiques, une menace à leur domination, qui prenait l'allure du cosmopolitisme, du matérialisme sans racines et du libéralisme économique à outrance. Finalement, ce qui pointait à l'horizon des années trente en Occident, et que des esprits inquiets cherchèrent à affubler du masque d'une conspiration juive de domination du monde, n'était rien d'autre que l'émergence d'une culture de masse nord-américaine, aux ramifications économiques universellement répandues. Si Currie ne se trompait pas sur l'imminence d'un changement profond qui guettait à court terme la société montréalaise et canadienne, il se méprit toutefois sur les causes et les symptômes du phénomène. Les Juifs n'étaient pour rien dans ce grand bouleversement encore à venir : en fait au cours des années vingt et trente, Montréal avait cessé de vivre à l'heure de la Grande-Bretagne et de l'Europe et s'apprêtait à basculer dans l'orbite des États-Unis, c'est-à-dire d'une société où l'homme de la rue dominait le paysage culturel par ses goûts et ses aspirations, et où la richesse n'avait pas de lettres de noblesse (Roby, 1976). Rien n'aurait pu retarder ce renversement, surtout pas une campagne sournoise où les immigrants juifs du centre-ville faisaient figure de boucs émissaires.

Notes du chapitre 2

1. À l'Université McGill, le registraire était depuis 1902 le secrétaire du Sénat universitaire (University Corporation), la plus haute instance académique de l'institution. Il était aussi le secrétaire du Comité responsable des critères d'admission à l'Université (Committee on Matriculation Requirements and Admissions) et par là responsable de l'application des normes dans le choix des étudiants admis à McGill.

2. AMU (Archives de l'Université McGill), Lettre de Ira Mackay, doyen intérimaire de la Faculté des arts, au registraire adjoint J. W. Jenkins, 6 janvier 1925. Relativement au sujet qui nous intéresse, toute la correspondance citée entre administrateurs de McGill se faisait sous le sceau de la confidentialité, de même que les décisions prises par les différentes instances de l'Université.

3. AMU, Lettre de I. Mackay, doyen de la Faculté des arts, au régistraire J. A. Nicholson, 15 juin 1926.

4. *Idem*, 4 juillet 1928.

5. À cette époque, la Faculté des arts de McGill regroupait les étudiants inscrits en arts, en sciences humaines et économiques et en sciences appliquées, dont ceux qui se destinaient à la médecine.

6. AMU, Lettre de J.A. Nicholson au doyen I. Mackay, 3 octobre 1927.

7. Des examens d'admission (Junior matriculation examinations) étaient préparés par l'Université McGill et tenus trois fois l'an. On exigeait d'un candidat qu'il obtienne 60 % sur l'ensemble des matières (600 aggregate) et pas moins de 40 % pour une matière donnée. Dans certains cas on acceptait la moyenne des notes contenues dans les diplômes décernés par certaines institutions reconnues par McGill.

8. AMU, Lettre de I. Mackay au registraire adjoint J. W. Jenkins, 27 août 1928.

9. AMU, Lettre de I. Mackay à J. A. Nicholson, 16 juillet 1929.

10. *Idem*, 25 novembre 1929.

11. AUM (Archives de l'Université de Montréal), Fonds du secrétariat général (1876-1950), Lettre du recteur de l'Université de Montréal, Mgr Olivier Maurault à Mgr Ruffini, membre de la curie romaine, juillet 1935.

12. À l'Université McGill, le principal a la plus haute responsabilité exécutive au sein de l'institution, avec un droit de gérance direct sur l'engagement des professeurs et la gestion du corps professoral. Il est aussi vice-chancelier de l'Université et directeur des études (academic head).

13. AMU, Fonds du bureau du principal (1920-1939), Lettre du doyen adjoint de la Faculté de médecine, L. Simpson, au principal L. W. Douglas, 14 janvier 1938.

14. La Faculté des arts de McGill, sous la direction du doyen I. Mackay depuis 1924, devient en 1930 la Faculté des arts et des sciences. I. Mackay en fut aussi le doyen jusqu'en 1934.

15. AMU, Fonds du bureau du principal (1920-1939), Lettre du doyen adjoint L. Simpson au principal L. W. Douglas, 14 janvier 1938.

16. *Idem*, « Report of the Committee on Matriculation and Admission », 4 avril 1930.

17. En réponse à une lettre du révérend chanoine Cody, président du bureau de direction de l'Université de Toronto, qui s'enquérait de l'attitude de McGill concernant les conséquences pour les étudiants juifs de la tenue d'examens le jour du *chabat*, le principal Currie écrivait le 1er avril 1932 que le « clergé juif » était seul à blâmer dans les circonstances pour les protestations émises, et que les candidats juifs eux-mêmes ne se souciaient guère de ces détails. Le *Va'ad Ha'ir* était à cette époque le seul représentant attitré de la communauté juive montréalaise.

18. AMU, Fonds du bureau du principal (1920-1939), Lettre du doyen de la Faculté des arts I. Mackay au principal Arthur Currie, 23 avril 1926.

19. *Ibid.*

20. *Ibid.*

21. *Ibid.*

22. *Ibid.*

23. *Ibid.*

24. *Ibid.*

25. *Idem*, Lettre de I. Mackay au principal A. Currie, 21 juillet 1933.

26. AMU, Fonds privés, section VI, Document signé par J. C. Smuts et tiré du fonds Urquhart. Ce texte servit probablement d'ébauche à une introduction au livre de Hugh M. Urquhart sur la vie du Currie.

27. AMU, Fonds du bureau du principal (1920-1939), Memorandum anonyme daté du 3 juin 1926.

28. *Ibid.*

29. *Idem*, Annexe à un memorandum anonyme daté du 3 juin 1926.

30. *Ibid.*

31. *Idem*, Lettre du principal Currie à L. W. Bick, esquire, 25 septembre 1933.

32. *Idem*, Mémo interne anonyme, sans date. Il est intéressant de noter que la campagne de financement du début des années vingt, avait été l'occasion pour McGill de solliciter en Yiddish, dans les pages du *Kanader Adler*, l'appui de la communauté juive de Montréal.

33. À l'Université McGill, le chancelier occupe la plus haute fonction administrative et préside le Bureau des gouverneurs et la Corporation universitaire. Il est également le président de la Royal Institution for the Advancement of Learning. Sir Edward Wentworth Beatty fut chancelier à McGill de 1921 à 1942.

Certains objecteront que la réticence des administrateurs de McGill n'était qu'en apparence fondée sur la pénétration socio-économique des Juifs dans le milieu anglo-saxon de Montréal, et que derrière ce langage se cachait bien plus un refus du judaïsme comme tradition spirituelle qu'un rejet des Juifs eux-mêmes comme personnes socialement incarnées. À mon avis, ce raisonnement n'est pas appuyé par les documents d'époque, ni par le témoignage qu'ont laissé de cette période des années trente certaines personnalités marquantes de la communauté juive montréalaise. David Lewis, futur leader national du Nouveau Parti démocratique, et A. M. Klein, une des figures de proue de la littérature anglo-canadienne, furent tous deux au nombre des Juifs admis à McGill entre les deux guerres. Il reste difficile d'imaginer toutefois que de tels individus se percevaient et furent perçus comme racialement différents de la masse, surtout quand plusieurs Juifs ne ménagèrent pas leurs efforts en vue d'une intégration la plus complète et la plus harmonieuse possible au groupe anglo-saxon. Lewis et Klein par exemple connurent tous deux une vie étudiante très active et se mirent en valeur aux yeux de tous par leurs talents d'orateurs, et dans le dernier cas par des textes publiés dans des journaux de l'institution. Postuler dans ces conditions que la distinction ne pouvait être que raciale ou fondée sur des bases religieuses, quand les Juifs eux-mêmes rejetaient ces bases identitaires à l'époque, n'est-ce pas introduire une notion raciste de l'histoire.

Pour une description assez juste de ce que dut être la vie des étudiants juifs à McGill au cours des années trente, consulter l'ouvrage biographique de Usher Caplan, consacré à A. M. Klein: *Like One That Dreamed.*

34. AMU, Fonds du bureau du principal (1920-1939), Lettre du chancelier Edward W. Beatty au principal intérimaire W. H. Brittain, le 15 novembre 1937.

35. *Idem*, Lettre de W. H. Brittain à Alexander Brin, esquire, président de la Jewish Advocate Publishing Corporation, 16 novembre 1937.

36. *Idem*, Memorandum manuscrit du régistraire G. H. Matthews au principal L. W. Douglas, 24 janvier 1939.

37. *Idem*, Lettre du principal L. W. Douglas au registraire G. H. Matthews, 26 janvier 1939.

38. *Idem*, Lettre de Walter Molson au principal Currie, 17 octobre 1933.

39. *Idem*, Lettre du principal Currie à W. Molson, 19 octobre 1933.

40. Comme à McGill, les universités américaines privées géraient ou étaient affiliées à des collèges préparatoires (Preparatory schools) où l'on pouvait déjà mettre un frein à l'entrée de certaines catégories d'étudiants, avant même qu'ils ne soient admis à l'université proprement dite.

41. APC, Fonds Stern, Lettre du chancelier E. W. Beatty à Felix Lewis, esq., secrétaire honorifique de la Congrégation Temple Emanu-El, 23 mai 1938.

42. *Idem*, Lettre du chancelier E. W. Beatty au Dr. I. M. Rabinowitch, Montréal, 6 mai 1938.

43. AMU, Fonds du bureau du principal (1920-1939), Lettre du principal L. W. Douglas à Mgr O. Maurault, recteur de l'Université de Montréal, 20 février 1939.

44. AMU, Lettre du conseiller Max Bailey à F. Cyril James, 25 novembre 1948.

45. *Idem*, Lettre de F. Cyril James au conseiller Max Bailey, 26 novembre 1948.

46. *Idem*, Lettre de Sam Byers, Montréal, à F. Cyril James, 24 février 1949.

47. *Idem*, Lettre du rabbin Samuel Cass à Sam Byers, Montréal, 7 mars 1949.

14.
Le pavillon principal de l'Université de Montréal sur la rue Saint-Denis, au sud de la rue Sainte-Catherine, aujourd'hui démoli, abrita les locaux de l'université de 1920 à 1942, jusqu'à l'inauguration du complexe immobilier construit sur le flanc nord du mont Royal. *Archives de l'Université de Montréal, 3FP64.*

3

L'Université de Montréal

Tandis que l'Université McGill desservait la clientèle anglo-saxonne, un réseau d'institutions catholiques d'enseignement supérieur faisait de même pour la majorité francophone depuis le milieu du XIXe siècle. À ce niveau de l'enseignement supérieur, il n'y avait pas à proprement parler de frictions entre les francophones catholiques et les anglophones protestants, chaque communauté se contentant d'investir, chacune de son côté, le réseau d'institutions créé au fil des ans à son image. Depuis la fin du XIXe siècle, la pierre d'angle de l'enseignement supérieur catholique et francophone à Montréal était l'Université de Montréal, fondée en 1876 à la demande même des autorités ecclésiastiques du diocèse de Montréal. D'abord succursale de l'Université Laval, puis entité indépendante en 1920, l'Université de Montréal dut, comme l'Université McGill des années 1920, réagir au cours des années 1930 à la question juive, et ce sur un mode de tensions prolongées. Par rapport à celle de l'Université McGill, mais aussi en elle-même, l'attitude de l'Université de Montréal face aux étudiants juifs la fréquentant ou intéressés à le faire révèle l'existence au Québec d'une certaine perception du judaïsme et des valeurs juives. En scrutant les archives de part et d'autre, on aboutit à l'hypothèse qu'il y avait au sein de la société québécoise, elle-même partagée entre deux « majorités »[1], deux approches différentes du phénomène social de la consolidation progressive à Montréal d'une communauté minoritaire juive.

L'objection économique

Toutefois, on observe que, fondamentalement, pour les deux communautés francophone et anglophone, la question des Juifs était avant tout d'ordre économique. L'entrée en scène et la montée de l'entrepreneurship des Juifs au Québec et surtout à Montréal, au cours du premier tiers du XXe siècle, furent la source première de l'interrogation des deux communautés face à la population juive. L'entrée subite et parfois massive des Juifs dans le petit commerce de détail et aussi dans l'activité moins lucrative du *peddling*, fut suivie d'une percée dans le monde des petites entreprises et des professions libérales (Porter, 1965 ; Szacka, 1984b). Comme nous l'avons vu précédemment, les Anglo-Saxons ne tenaient pas à partager avec les nouveaux venus les champs d'action reliés de près ou de loin à la gérance et au contrôle de l'économie nord-américaine ; les Canadiens français perçurent plutôt les Juifs comme des concurrents directs des secteurs d'activité qu'ils tentaient d'occuper eux-mêmes, forts de leur présence majoritaire à Montréal : le petit commerce indépendant, le travail salarié dans les industries légères, les professions libérales, autant de lieux où Juifs et francophones crurent s'affronter, dans leur commune tentative d'arracher leur part à l'élite anglo-saxonne économiquement et socialement dominante. Étaient en question des emplois et des activités professionnelles qui dépassaient rarement l'économie locale montréalaise. Ni les Juifs, ni les Canadiens français n'ambitionnaient encore à cette époque de siéger aux bureaux de direction des compagnies pancanadiennes et des grandes banques à charte, ou encore d'obtenir des postes dans la haute bureaucratie fédérale. Ce fut le sens de la « campagne d'achat chez nous » lancée au cours des anneés trente par les nationalistes les plus combattifs du Québec, qui s'attaqua nommément aux commerces des Juifs, alors que ces derniers ne jouaient qu'un rôle secondaire au sein de l'économie québécoise.

Deux majorités

Cet aspect avant tout d'ordre économique de la question juive dans les années trente n'empêcha pas les diverses institutions des deux groupes linguistiques d'y réagir différemment, révélant du même coup des divergences d'idéologie et de préoccupations qui, autrement, seraient restées inexprimées. Le Juif devient pour nous l'occasion extraordinaire de découvrir l'altérité profonde des Canadiens français et des Anglo-Saxons, soit une distance que les deux populations ne percevaient plus l'une face à l'autre depuis plusieurs générations au Québec, et qui ramenait à la surface des éléments spécifiques de leur identité culturelle. Everett C. Hughes, sociologue de l'École de Chicago, a décrit dans les années quarante, cet aspect si particulier des relations interculturelles au sein de la société québécoise :

> Le fait de vivre côte à côte, en assez bons termes, durant longtemps, a entraîné un sincère respect mutuel entre les Canadiens français et anglais du Québec [...] Les deux groupes partagent depuis longtemps la responsabilité du gouvernement. Même s'ils ne célèbrent pas les mêmes anniversaires, ils ont chacun un ensemble puissant de sentiments à l'égard du Canada. Il y a aussi que les Canadiens anglais sont puissants. Contre les Juifs au contraire l'attaque peut être portée sans la crainte de représailles ou d'un remords (Hughes, 1945 : 382).

L'université fut le lieu où, comme dans un amphithéâtre grec à la faveur de masques et d'une configuration spatiale particulière, toute une conception de la société se révèle grâce au jeu de quelques acteurs et à l'irruption d'une réalité hautement symbolique.

Premières escarmouches

À l'Université de Montréal, des craintes concernant les Juifs finirent par être soulevées par les étudiants catholiques qui la fréquentaient. En effet, c'est en 1929 que l'on retrouve dans les archives de l'Université de Montréal les premiers signes d'un «problème juif», et c'est au seul niveau de la clientèle étudiante. Le 13 mars de cette année 1929, le secrétaire de l'Association générale des étudiants de l'Université de Montréal (AGEUM) faisait en effet parvenir au recteur la copie d'un extrait du procès-verbal de sa dernière réunion, où l'exécutif réclamait de l'administration qu'elle fermât de façon définitive les portes de l'institution aux Juifs :

Un chrétien éclairé ne donnera jamais son vote à un candidat JUIF.

Le Juif est tellement voleur qu'il vole jusqu'à nos noms canadiens-français.

Le Drapeau Rouge est le drapeau JUIF, le drapeau des Buveurs de Sang.

Le JUIF est un écumeur du commerce; on ne le voit pas aux soupes publiques ni dans les refuges. Il s'enrichit toujours.

Le JUIF profite de la guerre; il refuse d'y aller pour mieux écumer les veuves et les orphelins.

Le Juif a fait le malheur de la Russie, de l'Espagne et du Mexique. Sortons-le du Québec !

Les JUIFS façonnent l'opinion publique par leurs agences de nouvelles et leur cinéma.

En garde !
N'achetez pas ici:
C'EST JUIF.

We expelled the JEWS once before, and were daft enough to let them in again!

Le seul ennemi de la race, du pays, des traditions et de la civilisation chrétienne, c'est le JUIF.

Le JUIF s'enrichit avec le vol, l'incendie et la banqueroute. Ne l'aidons pas.

Quand les Juifs seront sortis de la province, nous serons plus patriotes et plus prospères.

Le bolchévisme est essentiellement JUIF. Ses crimes sont des crimes Juifs.

Est-ce le Juif qu'il faut rendre prospère, en ce pays, ou le Canadien ?
N'achetez que chez des Canadiens.

Le Juif veut de la tolérance pour le Juif, mais jamais pour les chrétiens. Exemple: la Russie.

Jésus-Christ a dit des JUIFS : "Ils sont les enfants du mensonge; leur père, c'est Satan."
Le JUIF est un Asiatiqu issu du mélange des jaunes et des noirs. Les blancs doivent s'en éloigner.

15.
Billets antisémites recueillis à la fin de 1932 dans les locaux de l'Université de Montréal. *Archives de l'Université de Montréal, D35/107.*

> Qu'il soit résolu que l'exécutif de l'Association Générale des Étudiants attire respectueusement l'attention des autorités universitaires sur ce problème d'exception-nelle gravité [les étudiants juifs] et leur en présente les considérants et motifs qu'elle croit bien fondés, et prie non moins respectueusement ces mêmes autorités d'é-tudier cette question si elles le jugent à propos, à la Commission des Études : cela en vue d'obtenir l'exclu-sion d'un élément [les Juifs] que les étudiants proclament publiquement non désirable[2].

Cette résolution, qui avait été votée par une majorité de 9 contre 1, alléguait un certain nombre de facteurs consi-dérés comme déterminants, dont au premier chef le fait que l'Université de Montréal était une institution catholi-que « autant dans ses membres que dans son autorité[3] ». De plus, croyait-on, la présence des Juifs parmi les rangs étudiants portait atteinte aux droits et privilèges qui de-vaient demeurer le seul apanage des étudiants chrétiens. En effet, en faisant ainsi preuve de laxisme à l'endroit des Juifs, l'administration universitaire offrait à ces derniers un magnifique tremplin social dont ils finiraient par se prévaloir à l'encontre même de leurs confrères chrétiens :

> Attendu qu'en les acceptant comme étudiants réguliers, l'Université de Montréal leur fournit l'occasion et les moyens de lutter sur le même terrain professionnel que les autres étudiants et les met en état de leur nuire plus tard ans la vie[4].

Pourquoi soumettre les étudiants francophones à la concurrence des Juifs alors que les lois du marché jouaient déjà en la défaveur des francophones ? Comme si cette argument d'ordre économique n'était pas assez clair, les étudiants en médecine firent ajouter au procès-verbal un paragraphe dans lequel il était déploré qu'un interne en chef juif ait été nommé cette année-là à l'Hôpital Sainte-Justine. L'AGEUM notait également pour le bénéfice de la direction de l'Université de Montréal que :

La campagne de l'AGEUM

> Les universités canadiennes et américaines sont déjà aux prises avec le problème juif et qu'elles tendent de le résoudre, et particulièrement l'Université McGill qui es-saie d'année en année de réduire la proportion des étudiants juifs[5].

Enfin, affirmaient les pétitionnaires, autant dans les hôpi-taux catholiques, alimentés en personnel médical par l'Université de Montréal, que dans certaines institutions en relation avec des membres de l'AGEUM, la présence de Juifs incommodait un public peu habitué à côtoyer des non-chrétiens. Ainsi, en novembre 1928, les Chevaliers de Colomb avaient signifié à l'AGEUM que ses membres n'auraient plus accès à leur piscine, à moins de bannir de leurs rangs les étudiants juifs.

Des scélérats!   Des motifs d'ordre économique étaient aussi invoqués par les membres de l'AGEUM qui affirmaient, dans le même document, que les étudiants juifs constituaient pour l'Université de Montréal une source de dépenses importantes, privant d'autant les chrétiens déjà inscrits des budgets dont ils avaient grand-besoin pour leur propre éducation : « Attendu que chaque étudiant est une cause de déficit pour l'Université de Montréal déjà pauvre et obligée de priver ses propres enfants de progrès et améliorations nécessaires[6] ». Dans un dossier daté du 18 octobre 1932, aux archives du recteur Mgr Olivier Maurault, on retrouve des billets antisémites qu'avaient affichés certains étudiants dans les corridors mêmes de l'institution. La plupart contenaient un message nettement d'ordre économique et décrivaient le Juif comme un scélérat prêt à tous les moyens pour profiter malhonnêtement de sa clientèle chrétienne. Il semble bien que ces « messages » avaient été rédigés et imprimés par les bons soins de l'équipe Adrien Arcand, Joseph Ménard, sur les presses de leurs journaux fascistes. Quoi qu'il en soit de l'efficacité de la campagne menée par les étudiants francophones catholiques à l'encontre de leurs confrères juifs, la direction de l'Université fut prise par surprise par la virulence des propos antisémites ainsi concertés. Certes, les autorités avaient déjà considéré la question, comme nous le verrons plus loin, mais elles tenaient à demeurer à l'abri de toute forme de publicité et de pressions extérieures qui les forceraient à déroger du statu quo établi depuis peut-être une génération. La pétition des étudiants venait donc bouleverser un scénario découlant d'une entente discrète, à savoir que la question des étudiants juifs à l'Université de Montréal n'avait été discuté jusque-là que par un groupe restreint d'administrateurs et d'ecclésiastiques de haut rang, au fait de ses implications face aux directives romaines concernant les institutions d'enseignement catholique. Jamais n'avait été considérée en haut lieu, la présence juive comme une affaire de compétition d'ordre économique, d'étiquette sociale et de rivalité au sein des corps professionnels. Bien sûr, la requête étudiante de 1929 fut rejetée, l'Université n'entendait pas juger de cette question à partir d'une telle argumentation. De tous les points soulevés par l'AGEUM, un seul intéressait vraiment l'administration, soit que l'Université était effectivement catholique «autant dans ses membres que dans son autorité», et qu'elle entendait ne pas aboutir à des conclusions hâtives ou mal étayées quant à son orientation à ce titre. Toute autre considération n'avait pour elle qu'une incidence secondaire.

Pourquoi cette ire en 1929 alors qu'il y avait eu des étudiants d'origine juive à l'Université de Montréal depuis au moins son érection civile en 1920, en nombre restreint certes, jamais plus que 5 % du total de la clientèle étudiante tout au long de la décennie des années vingt (Tableau 15)? Il apparaît plausible de supposer que l'hostilité soudaine des étudiants catholiques ne venait pas d'un quelconque changement dans l'équilibre démographique ou social de l'institution même, mais plutôt des opinions et des idéologies marquées d'antisémitisme qui circulaient alors. La pétition de l'AGEUM correspond à la montée d'Arcand alors journaliste avec la fondation, en août 1929, du journal humoristique *Le Goglu*, suivi en 1930 par *Le Miroir* et *Le Chameau*, et par la création en novembre 1929 de l'Ordre patriotique des Goglus (Betcherman, 1975; Montsion, 1975). Les étudiants de l'Université de Montréal se trouvaient donc en 1929 influencés par un courant anti-juif, qui devait prendre un certain envol à l'occasion de l'affaire des écoles séparées juives à Montréal et à la faveur du krach d'octobre 1929, mais aussi avec la montée du national-socialisme en Allemagne. L'arrivée au pouvoir en Italie en 1922 du facisme mussolinien et la signature en février 1929 par son gouvernement d'un concordat favorable à l'Église catholique, dit Accords du Latran, avait ouvert la voie dans certains esprits du Québec à un nationalisme agressif et à une conception corporatiste de l'État devant lequel devaient s'effacer l'individu et les intérêts particuliers.

Cette montée fascisante qui se fit jour au Québec, à la fin des années vingt puis au cours de la décennie suivante, ne gagna pas d'abord les masses laborieuses

Influences externes

Le rôle des élites intellectuelles

TABLEAU 15

Répartition par facultés du nombre total d'étudiants
à l'Université de Montréal et du nombre d'étudiants d'origine juive
1920-1936

Facultés	Nombre total d'étudiants			Étudiants d'origine juive		
	1920-1921	**1930-1931**	**1935-1936**	**1920-1921**	**1930-1931**	**1935-1936**
Arts	645	723	726	8	36	36
Commerce	29	222	125	—	11	10
Sciences appliquées	396	467	478	5	2	3
Médecine	240	303	318	3	16	20
Total	1 310	1 715	1 647	16	65	69
Étudiants gradués	11	28	21	—	—	—
Total	**1 321**	**1 743**	**1 668**	**16**	**65**	**69**
%				**(1,2)**	**(4,1)**	**(4,4)**

Source : ACJCM, 1937, « Distribution of Total Students and Jewish Students at University of Montreal ».

rurales ou urbaines, mais au contraire une couche instruite de la population, notamment une minorité de Québécois clercs et professionnels, lecteurs des textes et ouvrages véhiculant les idéologies et les idées politiques courantes en Europe, en Italie et en France. Si, vers 1928 ou 1929, les conditions faites aux Juifs dans les universités catholiques de langue française du Québec n'avaient pas changé depuis au moins une décennie, le baromètre d'une certaine sensibilité face aux Juifs et à la question nationale en général était par contre nettement à la hausse dans ces milieux, et penchait du côté des idéologies fascisantes où l'autoritarisme et le corporatisme avaient une place importante. Adrien Arcand, journaliste de métier, Paul Bouchard du journal *La Nation* et Aniclet Chalifoux, leader de la Fédération des clubs ouvriers, avaient, par exemple, reçu une solide formation intellectuelle et chrétienne (Betcherman, 1975 ; Caux, 1958). Fortement encadrés et nourris d'un nationalisme radical par une part non négligeable du clergé, au fait des derniers développements politiques en Europe, les étudiants signataires de la pétition de l'AGEUM en 1929, constituaient au Québec, la couche de la population la plus attirée par les divers fascismes. Au sein de cette petite bourgeoisie dont l'avancement économique et social était menacé de toutes parts, se grefferont au Québec français, comme corollaire de sympathies fascisantes, le syndrome de l'antisémitisme et l'idéologie de l'État corporatiste. En 1929, les étudiants de l'Université de Montréal ne firent que devancer par leurs revendications concernant la question juive certains mouvements de droite et leurs futures têtes d'affiche. Cependant, pour la haute direction de l'institution, ce n'était là qu'un avant-goût de ce qui l'attendait. En 1934, comme sauterelles, nuées et malédictions de toutes sortes s'étaient abattues à l'époque de Moïse sur l'Égypte pharaonique, deux « plaies » frappèrent l'Université de Montréal : l'affaire Gobeil et la grève des internes de l'Hôpital Notre-Dame. Cette fois, les autorités durent réagir non plus aux seuls étudiants de l'Université, mais à une faction radicalisée de l'opinion publique québécoise et aux pressions discrètes de la communauté juive organisée.

16.
Samuel Gobeil, député fédéral de Compton, dont la charge contre l'Université de Montréal au parlement d'Ottawa déclencha en 1934 la «crise juive» au sein de l'institution. *Archives de l'Université de Montréal, DG0550, p. 5.*

17.
Page titre du pamphlet anti-juif de Samuel Gobeil, tel que sorti des presses des journaux contrôlés par le duo Arcand-Ménard. *Archives de l'Université de Montréal, DG0550.*

L'affaire Gobeil

En soi l'affaire Gobeil n'avait rien d'une calamité ou d'une catastrophe. Ce fut plutôt la publicité qu'en tirèrent les fascisants québécois, par le biais de leurs propres organes de presse, qui mit les autorités de l'Université sur la défensive et les força à se compromettre publiquement. Pendant des mois, par suite de l'incartade de Gobeil, le recteur de l'Université de Montréal dut, avec maintes précautions, répondre de toutes parts à des requêtes et à des insinuations au sujet de politiques jusque-là du seul ressort de l'administration de l'institution. Cet épisode avait commencé le 26 février 1934, au parlement d'Ottawa, lors d'un débat fameux sur la monnaie bilingue. Samuel Gobeil, député conservateur d'arrière-banc, avait appuyé avec virulence l'idée d'introduire le français sur les billets de la Banque du Canada. Dans une tirade partisane, le représentant de Compton s'était permis de critiquer l'impuissance des libéraux à régler cette question avant 1930, soit lors de leur dernier passage au pouvoir. Sans doute empressé de passer pour plus grand patriote canadien-français que ses vis-à-vis rouges, Gobeil s'était alors lancé dans une croisade contre les libéraux provinciaux, alors au pouvoir à Québec, et contre le premier ministre Taschereau (Vigod, 1986). Comment peut-on être « fidèle à sa race », demanda-t-il, quand l'on entérine la nomination de deux Juifs à la présidence de comités importants de la législature à Québec ? Quand on refuse d'épurer l'Université de Montréal de ses éléments rouges et anti-cléricaux[7] ? Gobeil visait nommément deux députés provinciaux d'origine juive, Peter Bercovitch et Joseph Cohen, avec lesquels Taschereau entretenait de bonnes relations. Mais certains conclurent, non sans une certaine part de fausse interprétation, que Gobeil cherchait également à porter atteinte à l'Université de Montréal quant à sa politique d'admission des étudiants juifs et quant à son supposé laxisme face aux non-catholiques. De remarques intempestives et inconsidérées qu'elles étaient, les paroles de Gobeil furent promues par une presse déshonnête au rang de théorèmes de vérité et firent figure d'avertissement solennel aux Juifs. Pourtant, la déclaration Gobeil du 26 février ne tenait qu'en quelques lignes :

> Ah! Si vous l'aimez tant que vous dites, notre race, allez
> donc demander à M. Taschereau, votre confrère libéral,

de remplacer par des Canadiens-français les deux Juifs qu'il a fait nommer à la présidence des plus importants comités de la Législature de Québec. Si vous l'aimez tant que cela, notre race, allez donc épurer l'Université de Montréal de son élément rouge qui la domine, de la juiverie qui y contamine notre jeunesse, des professeurs athées qui y forment nos jeunes gens[8].

Le coup porte

Cette attaque contre l'Université de Montréal avait touché de plein fouet une administration indécise au sujet de la question juive. L'éclair fut instantané, et le tonnerre que provoqua cette déclaration, se répercuta longtemps au sein de la classe politique québécoise. Le 28 février, deux jours après la charge de Gobeil, le Parlement de Québec fut saisi de l'affaire et Taschereau s'empressa de réprouver les déclarations du député fédéral de Compton. Joseph Cohen, lui-même un diplômé en droit de l'Université de Montréal, en fit autant à titre personnel; et Maurice Duplessis chef de l'opposition se joignit à eux, sans consentir toutefois au vote d'une motion de censure. On peut facilement imaginer que, dans ce débat improvisé, l'Université de Montréal ne trouva pas de défenseur vraiment désintéressé. Non content d'avoir sonné l'hallali une première fois, Gobeil récidiva le 17 mars à Lac-Mégantic, dans son propre comté:

Mais vous l'avez tous remarqué et plusieurs journaux l'ont souligné par la suite, pas un seul homme dans toute la province, de n'importe quel clan ou groupe, ne s'est levé pour me démentir, pour affirmer que j'avais faussé la vérité. Pas un seul homme, pas un seul, n'a été capable de nier ce que j'avais affirmé, de détruire ce que j'avais avancé. Au contraire, bien au contraire, aussitôt après la première réaction de rage dans le camp ennemi, les preuves à mon appui s'accumulèrent. Je viens aujourd'hui vous en apporter quelques-unes. Vous jugerez vous-mêmes si elles sont plus sérieuses et pèsent plus que les injures non motivées de mes adversaires (Gobeil, 1934: 10).

Cette fois, le député conservateur se permit d'aller plus loin: à son avis, on ne pouvait pas être à la fois catholique et libéral, autant pour des raisons dogmatiques que politiques. La preuve en était l'Université de Montréal même, où depuis quelques années l'enseignement diminuait de qualité et la morale se relâchait. Selon Gobeil, trois maux accablaient cette institution: le libéralisme, antichambre du socialisme et du communisme, dont Taschereau était le défenseur, l'athéisme qui brisait la fibre morale et annihilait la résistance des catholiques et enfin la présence des Juifs qui à leur manière haïssaient l'Église catholique et ses dogmes. Après avoir eu recours aux « certitudes » de l'antisémitisme occidental, Gobeil concluait comme les étudiants de l'AGEUM quelques années plus tôt, que l'Université de Montréal était devenue « l'incubatrice de l'élite juive ». En vérité, après avoir ânonné les avanies habituelles contre le Talmud et le *Kol Nidre*, Gobeil, comme les autres antisémites québécois vint aux seuls arguments qui comptaient vraiment à ses yeux, ceux d'ordre économique :

> Le Juif est un danger. Pourtant, les libéraux ont importé des dizaines et des dizaines de mille Juifs. Une fois entrés au pays, il fallait soigner ces anti-chrétiens, les éduquer, à même nos deniers. Les Libéraux de Québec n'ont pas hésité à le faire, allant à un moment jusqu'à instituer une commission scolaire juive spéciale pour les Juifs de Montréal (Gobeil, 1934 : 19).

Il n'y avait rien de neuf dans le discours de Gobeil, et seule la clique d'Arcand avait été intéressée à monter en épingle ces passages de son discours du 26 février à Ottawa. Le député avait d'ailleurs accepté naïvement l'intérêt du Parti national social chrétien en avouant le 17 mars, à Lac-Mégantic : « En même temps, j'accepte avec plaisir les félicitations que *Le Patriote*, les fascistes et de nombreuses lettres m'ont adressées » (Gobeil, 1934 : 17). Ce qui ne s'était toutefois jamais vu jusque-là, c'était qu'on ait associé publiquement une grande institution francophone avec la montée de la présence « étrangère » au Québec. Des accusations de libéralisme et d'athéisme, l'Université pouvait se défendre facilement, tant elles étaient farfelues ; mais il en allait tout autrement du philosémitisme dont on tentait de l'affubler. Les autorités durent admettre qu'en effet elles accordaient des diplômes à un nombre restreint de candidats de religion juive, et ce à certaines conditions. En 1934 ce fait était en général inconnu du grand public, de même que les mécanismes du pouvoir gérant l'institution. L'Université de Montréal se rendit compte qu'elle devrait entreprendre à contrecœur une campagne de relations publiques. Rien ne pouvait être plus contraire à l'esprit régnant alors au sein de la haute administration qui n'avait

L'Université
exposée
au grand jour

jamais encore au cours de sa courte histoire été soucieuse de dialoguer avec le public.

Mesquineries
des uns

La déclaration inopinée de Gobeil avait tout de même été préparée par quelques interventions d'intellectuels plus crédibles. En septembre 1933, dans un article général sur les Juifs, défavorable à leur établissement au Québec, Anatole Vanier, un des directeurs de la Ligue d'action nationale, avait semoncé l'Université de Montréal pour son ouverture à l'égard des étudiants de confession mosaïque. Mais ce fut cette même question de la concurrence déloyale des Juifs, dans les domaines commercial et professionnel, revêtue des différents oripeaux de l'antisémitisme classique qu'il reprit lui aussi :

> Ils sont chez nous des concurrents victorieux dans le commerce et l'industrie, où ils apportent des méthodes et des coutumes nouvelles ordinairement si peu favorables à l'équilibre social...

> Leur nombre dans les universités et les professions libérales commence d'ailleurs à dépasser les justes proportions. À l'école de pharmacie de l'Université de Montréal, on compte cette année 29 étrangers non catholiques, sur 63 ; et à la faculté de droit 39 sur 144. Quelle est au juste la proportion des Juifs dans les deux cas ? Nous en avons une idée assez exacte quand on nous dit que sur les 92 étudiants non catholiques de cette université, 82 sont Juifs (Vanier, 1933 : 8-9).

Quelques mois plus tard, le 13 janvier 1934, nul autre que le Cardinal Jean-Marie Rodrigue Villeneuve, dans une conférence apostolique adressée aux professeurs et administrateurs d'universités catholiques, les accusait d'ignorer les principes premiers du catholicisme dans leur vie personnelle, et de négliger trop souvent d'en témoigner dans l'accomplissement de leur devoir professionnel. Le Cardinal leur demanda en cette occasion rien de moins qu'une plus grande sévérité dans leur pratique des dogmes de la foi catholique, leur tâche de formation religieuse et morale des clercs et physiciens, médecins et théologiens[9]. C'était là voguer bien près des écueils de l'ethnocentrisme ou de la xénophobie, car l'Archevêque de Québec savait que toutes les institutions francophones de haut savoir du Québec accueillaient des non-catholiques. Il suffisait en effet qu'un esprit simpliste, comme le député Gobeil, lise dans de telles « directives » pastorales un appel à des politiques exclusionnistes, à l'encontre même des principes que la hiérarchie catholique cherchait à inculquer à la population.

Certes il se trouva au sein du Québec francophone, qui même au cœur des années trente ne fut jamais une société monolithique sur le plan idéologique, des journalistes pour réfuter les sophismes d'Anatole Vanier. Dans *Le Canada* du 7 octobre 1933, organe du Parti libéral provincial, Edmond Turcotte disait se réjouir de la faveur dont commençait à bénéficier l'Université de Montréal auprès des Juifs de la métropole, qui jusque-là s'étaient surtout attachés à l'Université McGill. Plusieurs années en avance sur son temps, Turcotte voyait là une excellente occasion d'intéresser les Juifs aux institutions et à la culture francophones de la majorité, et de détruire les préjugés courants à cet égard au sein de la communauté juive :

La réplique libérale

> Au lieu de s'en inquiéter, il faut s'en féliciter. Le pire ennemi du Juif lui reconnaît volontiers les dons de l'intelligence. En s'inscrivant à l'Université de Montréal plutôt qu'à McGill, l'Israélite rend un hommage indirect à l'université, à la valeur de son enseignement, à la science de ses maîtres. Cela vaut mieux que si tous les Israélites, et tous les « étrangers non catholiques », pour parler comme M. Vanier, fuyaient l'Université de Montréal comme un cénacle d'ignorance et un foyer d'obscurantisme (Turcotte, 1933).

Gobeil ne lut peut-être pas cet éditorial d'Edmond Turcotte. S'il fut intéressé à parcourir quelque écrit sur le sujet, ce fut *Le Miroir*, journal à la solde d'Adrien Arcand, où il pouvait trouver appui. Selon le mode dramatique propre à Arcand, *Le Miroir* avait titré plusieurs mois auparavant, le 23 octobre 1932 : « Les Juifs contaminent l'Université de Montréal » et en sous-titre : « Ils sont l'objet de concessions injustifiables au point de vue religieux. » Rien ne devait paraître excessif aux nationalistes radicaux du *Miroir* ; dans leur désir d'éclabousser les Juifs et d'alerter contre eux la population francophone, ils semblaient prêts à faire circuler les fables les plus invraisemblables :

> En feuilletant le « Manuel des Étudiants » de l'Université de Montréal, il est pénible de constater que les nouveaux règlements adoptés au printemps de 1931 portent l'empreinte de l'influence juive, au point d'affecter visiblement le caractère national et catholique de cette institu-

tion. Partout perce le souci constant de ne pas blesser l'arrogance toujours croissante des non-chrétiens juifs qui ont pris d'assaut les différentes facultés universitaires (Anon., 1932a).

Les fascisants sur la brèche

Le Miroir et autres publications de même acabit exultèrent à la nouvelle de l'incartade antisémite de Gobeil à Ottawa, et firent leurs choux gras d'un incident qu'ils avaient largement inspiré, sans toutefois en être responsables directement. Quelques jours après le début de l'affaire, *Le Patriote* se félicita de l'attaque du député de Compton :

> M. Gobeil mérite d'être chaudement félicité pour sa franchise, qui a exprimé tout ce que les patriotes pensent et que seuls les bégueules craignent d'entendre dire. Il aura accompli l'un des gestes les plus méritoires de la présente session fédérale s'il réussit à débarrasser notre université « catholique » de tous ceux qui la salissent (Anon., 1934a).

Ce fut d'ailleurs des presses du journal fascisant *Le Patriote* que sortit, au printemps de 1934, le texte du discours prononcé par Gobeil le 17 mars, à Lac-Mégantic, sous la forme d'un pamphlet titré *La Griffe rouge sur l'Université de Montréal*. La couverture du texte était décorée de la croix gammée. Cette campagne contre l'Université de Montréal se poursuivit pendant plusieurs mois dans les journaux inspirés par Adrien Arcand et ses disciples. Rarement une phrase qu'on peut qualifier d'insignifiante et d'irréfléchie, comme celle sortie de la bouche du député Gobeil contre les Juifs, aura généré autant de littérature haineuse. Toutefois, Arcand ne menait pas le bal : il était porté par un sentiment d'impuissance face au grand dérèglement social et économique des années trente, dont était victime une fraction non négligeable des classes moyennes francophones. C'est cette inquiétude que Arcand chercha à revêtir des insignes du radicalisme politique et du racisme. Très vite, et même s'il avait contribué à le lancer par toutes sortes d'informations fausses ou déformées à ce sujet, dont certaines se rendirent jusqu'aux oreilles de Gobeil, le débat autour de l'admission de candidats juifs à l'Université de Montréal échappa à Arcand et acquit sa propre vitesse de croisière. Mais, l'Université de Montréal n'était pas une boutique d'arrière-cour ou un étal de marché qu'on pouvait attaquer et mépriser impunément. Projetée sur la place publique et accusée d'être un refuge pour athées et Juifs, l'Université de Montréal prépara aussitôt, quoique timidement, sa défense.

Un deuxième assaut désordonné

Le 20 mars 1934, les autorités de l'Université consultèrent l'avocat Antonio Perrault sur l'opportunité d'intenter des poursuites en justice pour « diffamation et dommages causés[10] ». Me Perrault jugea plus approprié de laisser l'affaire se dégonfler d'elle-même, invoquant à la fois le coût et les risques inhérents à un recours aux tribunaux, l'imprécision de la loi face à ce genre de libelle et les avantages en terme de publicité qu'en retireraient Gobeil et ses partisans. Approché à son tour à la même date, l'archevêque de Montréal, Mgr Gauthier, proposa la même stratégie, puis promit une lettre d'appui au recteur Mgr A.-V.-S. Piette. Cette lettre devait venir le 23 mars, couchée en des termes très modérés et ne faisant aucune mention des Juifs :

> J'ai suivi de très près, vous le pensez bien, les accusations dont l'Université a été l'objet récemment [...] Il me suffit pour le moment de regretter que l'on fasse ainsi un tort immérité à une institution qui a droit, comme les individus, d'être traitée selon les règles de la justice.
>
> Je comprends que, dans ces conditions, nos professeurs et nos élèves se soient émus et qu'ils aient protesté avec énergie. Il faut être bien léger pour en sourire. Pour ma part, je ne mets en doute ni l'à-propos ni la sincérité de leur protestation et je la fais mienne de grand cœur[11].

Les hautes autorités ecclésiastiques préférèrent ignorer la question juive, peut-être parce qu'elles n'étaient pas en mesure de discerner quelle accusation de Gobeil contre l'Université aurait le plus d'effet. Tout laisse croire que l'actualité du débat autour des Juifs n'avait pas encore touché l'archevêché au début de 1934, et que son titulaire se berçait encore du sommeil du juste. Cependant, le recteur Piette était sur des charbons ardents et n'avait pour rempart contre l'agitation des antisémites que l'attitude traditionnelle de son institution au sujet des étudiants juifs. C'était peu dans la tourmente qui s'annonçait :

18.
Mgr André-Vincent-Joseph Piette, recteur de l'Université de Montréal de 1923 à 1934. *Archives de l'Université de Montréal, IFP1143.*

19.
Mgr Georges Gauthier, recteur de l'Université de Montréal de 1920 à 1923, puis chancelier de 1923 à 1940. La photo date de 1923.

20.
Mgr Olivier Maurault, recteur de l'Université de Montréal de 1934 à 1955. C'est sous son mandat que l'institution dut faire appel à l'autorité de Rome pour régler la question des admissions juives. La photo fut prise vers 1943. *Archives de l'Université de Montréal, page liminaire du «Documentaire sur l'Université de Montréal», 1943.*

21.
Les membres de la «société de philosophie» réunis à l'occasion de la fête de saint Thomas d'Aquin, le 7 mars 1943. À la première rangée, on reconnaît le recteur de l'Université de Montréal, Mgr Olivier Maurault; à sa droite le dominicain Ceslas Forest, doyen de la Faculté de philosophie et auteur d'une étude sur les Juifs publiée par la *Revue dominicaine* en 1935. *Archives de l'Université de Montréal, page 59 du «Documentaire sur l'université de Montréal», 1943.*

La question des Juifs à l'université continue de s'agiter avec une véhémence de plus en plus grande dans plusieurs milieux. J'en reçois souvent des échos.

Nous avons décidé de n'y rien changer pour le moment. Notre exécutif m'a seulement demandé de porter à votre attention l'agitation qui se fait autour de cette question[12].

Sur des charbons ardents

L'Université fit au début de 1934 ce qui était en son pouvoir pour restreindre la portée des accusations de Gobeil quant à son fonctionnement et à ses politiques internes. Aucune déclaration publique n'émana du bureau du recteur, au sujet des admissions juives, et ce mutisme se maintint durant l'ensemble de la période qui nous intéresse. Telle une chape de plomb, le silence le plus complet descendit sur le sujet et les autorités laissèrent se défendre dans l'arène publique, à leurs propres risques, les professeurs et les étudiants qui en sentirent le besoin. À l'hystérie des propagandistes antisémites, l'Université opposa une indifférence totale. Piette répondit ainsi, le 9 juillet 1934, à un curé de Thetford Mines qui lui faisait parvenir un article antisémite du journal *Le Mégantic* :

La question juive est fort complexe et brûlante : elle est discutée en sens très contradictoires selon les différents milieux et selon le degré de réflexion ou de passion que l'on y met [...].

Nous croyons sage de ne rien dire en public pour le moment et de reprendre cette question embarrassante plus tard, avec qui de droit, lorsque la tempête sera apaisée[13].

Ce faisant, l'Université de Montréal n'éleva pas de digues assez hautes contre la montée de l'antisémitisme dans certains milieux. Un véritable déluge de lettres et de pétitions publiques s'abattit sur l'institution au lendemain de l'affaire Gobeil, pour la plupart rédigées sur le ton de l'inquisition et de l'enquête policière la plus insistante. Souvent d'ailleurs, les correspondants ne faisaient que relever une à une les accusations proférées par le député de Compton quelques jours plus tôt ou quelques semaines auparavant. Après le coup de pied de l'âne, c'était maintenant l'attaque d'un essaim de frelons contre l'équipage de l'Université. Peut-être finit-on par craindre, en haut lieu, que les dommages qu'un seul intervenant bien placé n'avait pas réussi à infliger, seraient maintenant causés par une masse d'acteurs anonymes. La tribune du parlement fédéral pouvait en effet être retirée au député Gobeil à la faveur d'une élection et son prestige réduit à néant du jour au lendemain; mais rien ou presque ne pouvait faire taire des notables ou des journalistes enracinés dans leur milieu et entretenant contre l'Université de Montréal des préjugés inqualifiables. Ceux-là, disséminés dans toutes les régions et à tous les niveaux de la société, pouvaient faire écho aux faussetés colportées par Gobeil sur la colline parlementaire à Ottawa et reprises par Arcand dans ses publications.

Au printemps 1934, deux sections de la Société Saint-Jean-Baptiste (SSJB) adressèrent au recteur Piette un questionnaire visant à vérifier les dires de Gobeil quant aux errements de l'Université de Montréal en matière de doctrine et de régie interne. La correspondance entre les deux parties atteignit un certain niveau d'agressivité puisque Piette jugea opportun de s'adresser directement au siège social de la SSJB. Les membres de la section Crémazie, réunis en assemblée générale régulière à la fin du mois de mars, voulurent par exemple savoir, s'il y avait des professeurs athées ou irréligieux à l'Université de Montréal, des divorcés dans sa haute administration et « de plus en plus nombreux » étudiants juifs? Quelles mesures l'institution entendait-elle prendre face à cet état de choses? Était-ce vrai enfin que les étudiants juifs ne payaient que 20 % des coûts qu'ils occasionnaient à l'Université[14]? Issue d'une association nationale, empressée à défendre les intérêts des francophones sur tous les fronts, cette correspondance prenait l'allure d'une mise en demeure de remédier aux « maux » qui affligeaient l'Université, ou à tout le moins d'en admettre l'existence.

La Société Saint-Jean-Baptiste

Si les deux premières questions de la SSJB ne pouvaient recevoir qu'une réponse négative et la dernière une solution comptable, celles qui concernaient les Juifs méritaient des considérations plus nuancées. Impossible dans ce cas d'émettre une opinion tranchée et irréfutable. Le recteur Piette fit parvenir au président de la SSJB un mémoire traitant de la question des Juifs à l'Université de Montréal, et décrivant la ligne de conduite traditionnelle de son institution depuis les années vingt. Nous reviendrons dans ce chapitre sur les détails de ce document, résumé par le paragraphe suivant de la lettre de Piette à la

Exclure les « étrangers »

SSJB, dont l'imprécision dut laisser le destinataire insatisfait :

> La question juive tient à notre loi d'immigration et relève surtout du pouvoir civil. Les autorités universitaires, après avoir étudié le problème sous tous ses aspects, ne voient pas qu'elles puissent faire plus pour le moment que de restreindre le plus possible l'affluence des étudiants juifs en leur imposant le maximum de ses exigences dans les conditions d'admission[15].

À des gens qui souhaitaient barrer l'accès de l'Université de Montréal aux Juifs, Piette répondait que les autorités de l'institution étaient impuissantes devant le phénomène et qu'elles dépendaient sur cette question de la volonté du gouvernement d'Ottawa. C'était l'exclusion de l'université des personnes « étrangères » à la société québécoise, qui était le point en litige quant à leur culture, à leurs croyances spirituelles et à leur origine ; qu'un Juif puisse entrer librement à l'Université de Montréal, cela jetait le doute sur l'institution et ses objectifs pédagogiques et moraux.

Même des clercs doutent

Il n'y eut pas que des animateurs de salle paroissiale et des agitateurs anonymes pour interroger la mission historique de l'Université de Montréal en ces moments troubles. Un frère de Sainte-Croix, directeur de l'école Adélard-Langevin à Montréal, y alla en février 1934, sous un mode plus respectueux il est vrai, de ses suppliques aux autorités de l'Université. Même enrobée de beau langage, la lettre du frère Hilaire laissait poindre un doute pénible. Les interrogations cette fois-ci se résumaient à deux points : « Est-il vrai qu'on a supprimé la prière avant et après certains cours à l'Université de Montréal ? Est-il vrai que parmi les Juifs fréquentant cette institution, plusieurs d'entre eux sont admis gratuitement ? » (Hilaire, 1934). Le fait que la réponse du recteur Piette, précédée d'une mise au point de La rédaction, ait été publiée dans une revue pédagogique intitulée *Bulletin des études*, organe des frères étudiants de la Congrégation de Sainte-Croix, montra le sérieux de la démarche du frère directeur. La réponse du recteur fut des plus claires :

> Il n'est pas vrai que les Juifs jouissent de quelque faveur que ce soit à l'Université de Montréal. Au contraire, nous leur imposons toujours en toute matière le maximum de nos exigences. Pas un seul n'est admis gratuitement, pas

un seul ne jouit de la moindre réduction de frais de scolarité (Piette, 1934: 139).

C'était cependant confirmer encore une fois que l'Université admettait chaque année un nombre, même restreint, d'étudiants juifs. Désormais, les autorités ne pourraient plus feindre d'ignorer la question ni tenter de la contourner. Un aspect de la politique d'admission de l'Université, que sans doute la haute administration aurait préféré garder confidentiel, venait en quelques semaines de faire le tour des milieux québécois concernés de près ou de loin par l'enseignement universitaire. Dorénavant, l'institution serait pointée du doigt chaque fois qu'il s'agirait de montrer, dans une veine antisémite, que la société francophone était trop tolérante face aux Juifs ou simplement face aux influences extérieures d'inspiration non chrétienne.

« Per caritatem et scientiam »

La campagne initiée par le député Gobeil avait-elle à peine « démasqué » la pratique de l'Université quant à sa clientèle étudiante juive, qu'une nouvelle affaire, à quelques semaines d'intervalle frappait l'institution de plein fouet. Au début de l'été 1934, dans un geste collectif des plus odieux de l'histoire de l'entre deux-guerres, les internes de l'Hôpital Notre-Dame entrèrent en grève pour protester contre la présence d'un Juif parmi eux. Les internes de l'hôpital concerné, situé dans la partie sud-est de l'Île de Montréal, et affilié à la Faculté de médecine de l'Université de Montréal, entraînèrent dans la crise et leur université et une couche non négligeable de l'opinion québécoise. La grève dura quatre jours et toucha jusqu'à 75 internes dans cinq hôpitaux catholiques de la ville de Montréal. Ces 75 internes étaient peu nombreux en regard des 1 200 étudiants inscrits à l'Université cette année-là, mais leur action avait paralysé les services des hôpitaux universitaires. Pas un éditorialiste francophone ne resta indifférent aux revendications des médecins internes. Les autorités de l'Université furent dépassées par le succès apparent de la grève et s'épuisèrent en un combat d'arrière-garde. L'interne Samuel Rabinovitch, premier de sa promotion à la Faculté de médecine de l'Université de Montréal, dut remettre sa démission et quitter l'Hôpital Notre-Dame.

« Par
la charité
et la science »

Ce dramatique épisode avait eu comme point de départ le choix, en février 1934, par le Conseil médical de l'Hôpital Notre-Dame, des médecins internes diplômés de l'Université de Montréal admis à travailler au sein de l'institution l'été suivant. Après l'engagement des douze candidats francophones, des postes restant à combler, les autorités acceptèrent un candidat juif et ce, aux mêmes conditions. Quand en mars ce choix administratif en apparence routinier fut connu, les internes catholiques francophones protestèrent vigoureusement et usèrent de toutes les stratégies possibles pour exclure ce candidat. L'engagement des internes se faisant pour une période d'un an, à partir du mois de juin, il ne restait une fois la politique de l'hôpital connue, que quelques semaines aux exclusionnistes pour obtenir le départ de leur confrère juif. Ils s'adressèrent d'abord et en vain aux chefs de service de l'hôpital, puis le 12 juin au Conseil médical qu'ils menacèrent d'une grève pour le 15 suivant. L'arrêt de travail fut déclenché à l'unanimité, non sans que le Conseil de la Faculté de médecine et le recteur Piette lui-même eurent enjoint les internes, médecins comme étudiants, de surseoir à leur menace sous peine de sanctions (Asselin 1934a; Anon., 1934b).

Pour la première fois au Québec, une personne d'origine juive était chassée ouvertement d'un établissement francophone et catholique, en dépit de sa compétence professionnelle reconnue, et pour des seuls motifs d'ordre ethnique et religieux. Une fois la grève des internes déclenchée le matin du 15 juin 1934, les plus hautes autorités de l'Université de Montréal, de l'Hôpital Notre-Dame ainsi que des différentes sociétés médicales de Montréal tentèrent, sans résultat, un ultime effort de médiation auprès des jeunes médecins. Les parties se rivèrent à leurs positions initiales, y compris le docteur Rabinovitch qui refusa de démissionner malgré la pression de ses confrères. Ignorant leur serment d'office, qui les enjoignait moralement de rester au chevet des malades et de respecter les règlements du Collège des médecins, reniant le contrat qui les liait contre modeste rémunération à l'Hôpital Notre-Dame, les internes poursuivirent leur grève jusqu'au 18 juin. Un compromis fut proposé, qui prévoyait le départ du docteur Rabinovitch et une rétractation publique de la part des grévistes, par nul autre que le sénateur Raoul Dandurand, président de l'Université de Montréal, et Samuel W. Jacobs, président du Congrès juif canadien et député au parlement d'Ottawa, deux hommes qui partageaient la même idéologie libérale et dont les relations étaient empreintes de confiance mutuelle.

Malgré l'opposition de certains membres juifs de la profession médicale, qui virent dans cette affaire l'occasion de défendre l'honneur et la probité de leurs semblables et conseillèrent au jeune Rabinovitch de résister jusqu'au bout, ce compromis fut finalement accepté par tous. Plusieurs rencontres, les 16 et 17 juin, entre le docteur Rabinovitch, des médecins juifs et des médecins francophones, s'étaient pourtant soldées par des échecs, chaque partie refusant de se soumettre aux arguments de ses vis-à-vis[16]. Le 18 juin, troisième jour de la grève, le docteur Rabinovitch et ses conseilleurs se rendirent aux exhortations des hautes autorités de l'Université et du Congrès juif canadien, confrontés qu'ils étaient à une situation devenue intolérable dans cinq hôpitaux catholiques de la ville, pendant que l'affaire avait un retentissement inouï dans la presse canadienne et dans l'opinion publique. Quelques jours de plus et l'événement aurait pu déclencher une campagne anti-juive au travers de couches de plus en plus larges de la population, et même contre la personne du docteur Rabinovitch déjà l'objet de menaces[17]. Manifestement, ni les leaders de la communauté juive, ni l'Université de Montréal n'avaient pu prévoir à quelles extrémités les grévistes étaient susceptibles de se laisser aller, en ces temps où certains milieux étaient imbus de forts préjugés ethniques. Si l'Université avait pu faire les frais de la tragi-comique affaire Gobeil, la grève des internes de l'Hôpital Notre-Dame et ses conséquences possibles avait alerté la communauté juive. C'est dans cette perspective que le Congrès juif préféra, en accord avec les autorités de l'Hôpital, encourager le jeune interne juif à cesser le combat.

Le compromis soumis au doyen de la Faculté de médecine, suggérait à la direction de l'Hôpital Notre-Dame qu'elle refusât la démission du jeune interne juif, qu'elle reconnût ses mérites professionnels et les graves difficultés que l'affaire lui avait créées, et enfin qu'elle exigeât une rétractation publique de la part des grévistes. La lettre de démission de Rabinovitch ne fut adressée qu'à

Dépassés par les événements

Rabinovitch démissionne

ses confrères et non aux médecins-chefs de l'hôpital ou à son administration. Il justifia sa décision en évoquant les souffrances infligées aux patients par la grève :

> Considérant les conditions pénibles, graves et dangereuses auxquelles ont été exposés les patients de l'hôpital Notre-Dame et d'autres hôpitaux, à cause du refus d'un certain nombre de leurs internes d'obéir aux ordres de leurs supérieurs, et l'embarras des différents conseils d'administration de Notre-Dame et des autres hôpitaux, je crois qu'il est de mon devoir de médecin de remettre ma démission comme interne dans votre hôpital [...].
>
> Je crois que ma décision recevra l'approbation de la communauté juive tout entière, car, pour le peuple juif, il a toujours été de première importance de s'occuper des malades* (Anon., 1934b : 354).

L'Hôpital et l'Université n'imposèrent aucune sanction aux grévistes, sinon l'obligation de signer une amende honorable où ils reconnaissaient avoir « commis un acte d'insubordination à l'égard de l'Hôpital Notre-Dame » (Anon., 1934b : 355). Les autorités exigèrent également des internes qu'ils reprennent aussitôt que possible le travail au chevet des malades, ce qui ne souleva pas de protestations. Quelques jours d'agitation de la part d'une poignée de diplômés en médecine avaient fait plus pour alerter l'opinion publique sur la question de l'admissions d'étudiants juifs à l'Université de Montréal, que toutes les protestations des associations étudiantes et de certains personnages comme Gobeil et Arcand. Pour la première fois, un citoyen canadien d'origine juive, de surcroît francophone et appartenant probablement aux segments les plus assimilables de sa communauté, avait été exclu d'une institution soumise à l'autorité morale de l'Université de Montréal, à la suite d'une campagne menée par des jeunes encore au début de leur carrière et donc sans autorité réelle. Après un tel événement, les hautes instances de l'Université ne purent user de silences ou de faux-fuyants au sujet de l'admission d'étudiants non catholiques. Pendant plusieurs mois, sinon des années, la question s'imposa au nombre des priorités du recteur et de son administration. Un journaliste du *Devoir* n'eut pas tout à fait tort quand il rapporta le 18 juin 1934 :

Un autre résultat, et celui-là aura une répercussion beaucoup plus grande, dit-il encore, sera de poser de nouveau la question juive au point de vue universitaire et hospitalier. Voilà déjà deux ou trois ans, dit-il, que le conseil de vigilance de l'Université, formé des évêques des diocèses suffragants, étudie la question juive, mais jusqu'à maintenant la question a toujours été reportée à plus tard. Ces derniers mois, la demande se faisait encore pressante, mais la maladie de Son Excellence Mgr l'archevêque coadjuteur de Montréal et chancelier de l'Université a de nouveau fait ajourner le projet. Les autorités universitaires sont les premières à désirer savoir, dit-il, si l'Université doit recevoir les Juifs et pourquoi elle les reçoit en si grand nombre présentement, bien qu'elle essaie d'appliquer un contingentement sans en avoir l'autorisation écrite (Anon., 1934c).

Qui fut responsable au Québec français de cette surenchère d'un courant de pensée hostile à la présence de non-francophones, et notablement de Juifs, au sein des institutions et services de la majorité ? Qu'est-ce qui a pu susciter en 1934, chez des étudiants en médecine notamment, un sursaut de nationalisme radical, alors que d'autres internes d'origine juive avaient déjà précédé le docteur Rabinovitch dans des hôpitaux catholiques, sans soulever une telle vague de protestations chez leurs confrères de la majorité francophone ? La xénophobie croissante des étudiants de l'Université de Montréal tenait pour beaucoup, en 1934, à des événements extérieurs à l'institution et même au pays entier, dont au premier chef la montée du nazisme en Allemagne et l'enlisement des États occidentaux dans un marasme économique sans précédent. L'arrivée au pouvoir d'Hitler en janvier 1933, et la proclamation cette même année du national-socialisme comme parti unique avait été l'occasion en Allemagne des premières persécutions juives ouvertes, d'actes discriminatoires largement répercutés dans la presse internationale. Tant que Hitler s'en était tenu, quant aux Juifs et aux « étrangers », à certaines vexations et à des coups de semonce retentissants mais aux incidences mineures, plusieurs jeunes Canadiens du Québec avaient vu en lui et en son régime un exemple du comportement souhaitable dans le contexte du Québec en particulier :

> Par leur dispersion générale et leur coutume persistante
> à jouer du coude chez les autres, ils [les Juifs] sont les

L'ombre menaçante de Hitler

artisans de leurs propres malheurs. C'est à cause de cela qu'ils connurent les ghettos et qu'ils les connaîtront encore en Allemagne et ailleurs, car le sursaut actuel de l'Allemagne nouvelle est en germe partout où les Juifs sont jugés envahissants ou encombrants (Vanier, 1933: 8).

Le mirage de la force

En écrivant ces lignes en septembre 1933, dans *L'Action nationale*, fondée cette année-là dans le but de provoquer chez la jeunesse francophone du Québec un réveil du sentiment national, Anatole Vanier rejoignait là une pensée répandue dans la génération montante, confrontée à des horizons rétrécis par la crise économique, et hantée par la mainmise des «étrangers» sur leur société. L'influence diffuse du national-socialisme allemand, à cette époque précise, semble avoir échappé à certains historiens et analystes. Il semble en effet que pendant un court moment, l'arrivée d'Hitler en Allemagne a exercé un attrait sur certaines jeunes imaginations, méfiantes face aux partis politiques établis et à l'égard des leaders traditionnels du Québec français. Henri Bourassa, et plus tard Lionel Groulx, quoique sous une forme différente, ont encouragé d'une certaine façon le mépris des élites intellectuelles francophones pour les institutions politiques tant fédérale que provinciale. C'était là entrouvrir la porte au mythe d'un chef régénérateur, investi d'une forte autorité[18], au-dessus des intérêts particuliers.

Rejeter tout compromis

Dans un éditorial favorable aux internes en grève, et rédigé sous le couvert d'un pseudonyme incongru, un médecin exposait très bien dans un journal «consacré à la défense des intérêts professionnels», *L'Action médicale*, le motif premier du conflit de l'Hôpital Notre-Dame; soit la crainte d'une concurrence déloyale de la part d'étudiants non chrétiens, dans le contexte d'une économie en plein ralentissement:

Les entrées de notre domaine hospitalier restaient grandes ouvertes. Sans surveillance, y pénétrait qui voulait. L'autorité supérieure accueillante, souriante et compétente, souhaitait la bienvenue et présidait avec sollicitude à l'installation de l'intru. Apparut soudainement une équipe de jeunes médecins organisée pour la défense. Elle ferma résolument la porte, exigea des passeports et apposa des visas! Stupéfaction! Affolement! Un tel cran déconcerta (Onep, 1934: 352).

Personne ne contesta vraiment à l'époque l'argumentation des grévistes, pas même Olivar Asselin dans son journal *L'Ordre*. Les internes avaient cependant eu recours, pour distinguer les «étrangers» à des critères de la même eau que ceux qui prévalaient à la même époque dans l'Allemagne nazie. Ils affirmaient en effet que des patients soignés dans un hôpital catholique éprouvaient de la répugnance à être traités par un médecin juif, c'est-à-dire par une personne attachée à un ensemble divergent de croyances et de pratiques religieuses. Confronté à un tel raisonnement, Asselin concluait dans le langage du temps: «La grève des internes canadiens français ne pouvait donc avoir pour mobile qu'une haine de race» (Asselin, 1934a). Les étudiants en médecine, et ils étaient loin d'être les seuls à cette époque, croyaient que, parmi les «étrangers», ceux que les prérequis d'excellence de connaissance de la langue française, d'adaptation à la mentalité des francophones, ou encore de citoyenneté n'avaient pas écartés de l'université le seraient par le jeu des préjugés ethniques. Rien ne pouvait laver le docteur Rabinovitch de sa tare originelle d'être Juif, ni un dossier académique impeccable, ni une parfaite maîtrise du français, ni son statut face à la loi du pays. Il ne s'agissait plus de xénophobie mais en vérité d'une forme de racisme, où les traits culturels d'un citoyen servaient à définir ses droits dans la société.

Si *Le Patriote* inventa des histoires invraisemblables pour couvrir d'opprobre le jeune interne juif, selon un courant de pensée de l'époque, basé sur la «conspiration universaliste juive[19]», la plupart des éditorialistes autant francophones qu'anglophones tentèrent d'opposer un déni aux discours des grévistes. Asselin dans *L'Ordre*, puis Turcotte dans *Le Canada*, tirèrent à boulet rouge sur les internes en révolte, et firent valoir que les principes de tolérance et de charité étaient à la base même d'une société inspirée par le christianisme. Turcotte fut particulièrement virulent dans un éditorial publié au lendemain de l'événement:

Tollé chez les journaux libéraux

> La révolte des internes de Notre-Dame et de leurs collègues et alliés de la Miséricorde, de l'Hôtel-Dieu et de Sainte-Justine donne un sujet de graves réflexions aux citoyens dont la raison droite et forte refuse de capituler devant la foule [...].

137

L'ignoble presse gogluante et les avortons spirituels et visqueux qui la soudoient portent une terrible responsabilité dans l'espèce de morbidité que les esprits encore sains et lucides voient avec effroi envahir les centres de légitime défense de l'organisme national canadien-français (Turcotte, 1934).

Même le *Mégantic*, publié dans la localité qui avait vu le député Gobeil prononcer un discours antisémite le 17 mars 1934, stigmatisa dans ses pages le caractère raciste de la grève des internes[20].

Le Devoir vogue seul

Dans ce concert de protestations, seul *Le Devoir* resta impassible devant les insinuations xénophobes des jeunes médecins francophones et préféra, par la plume de son rédacteur en chef, Georges Pelletier, s'intéresser dans cette affaire au seul bien-être des malades. Autant s'inquiéter, à la suite d'un incendie dévastateur, des seuls dégats matériels plutôt que rechercher la cause du sinistre et les moyens d'en éviter la répétition à l'avenir :

Celui qu'atteint le plus durement la grève, c'est le malade [...] Sans l'avoir visé directement, c'est lui que les grévistes frappent [...] pour aucune cause, si valable puisse-t-elle être, un médecin ne doit abandonner des hommes et des femmes qui souffrent. Même si la cause des grévistes peut leur paraître excellente, on se demandera s'ils n'y sont pas pris de façon à la gâter (Pelletier, 1934).

Il se trouvait donc au milieu de l'année 1934, exception faite de journalistes du *Devoir*, plus d'un citoyen éclairé pour appuyer l'Université de Montréal, si elle souhaitait mettre un frein à l'agitation antisémite et ramener à des sentiments plus acceptables certains de ses étudiants. Le temps des choix était enfin arrivé.

« Par la foi et la science elle rayonne »

« Fides splendet et scientia »

Comme les autres institutions d'enseignement avant elle, l'Université de Montréal avait dû aborder cette « question juive » en tenant compte de sa propre structure de pouvoir et des contraintes qu'elle lui imposait. Comme Laval, dont elle s'était séparée légalement en 1920 et dont elle avait été jusque-là tributaire, l'Université de Montréal avait été dotée d'une constitution interne et d'objectifs pédagogiques qui lui conféraient un statut particulier parmi les institutions de haut-savoir nord-américaines.

Comme le spécifiait sa constitution de 1920, l'Université de Montréal avait pour mission de prodiguer un enseignement expressément catholique en accord avec l'autorité ecclésiastique, tel que défini par le pape Benoît XV le 8 mai 1919:

> Que cette reconnaissance permette à la nouvelle corporation de mieux atteindre sa fin, qui est de donner, dans les limites actuelles de la province ecclésiastique de Montréal, conformément aux principes catholiques, l'enseignement supérieur et professionnel (Anon., 1920).

Conformément à une telle orientation, il fut convenu que le chancelier de l'Université de Montréal serait ex-officio l'archevêque de Montréal, secondé au sein du sénat académique par les évêques mineurs de la région de Montréal, le supérieur de la Compagnie de Saint-Sulpice au Canada et par quelques laïques spécialement désignés. Ce sénat, organe suprême de l'institution, déléguait ses membres, dont des évêques en titre, à la Commission d'administration de l'Université, à la Commission des études, ou au Conseil universitaire, qui réunissait en une seule instance les deux premières commissions. Le Comité exécutif, présidé par le recteur assisté d'un secrétaire général, comptait lui aussi les représentants ecclésiastiques du sénat académique et dépendait de l'autorité de l'archevêque. La nomination des doyens de faculté, des présidents d'école et même des professeurs devait être soumise préalablement à l'approbation du chancelier. Théoriquement et selon sa structure de pouvoir, l'Université était, au cours de la période que nous étudions, une émanation de l'Église diocésaine de Montréal et dépendait en partie d'elle pour son financement:

L'archevêque-chancelier

> L'archevêque de Montréal et ses suffragants, les évêques résidentiels de la province ecclésiastique actuelle de Montréal, veillent dans l'Université à l'intégrité de la doctrine et à la pureté de la morale. Ils détiennent et exercent l'autorité suprême dans toutes les questions qui se rattachent à ce double sujet, avec pouvoir souverain de décider quelles sont les questions et dans quel cas il y a lieu à leur intervention. Ils appliquent, après enquête, les sanctions qui conviennent. Leur décision est finale et doit être exécutée par les diverses commissions, nonobstant tout autre article de cette charte (Anon., 1920).

La rigueur des dispositions de la loi constituante concernant l'autorité responsable, était atténuée par le fait que le Québec français des années vingt et trente était somme toute une société plutôt fermée qui avait engendré elle-même ses intellectuels, encore peu nombreux. De plus, les autorités universitaires, soit l'archevêque, les évêques suffragants, le recteur et les doyens, avaient tous été formés dans les mêmes institutions et selon les mêmes traditions religieuses et intellectuelles. Leurs rapports étaient empreints de confiance mutuelle, d'autant plus que presque tous étaient des clercs. Cette confiance se reflétait dans la durée des mandats, presque vingt ans par exemple dans le cas du recteur Maurault et près de trente ans dans celui du secrétaire général Édouard Montpetit. Elle se reflétait encore dans le fait que certains occupèrent successivement toutes les fonctions d'autorité. Ainsi, Mgr Georges Gauthier, nommé recteur de l'Université en 1920, quitta son poste en 1923 pour devenir évêque de Montréal, et donc chancelier de l'Université, et ce, jusqu'à son décès en 1940. Un tel pouvoir de décision, en apparence autocratique, suscita assez peu de conflits au sein de l'institution, puisqu'il générait, à travers ses principes rigides et ses hautes exigences morales, un consensus le plus souvent sans faille sur les objectifs à atteindre et les moyens à employer.

La conception de la vocation de l'Université se répercutait directement sur les règlements auxquels étaient soumis les professeurs et les étudiants. Les professeurs devaient adhérer aux doctrines de l'Église et imprégner leur enseignement de leurs implications théoriques et pratiques :

> Pour s'acquitter convenablement de leur tâche et produire les fruits qu'on attend de leur destination, les universités doivent posséder des maîtres qui s'imposent par leur prestige, par l'excellence, la profondeur et l'étendue de leurs doctrines en sciences et en lettres, surtout par leurs connaissances religieuses. C'est qu'elles doivent être des foyers de lumière et des entrepôts de science (Anon., 1934d : 10-11).

Les professeurs de l'Université de Montréal devaient dans les années 1920-1940, épouser ou du moins connaître, entre autres, les thèses anti-libérales et anti-modernistes contenues dans le *Syllabus* de 1874 et rejeter toute conception matérialiste de l'univers. Très précis dans son préambule, l'*Annuaire général* de l'Université de Montréal, édition de 1934, consacra quelques paragraphes non équivoques aux comportements religieux et moraux attendus des étudiants qui fréquenteraient l'établissement. Non seulement les autorités diocésaines avaient-elles enjoint les jeunes francophones promis à des carrières professionnelles ou intellectuelles de s'éloigner des institutions non catholiques, mais avaient-elles rappelé avec insistance à leurs étudiants la nécessité de pratiquer leur foi publiquement, les incitant à se joindre à des confréries et associations pieuses:

> La jeunesse instruite dans nos universités, tout en s'adonnant aux études littéraires et en aspirant aux grades les plus élevés, doit recevoir aussi un perfectionnement à son éducation chrétienne et s'appliquer à l'observation rigoureuse des préceptes d'une foi catholique demeurée intacte (Anon., 1934d: 12).

Un tel contexte était peu favorable à l'admission d'étudiants non catholiques et encore moins d'étudiants étrangers à la foi chrétienne. Pressé par l'affaire Gobeil, le recteur Piette n'avait-il pas affirmé sans ambages en avril 1934 qu'un crucifix ornait chacune des pièces de l'Université et qu'une prière ouvrait les grandes assemblées de l'institution ainsi que la plupart des cours des facultés de lettres et de philosophie[21]; que chaque département, faculté ou école, depuis la pharmacie jusqu'au droit, offrait alors à ses étudiants des cours de morale appropriés et conçus selon les préceptes canoniques courants. Les étudiants juifs admis à l'Université de Montréal au cours des années trente, non seulement franchissaient les portes d'une institution de haut savoir, mais ils pénétraient un lieu de la société francophone soigneusement encadré par l'Église catholique, et par là soustrait aux influences jugées exogènes ou pernicieuses.

Comment réagissait au judaïsme cette Église des années 1920-1940? Après avoir côtoyé le judaïsme pendant les premiers siècles de son histoire, l'Église catholique romaine avait développé face aux Juifs une attitude de rejet et de mépris à peine déguisé (Isaac, 1962). La hiérarchie ecclésiastique de Montréal incarnait, au début du XXe siècle, comme la plupart des hiérarchies catholiques à travers le monde occidental, cette idée de confinement

Un réflexe défensif profond

141

nécessaire et de méfiance face aux populations juives ; à cette différence que les Juifs du Québec n'avaient pas de racines historiques dans le pays, étant pour la plupart des immigrants récents. En dépit de ce fait, on pouvait observer au sein du haut clergé, comme d'ailleurs chez les simples prêtres et religieux, une sorte d'antisémitisme latent, fruit de siècles de sédimentation doctrinale et théologique, même en l'absence d'objet réel, puisque les Juifs n'étaient ici à cette époque qu'une collectivité démunie, d'implantation récente et encore marginale, dépourvue d'un réel pouvoir économique. Leurs détracteurs ne pouvaient s'en prendre qu'à des ombres imprécises, à des représentations abstraites d'époques révolues ou empruntées à des contextes historiques étrangers à la réalité canadienne.

Le père Forest
justifie
l'Église
Deux textes, signés par des clercs de l'époque où surgissait à l'Université de Montréal la question juive, nous renseignent sur l'opinion que pouvaient avoir des Juifs les hautes autorités universitaires et le clergé catholique francophone dans son ensemble (Jænen, 1977). Dominicain et membre en 1934 de la Commission des études de l'Université, le père Ceslas Forest représente, à notre avis, le type d'intellectuel qu'avait produit la société québécoise du début de ce siècle. Ses réflexions sur la question juive au pays, hors les habituelles récriminations sur les pratiques malhonnêtes des commerçants juifs et sur leur attitude jugée en toutes choses anti-chrétienne, se résument en trois points majeurs : d'abord, les Juifs demeurent d'éternels errants, même dans les pays où ils semblent se fixer ; ils sont avant tout préoccupés de leur survie culturelle, repliés sur leurs propres affaires visant le seul bien de leurs coreligionnaires disséminés à travers le monde ; les Juifs n'accordent qu'une attention secondaire à la nation ou à l'État qui leur a ouvert les bras ou les tolère. En cas de crise, de conflit, d'insurrection intérieure, au pire ils se joindront à l'ennemi, au mieux ils resteront indifférents aux souffrances de leurs concitoyens non juifs : « Les Juifs comme groupe, sont toujours restés inassimilables. Ils n'ont cessé de constituer une nation dans la nation » (Forest, 1935a : 270). Une telle argumentation, utilisée lors de l'affaire Dreyfus en France, et qui ressort de l'émergence en Europe, dès le XIXe siècle, d'États-nations centrés sur des ethnies dominantes, ne manqua pas de

séduire au pays les esprits portés vers un nationalisme radical et qui considéraient les francophones comme la principale collectivité de la société québécoise. Pourquoi en somme accorder des faveurs à une minorité dont les yeux sont rivés sur les quais d'embarquement, ou qui ne cesse de rêver à un Eldorado lointain encore plus prometteur.

Après avoir évoqué la nation, Forest aborda dans un deuxième temps les exigences de la foi catholique. Nul groupe immigrant ne devrait porter atteinte ici, affirmait-il, au caractère fondamentalement chrétien du pays. Forest avança que tout établissement, toute association volontaire ou toute personne avait le devoir au Québec de refléter le parti pris résolument chrétien de la société québécoise et que toute atteinte à ce principe, même occasionnelle, affaiblissait la position de l'Église et semait le doute quant à sa primauté. S'il introduisait dans notre système légal ou institutionnel, pour plaire aux Juifs, des zones grises ou neutres quant à l'affirmation de la foi chrétienne, le Québec céderait aux forces séculières extérieures qui mineront son identité française et catholique. Ce discours concernant la présence juive dans une société de type chrétien ne contenait rien d'original, il était en fait l'écho d'une position déjà développée en Europe occidentale à l'époque des Lumières : D'abord
chrétienne

> Ces idéologies de rejet, comme on pourrait les appeler, suivaient deux raisonnements différents. L'un était axé sur le caractère chrétien de la société européenne et soutenait, plus ou moins explicitement, que le processus de laïcisation ne changeait pas ce fait, fondamentalement, à savoir : si on a établi le caractère chrétien de la société, les Juifs ne peuvent pas en faire partie. L'autre raisonnement, plus hostile aux Juifs, accuse la religion, la morale, la tradition ou, tout simplement, la mentalité juive de tenir les Juifs à l'écart et de faire de leur intégration dans une société non juive une perspective non souhaitable et tout à fait illusoire* (Katz, 1973 : 87).

Le même refus fonda la position officielle de l'Église dans le débat politique entourant la création à Montréal, à la fin des années vingt, d'un réseau d'écoles juives administré par une commission scolaire de même allégeance : Tolérer
aussi

143

> Jusqu'ici, notre enseignement est resté exclusivement chrétien. Changer cela, introduire, à côté de l'enseignement chrétien, un enseignement non-chrétien, c'est prendre vis-à-vis de l'avenir de très graves responsabilités. Dans une société où les lois comme les mœurs sont chrétiennes, il est de souveraine importance que la formation que les futurs citoyens reçoivent soit elle-même chrétienne (Forest, 1935a: 269).

Le mot de *La Semaine*

Changer un iota à la politique établie, c'était, d'après Forest, livrer la société du Québec à des abus insoutenables. Il fallait, dans l'esprit du dominicain, combattre le premier pas dans cette direction, voire le moindre assoupissement. Cependant, Forest ajoutait en troisième lieu que si, en tant que chrétiens, nous n'accepcions aucune compromission quant à notre foi, tenue en haute estime par toute la société, nous devions nous efforcer de faire preuve de charité à l'endroit des Juifs établis parmi nous. Catholiques et francophones dans l'âme, une fois assurés de la survie de nos institutions culturelles autant que religieuses, nous devions appliquer aux Juifs la même bienveillance que nous avions envers nos semblables et nos coreligionnaires. C'était là le seul élément constructif d'une position essentiellement défensive proposée aux catholiques francophones. Au sujet de la campagne antisémite menée dans certains milieux francophones, Forest déclarait :

> Le jugement à porter sur ces appels au boycottage des Juifs semble, à première vue, des plus faciles. Il n'y a pas deux morales : l'une qui régit nos rapports avec les Juifs et l'autre qui régit nos rapports avec le reste de l'humanité. Il n'y en a qu'une, et ses prescriptions sont claires : il n'est jamais permis de faire du tort aux autres par des moyens injustes (Forest, 1935b: 342).

Tout indique qu'au début des années trente, une ligne de conduite avait été élaborée à ce sujet au sein des administrations ecclésiales et universitaires puisqu'un autre texte[22], publié un an auparavant dans *La Semaine religieuse de Québec* à l'intention d'un autre public, avait développé les mêmes arguments :

> Nous devons aux Juifs, ainsi qu'à tout le monde, la charité et la justice. Par la charité, nous chercherons à leur faire du bien, nous voudrons leur conversion et leur salut, nous prierons incessamment pour eux. Par la justice,

nous respecterons, en conformité des règles de la morale, et leur vie et leur propriété et tous leurs droits véritables.

Est-ce à dire qu'ils seront, en toutes choses, traités comme les chrétiens ? Faut-il leur accorder la même confiance qu'aux chrétiens, leur concéder les mêmes franchises et les mêmes privilèges, en un mot les mettre exactement sur le même pied. Ce serait en vérité bien peu sage. Infidèles, ils ne sont pas membres de notre famille.

À côté de leurs qualités très grandes, les Juifs ont ordinairement des défauts très graves, qui les rendent nuisibles dans une société chrétienne. Il faut donc parer aux inconvénients de leur présence et pour y parer, les mesures d'exceptions deviennent assez souvent nécessaires (Labrecque, 1934 : 51-52).

Au sujet des rapports avec les Juifs, il ressort que ce que le père Forest et le directeur de *La Semaine religieuse* donnaient d'une main, ils s'empressaient de le reprendre de l'autre, un peu comme si à chaque extrême de ce mouvement de balancier, un doute avait forcé le théologien ou le moraliste à lâcher prise. Cette recherche d'équilibre, ces nuances conciliatrices, traversèrent la période des années trente et provoquèrent des remous chez des clercs habitués à plus de certitude. Il était difficile, pour un Juif intéressé au dialogue, de comprendre cette pensée à certains égards contradictoire et déroutante. La question juive à l'Université de Montréal ne souffrait toutefois plus de délais, et le recteur Maurault, nommé à l'automne 1934, dut prendre les décisions qui s'imposaient.

Le recours romain

Bien que les autorités en place ne firent rien pour les attirer, les Juifs avaient commencé à franchir les portes de l'Université de Montréal, probablement au début des années vingt : en 1920-1921, les 16 étudiants juifs de l'Université de Montréal représentaient moins de 2 % de la population étudiante se chiffrant à 1 321. Il semble que l'université catholique francophone n'ait pas été à l'époque le premier choix des jeunes Juifs québécois en quête d'une formation universitaire. Quand l'Université McGill mit un frein, au milieu des années vingt, à l'admission des étudiants juifs, l'Université de Montréal gagna peu à peu

TABLEAU 16

Répartition des étudiants juifs de l'Université de Montréal dans certaines facultés et écoles
1932-1934

Facultés et écoles	Nombre d'étudiants juifs		Nombre total d'étudiants 1933-1934	Pourcentage d'étudiants juifs 1933-1934
	1932-1933	1933-1934		
Droit	35	32	218	15
Médecine	15	15	246	6
Sciences	1	5	124	4
Chirurgie dentaire	2	2	84	2
Pharmacie	29	22	102	22
Total	**82**	**76**	**774**	**10**

Sources: «Juifs à l'Université de Montréal, 1932-33, 1933-34», Archives de l'Université de Montréal, Fonds du secrétariat général (1876-1950) et Piette (1934).

en popularité auprès de ces derniers. En 1930-1931, environ 5 % de la clientèle de l'Université de Montréal était d'origine juive, soit 65 sur 1 743 étudiants, proportion qui demeura à peu près constante jusqu'à la fin de la décennie[23] (Tableau 15). Alors que McGill était anglophone et à toutes fins utiles neutre, l'Université de Montréal obligeait un jeune Juif à sortir du courant d'assimilation linguistique anglophone dans lequel était engagée la communauté juive, et offrait maintes occasions de heurts à sa sensibilité. Au cours des années trente, seul un Juif de tradition réformée ou à tout le moins détaché de l'orthodoxie mosaïque pouvait s'adapter au climat alors ouvertement catholique de l'Université de Montréal, et se frôler à des affirmations multipliées d'une hiérarchie triomphaliste. En 1933-1934, année où éclata publiquement la question juive à l'Université de Montréal, sur 1 190 étudiants inscrits dans les six principales facultés ou écoles concernées, seuls 76 étaient d'origine juive, soit une proportion d'un peu plus de 6 % : 32 en droit (14 %), 22 en pharmacie (21 %)[24] et 15 en médecine (6 %)[25] (Tableau 16). Dans les autres cas le pourcentage des étudiants juifs était nettement sous la moyenne approximative de 5 %, ce qui était moins de la moitié de la moyenne calculée la même année à l'Université McGill, et moins du quart de celle qu'avait observée la même institution anglophone au début des années vingt.

Plus significativement en médecine, le secrétaire de l'Université de Montréal avait refusé un peu plus d'une centaine de candidats d'origine juive en 1933-1934, pour n'en admettre que trois en tout (Forest, 1935b : 335). En droit, par contre, seules dix candidatures juives avaient été rejetées et cinq en pharmacie. Cette année-là, l'Université francophone avait donc refusé au total 130 candidats et comptait en tout 78 étudiants d'origine juive. La seule faculté pour laquelle elle appliquait une sélection rigoureuse était la Faculté de médecine[26]. Rien n'indique que les autres départements ou facultés, par exemple des sciences humaines, aient connu au cours des années vingt ou trente un afflux de candidats juifs, ou établi des critères d'admission susceptibles de les exclure. La question juive était donc au sein de cette institution plutôt théorique et idéologique, que basé sur une expérience réelle ou un contact prolongé avec une population juive quelconque. Peu d'étudiants avaient eu l'occasion, au cours de ces années, de faire la connaissance d'un confrère d'origine juive. Cet écart marqué, au sein du milieu universitaire catholique et francophone, entre le déferlement d'opinions hostiles aux Juifs ou à tout le moins empreintes de la plus grande méfiance, et l'expérience concrète d'une présence juive reste un trait caractéristique du malentendu vécu par la société québécoise de vieille souche au sujet du judaïsme et des Juifs, au cours des années de l'entre-deux-guerres.

Nourris d'appréhension relevant de leur formation, les antisémites francophones prirent rarement la peine de mesurer ou d'évaluer l'impact réel de la communauté juive sur l'économie locale et l'acquis institutionnel catholique. L'aveuglement de certains milieux des classes moyennes francophones semble avoir atteint sur cette question des sommets inégalés. Pour une bonne part, la clameur antisémite s'éleva au Québec, au cours des années trente, à propos d'une présence plus symbolique que concrète. Les Juifs auraient été justifiés alors de se demander ce qu'il adviendrait si leur nombre était décuplé puisque quelques dizaines de milliers d'immigrants suffisaient à susciter une telle hostilité.

Pendant que certains antisémites, tel un Noé incrédule, attendaient un deuxième déluge, les administrateurs de l'Université de Montréal maintinrent au sein de l'insti-

147

tution le statu quo autour de la question juive. Une ronde de consultations prépara cette décision, qui aboutit à une politique jugée compatible avec la morale catholique et avec le droit civil en vigueur au Québec. Le 27 septembre 1934, la Commission des études, dont faisait partie le père Forest, concluait : « En attendant une solution, la Commission est d'avis que l'immatriculation des Juifs doit se faire à l'Université, dans un esprit de justice sans doute, mais aussi d'extrême surveillance[27]. » Le constat de l'institution s'appuyait à ce moment sur le fait que les Juifs canadiens étaient nés au pays ou naturalisés citoyens en vertu des lois canadiennes et qu'à ce titre ils avaient les mêmes droits que tous les autres Canadiens, notamment le droit à l'instruction supérieure. De plus, les Juifs du pays contribuaient au trésor public qui, à son tour, soutenait l'Université de Montréal par des octrois. De quel droit empêcher les Juifs de profiter d'investissements institutionnels auxquels s'associait occasionnellement l'État lui-même? En contre partie, les Juifs devaient payer les mêmes frais de scolarité que les catholiques, et se voyaient imposer par le bureau d'admission de l'Université les plus strictes exigences intellectuelles. Par ailleurs, aucune dérogation n'était tolérée à leur égard quant au caractère catholique de l'Université de Montréal. Dans un mémoire sur la question, probablement préparé en octobre 1933 par le recteur Piette à l'intention du chancelier Mgr Gauthier, et le premier d'une série adressée aux autorités ecclésiastiques[28], un paragraphe résumait cet aspect de la question :

> Les Juifs sont astreints à toute notre discipline à l'Université. Nous sommes intransigeants avec eux et ils se soumettent docilement à nos règlements. En certaines facultés, ils sont les plus appliqués.
>
> Les Juifs ne sont admis à aucune fonction, aucun office, aucun honneur, soit dans l'enseignement, soit dans la vie sociale des étudiants[29].

Ces considérations se retrouvent en 1935 presque mot à mot dans l'article du père Forest dans la *Revue dominicaine*, ce qui laisse croire qu'il ait pu être un artisan important de la politique de l'institution face aux Juifs. La rigidité de la position du dominicain et de l'Université n'en laisse pas moins paraître une admiration certaine devant la ténacité des étudiants juifs, contrastant avec le parti pris de suspicion exprimé dans un premier temps à leur endroit. Voici des accents qu'on aurait eu grand-peine à entendre dans un milieu anglophone similaire:

> Un seul motif religieux pourrait faire écarter les Juifs de l'Université: ce serait le danger que cette fréquentation ferait courir à nos étudiants. Or ce danger est nul. Les Juifs n'ont guère donné jusqu'ici que des exemples de travail et de bonne tenue. Ceux qui ont charge de la discipline universitaire n'hésitent pas à en témoigner (Forest, 1935b: 333).

Est-ce à dire que l'Université de Montréal limita arbitrairement au cours des années trente l'admission des étudiants juifs en son sein? Rien ne permet de le croire, sauf que les autorités se montrèrent à coup sûr plus exigeantes quant aux dossiers scolaires des candidats juifs. Et si, comme le déclarait Forest en 1935, «le nombre des étudiants juifs admis à l'Université [de Montréal] est fixé d'avance et ne peut être dépassé» (Forest, 1935b: 329), jamais les Juifs se pressèrent aux portes de l'institution en nombre suffisant pour en menacer l'équilibre ethnique traditionnel. Au cours de la période étudiée, toute inquiétude à ce sujet resta lettre morte, d'autant plus que l'Université avait besoin d'étudiants capables de payer. Comment écarter des candidats, parmi les mieux disposés qui, en cette période de crise économique aiguë apportaient leur part de revenus à l'institution:

Un accueil timide

> Sans doute, si le nombre des étudiants que nous pouvons admettre à l'Université était limité, si nous devions en écarter un certain nombre, il serait injuste de ne pas accorder la préférence aux nôtres. Mais ce n'est pas le cas. Dans la plupart des facultés, nous aurions avantage à ce que les inscriptions fussent plus nombreuses puisque la plus grande partie de nos revenus nous vient des droits de scolarité (Forest, 1935b: 334).

Mais, et là se trouve l'originalité du débat sur la question juive à l'Université de Montréal, ni le recteur Mgr Olivier Maurault, ni aucun de ses proches collaborateurs ne pouvaient trancher en dernière instance la question de l'admission d'étudiants juifs. En cette matière comme en d'autres reliées à son caractère d'institution catholique, il fallait faire appel à l'autorité vaticane. Voilà pourquoi au long des années trente les archives de l'Université révèlent l'observation du statu quo, une position en attente

Rome doit trancher

d'officialisation. Maurault, qui avait été nommé recteur pendant la tourmente, dut s'avouer impuissant à court terme à faire mieux que de sauver dans cette affaire la face de l'Université. Dans un texte manuscrit daté d'octobre 1934, il écrivait:

> J'appris alors que Mgr Piette avait remis un mémoire sur l'admission des Juifs, à Mgr le chancelier [Mgr Gauthier], alors très malade à la campagne. Je fis savoir à l'université que je ne prétendais pas régler moi-même le conflit: qu'il était de la compétence du chancelier et du conseil de vigilance [les évêques suffragants]; et que même si je voulais agir, je ne le pourrais pas, l'affaire ayant été référée au chancelier [...].

> J'étais à me demander comment nous arriverions à une solution quand je revois son éminence [Villeneuve], à Québec, le 18 octobre. Le Cardinal me dit alors que Mgr le chancelier lui avait fait remettre un mémoire, — identique au mien — en le priant de parler de la question à Rome lors de sa prochaine visite de janvier, afin d'obtenir une direction. Nous n'avons plus qu'à attendre[30].

Un doute subsistait donc dans l'esprit des autorités universitaires, sur la conformité au droit canon de la position explicitée par le dominicain Forest, au-delà du fait qu'elle prêtait flanc aux agitateurs antisémites locaux. Ce doute les préoccupait davantage, même si la loi qui régissait l'Université de Montréal depuis 1920 ne leur imposait aucune contrainte à ce sujet (Anon., 1920).

L'appui du Vatican

Rome fut saisie de l'affaire dans le courant de l'année 1935, notamment par le cardinal Villeneuve de Québec et par Mgr Gauthier, archevêque de Montréal, mais aussi au travers d'une démarche du recteur Maurault auprès de Mgr Ruffini, secrétaire de la Sacrée congrégation des séminaires et des universités[31]. Personne au Canada français n'osait encore donner pleinement raison à l'Université dans son traitement des candidats d'origine juive, tant la question était controversée. Forest, dans son article de décembre 1935 touchant «La question juive chez nous» s'était gardé une prudente marge de manœuvre:

> Voilà quelques-uns des motifs sur lesquels les autorités universitaires se sont appuyées pour laisser la porte ouverte aux étudiants juifs. Il va de soi — nous le répétons — qu'elles sont prêtes à accepter toute direction

contraire qui pourrait leur être donnée un jour (Forest, 1935b: 335).

Les pressions les plus diverses continuaient pendant ce temps de s'exercer sur l'Université. En octobre 1934 ressurgit une menace de grève chez les étudiants sur la question des admissions juives[32], et de nouvelles campagnes de presse empreintes des faussetés habituelles s'organisèrent. Ainsi, Salluste Lavery, candidat à la mairie de Montréal, reprit le 15 mars 1936, dans un discours, les attaques de Gobeil contre l'Université de Montréal. Plus de deux ans après le fait, il se trouvait encore des gens pour faire écho aux inepties du député de Compton[33].

La réponse de Rome ne fut jamais rendue publique et on n'en trouve du reste aucune trace dans les archives de l'Université. Tout indique que les plus hautes autorités romaines concernées furent favorables à la politique adoptée par l'institution depuis les années vingt. Il semble que la question ait cessé d'être discutée par le recteur Maurault vers 1936, et l'Université resta fidèle à sa tradition de tolérance et d'accueil restreint. Toutefois, des pressions en faveur d'un certain contingentement auraient été exercées au sein de l'institution à la toute fin des années trente et au début des années quarante, mais elles n'ont laissé aucune trace dans les archives. Un resserrement des admissions juives aurait été tenté au sein de ces facultés et écoles les plus recherchées par la clientèle juive de l'Université, et peut-être à l'égard des candidats étrangers au pays. De 82 en 1932-1933, les étudiants juifs n'étaient plus que 19 en 1940-1941[34]. Prudence excessive ou antisémitisme déguisé, toujours est-il que l'Université de Montréal traversa les années de 1939-1945 avec dans ses salles de cours une présence juive fort réduite.

La suspicion entretenue contre l'Université de Montréal dura jusqu'en 1941, alors qu'une nouvelle campagne antisémite visa cette fois le secrétaire général, Édouard Montpetit. À cette occasion, l'Université fit, semble-t-il pour la première fois, publiquement état de la directive romaine. Une série de lettres avaient demandé aux autorités de nouveaux « éclaircissements » concernant la présence juive au sein du corps étudiant. On y lisait la même indignation du « payeur de taxes » canadien-français, humilié de devoir supporter de ses deniers l'édu-

Maurault maintien le cap

Échos tardifs

151

cation, au sein d'une université catholique et franco-phone, « de nombreux juifs ». Montpetit répondit simplement que l'Université n'avait pas le choix de sa ligne de conduite puisque Rome avait tranché :

> J'ai bien reçu votre lettre du 31 mars. Les autorités de l'Université que j'ai consultées m'ont répondu que Rome estime que, l'Université de Montréal recevant des subventions du gouvernement et les Juifs étant des contribuables, elle doit les accepter[35].

Les antisémites, prétendus catholiques, n'avaient donc qu'à se soumettre. Durant les quelques années qu'avait duré l'attente d'une directive de Rome, l'Université de Montréal avait résisté à grand-peine à l'assaut des exclusionnistes et radicaux de tous crins. L'institution, dotée d'une structure hiérarchique cléricale, avait été tirée avec violence du clair obscur où elle se tapissait quant à ces questions et jetée en pâture à l'opinion publique par les antisémites.

Pour les observateurs d'aujourd'hui, l'épisode préfigure les bouleversements des années 1960 et la sécularisation des institutions universitaires appelées à devenir des corporations publiques et financées presque entièrement par l'État. Sans le savoir, les Juifs des années trente, par leur seule présence, auraient-ils ouvert une porte à d'autres volontés de changement?

« Deo favente haud pluribus impar »

« Par la grâce de Dieu, aucune ne lui sera supérieure »

Les positions de la Sacrée Congrégation des séminaires et universités et celles de l'Université de Montréal se résumaient à ceci : si le caractère catholique des institutions d'enseignement en question n'était nullement menacé et les droits linguistiques de la majorité respectés, toute objection à la présence de personnes d'autres origines culturelles était par le fait même levée, et les autorités avaient avantage à s'en remettre aux lois en vigueur dans le pays. Ce fut cette logique vaticane et dans l'ensemble catholique qu'exposait clairement le dominicain Forest dans ses textes de 1935, et où on pouvait lire en filigrane toute la finalité de cette position, soit l'idéal de la conversion religieuse :

> Le Concile plénier du Canada, tenu à Québec en 1909, demande de détourner les étudiants catholiques des

universités protestantes ou neutres ; il ne demande pas de détourner les protestants ou les Juifs de nos universités catholiques. Au point de vue religieux, la fréquentation des universités protestantes ou neutres par nos étudiants comporte des dangers. Il semble au contraire qu'il faudrait plutôt nous réjouir de voir les protestants et les Juifs rechercher un enseignement catholique (Forest, 1935b : 332).

La question juive se posa aussi à l'Université Laval, l'institution mère de l'Université de Montréal et le modèle par excellence au Québec des institutions supérieures catholiques. En 1938, Laval aborda la question de l'admission d'étudiants non catholiques. Dans cette ville éminemment homogène sur le plan culturel, habitée par moins d'une cinquantaine de familles juives, rien n'aurait dû provoquer l'inquiétude des autorités universitaires à ce sujet, mais Laval recevait probablement depuis le début des années vingt un nombre croissant de demandes d'admission de la part de candidats juifs américains, qui s'étaient vus interdire l'accès aux universités de leur région d'origine. Ceux que Columbia ou Harvard repoussaient venaient maintenant frapper aux portes de la plus ancienne des universités catholiques d'Amérique. Sur les 23 étudiants d'origine juive régulièrement inscrits à Laval durant les années scolaires 1937-1938 et 1938-1939, soit moins de 6 % de la population étudiante totale, 18 étaient de citoyenneté américaine, pour la plupart domiciliés dans les États de New York, du Massachussetts, du New Jersey ou de la Pennsylvanie et, fait intéressant, ces Juifs américains étaient tous inscrits à la Faculté de médecine. Durant la période 1937-1948, pas plus de trois Juifs canadiens se prévalurent d'une année à l'autre du privilège d'être admis à l'Université Laval[36]. Après avoir vu l'Université de Montréal subir pendant quelques années les affres de la contestation quant à la question juive, Laval aborda la question sur un plan purement légaliste et adopta la même solution que son ancienne succursale. La charte royale accordée en 1852 par la reine Victoria aux Messieurs du Séminaire de Québec, lors de la fondation de l'Université, stipulait que nul n'en serait exclu pour des raisons religieuses. Par ailleurs, la bulle papale de 1876, qui consacrait le caractère catholique de l'institution, précisait que les dispositions prévues une génération plus tôt par la souveraine d'Angleterre devaient être respectées à

L'Université Laval

153

la lettre, notamment celles qui concernaient les croyances religieuses des étudiants. Dans un document de 1938, l'abbé Arthur Maheux, secrétaire général de l'Université Laval, reconnaissait ces dispositions et l'intérêt pour l'Université, autant pécuniaire que publicitaire, d'admettre des étudiants étrangers. Des règles pratiques devaient cependant guider la main du secrétaire lorsqu'il choisissait les candidats admissibles, remarque cruciale car des critères arbitraires pouvaient influencer le processus de sélection. Les plus pertinents semblèrent ceux-ci aux yeux de l'abbé Maheux:

> Réserver d'abord toute la place voulue par: les Canadiens-français du district universitaire de Laval, et les Canadiens-français du reste de la province de Québec, des autres provinces canadiennes, des autres pays [États-Unis et Terre-Neuve]. Ensuite, selon l'espace disponible accepter les catholiques non français du Québec, des autres provinces, des autres pays. Préférence [sera] donnée d'abord aux Irlandais, Écossais, Anglais; puis aux Italiens, Espagnols, Polonais, etc. [Viennent ensuite] les Protestants; les Juifs, du Québec, des États-Unis, mais selon un quota fixe, soit 4 % ou 5 % ou 6 % du total des étudiants en médecine[37].

En médecine surtout   Cette nomenclature conforme aux ethnocentrismes de l'époque resta lettre morte, pour la simple raison que l'Université reçut à peu près pas de demandes de la part de personnes d'origine autre que francophone[38], si ce n'est, là comme à l'Université de Montréal, pour la Faculté de médecine. Si les «étrangers» se pressaient aux portes de Laval, c'était aux portes de cette seule faculté, par exemple, 350 candidatures américaines furent enregistrées au cours de la seule année scolaire 1936-1937, autant, sinon plus, que le total des candidatures francophones du Québec. S'il y avait urgence pour l'Université de limiter les admissions de non-catholiques, c'était à la Faculté de médecine que le coup devait porter:

> Jusqu'ici j'ai toujours cherché à limiter le nombre des étrangers à l'École de Médecine. À chacun des candidats j'envoie des circulaires contenant de nombreuses objections à leur présence [tant] du point de vue académique, religieux, pécuniaire, et pour la langue.
>
> Comme barrière j'ai demandé qu'on les fasse payer davantage: d'abord $350.00 au lieu de $160.00, puis

$360.00 au lieu de $175.00. Cette barrière n'est pas assez haute.

Le nombre de demandes a toujours augmenté d'une année à l'autre. Et cela sans aucune publicité de notre part. Notre seule publicité consiste dans la présence du nom de Laval dans le rapport annuel de l'American Medical Association[39].

Après 1939-1940, l'Université Laval n'admit qu'un ou deux étudiants juifs américains à sa Faculté de médecine, et aucun de 1942-1943 à 1947-1948, au lieu de la dizaine qu'elle accepta auparavant chaque année[40]. Comme à l'Université de Montréal, il suffisait à Laval de colmater la principale ouverture que recherchaient les candidats d'origine juive, pour neutraliser cette présence « étrangère ». Il semble qu'aucune des deux universités francophones du Québec ne rejeta cette réponse à la question juive, s'appuyant sur une argumentation tout à fait cohérente autant sur le plan moral que légal. Les autorités pouvaient aussi s'en remettre à l'indifférence de la communauté juive, en grande partie déjà assimilée par la communauté anglophone, à l'égard de l'enseignement universitaire francophone: en aucun temps on ne vit d'anglophones protestants ou juifs réclamer les places disponibles en théologie, en arts ou en sciences sociales et humaines à l'Université Laval ou à l'Université de Montréal, et encore moins selon une proportion égale à leur pourcentage de la population totale du Québec.

Révisions dramatiques

Ces derniers développements nous amènent à l'orée des années cinquante, porteuses des signes avant-coureurs de changements sociaux et idéologiques au Québec francophone. La réflexion entreprise par les universités au cours des années précédentes se révélera vite anachronique lors de la Révolution tranquille qui placera au premier plan, comme élément majeur de l'identité culturelle des Canadiens français, la connaissance et l'usage de la langue française. Désormais, au Québec, la nouvelle majorité sera d'abord linguistique, et Rome n'interviendra que dans la gestion des facultés de théologie nommément canoniques. Du coup, toute l'argumentation des années trente concernant les Juifs deviendra caduque. Bien que les préjugés antisémites déjà vieux de plusieurs décennies ne fussent pas pour autant balayés, il apparaîtra clairement après 1960, que les universités francophones cesseront totalement de prendre en considération dans leurs critères d'admission les éléments touchant l'affiliation religieuse des candidats.

* * *

McGill préférée

Une conclusion s'impose à la lumière de ce qui précède sur la question juive dans les universités francophones et anglophones du Québec, au cours des années 1930. Selon les observations que nous avons relevées ici, les Juifs eux-mêmes voyaient d'un œil différent les institutions appartenant à la majorité catholique francophone et celles que dirigeait la minorité protestante anglophone ; ils se pressaient en grand nombre aux portes de celles-ci et ignoraient presque celles-là. Au début des années 1920, la clientèle d'origine juive atteignit près de 25 % de la population étudiante à l'Université McGill, et pas plus de 5 % à l'Université de Montréal, où la même proportion se maintint pendant la période de l'entre-deux-guerres. Tandis que l'affluence des étudiants juifs provoquait, dès 1925 à McGill, une crise interne résolue par des mesures quasi immédiates de contingentement discriminatoire, l'Université francophone mit dix ans de plus à réagir à la question juive, soit seulement en 1934 lors de l'affaire Gobeil et de la grève des internes de l'Hôpital Notre-Dame. En pratique, neutre sur le plan religieux et revêtue auprès des Juifs montréalais du prestige de la culture anglo-saxonne, McGill pouvait correspondre à leurs attentes, du moins celles qui dominaient la communauté juive des années trente. L'Université de Montréal incarnait plutôt un certain militantisme catholique et francophone, offensant pour la sensibilité de juifs minoritaires ayant développé au cours de leur histoire une attitude défensive contre toute forme d'assimilation[41].

Une méfiance commune

Cependant, les autorités des deux universités pourtant si différentes, partagèrent pour des motifs divergents la même méfiance face à la minorité juive. Issus d'une même tradition chrétienne plusieurs fois séculaire, protestants comme catholiques prêtèrent à leurs compatriotes juifs les passions les plus basses, et la moralité la plus douteuse dans la conduite de leurs affaires, s'inspirant en cela d'une littérature antisémite dont les racines historiques étaient souvent confuses. Pour la plupart, les administrateurs de ces universités crurent que leurs concitoyens juifs n'étaient pas vraiment intégrés à leur pays d'accueil, le Canada, et qu'ils ne faisaient que profiter des conditions socio-économiques nord-américaines pour s'enrichir aux dépens de tous. En toutes circonstances, dans nombre de milieux éduqués, on évitait de côtoyer les Juifs, même aux heures de loisir, et on se convainquit qu'une fois introduits dans les cercles chrétiens, ils en feraient fuir les meilleurs éléments. À l'Université McGill comme à l'Université de Montréal on déplora aussi, même souvent à tort, l'incapacité des Juifs de contribuer au financement des institutions de haut savoir, tout en redoutant le jour où la communauté juive le ferait. On répugnait en réalité à consacrer des sommes importantes au profit d'étudiants juifs alors que les besoins étaient criants du côté de la clientèle majoritaire.

Les deux universités différaient cependant profondément quant à leur structure interne de pouvoir et quant à leur capacité de réagir aux préjugés anti-juifs qu'ils partageaient, à quelques nuances près. À McGill, où l'autorité appartenait à un conseil d'administration représentatif des diverses strates de l'élite anglo-saxonne de Montréal, on s'ingénia résolument à passer sous silence et à cacher au public les décisions discriminatoires à l'endroit des Juifs, et les motifs qui les inspiraient. Le débat que mena au milieu des années vingt l'Université McGill sur cette question resta essentiellement une affaire interne, du fait d'un large consensus au sein de l'élite anglophone représentée en son bureau de direction, sans égard pour ses conséquences désastreuses pour la communauté juive. À l'opposé, les autorités de l'Université de Montréal, qui semblaient détenir un pouvoir autocratique, à l'image de celui de l'Église catholique d'alors, durent débattre sur la place publique leurs positions à l'égard des Juifs, et ceci après avoir fait preuve d'une tolérance et d'une ouverture relatives. Bafoués par de petits politiciens, insultés par des journaux fascistes, les administrateurs de l'Université de Montréal furent jetés dans le plus grand embarras, notamment en 1934 à l'occasion de la grève des internes de l'Hôpital Notre-Dame. Qui plus est, sur cette question d'ouverture aux étudiants d'origine juive, les intellectuels et les journalistes francophones étaient nettement divisés, comme d'ailleurs face à toute la question juive, ce qui ajouta à la virulence de la polémique. Pendant que la puissante minorité anglo-saxonne se retirait dans un si-

L'hystérie
des francophones

157

lence prudent, des francophones étalaient leurs divergences à la une des principaux journaux du Québec français et même au Parlement. Le silence des uns s'avérait être leur force, tandis que l'hystérie verbale des autres cachait une perte de statut. Pendant ce temps, en résumé, la majorité des étudiants juifs de niveau universitaire fréquentait à Montréal des institutions anglophones, où ils étaient l'objet de politiques discriminatoires sévères, alors que les institutions francophones s'enlisaient à leur sujet dans une indécision jusqu'à la fin des années trente.

L'université banc d'essai

Face à la question juive, la position des deux universités montréalaises resta symptomatique des opinions et des valeurs qui avaient cours dans l'ensemble de la société québécoise, chez les francophones et chez les anglophones. On peut donc y voir le reflet de tensions latentes dans la collectivité québécoise, en l'absence d'objet précis et de lieu social où les résoudre. Ceux que l'intégration des nouveaux venus juifs préoccupaient à l'époque, autant chez les anglophones que chez les francophones, se tournèrent vers l'université dès qu'elle se trouva elle-même confrontée à la question et attendirent de cette institution une solution applicable à l'ensemble de la société. Pour une bonne part, ces gens ne furent pas déçus : le débat autour de cette question fondamentale prit à l'université une dimension spectaculaire, quasi épique, du moins du côté francophone ; on y vit clairement exprimés les inquiétudes et tous les doutes qui devaient assaillir la société québécoise dans son ensemble. Terrain d'essai et laboratoire expérimental à la fois, l'université québécoise s'acquitta au cours des années trente de sa tâche et mit en relief des attitudes qui couvaient sous le boisseau dans nombre de secteurs de la société, de part et d'autre de la frontière linguistique. Autant Currie que Maurault restèrent représentatifs des milieux qui les avaient placés à leurs postes de commande, autant les étudiants juifs portaient à cette époque les aspirations de leur communauté d'origine. Plus de deux générations après ces faits, et une fois levées les mesures irritantes ou discriminatoires qui les gênaient, les étudiants juifs comptent aujourd'hui pour près de 20 % de la clientèle de l'Université McGill[42], et pour environ 2 % de la clientèle de l'Université de Montréal[43], c'est-à-dire la proportion observée au début des années vingt.

Notes du chapitre 3

1. Pour une élaboration du concept de « double majorité » tel qu'appliqué à la région de Montréal, voir Anctil, 1984a.

2. AUM, Fonds du secrétariat général (1876-1950), Document intitulé : « Extrait du procès-verbal de la réunion de l'AGEUM », 1er mars 1929.

3. *Ibid.*

4. *Ibid.*

5. *Ibid.*

6. *Ibid.*

7. Il faut ici prendre les termes « rouges » et « libéraux » au sens large.

8. Cité en page 9 dans Gobeil, 1934. Voir également dans *Le Devoir* du 27 février 1934, page 1, l'article d'Émile Benoist : « Le député de Compton parle d'athéisme à l'Université de Montréal ».

9. Cardinal J.-M.-R. Villeneuve, « L'Université, école de haut savoir et source de directives sociales », conférence reproduite dans *Le Devoir*, 15 janvier 1934, p. 4-5. Le cardinal s'adressait aux prélats engagés dans l'administration universitaire au Québec, et à plus de 300 auditeurs triés sur le volet.

10. AUM, Fonds du secrétariat général (1876-1950), Document intitulé : « Consultation de M. Antonio Perrault, avocat, par M. Montpetit, secrétaire général de l'Université de Montréal, 20 mars 1934 ».

11. *Idem*, Lettre de l'archevêque de Montréal, Mgr Georges Gauthier, au recteur de l'Université de Montréal, Mgr A. V. J. Piette, 23 mars 1934.

12. *Idem*, Lettre de Mgr A. V. J. Piette, recteur de l'Université de Montréal, à Mgr Georges Gauthier, archevêque de Montréal, 24 mars 1934.

13. *Idem*, Lettre de Mgr A. V. J. Piette, recteur de l'Université de Montréal, à M. l'abbé Willie Brulotte, Thetford Mines, 9 juillet 1934.

14. *Idem*, Lettre de J. N. Labelle, secrétaire de la section Crémazie de la SSJB, au recteur Mgr A. V. J. Piette, 26 mars 1934.

15. *Idem*, Réponse du recteur Mgr A. V. J. Piette au président de la SSJB, 6 avril 1934.

16. ACJCM, « Memorandum on the Incident of Dr. S. Rabinovitch and the Notre-Dame Hospital, June 20th 1934 ».

17. *Idem*, « Minutes of the Meeting of the Dominion Executive, Eastern Division, Canadian Jewish Congress, 21st June 1934 ».

18. On retrouve très spécifiquement cette figure d'un chef politique surhumain, incarnant au plus haut degré les vertus fondamentales de la nation québécoise francophone, dans un roman de Jules-Paul Tardivel, *Pour la patrie*, publié à Montréal en 1895. Au sujet de Lionel Groulx, voir l'article de 1927 : « Veut-on nous pousser au fascisme ? », publié dans *Action française*, Montréal, vol. XVII, janvier, p. 25-27.

19. Voir par exemple: «Rabinovitch prenait ses ordres des chefs sémites», *Le Patriote*, Montréal, 28 juin 1934.

20. «Il y a grève et grève», *Le Mégantic*, Lac-Mégantic, 28 juin 1934, p. 1.

21. AUM, Fonds du secrétariat général (1876-1950), Lettre du recteur Piette au président-général de la SSJB, 6 avril 1934.

22. Le texte en question parut en trois versements dans *La Semaine religieuse de Québec*, vol. 47, nos 3 à 5, le 20 septembre (p. 37-39), le 27 septembre (p. 51-54) et le 4 octobre (p. 67-71).

23. ACJCM, «Distribution of Total Students and Jewish Students at University of Montreal», 1937.

24. Le cas de l'école de pharmacie est unique ici parmi celui de toutes les facultés et écoles de l'Université de Montréal. À Montréal, la pharmacie était enseignée depuis 1868 jusque vers 1888 par le Montreal College of Pharmacy, une institution largement anglophone. Pour répondre à la demande d'une clientèle francophone croissante, l'École de pharmacie fut fondée en 1906, en tant qu'institution autonome affiliée à l'Université Laval, puis à l'Université de Montréal en 1920. L'Université McGill, qui avait pris en charge l'enseignement de la pharmacie du côté anglophone, décida en 1930 de supprimer cette discipline de son programme, 80 % des élèves inscrits en pharmacie à cette institution étaient alors d'origine juive. Dans toute la région de Montréal, depuis les années vingt jusqu'à ce jour, seule l'Université de Montréal offrit donc un cours en pharmacie débouchant sur un diplôme professionnel. Voir à ce sujet la lettre de Olivier Maurault, recteur de l'Université de Montréal, à Mgr Ruffini, membre de la curie romaine, juillet 1935; et «Historical Notes and Activities of l'École de Pharmacie de l'Université de Montréal, by A. J. Laurence, 1932». AUM, Fonds du secrétariat général (1876-1950).

25. AUM, Fonds du secrétariat général (1876-1950), Mémorandum daté du 20 octobre 1933, «Juifs à l'Université de Montréal, 1933-34».

26. *Idem*, Document sans titre, 1934. Comme nous le verrons plus loin pour ce qui est de l'Université Laval, la Faculté de médecine semble avoir été celle, dans le cas des institutions de haut savoir francophones, où le plus de Juifs se soient vu refuser l'accès. Ce refus est semblable pendant les années vingt et trente dans les universités américaines (Higham, 1975b). On peut pour cette raison faire l'hypothèse que plusieurs parmi les candidats juifs auprès de la Faculté de médecine de l'Université de Montréal ont été des citoyens américains, déjà rejetés par des institutions de leur pays ou craignant à coup sûr de l'être.

27. *Idem*, Procès-verbal de la 109e réunion de la Commission des études de l'Université de Montréal, 27 septembre 1934.

28. De tous ces mémoires, dont deux furent remis au Cardinal Villeneuve, seul celui de Piette à Mgr Gauthier a été retrouvé aux archives de l'Université de Montréal.

29. AUM, Fonds du secrétariat général (1876-1950), «Juifs à l'Université de Montréal, 1933-34.»

30. *Idem*, «La question juive» manuscrit de la main du recteur Olivier Maurault, 22 octobre 1934.

31. *Idem*, Lettre de Olivier Maurault, recteur de l'Université de Montréal, à Mgr Ruffini, membre de la curie romaine, juillet 1935.

32. *Idem*, « La question juive » manuscrit de la main du recteur Olivier Maurault, 22 octobre 1934.

33. Voir l'éditorial de Henri Girard, « Avis à quelques pauvres d'esprit », dans *Le Canada*, 18 mars 1936, p. 2.

34. AUM, Fonds du secrétariat général (1876-1950), Lettre d'Édouard Montpetit, secrétaire général de l'Université de Montréal à Edgar Pichet, Montréal, 3 avril 1941.

35. *Idem*, Lettre d'Édouard Montpetit à J. D. Brabant, 3 avril 1941.

36. AUL, (Musée du Petit séminaire de Québec), « Étudiants réguliers de nationalité juive (1937-1948) ».

37. *Idem*, « Admission des étudiants non catholiques à l'Université », document préparé par l'abbé Arthur Maheux, secrétaire général de l'Université Laval, 1938.

38. Laval engagea ses premiers professeurs d'origine juive à la fin des années soixante, soit plus de cent ans après la fondation de l'institution. Avant cette date, s'était-il trouvé des Juifs candidats à des postes d'enseignement au sein de l'établissement ? Dans ce cas de l'embauche de professeurs juifs, l'Université de Montréal a précédé Laval d'au plus dix ans.

39. AUL, (Petit séminaire de Québec), « Admission des étudiants non catholiques à l'Université », Document de l'abbé Arthur Maheux, secrétaire général de l'Université Laval, 1938.

40. *Idem*, « Étudiants réguliers de nationalité juive (1937-1948) ».

41. Peu de témoignages sont restés d'étudiants juifs, décrivant pour cette période leur expérience à l'Université de Montréal. Le poète montréalais A. M. Klein nous a tout de même laissé, dans son dernier recueil de poésie : *The Rocking Chair and Other Poems*, une impression plutôt positive de ses années passées à la Faculté de droit (1930-1933), par le biais d'un poème intitulé : « Université de Montréal » (Klein, 1951 : 8-9).

42. Entrevue avec Morton Weinfeld, du Département de sociologie de l'Université McGill, le 7 mai 1986.

43. Entrevue, le 18 mars 1986, avec Suzanne Dadoun, du Centre communautaire juif et directrice jusqu'en 1985 du Centre Hillel, Union des étudiants juifs de l'Université de Montréal. L'immense majorité des étudiants juifs de l'Université de Montréal sont aujourd'hui des Sépharades originaires de pays francophones. Au cours des années trente, la masse des étudiants juifs à cette université était plutôt constituée de Juifs ashkénazes, de tradition yiddishophone et originaires d'Europe de l'Est.

DEUXIÈME PARTIE

Stratégies d'intégration

22.
Réunis en 1924, les membres de la Commission Gouin chargés par Taschereau de trouver une solution à la question scolaire juive. À partir de la droite, le dos au mur, on reconnaît les trois commissaires juifs: Samuel W. Cohen, Joseph Schubert et Michael Hirsch; au centre, le quatrième à partir de la gauche: Lomer Gouin, ancien premier ministre du Québec (1905-1920). *Archives du Congrès juif canadien, PC1/2/28D.*

4

La crise des écoles juives

Nous avons abordé dans les deux chapitres précédents la question de l'admission des Juifs aux institutions d'enseignement supérieur québécoises. Avant d'accéder à ce niveau, les immigrants juifs avaient dû s'inscrire dans les écoles primaires et secondaires de la province. Si la question de l'admission à l'université d'étudiants de confession mosaïque se posa durant la période historique qui nous intéresse ici, soit après la Première Guerre mondiale, l'entrée des Juifs dans le réseau scolaire se fit dès que la communauté dépassa vers la fin du XIXe siècle un certain seuil démographique[1]. L'école publique, au Québec, était à l'image des valeurs dominantes. Elle était essentiellement d'éthique chrétienne, catholique ou protestante et francophone ou anglophone, selon le cas. Au tournant du siècle, pour la très grande masse des fils et filles d'immigrants juifs d'âge scolaire, ce type d'école représentait une nouveauté, contrastant avec l'expérience qu'ils avaient vécue, eux et leurs parents, en Europe de l'Est et même, dans plusieurs cas, avec leurs propres conditions à Montréal. Franchir le seuil d'une école publique constituait avant la Première Guerre mondiale, pour beaucoup de ces enfants juifs, une expérience culturelle inédite. Prendre place dans une de ces écoles c'était entamer un processus d'assimilation qui allait mener la communauté tout entière à définir sa perception de la société québécoise environnante, et en toute logique à réclamer à terme une place dans chacune des sphères d'activité économique et sociale. L'écrivain Shulamis Yelin nous a laissé, dans son autobiographie *Shulamis*, un témoignage subtil ce que fut pour un enfant juif à Montréal, même au début des années vingt, le choc des premiers jours passés à l'école publique :

> Strathearn était une nouvelle et belle école. C'était une construction en brique de quatre étages. Ses salles de classe aux grandes fenêtres et aux pupitres fraîchement vernis invitaient à l'étude. Pour la plupart d'entre nous, les enfants, c'était l'édifice le plus splendide que nous ayons jamais vu (Yelin, 1983 : 53).*

Accompagnée pour ce premier jour de classe par sa sœur aînée Shulamis, Denie découvre elle aussi à l'école Strathearn un monde entièrement nouveau, jusque dans ses moindres détails :

> Elle était ravie par les petites toilettes abritées dans des cabines individuelles, derrière de courtes portes en bois, par le rouleau de papier de toilette blanc, qui lui était inconnu, comme cela avait été le cas pour nous avant d'entrer à l'école, par les petits éviers pour nous laver les mains et par les essuie-mains à rouleau* (Yelin, 1983 : 53).

Premières écoles juives

L'accès à l'école publique avait préoccupé la communauté juive montréalaise, même lorsqu'elle ne comptait au début du XIXe siècle que quelques dizaines de familles (Rodal, 1984). Des Juifs de la diaspora, surtout ceux de l'Amérique du Nord, ont pu le plus souvent développer pour eux-mêmes, et à même leurs propres ressources financières, des institutions appelées à transmettre l'héritage du judaïsme. La difficulté pour les premiers immigrants juifs ne consistait pas à perpétuer leur tradition religieuse et culturelle propre, mais à négocier leur entrée dans les écoles publiques du pays dans un espoir d'ascension sociale. La tradition judaïque et son enseignement ne furent pas au Canada le lot exclusif d'institutions établies ; ce fut souvent presque sans laisser de traces que l'héritage mosaïque se transmit d'abord. La première véritable école judaïque fut fondée par Abraham de Sola, leader de la congrégation hispano-portugaise Shearith Isræl, peu après son arrivée au Canada en 1849 (Miller, 1979). Ouverte seulement le dimanche et sous la direction personnelle du rabbin de Sola, elle ne comptait qu'une vingtaine d'élèves qui, il est permis de le penser, recevaient la semaine un enseignement en plusieurs points semblable à celui qui était dispensé aux anglophones protestants (Sack, 1965). Peu à peu, notamment avec la fondation en 1846 de la synagogue Shaar Hashomayim, d'inspiration est-européenne et de tradition ashkénaze[2], une certaine diversité de rituel apparut chez les différentes assemblées juives de Montréal, diversité accentuée par la montée à Montréal à la fin du siècle d'un judaïsme réformé de type américain. Cette diversité entraîna la création d'autant d'écoles juives distinctes, issues de synagogues dont elles reproduisaient les credos et les traditions particulières. Multiples quant à leur organisation et leur sens du décorum, ces visages du judaïsme montréalais incarnaient la même fidélité aux principes de base de la même tradition mosaïque, au-delà des multiples formes nées des déplacements successifs et des vicissitudes des populations juives en Europe.

À ces efforts d'éducation juive enracinés dans la tradition mitnagdique[3], parfois relayé dans l'intimité du foyer par des individus connaisseurs de la tradition parfois soutenus par des congrégations plus organisées, s'ajouta une nouvelle tendance issue des courants d'un judaïsme séculier. Apparurent ainsi à Montréal des écoles nourries des idéologies juives les plus avant-gardistes de l'Europe du XIXe siècle : socialisme et bundisme[4], sionisme[5], voire même internationalisme prolétarien. Toutes aussi attachées à la tradition juive, plusieurs institutions scolaires s'efforcèrent de stimuler le sentiment national du peuple juif, son identité de groupe opprimé et sa conscience de classe, et ce, en rupture profonde à certains égards avec la pensée dite religieuse ou messianique. Sécularisées, préoccupées de renouveau pédagogique, et souvent socialement militantes, ces écoles prirent d'abord à la fin de l'après-midi, durant la semaine, le relais des écoles publiques, où les enfants juifs comme les autres apprenaient les matières qualifiées de neutres. À Montréal, ce type d'écoles juives fut représenté par la Natsionale Radicale Schule ou Peretz Schule, fondée en 1911 pour l'enseigne-

La gauche juive

167

ment du yiddish comme langue nationale des Juifs, et par la Folks Schule (école du peuple), fondée en 1913 où l'accent était mis sur le sionisme et l'apprentissage de l'hébreu (Figler et Rome, 1962).

L'ouvrage de Levine

Malgré leurs divergences, ces institutions d'enseignement, séculières et religieuses, demeuraient animées de la volonté de perpétuer dans son acceptation plus large l'esprit du judaïsme, qu'elles opposaient farouchement aux valeurs du christianisme ambiant et des cultures française ou anglaise. Les écoles séculières juives firent particulièrement preuve de créativité et d'un sens certain de l'innovation pédagogique, et les écoles religieuses orthodoxes ne tardèrent pas à rallier le courant moderniste, à preuve le premier volume publié en yiddish à Montréal en 1910, *Kinder Ertsiung bay Yidn. A Historiche Nakhforchung./Pedagogy Among the Jews. A Historical Enquiry.* L'auteur, Moshe Elimelekh Levine, principal de la Montreal Hebrew Free School (Talmud Torah) avait voulu dans son ouvrage renouveler une approche traditionnaliste qui s'était, parfois à tort, attiré dans les milieux juifs nationalistes, une réputation d'intolérance et d'incompétence (Levine, 1910).

L'Acte de l'Amérique du Nord britannique

Traversée par différentes tendances, la communauté juive, tel un arbre aux ramures luxuriantes, dut néanmoins faire face au système d'éducation élaboré pour la majorité, qui était d'une cohérence apparemment indéniable. La base de cet édifice au Québec était l'Acte de l'Amérique du Nord britannique (AANB) de 1867. En cette décennie du milieu du XIXe siècle qui avait vu se négocier le pacte confédératif canadien, aucune population importante, ni juive ni d'origine autre que britannique, n'était encore entrée au pays. Aussi, la pierre angulaire de la Confédération fut la reconnaissance du caractère biculturel et bi-national de la population en place sur le territoire, d'une part, les catholiques, minoritaires sur les plans économique et politique et, d'autre part les protestants, forts de leur allégeance indéfectible à l'Empire victorien. La loi scolaire de 1869 confirma, quoique de manière indirecte, les droits acquis des francophones en tant que catholiques. Elle garantit ainsi au Québec, au sein du

Conseil de l'instruction publique, l'existence de deux instances administratives autonomes et confessionnelles[6], visant la prise en charge de l'éducation publique, l'une catholique et l'autre protestante. Elle mettait ainsi en application l'article 93 de l'AANB stipulant que les aspirations de la minorité, protestante au Québec, devaient être respectées. La dissidence scolaire ne pouvait s'exprimer au Québec qu'au nom de la religion, la protection de la foi ayant préséance sur celle de la langue des citoyens.

Ce choix politique avait tenu à un certain consensus social, étant donné le rôle joué par les Églises dans la définition de l'identité nationale propre à chacune des ethnies dites «fondatrices». La confessionnalité telle qu'on la concevait au milieu du XIXe siècle investit donc le système scolaire profondément et engendra une école:

> Établie par et pour des personnes d'une même religion qui fonctionne sous leurs contrôles exclusifs, qui est supportée financièrement par des taxes qui leur sont imposées comme membres d'une même religion, où l'enseignement est conforme aux préceptes de cette religion et donné par des maîtres choisis par eux et où l'admission n'est réservée de droit qu'aux enfants de cette confession (Gendreau et Lemieux, 1977: 18).

Quand naquit vers 1880 le deuxième courant migratoire juif, qui amena au Québec une masse d'immigrants ashkénazes originaires de l'Europe de l'Est, les jeux étaient déjà faits dans la sphère de l'éducation au Québec. Le système mis en place dans ses grandes lignes dès 1869, ne reconnaissait, vu l'histoire du pays, que deux familles religieuses au sein de la population, la catholique et la protestante. Les immigrants juifs arrivèrent dans un dominion où avait force de loi une définition de l'école qui aurait pu répondre à leur tradition, n'eût été le fait qu'ils étaient exclus de son application, le système scolaire public ne reconnaissant pas à un non-chrétien le droit à la dissidence.

La loi de 1869 avait divisé en quatre catégories, pour fins de taxation scolaire, les propriétaires imposables des villes de Québec et Montréal, soit ceux de confession catholique ou protestante, les corporations, sociétés, maisons de commerce, dites neutres et non identifiées aux deux premiers groupes et enfin ceux qui étaient exempts des taxes foncières. Selon ce système complexe, seuls les propriétaires d'immeubles ou de biens fonciers se voyaient reconnaître un droit de gérance. Un amendement apporté à cette loi en 1870 permit aux propriétaires de confession juive de s'inscrire sur les listes catholique ou protestante, et de bénéficier ainsi des services de l'une ou l'autre des commissions scolaires établies. Cependant, seule une minorité de la population juive du Québec put se prévaloir de cette option, la masse des Juifs étant composée à la fin du XIXe siècle d'immigrants récents, sans ressources financières suffisantes pour accéder au statut de propriétaires. Telle une porte entrebaillée que le vent claque, l'amendement de 1870 se refermait donc, aussitôt avalisé, sur la majorité des membres de la communauté juive. L'impasse juridique dura jusqu'en 1888. Les protestants avaient vite noté que la majorité des Juifs « affranchis » par la loi de 1870 s'inscrivaient sur leurs listes pour fins de taxation, tandis que les moins fortunés, bon an mal an, continuaient d'envoyer leurs enfants aux écoles des synagogues. En 1888, le Comité protestant du Conseil de l'instruction publique proposa que tous les non-chrétiens soient, aux fins de la loi de 1870, considérés comme protestants, c'est-à-dire habilités à profiter exclusivement des services des commissions scolaires protestantes. L'idée souleva quelque acrimonie de part et d'autre de la barrière confessionnelle qui divisait le Conseil de l'instruction publique, et ce surtout pour des raisons financières. Il devint vite évident que les fruits de la taxe scolaire collectés auprès des propriétaires juifs seraient dévolus aux commissions scolaires protestantes. De fait, l'adoption de cette mesure fut repoussée jusqu'en 1894 (Audet, 1971 ; Ross, 1947).

Une situation intolérable

Ces tractations ne modifièrent en rien la condition faite aux Juifs dans le système scolaire québécois, puisque aucune concession ne leur avait été accordée quant à leur représentation au niveau de la gestion des commissions scolaires protestantes. L'arrangement de 1894 ne changeait rien au statut des Juifs dans le système scolaire. Bien que presque tous leurs enfants fussent inscrits à Montréal aux écoles protestantes, les Juifs restèrent à la fois les hôtes et les otages du Comité protestant du Conseil de l'instruction publique. Ils furent prompts à mesurer les inconvénients de cet état de fait quand en 1902 un écolier juif se vit refuser l'entrée à un *high school* protestant, après avoir reçu une bourse d'études à cet effet[7]. Les autorités protestantes alléguèrent que le père de l'enfant ne pouvait mettre les commissaires en demeure de s'exécuter, puisqu'il n'était pas un contribuable aux termes de la loi de 1869. En somme l'enfant n'avait profité jusque-là d'une place dans les classes protestantes que grâce au bon vouloir des administrateurs, sans obligation de leur part d'y donner suite. Portée devant les tribunaux, la cause du jeune écolier juif fut perdue ; le juge pressa néanmoins le gouvernement provincial de légiférer sur la situation des quelque 10 000 Juifs de Montréal, population que les législateurs du milieu du XIXe siècle n'avaient pas pu considérer.

Une nouvelle loi promulguée en 1903 fit avancer d'un pas le règlement de la question des écoles juives[8]. Le vote de cette «Loi amendant les lois concernant l'instruction publique relativement aux personnes professant la religion judaïque», avait été précédé de laborieuses discussions entre les leaders de la communauté juive et les membres du Comité protestant du Conseil de l'instruction publique. En réalité le premier ministre Simon-Napoléon Parent n'avait fait qu'entériner le compromis préalablement négocié par les deux principales parties intéressées, sans s'engager plus avant dans le règlement du conflit. La loi de 1903 reconnaissait tout au plus la place faite aux Juifs au sein du système scolaire protestant, et leur accordait les mêmes privilèges qu'aux Protestants. Pour éviter que les valeurs du judaïsme ne heurtent celles du christianisme, et sans doute conscientes qu'elles devenaient désormais responsables de l'enseignement donné aux enfants de la communauté juive, les autorités protestantes acceptèrent de dégager leurs élèves juifs de l'obligation d'assister aux cours de morale chrétienne, et elles leur accordèrent le droit de s'absenter de l'école lors des principales fêtes du calendrier juif. Mais par cette loi, les protestants conservèrent le contrôle de leurs écoles et aucun Juif ne fut admis, ni au sein des instances décisionnelles du Comité protestant du Conseil de l'instruction publique, ni dans l'administration des commissions scolaires protestantes proprement dites. Si les enfants juifs étaient enfin admis sur un même pied que les enfants chrétiens, les parents, eux, restaient à toutes fins utiles à la porte de l'école, les

La loi
de 1903

23.
Photo de graduation des élèves de l'école secondaire protestante Baron Byng, 1926. La clientèle juive de la commission scolaire protestante de Montréal était presqu'exclusivement confinée au quartier immigrant du Plateau Mont-Royal. À gauche, on remarque l'écrivain Abraham M. Klein. *Archives du Congrès juif canadien, PC1/5/19.*

Protestants continuant d'exercer à l'intérieur de leur juridiction légale le pouvoir qu'ils détenaient depuis le pacte confédératif de 1867.

Un fardeau pour les protestants

Entre 1903 et le début de la Première Guerre mondiale, par suite d'une forte croissance démographique due surtout à l'immigration, le pourcentage d'élèves juifs au sein de la Commission scolaire protestante de Montréal augmenta en flèche. Déjà en 1909, 38 % de la clientèle des écoles protestantes de Montréal était d'origine juive et chaque centile gagné par les Juifs ajoutait à la tension entre les deux groupes en présence (Tableau 17). D'une part, la masse écolière de confession juive imposait un fardeau financier toujours croissant à la Commission scolaire protestante, car la plupart des Juifs n'étaient que des contribuables indirects. D'autre part, leur nombre croissant ajoutait à l'amer constat des parents juifs de ne jouir auprès des administrateurs scolaires protestants d'aucune forme de représentation réelle. À ce grief, s'ajoutaient deux critiques : la Commission scolaire protestante n'engageait qu'un nombre négligeable de professeurs d'origine juive[9], et seules certaines écoles du réseau protestant étaient réservées aux élèves de confession mosaïque, où souvent ils formaient jusqu'à 90 % de la clientèle.

Shulamis

C'est ce monde scolaire que décrit l'écrivain Shulamis Yelin dans son autobiographie, comme une sorte de zone grise à la frontière de deux univers, où des professeurs et un personnel administratif fièrement anglo-protestants étaient confrontés aux héritiers de plusieurs siècles d'implantation juive aux confins d'une Europe encore marquée par la monarchie de droit divin et les lois d'exception :

> Nous appartenions tous dans nos familles à la première génération de Canadiens. Le yiddish était notre langue à la maison, les aînés se servant du russe ou du polonais pour transmettre des informations que les enfants ne devaient pas entendre. Nos premiers liens avec nos parents étaient rompus au moment où nos frères et sœurs aînés ou des professeurs nous donnaient des noms anglais, lors de l'inscription à l'école protestante. C'était le baptême de l'anglicisation par lequel les noms de saints, de dieux ou déesses grecques, et de héros anglo-saxons venaient remplacer les noms juifs qu'on nous donnait à la naissance en mémoire de parents, proches ou

173

TABLEAU 17

**Affiliation religieuse des élèves inscrits
dans les écoles primaires et secondaires
de la Commission des écoles protestantes de Montréal
1901-1922**

Année	Protestants	Juifs	Autres origines	Total	Élèves juifs (%)
1901	6 776	1 526	619	8 921	17
1902	6 755	1 775	598	9 128	19
1903	6 610	2 144	543	9 297	23
1904	7 022	2 443	339	9 804	24
1905	7 272	2 881	296	10 449	27
1906	7 424	3 302	265	10 991	30
1907	6 875	3 583	312	10 770	33
1908	7 188	4 374	394	11 956	36
1909	7 164	4 763	325	12 252	38
1910	8 559	5 331	278	14 168	37
1911	9 347	5 951	237	15 535	38
1912	9 830	6 858	348	17 036	40
1913	10 646	8 081	454	19 181	42
1914	11 533	9 194	404	21 131	43
1915	12 129	9 642	426	22 197	43
1916	12 131	10 027	448	22 606	44
1917	12 392	10 208	422	23 022	44
1918	15 016	10 580	392	25 988	40
1919	15 909	11 015	510	27 434	40
1920	15 799	11 275	665	27 739	40
1921	18 054	12 142	684	30 880	39
1922	18 609	12 432	613	31 654	39

Source: Neamtan, 1940: 181.

éloignés, ou d'amis décédés. C'est ainsi que *Chaya* [vie] devint Catherine, beau nom catholique, que *Chaim* devint Hyman [dieu grec], qu'*Ita-Bayla* devint Isabel, que *Yitschak* devint Issie, Isadore ou Irving, et que mon oncle *Laibl* devint Lloyd. Ainsi, mon propre nom, Shulamis, en mémoire de mon grand-père maternel, Shloime, était devenu Sophie* (Yelin, 1983: 53-54).

L'atmosphère anglicisante de l'école Strathearn, lot de l'enfance montréalaise de Shulamis Yelin qui, chaque fin d'après-midi, se rendait terminer la journée à la Peretz *schule*, se retrouvera une génération plus tard dans les romans de Mordecai Richler, notamment dans *Duddy Kravitz* où sous l'appellation de Fletcher's Field High School, l'auteur trace un portrait de l'école secondaire

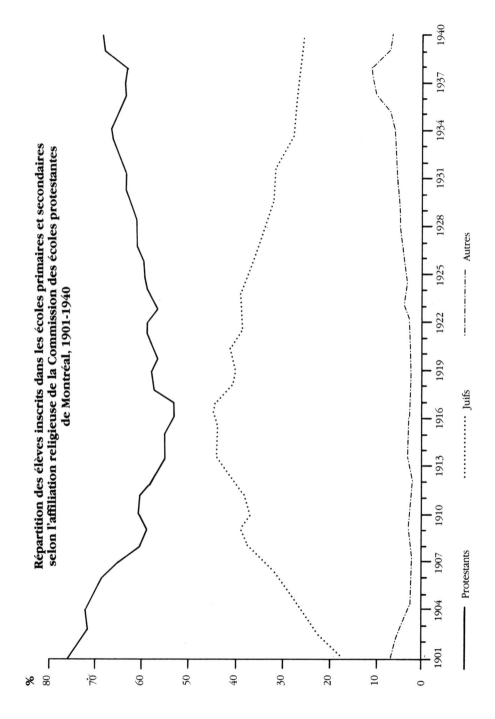

Répartition des élèves inscrits dans les écoles primaires et secondaires selon l'affiliation religieuse de la Commission des écoles protestantes de Montréal, 1901-1940

Baron Byng qu'il avait fréquentée au début des années quarante, et qui même à cette époque était quasi exclusivement fréquentée par des élèves d'origine juive. Presque au même moment où Shulamis s'inscrivait pour la première fois aux classes de la Commission scolaire protestante de Montréal, le leader communautaire H. M. Caiserman dénonçait publiquement le sort fait aux enfants juifs dans les écoles sous administration anglo-saxonne :

> L'esprit chrétien protestant est inculqué aux enfants par la commémoration de fêtes chrétiennes et par la célébration de héros chrétiens.
>
> On inculque aux enfants un esprit protestant à travers le programme d'études, conçu pour donner un enseignement protestant aux enfants, et à travers les professeurs qui doivent mettre en pratique l'esprit du programme.
>
> [...]
>
> Cette conscience affecte de façon très défavorable l'âme de l'enfant* (Figler et Rome, 1962 : 167).

La montée démographique juive

Propulsée par la croissance de la communauté juive elle-même, qui en 1921 atteignait 47 977 âmes, la clientèle juive des écoles protestantes de niveau primaire et secondaire touchait en 1923 un sommet inégalé de 13 954 élèves, soit 38 % du total des inscrits. Dans trois écoles élémentaires du quartier Saint-Louis, les écoles Bancroft, Fairmount et Mount Royal, plus de 80 % des élèves étaient de religion mosaïque, justement dans cette zone où se concentrait l'ensemble de la population juive de la ville (Neamtan, 1940). Ailleurs, à Montréal, la présence juive allait en décroissant à mesure que l'on s'éloignait des quartiers d'immigrants, et était insignifiante dans les secteurs montréalais proprement anglo-saxons ou en périphérie. Il en était de même au niveau secondaire : une seule école, la Baron Byng High desservait une clientèle à 98 % juive tandis que quatre autres *high schools* protestants sur un total de sept à Montréal, ne recevaient pratiquement aucun écolier juif. Après plusieurs tentatives audacieuses mais vaines de la part de la communauté juive de faire élire des représentants au sein du bureau de direction de la Commission scolaire protestante, notamment en 1906 et 1909, ou d'y faire nommer un de ses conseillers de l'administration municipale en 1913 et en 1917, les failles de la loi de 1903 n'échappaient plus à personne.

En 1917, lors de la dernière tentative de la communauté juive pour obtenir qu'un des leurs siège au bureau de direction, un comité protestant *ad hoc* fut constitué pour exiger la nomination d'un commissaire de confession chrétienne réformée, lequel déclara dans un document rendu public:

Refus
de négocier

> Que la population juive pourrait être sûre que les contribuables protestants de la ville ne consentiraient jamais à faire passer sous administration et direction juives le merveilleux système d'enseignement et ses équipements, construits sur un demi-siècle de sacrifices* (Ross, 1947: 24).

D'une part, l'élite protestante refusait de concéder le moindre pouce de terrain, même selon le nombre d'élèves juifs inscrits au sein de la Commission scolaire protestante et, d'autre part, le financement des nouvelles clientèles devenait de plus en plus problématique dans le contexte économique des années vingt. Le fait demeurait que l'augmentation subite et imprévisible de la clientèle juive menaçait fortement aux yeux des leaders protestants le caractère particulier de leurs écoles confessionnelles, dont la Constitution avait garanti l'existence, et que la loi du pays avait confiées aux membres des Églises réformées de tradition anglo-saxonne. Les commissaires tenaient au caractère chrétien du système d'éducation protestant, dont ils détenaient les rênes depuis 1869, et ils percevaient une présence juive à un niveau administratif supérieur comme incompatible avec cet idéal.

Les tensions et les frustrations des décennies précédentes concernant l'éducation des enfants juifs apparurent au grand jour, au cours des années vingt, lors de négociations entre les instances scolaires et les porte-parole de la communauté juive. Si en 1903 les Juifs avaient cru obtenir dans le domaine de l'éducation un compromis à la limite de l'acceptable, ils se rendirent compte quelques années plus tard que les Protestants désiraient faire marche arrière, et cherchaient par tous les moyens à réduire à néant les prétentions juives à un contrôle partagé des écoles confessionnelles anglo-saxonnes. En 1922,

Manœuvres
d'exclusion

à la faveur d'un arrangement administratif qui permettait à la commission scolaire protestante de puiser à même le fond de taxation dit «neutre», les revenus supplémentaires nécessaires à l'éducation des enfants juifs qui lui avaient été confiés, le *lobby* protestant réussit à faire inscrire dans un document légal une clause qui prévoyait à terme l'annulation des provisions de la loi de 1903 touchant les privilèges concédés jusque-là aux non-protestants, c'est-à-dire pour l'essentiel à la communauté juive. La loi scolaire de 1922 prévoyait en effet qu'à partir du 1er juillet 1924, le gouvernement aurait le pouvoir à toutes fins utiles de ne plus reconnaître aux Juifs le privilège de se déclarer, aux fins de taxation scolaire, comme assimilables à la confession protestante. Les conséquences à long terme de la loi provinciale de 1922 apparurent très vite dans toutes ses ramifications :

> Elle admettait le statu quo, avec l'absence de représentation et le système de ségrégation tout à fait répugnant [pour les Juifs]. Et ce qui est le plus important, c'est que, tout en protégeant entièrement la Commission protestante contre les pertes financières, elle n'accordait aucune sécurité aux enfants juifs inscrits dans les écoles protestantes. Leur situation dépendait désormais entièrement de l'arbitraire de tout nouveau gouvernement* (Ross, 1947 : 78).

Aucune entente possible

L'abrogation, dès 1924, de la loi de 1903 pouvait avoir comme effet ultime l'annulation définitive du droit des Juifs à bénéficier du système scolaire public québécois, et ce que tous savaient déjà, de leur enlever tout espoir de participer, à l'intérieur des structures existantes, à l'administration et à la gestion des écoles où ils envoyaient déjà leurs enfants. Pour la communauté juive telle qu'elle se définissait au début des années vingt, c'était là un coup très pénible après plus de soixante ans de présence de leurs enfants dans les écoles protestantes, alors qu'aucune concession ne lui avait été faite jusque-là au Québec par le régime en vigueur au Canada. Toujours, les Juifs avaient été perçus comme des invités par leurs compatriotes protestants, tolérés tant que la situation financière et politique le permettait, repoussés dès que leur nombre et leur influence grandissaient au-delà d'une limite précise, c'est-à-dire dès que la communauté dépassait le stade d'une minorité négligeable, noyée dans la masse anglo-saxonne. Privée de l'accès à l'école publique, la collectivité juive se serait retrouvée du jour au lendemain dans une situation extrêmement précaire. Comment aurait-elle pu, avec ses seules ressources financières et ses structures organisationnelles, ouvrir et entretenir de son propre chef et sous son autorité des institutions scolaires comme celles qui lui étaient en quelque sorte « prêtées » par les Protestants ? En ce début des années vingt, alors qu'aucun organisme d'enseignement juif digne de ce nom n'existait encore, comment aurait-elle trouvé des locaux, des professeurs compétents et des fonds pour prendre en charge les quelque 12 000 enfants juifs en âge de s'asseoir sur des bancs d'école. Plus grave encore que la pénurie des ressources matérielles et professionnelles, se dressait l'obstacle du fractionnement de la communauté en plusieurs groupes d'intérêt, chacun proposant sa propre interprétation de la tradition, de la loi et de l'héritage mosaïque. Menacée quant à l'accès de ses enfants à l'école publique, la collectivité juive de Montréal n'avait jamais, après plus de 150 ans d'histoire, paru aussi divisée en elle-même, aussi paralysée par le jeu des factions.

La commission Gouin de 1924

Fin politicien et extrêmement soucieux de ne pas froisser les autorités religieuses chrétiennes, le premier ministre libéral Louis-Alexandre Taschereau institua en 1924 une Commission spéciale d'enquête présidée par Lomer Gouin, et chargée, entre autres, de proposer une solution au conflit qui sévissait depuis plus d'une génération dans le domaine de l'administration scolaire publique au Québec (Vigod, 1986). Le gouvernement n'avait plus le choix tant le groupe de pression protestant insistait au Parlement pour obtenir l'abolition des clauses favorables aux Juifs telles que contenues dans la loi de 1903. La Commission Gouin réunit neuf membres, trois pour chaque confession concernée ; elle remit son rapport à la fin de 1924, sans avoir pu dégager de consensus d'unanimité sur ses propositions. En fait, les commissaires ne purent s'entendre que sur un point, à savoir la nécessité de vérifier la constitutionnalité de la loi de 1903 auprès des tribunaux compétents, qui seuls pouvaient établir la juridiction gouvernementale en la matière, et les pouvoirs d'exclusion de la Commission des écoles protestantes de Montréal face à la clientèle juive. Si les protestants de la

24.
Louis-Alexandre Taschereau, premier ministre de la province de Québec de 1920 à 1936. *Bibliothèque nationale du Québec, collection Pharon, 679.*

Commission Gouin avaient éprouvé une certaine difficulté à s'entendre sur la manière de traiter les écoliers juifs, et sur le droit de leurs parents à exprimer leur dissidence par les canaux administratifs existants, l'opinion du public anglo-saxon s'accordait pour exiger le maintien du caractère confessionnel de la Commission scolaire protestante, et pour prôner le statu quo dans la direction de ses affaires (Rexford, 1924). Finalement, le rapport des trois commissaires protestants, soit Arthur Currie, E. W. Beatty[10] et Walter G. Mitchell, reprit en substance l'opinion maintes fois réitérée des administrateurs scolaires anglo-saxons et fut endossé de surcroît par les trois commissaires catholiques.

Seuls les commissaires juifs soumirent en décembre 1924, un rapport minoritaire mais ils ne purent faire preuve d'unanimité. Les tensions et les divergences étaient en fait si marquées au sein de la communauté juive, que les mandataires Michæl Hirsch et Samuel W. Cohen furent, peu après leur nomination au sein de la commission d'enquête, sommés par des membres de la faction religieuse orthodoxe, de démissionner pour cause de non-représentativité des opinions légitimes de la masse des Juifs de Montréal (Figler et Rome, 1962). Les mémoires déposés auprès de la commission par des citoyens d'origine juive ne firent d'ailleurs que refléter les clivages profonds de la collectivité, dont le plus important touchait à la définition même du judaïsme. Un premier groupe proposa ainsi la reconduction de l'entente avec les protestants, mais assortie de garanties quant à une représentation de Juifs au sein des instances administratives supérieures de la Commission scolaire protestante. Cette faction, composée surtout de Juifs bien nantis et à laquelle s'identifiaient les commissaires Hirsch et Cohen, souhaitait débarrasser le système scolaire public de ses affiliations confessionnelles et favoriser une neutralité bienveillante, selon le modèle de l'école publique américaine. Ces Juifs espéraient vider ainsi l'école de ses préjugés religieux et raciaux, et faire naître une nouvelle aube où les enfants ne s'identifieraient plus dans un premier temps qu'à l'humanité tout entière et seraient jugés selon leur seul mérite scolaire.

Des Juifs divisés entre eux

25.
Samuel W. Cohen, en 1926, quelques mois après sa participation aux travaux de la commission Gouin. *Archives du Congrès juif canadien, «The Jew in Canada», 1926, p. 429.*

Hirsch et Cohen vs Schubert

Le Jewish Education Committee (JEC), qui appuyait Hirsch et Cohen et luttait pour un tel idéal démocratique, redoutait par-dessus tout la formation d'une administration scolaire spécifiquement juive, soit au sein de la Commission scolaire protestante, soit en lien direct avec le Conseil de l'Instruction publique, ce qui contribuerait à son avis à retarder un heureux mariage des cultures. Dans l'immédiat le JEC optait donc pour une alliance avec les protestants, qui leur semblait offrir les meilleures garanties de modération, à défaut d'autres solutions envisageables à court terme, et elle rejetait avec force l'exclusivisme juif sous toutes ses formes. Or c'est précisément la solution que défendait par la voix de Louis Fitch le Jewish Community Council (JCC) ou *Va'ad Ha'ir*, convaincu que l'identité juive ne pouvait être que dénaturée ou au pire vidée de sa substance par une reddition de ses droits à des administrateurs chrétiens. Les Juifs orthodoxes et les Juifs nationalistes, y compris les représentants du monde ouvrier, exigeaient une commission scolaire juive indépendante ou, à défaut, une pleine représentation au sein de l'administration scolaire protestante. Ce fut Joseph Schubert, conseiller municipal de la ville de Montréal, qui défendit leur point de vue au sein de la Commission d'enquête Gouin (Ross, 1947 ; Rome, 1975).

Le parti juif assimilationniste, constitué de propriétaires descendants des premières vagues d'immigration du milieu du XIXe siècle et profondément canadianisés, se fit connaître sous le nom de *uptowner*. Les partisans d'une alliance avec les protestants résidaient en effet pour la plupart « sur la montagne », dans les municipalités plus cossues d'Outremont et de Westmount. Les immigrants récents, largement yiddishophones, habitaient le bas de la ville. Socialement démunis, ils constituèrent l'opposition au premier groupe et prirent le nom de *downtowners* ; en dépit de leurs nombreuses divergences, ils optèrent pour l'autonomie scolaire. En fait ils avaient peu en commun quant à la conception même du judaïsme : les orthodoxes prônaient l'application intégrale de la loi mosaïque à toutes les facettes de la vie quotidienne et voulaient transmettre les valeurs traditionnelles ; les travaillistes, les sionistes, les nationalistes juifs, affichaient parfois un certain athéisme tout en demeurant fidèles aux manifestations proprement culturelles de la tradition juive. Entre les protagonistes des deux groupes siégeant à la Commission d'enquête Gouin, il y avait évidemment un abîme d'incompréhension. Tout un monde d'expériences et de perceptions séparait les *downtowners* et les *uptowners*, alors qu'était posée de nouveau à la communauté juive du Québec une question cruciale restée sans réponse jusque-là (Chrestohl, 1926).

Uptowners
et
downtowners

Les Juifs n'eurent pas le loisir de s'attarder à la solution de leurs dissensions internes, puisque le processus judiciaire enclenché par la Commission d'enquête aboutit au début de l'année suivante à un jugement de la Cour d'appel du Québec. La loi provinciale de 1903, qui permettait de considérer les Juifs comme des « protestants » dans le cadre du système d'éducation, fut d'emblée déclarée inconstitutionnelle :

> Des personnes de religion juive peuvent siéger au bureau des commissaires protestants ; mais la législature provinciale ne peut imposer leur présence, ni dans le Comité protestant du Conseil de l'Instruction publique, ni à la Commission des écoles protestantes de Montréal ;

elle ne peut pas non plus obliger les protestants à accepter des enfants juifs dans leurs écoles (Audet, 1971 : 242).

L'État québécois s'en mêle Les juges ne purent toutefois s'accorder sur les pouvoirs détenus par la législature provinciale quant à la création d'une commission scolaire séparée juive ; trois sur cinq s'opposèrent à définir plus avant la compétence de l'État québécois en la matière. La cause Hirsch, du nom d'un membre juif de la Commission Gouin, fut portée devant la Cour suprême du Canada, qui renversa en 1926 la dernière partie de l'opinion judiciaire émise par la Cour d'appel un an plus tôt. Le Conseil privé de Londres opina dans le même sens que la plus haute cour canadienne, au début de 1928. Le seul droit que les Juifs se voyaient donc confirmé, restait celui, pour leurs enfants, d'assister purement et simplement aux cours offerts par les commissions scolaires soit protestantes, soit catholiques, qui géraient les écoles de la majorité et formaient l'instance administrative pour l'ensemble de la population scolaire québécoise. Seule porte de sortie disponible, l'État pouvait, cependant, selon son bon vouloir créer une commission scolaire confessionnelle juive, dont les revenus proviendraient du produit des taxes juives, selon le modèle déjà reconnu dans le cas des contribuables chrétiens. L'imbroglio des écoles juives, aussi ancien que la constitution canadienne elle-même, n'attendait donc plus au début de 1929 qu'une solution politique, chaque partie en cause ayant amplement eu la latitude d'exposer ses doléances et ses attentes.

Ébauches d'unité communautaire

Au sein de la communauté juive, la question des écoles constitua au cours des années vingt un événement traumatisant et le débat qu'elle provoqua autant chez les Gentils que chez les Juifs prit l'allure d'une expérience particulièrement éprouvante. Au fur et à mesure que s'élevaient, sur la route d'une égalité véritable de traitement dans le système d'éducation québécois, toutes sortes d'obstacles, les uns d'ordre juridique, les autres relevant plus de la coutume, les Juifs de Montréal prirent conscience de la précarité de leurs rapports avec la majorité chrétienne. Certes, une part des tensions vécues de part et d'autre tenaient au fait que l'immigration ashkénaze était récente et par conséquent peu adaptée aux structures politiques et sociales du pays d'accueil. Cependant, il devint évident pour certains, que la maîtrise de la langue anglaise et l'apprentissage des lois du pays, ne corrigeraient pas vraiment l'inconfort des Juifs face au système scolaire public en vigueur dans la province de Québec. Aussi convenait-il en tout premier lieu de mettre de l'ordre au sein de la communauté juive elle-même, réduire les querelles et divergences d'approche qui paralysaient l'action de ses leaders. Ainsi, s'imposa le fait que seule une collectivité unie, capable de tenir auprès des hautes autorités gouvernementales un langage clair et cohérent, réussirait à arracher quelques concessions en faveur des enfants juifs dans les écoles publiques, en dépit de la complexité de la tâche et des négociations à mener à plusieurs paliers de gouvernement.

La crise des écoles démontra à la communauté juive que rien ne lui était acquis dans la société québécoise reposant sur un double partage des responsabilités en matière d'éducation. Il n'y avait pas, dans la loi première du pays et dans ses textes corollaires, d'espace prévu pour une population autre que protestante ou catholique, et dans le concret, autre que francophone ou anglophone. En soi, il eut été hasardeux de qualifier d'antisémite ce partage binaire, datant du milieu du XIXe siècle, des droits en matière d'éducation ; les Pères de la Confédération s'étant contentés d'encadrer légalement des droits acquis de fait, selon l'esprit de la Common Law britannique. Les populations d'autres origines, dont les Juifs établis au pays, n'avaient pas été considérées. Quand les immigrants juifs d'Europe de l'Est le comprirent après avoir négocié avec toutes les parties en cause pendant plus d'une génération, alors émergea une certaine volonté de désigner des porte-parole responsables et véritablement fondés de pouvoir. La non-reconnaissance au milieu des années vingt de leurs exigences en matière d'instruction publique quant à un certain degré de représentation au sein des administrations scolaires, et la fin de non-recevoir du lobby protestant avaient démontré la précarité de la position juive dans la société québécoise. Les Juifs auraient à concilier leurs demandes et les avantages reconnus aux deux communautés chrétiennes, notamment dans l'éventualité de la création d'écoles publiques sous leur contrôle exclusif :

Non grata

185

> Si toutefois, le gouvernement peut [en vertu de l'arrêt de 1926] autoriser l'établissement d'écoles séparées pour les personnes qui ne sont ni catholiques ni protestantes, ces écoles ne doivent, en aucune façon, faire obstacle aux droits et privilèges dont jouissent les catholiques et les protestants (Dupont, 1973 : 256).

Un climat chargé de menaces

Si l'on avait pu envisager, comme le firent les autorités scolaires protestantes au début des années vingt, d'expulser des enfants de confession mosaïque des écoles publiques, on aurait créé un précédent redoutable, susceptible de justifier des actions semblables en d'autres circonstances et dans d'autres sphères d'influence comme l'université, la fonction publique ou même les affaires. En dépit des précautions prises depuis 1920 par le le gouvernement Taschereau pour éviter, à la faveur de l'affaire des écoles juives, l'émergence de tensions proprement antisémites, ailleurs dans la société germaient au même moment des courants de pensées portés vers un nationalisme radical. Conjugués aux conclusions inéluctables du système judiciaire canadien concernant l'école publique et la place qu'y occupaient les Juifs, ces échos nouveaux risquaient à terme de signifier la marginalisation de la collectivité juive québécoise, ou au pire son enfermement dans des limites sociales incompatibles avec ses aspirations légitimes. Pour la première fois peut-être, au cours des années dix et vingt, la communauté juive montréalaise commença à explorer des avenues nouvelles dans sa quête, non seulement d'une plus grande sécurité matérielle, mais de meilleures garanties quant au maintien de son originalité linguistique, culturelle et religieuse. Manifestement tout était à faire dans ce sens, alors que la deuxième génération des Juifs canadiens entreprenait son ascension, et que beaucoup d'autres continuaient d'entrer au Québec depuis de lointaines contrées européennes où ils avaient assimilé d'autres cultures et expérimenté d'autres conditions sociales et politiques. Dans ces mêmes années où Mussolini entreprenait sa marche sur Rome, qui devait sceller le sort politique de l'Italie pendant vingt ans, un Autrichien du nom de Adolf Hitler faisait ses premières armes politiques dans une Allemagne aux prises avec des blocages socio-économiques considérables. Avec les années trente, les idéologies fascisantes européennes et leurs ramifications subtiles viendraient ajouter à la confusion des esprits et aux difficultés de la communauté juive établie au pays.

C'est pour répondre à ce besoin de cohérence et d'unité que fut créé à Montréal en 1919 le Congrès juif canadien, appelé à rallier les membres de la population juive quant à leurs revendications politiques et sociales et à unifier leurs aspirations. Longtemps souhaitée, une telle organisation des Juifs canadiens avait eu besoin, pour voir le jour, d'événements étrangers au monde nord-américain, à savoir la Première Guerre mondiale, le réveil des nationalismes en Europe, le début du mandat britannique en Palestine, faits qui tous avaient eu un profond retentissement sur la condition juive à travers le monde :

Projets d'association

> Le désir de formuler une formidable protestation contre les crimes et le carnage perpétrés à l'égard de leurs frères [juifs] en Pologue, en Ukraine, en Hongrie et en Roumanie, de promouvoir la revendication politique de l'égalité des droits dans chaque pays, avec des droits autonomes nationaux dans les pays nouvellement créés, incluant la Roumanie, et d'approuver sans réserve la « déclaration Balfour » relativement à une patrie pour les Juifs en Palestine* (Caiserman, 1926 : 465).

Pour aider leurs coreligionnaires européens happés par le mælstrom qui allait culminer en 1919 avec le Traité de Versailles, les Juifs canadiens sentirent la nécessité de se donner au Canada une autorité chargée de recueillir des fonds et de les acheminer sans délai outre-Atlantique. L'opération, qui ne souffrait aucun retard, était irréalisable sans la bonne volonté de toutes les factions juives montréalaises et torontoises, et de leurs multiples organisations, déjà actives à un titre ou à un autre. Éperonnés par l'urgence de la situation, les volets syndicaliste, travailliste-sioniste et nationaliste de la communauté juive, appuyés par l'ensemble des masses immigrantes, créaient en 1915 à Montréal le Folks Farband[11], mieux connu sous son nom anglais de Canadian Jewish Committee. À cette coalition populiste, composée surtout de *downtowners* et diversement acquise à l'idée d'un congrès juif démocratiquement constitué, s'opposa la même année la Canadian Jewish Conference des Juifs socialement établis et pleinement satisfaits du statu quo.

Le Folks Farband

L'agitation incessante des partisans d'un organisme juif central et la fin des hostilités en Europe précipitèrent

Le Congrès juif de 1919

187

les choses. En novembre 1918, un Congress Committee comprenait certains éléments de la communauté ; en janvier 1919, les représentants de 125 organismes juifs canadiens consentaient à se réunir à Montréal dans le but de convoquer le plus grand nombre possible d'instances à un congrès de fondation. L'acharnement des organisateurs fut tel qu'ils réussirent à faire voter au début de mars 1919, dans toutes les régions du pays, quelque 25 000 Juifs canadiens, afin de choisir 200 représentants à un forum qui se tint au Monument national[12], à Montréal, durant la troisième semaine du même mois. Le 18 mars, après plusieurs jours d'intenses délibérations, et malgré les réticences d'une aile importante qui se méfiait d'une autorité centrale pour la conduite de leurs affaires particulières, naissait sur papier un «Congrès juif canadien». Conçu comme la plaque tournante d'une population en pleine évolution, et représentant 95 % de ses membres, ce Congrès mit toute son énergie à s'assurer la fidélité des nombreux groupes d'intérêts qui formaient l'assise véritable de la collectivité juive, tels les synagogues, les organisations fraternelles, les partis politiques, les syndicats ou associations de travailleurs. S'étant donné la main pour créer un bureau central qui coordonnerait leurs liens avec certaines réalités juives, telles que les persécutions, les mouvements idéologiques juifs aux implications internationales comme le sionisme, les organisations juives ainsi ralliées n'avaient fait que réaliser en mars 1919 un vieux rêve. Aussitôt mis sur pied, le Congrès juif canadien souffrit toutefois de l'imprévoyance de ses fondateurs, qui avaient vu en ce congrès davantage un symbole d'unité qu'une organisation concrète à soutenir. À peine se dissipait le bruit des vivats et des applaudissements que commençait à faiblir l'appui des organismes fondateurs. Selon les mots mêmes de son premier secrétaire général, H. M. Caiserman, si le congrès était né, il restait à trouver en 1919 les moyens et l'énergie pour l'alimenter :

> Au milieu de l'extraordinaire enthousiasme qui régnait, au moment de conclure les séances de délibération du Congrès, un sujet très important échappa à l'attention des délégués, à savoir la prévision de l'argent nécessaire à l'installation d'un bureau adéquat et dirigé dans le style des affaires. Ceci, par après, s'avéra un handicap très sérieux et, à certains moments, paralysa les activités du Congrès* (Caiserman, 1926: 478).

Hannaniah Meir Caiserman

La flamme allumée en 1919 fut entretenue pendant près de quinze ans par le premier secrétaire général du Congrès juif canadien, Hannaniah Meir Caiserman, tandis qu'étaient retournés à leurs affaires les personnes et les dirigeants des organismes fondateurs : «L'organisation du Congrès se désintégra pour n'être plus — pendant une quinzaine d'années — qu'une idée dans la tête et dans le cœur de Caiserman»* (Figler et Rome, 1962 : 114). Caiserman devait représenter presqu'à lui seul l'effort d'ouverture et de compréhension de sa communauté face à la société québécoise majoritaire. Il était né en 1884 dans une petite ville de Roumanie orientale, Piatra Neamt, au sein d'une famille relativement à l'aise et attachée à l'orthodoxie juive. Attiré très tôt par un certain activisme, Caiserman poursuivit pendant quelques années à Bucarest une carrière de comptable, tout en nourrissant une passion personnelle pour le sionisme. En 1910, il prit la décision d'émigrer en Amérique, plus précisément à Montréal, où il apprit le métier de tailleur dans un de ces innombrables ateliers qui bordaient les principales artères du quartier juif de la ville.

Commence alors une trajectoire unique dans les annales de la communauté juive, qui devait conduire Caiserman dans tous les cercles juifs de Montréal. Doué d'un talent oratoire certain, d'une personnalité imposante et d'un goût pour la polémique verbale et écrite, Caiserman brûla en quelques mois des étapes que la plupart des immigrants mettaient des années à franchir : en 1912 il est élu président de son syndicat et déjà considéré comme un des principaux leaders juifs à Montréal. Sur un autre front, il poursuivit un apprentissage accéléré de la langue littéraire yiddish et se vit ouvrir les pages du *Kanader Adler*, premier quotidien de tradition yiddishophone à Montréal. Préoccupé de l'éducation des masses juives, Caiserman travailla à la création d'un réseau d'écoles nationales juives, participa à la fondation en 1914 de la Bibliothèque publique juive de Montréal, connue sous le nom de Yidishe Folks Bibliotek, et s'engagea dans une action politique partisane. En 1916 Caiserman fut candidat du parti Poale Zion[13] lors d'une élection municipale montréalaise, dans la circonscription immigrante de Saint-Louis. Ce fut pour lui l'occasion d'exprimer publiquement ses opi-

Ubiquité

nions concernant l'abolition du capitalisme, la création d'un État juif en Palestine et l'unité nécessaire du prolétariat sur des bases d'abord nationales. Ce parti, dont l'idéologie devait marquer profondément le jeune immigrant roumain, considérait le peuple juif plus comme un peuple moderne, ayant une langue nationale, le yiddish, un projet, celui de créer un État national, le sionisme, que comme un groupe religieux défini avant tout par son atttachement à la loi mosaïque et à une certaine éthique spirituelle.

Le Poale
Zion

C'est à la lumière de ce travaillisme proprement juif et de son idéalisme réformiste qu'il faut comprendre la démarche de Caiserman et celle d'une partie importante de la communauté juive, lorsque se précipitèrent les événements sur la scène internationale et qu'éclata à la fin des années vingt la crise des écoles juives au Québec. Pour ce bloc imposant au sein de la communauté juive, l'idéologie pure et dure des socialistes internationalistes et des communistes tout particulièrement, auxquels s'étaient joints à Montréal de nombreux militants juifs, constituait une forme d'assimilationnisme pernicieuse dont ferait les frais l'héritage culturel juif tel que développé au cours des siècles en Europe de l'Est (Weisbord, 1983). Épris de libération et de réformes sur deux fronts plutôt qu'un seul, le Poale Zion visait à hausser le niveau de vie des immigrants juifs et à leur assurer des conditions de travail décentes, mais sans sacrifier sur cet autel leur identité nationale et la langue de leurs pères. Un autre défi que tentait également de relever les travaillistes sionistes, partout dans la diaspora, consistait à intéresser les masses juives à l'établissement d'un foyer national en Palestine. À ces deux causes fondamentales, le socialisme juif et le sionisme, Caiserman se donna avec une telle énergie qu'il était devenu en 1919, au moment de l'établissement du Congrès juif canadien, le porte-parole incontesté du parti Poale Zion canadien. Le programme des travaillistes sionistes était en fait si vaste que Caiserman trouva à l'appliquer à toutes les facettes de sa vie active, depuis son amour de la poésie en langue yiddish (Caiserman, 1934), jusqu'à son implication dans la question des écoles juives, sans oublier le journalisme, le syndicalisme et l'organisation communautaire proprement dite : « Toute sa vie communautaire et sociale était en fait une vaste *Mitzvah*, tirée du

code Schulchan Aruch du judaïsme sioniste travailliste »*
(Figler et Rome, 1962 : 79).

Caiserman était doté d'un tempérament exceptionnellement adapté à ses aspirations sociales et politiques, qui toutes convergeaient vers le même but : contribuer à forger l'unité morale et idéologique qui faisait défaut à la communauté juive canadienne et qui était à ses yeux un préalable nécessaire : « Caiserman rationalisa le problème auquel il était confronté en définissant le Congrès comme une institution créée pour résoudre tous les problèmes affrontant les Juifs, y compris leurs problèmes personnels »* (Figler et Rome, 1962 : 227). Élu en 1919 secrétaire général du Congrès juif canadien, Caiserman savait s'émouvoir des manifestations les plus diverses de la condition humaine, et sa compassion pour les victimes de la misère ou de l'adversité était sans bornes. Avec le regard frais d'un jeune garçon naïf, il n'eut de cesse pendant des années d'exhorter ses coreligionnaires montréalais à un idéal communautaire, dont il ne semblait même pas percevoir les difficultés de réalisation à court et à moyen terme, comme si la cause ne souffrait aucun délai, aucune défaillance. Malgré les obstacles, les discussions interminables et les méfiances sourdes de ses coreligionnaires, plutôt individualistes et méfiants face aux hiérarchies institutionnalisées, Caiserman persista dans la voie qu'il s'était tracée jusqu'à ce que les circonstances lui donnent enfin raison dans le courant des années trente. Engageant, plein de bonhommie, autodidacte formé à l'école de la vie, Caiserman sut pendant sa longue carrière éviter les pièges du dogmatisme et de l'intransigeance, dans des conditions qui auraient soulevé chez plus d'un amertume et découragement.

Malgré des lacunes évidentes, notamment une absence de méthode criante et un éparpillement légendaire, Caiserman fit preuve au cours de sa carrière d'un talent remarquable d'organisateur, qu'il devait pour beaucoup à la qualité de son contact humain. Il bâtit ainsi peu à peu autour de lui ce climat de confiance dont il avait besoin pour parvenir à ses fins, à tel point qu'il fut littéralement à lui seul le moteur et l'inspiration de toute la structure institutionnelle juive, depuis la fondation de 1919 jusqu'à l'arrivée de Samuel Bronfman en 1939 à la présidence du Congrès juif canadien. Accaparé par une tâche parfois

Secrétaire
général

Vingt ans
seul

191

26.
Hannaniah Meir Caiserman vers 1926, peu après son retour de Palestine. *Archives du Congrès juif canadien, PP3.*

27.
Réunion à Montréal, en 1918, des Jeunesses travaillistes-sionistes (Poale Zion Juniors Club). À peu près au centre de la photo, sur la deuxième rangée, la tête légèrement tournée vers la droite: H.M. Caiserman. *Archives du Congrès juif canadien, PC1/5/42.*

harassante, le secrétaire général conserva malgré tout une part de cet enthousiasme juvénile qui lui permit, à certains moments, de percevoir des ouvertures dans cette trame institutionnelle ossifiée propre à la société québécoise des années trente, et lui donnerait par moments cette occasion parfois inespérée de sortir des sentiers battus :

> Mon père, H. M. Caiserman, semblait être un *luftmentch*[14]. Il était lettré et sentimental, et amoureux de l'art et des artistes... Il lisait et travaillait dans notre bibliothèque familiale pendant des heures, et ne cessait de s'intéresser, d'un air distrait, au judaïsme, au sionisme, à la politique québécoise et à notre politique d'immigration nationale. [...]

> H. M. était charmant, personnel et aimable avec le monde extérieur [...]

> Je me rappelle, à la maison, la préparation continuelle de conférences publiques et la rédaction interminable d'articles. Les piles de livres et de papiers s'entassaient haut. Je me rappelle aussi les soirées animées par mes parents. La nourriture était merveilleuse et le décor magnifique. On lisait de la poésie et on jouait de la musique dans une atmosphère de salon.

> Il y avait des arrivées et des départs, de l'animation et des discussions, des disputes et des embrassades, des plaisanteries et des histoires. Tout ceci constitue la base du personnage public et privé de mon père, telle que je le conserve dans ma mémoire*[15].

L'Alliance tactique des «downtowners»

Le Congrès juif canadien (CJC) fondé en 1919 suscita la création, la même année, de la Jewish Immigrant Aid Society of Canada (JIAS). Au sujet de l'immigration, la communauté juive avait en effet tout lieu de craindre un recul de la société canadienne dominante, en l'occurrence du gouvernement fédéral qui contrôlait le rythme d'entrée des Juifs originaires d'Europe de l'Est (Kage, 1958 ; Abella et Troper, 1982). Les autres préoccupations du Congrès juif s'estompèrent et l'organisme lui-même, après 1919, sommeilla tandis que le secrétaire général se tournait vers d'autres préoccupations, notamment en séjournant en Palestine pendant plusieurs mois entre 1921 et 1923, habité par le projet de faire personnellement *aliyah* et de s'installer à demeure dans cette région du

Moyen-Orient. Le projet n'eut pas les suites espérées et en mars 1923 les Caiserman étaient de retour à Montréal, où aussitôt H. M. se remit à la tâche au sein d'une nouvelle organisation communautaire, le *Va'ad Ha'ir* ou Jewish Community Council (JCC). Quoique la création d'une organisation séculière et politique ait été un demi-échec, les Juifs canadiens ressentaient pour d'autres raisons le besoin de réunir en une seule instance certaines de leurs actions et juridictions internes. Pas plus à Montréal qu'ailleurs il n'y avait à cette époque de fonction religieuse centrale qui puisse régir et relier les divers lieux du culte mosaïque. Diverses interprétations avaient droit de cité, les unes plus attachées que d'autres à la lettre de la loi divine, la *halakha*. Bien que les multiples courants du judaïsme ne soient pas toujours en harmonie, certains leaders trouvèrent utile à un certain moment de s'unir pour accorder des licences aux commerçants qui offraient de la viande et de la nourriture kachères, et pouvoir ainsi vérifier la conformité de ces aliments aux préceptes de la loi. De ce souci, naquit en 1922 à Montréal la première organisation juive centrale qui soit vraiment opératoire, le JCC ou *Va'ad Ha'ir*.

Le *Va'ad Ha'ir*   Le JCC projeta aussi de lever une taxe à même le produit de la vente de denrées kachères, et ce, afin de financer l'entretien des écoles orthodoxes privées dont nous avons parlé plus tôt. En plus de la *kachrout*, le JCC travailla à assurer le maintien intégral de certaines fonctions liées au respect de la loi mosaïque, tels le rabbinat, le contrôle de l'abattage rituel (*shékhita*) et les cours d'arbitration religieuse juives (*beys din*). Cet embryon d'unité institutionnelle apparut très vite aux yeux des Juifs séculiers et socialisants comme un pas dans la bonne direction puisque, aussitôt formé en 1922, le *Va'ad Ha'ir* recevait l'appui des sionistes travaillistes de Montréal:

> Le Poale Zion de Montréal ne s'intéressait pas beaucoup directement à la *kashruth*. Mais l'anarchie et l'indignité de la communauté offensaient ses membres et allaient à l'encontre de leur grande vision de la nation juive, avec son propre gouvernement, un peuple en marche vers son État, dans sa patrie* (Figler et Rome, 1962: 145).

La fondation du *Va'ad Ha'ir* s'avéra par ailleurs particulièrement opportun à ce moment, car déjà montaient à l'horizon les rumeurs encore imprécises d'une nouvelle agitation à Montréal autour de la question des écoles juives, et tout semblait indiquer que les négociations, que plusieurs leaders modernisants pressentaient, seraient décisives en tous points. Pressés d'avancer publiquement l'hypothèse de la constitution d'une commission scolaire séparée pour les enfants d'origine mosaïque, les travaillistes s'allièrent au *Va'ad Ha'ir* en espérant qu'en temps utile l'institution puisse faire figure de porte-parole des Juifs auprès des instances gouvernementales. Sans doute, souhaitaient-ils que le *Va'ad Ha'ir* puisse gérer le prochain débat comme il administrait déjà dans la ville, avec une certaine représentativité, l'application des principes de la *kachrout* et de la *shékhita*.

C'est au *Va'ad Ha'ir* que Caiserman commença officiellement en mars 1925 sa carrière de représentant de la communauté juive de Montréal, en plein milieu des audiences publiques de la Commission Gouin chargée d'enquêter sur le système d'éducation de la province de Québec. Dans ce contexte hautement politique, Caiserman fit ses débuts pendant que la collectivité juive de Montréal apparaissait profondément divisée entre ses propres forces centrifuges et celles d'une intégration différentielle à la société d'accueil. Une des contradictions qu'elle étala fut celle de voir des nationalistes et des syndicalistes tels Michæl Garber et Louis M. Benjamin, mais aussi H. M. Caiserman et Louis Fitch, ce dernier président du comité sur les affaires scolaires au sein de *Va'ad Ha'ir*, faire front commun en faveur d'écoles juives séparées aux côtés de partisans de l'orthodoxie religieuse. Sur cette question cruciale de l'éducation judaïque des fils et des filles de la communauté, les plus ardents nationalistes séculiers purent cheminer en compagnie des rabbins intégristes et proclamer ensemble leur attachement au judaïsme, chacun entrant dans l'édifice millénaire de Moïse par des portes diamétralement opposées, mais tous trouvant dans la quotidienneté de la langue yiddish, la solennité de l'hébreu et l'expérience pénible d'une émigration encore toute récente, des intérêts à mettre en commun. En octobre 1924, au nom du *Va'ad Ha'ir*, Caiserman fit devant la Commission Gouin un plaidoyer détaillé en faveur d'écoles juives séparées:

> Il ne restait donc pas d'autre possibilité qu'une commission scolaire juive distincte, perpétuant ainsi un système

Un problème lancinant

d'enseignement cher à la majorité de la province. J'ai l'impression que je ne peux pas mieux servir mon pays et demeurer fidèle à mon peuple qu'en recommandant chaudement une commission scolaire juive distincte, comme solution permanente à la difficile question de l'école dans notre province* (Figler et Rome, 1962 : 175-176).

Un autre intervenant juif auprès de la Commission Gouin, Louis Fitch, abonda dans le même sens en faisant valoir le précédent accordé en cette matière aux religions chrétiennes de la province :

> Je vous demande à vous particulièrement, Canadiens français et Canadiens anglais, de ne pas nous nier à nous, Canadiens juifs, le droit fondamental d'enseigner nos enfants à notre guise, ce principe pour lequel vous vous êtes si vaillamment et si fidèlement battus, et que vous avez obtenu* (Ross, 1947 : 41).

Enfin mobilisés

L'Alliance tactique de 1924-1925 entre orthodoxes religieux et des nationalistes séculiers, face aux positions assimilationnistes et anti-autonomistes des *uptowners*, marqua profondément la communauté juive jusqu'à la fin des années trente et paradoxalement ouvrit la voie à une reprise en 1934-1935 des activités du Congrès juif canadien (CJC). L'Affaire des écoles lança en effet la carrière publique de personnalités comme Michæl Garber, Simon Belkin, Moshe Dickstein et H. M. Caiserman, et fit comprendre à quel point pouvait être dommageable pour tous l'étalement des querelles intestines juives, dont l'origine et le pourquoi ne pouvaient manquer d'être incompris par les *goyim*. Par ailleurs, la fréquentation au cours des années vingt des leaders de l'orthodoxie religieuse, tel le rabbin Hirsch Cohen, un ardent défenseur des écoles juives séparées, permit aux activistes séculiers, tel Caiserman, de saisir les disparités propres au judaïsme montréalais et canadien. Les membres du Poale Zion furent ainsi en étroite relation avec des coreligionnaires hors du cercle étroit des nationalisants ou sionistes. À la faveur de la crise des écoles juives émergèrent donc des porte-parole potentiellement ouverts à toutes les tendances de la communauté juive et aptes, dans certaines circonstances à les représenter adéquatement.

En somme, l'épisode de la Commission Gouin et les longs mois de négociations conduites ensuite avec les

autorités scolaires protestantes, avaient constitué une espèce de répétition générale de la mobilisation combien
plus urgente des années trente face à la montée fulgurante
sur toute la planète d'une forme nouvelle d'antisémitisme.
Devant cette menace beaucoup plus grave qu'une simple
affaire de juridiction scolaire provinciale, la communauté
juive resserra les rangs de ses divisions idéologiques et
sociales, notamment en faisant l'unanimité autour de
questions comme l'admission au Canada de réfugiés juifs
menacés par les régimes fascistes (Abella et Troper, 1982).
Sans l'urgence que procura de façon inattendue la crise
des écoles, il n'est pas sûr que la collectivité juive canadienne aurait eu à portée de la main, dans des délais aussi
brefs, un leadership dévoué à la cause des Juifs canadiens
et ce sans distinction de partis politiques ou d'attitude face
à la loi mosaïque.

Le règlement Taschereau-David de 1931

En janvier 1929, le gouvernement libéral s'apprêtait par la voix d'Athanase David, secrétaire de la province,
à légiférer sur la question des écoles juives, et ce, en tenant
compte de l'opinion des plus hautes cours du pays et du
Conseil privé de Londres. Un enjeu était désormais reconnu légalement possible : soit la création au Québec, sur le
modèle des Commissions scolaires protestantes et catholiques, d'un système public d'écoles confessionnelles
juives. À défaut d'avoir obtenu rien de plus que le simple
droit pour les citoyens juifs d'envoyer leurs enfants dans
les classes régulières de la Commission scolaire protestante, il ne restait plus que cette solution pour résoudre le
problème. Toutefois, recommença de plus belle au sein
de la communauté l'agitation des diverses factions :

> Le jugement [celui du Conseil privé] fut bien accueilli,
> tant par ceux des Juifs qui souhaitaient l'entente avec les
> protestants, que par ceux qui recherchaient un système
> scolaire juif distinct. Les premiers voyaient dans cette
> disposition un levier pour négocier. Les seconds avaient
> à présent la voie libre pour faire pression en vue d'obte-
> nir une loi en faveur d'une école confessionnelle qui soit
> l'expression de leur propre patrimoine social et cultu-
> rel* (Ross, 1947 : 58).

Le 17 février 1929, une quarantaine d'institutions juives
signaient à Montréal une requête demandant la constitu-

Une
commission
scolaire
juive

tion immédiate d'une commission scolaire juive et rejetant toute forme d'entente avec les institutions protestantes existantes. Fait significatif, sur vingt synagogues et congrégations juives installées dans la ville, une seule refusa d'endosser le document. C'était compter sans l'influence considérable des *uptowners*, résolus à s'entendre avec les protestants, et qui pouvaient espérer obtenir l'appui de deux individus particulièrement bien placés pour faire échec aux nationalistes juifs de la basse-ville : les députés libéraux provinciaux Peter Bercovitch et Joseph Cohen, membres du conseil des ministres du gouvernement Taschereau. Contre toute attente toutefois, Athanase David présenta à la chambre un projet de loi créant un Comité juif de l'instruction publique, chargé de négocier de son propre chef des aménagements administratifs et financiers auprès des commissions scolaires catholique et protestante, les taxes scolaires payées par les Juifs lui étant attribuées en plus d'une partie des taxes recueillies chez les « neutres ».

Une première loi David

L'empressement de David à proposer en janvier 1930, à propos des écoles juives, une loi autonomiste qui allait porter son nom, souleva l'ire de deux groupes d'intérêts aux antipodes l'un de l'autre quant à la gestion scolaire québécoise. Craignant que des citoyens d'origine juive tentent une fois de plus, à la faveur de ce nouvel arrangement, de s'immiscer sur le terrain exclusivement anglo-saxon des écoles protestantes, le Comité protestant du Conseil de l'Instruction publique exigea d'emblée le retrait du projet de loi. Avec encore plus de véhémence, l'élément catholique s'émut du texte proposé et fit parvenir dans les semaines qui suivirent, ses objections directement au Premier ministre, par la voix des évêques des diocèses de Québec et Montréal. L'hostilité épiscopale à la loi David, et donc celle aussi du Comité catholique du Conseil de l'Instruction publique, trouvait sa racine dans la négation d'un principe à leurs yeux fondamental du système d'éducation québécois, à savoir que l'école avait été jusque-là d'inspiration exclusivement chrétienne. Avant tout, le haut clergé catholique craignait que la porte ouverte aux Juifs libère la voie à d'autres groupes religieux ou idéologiques dissidents, entraînant à la fin l'émergence dans la province d'écoles neutres, non confessionnelles, voire vouées à un enseignement anti-religieux.

Par la petite ouverture consentie à la communauté juive, les évêques voyaient déjà s'engouffrer les tenants du laïcisme, du sécularisme et jusqu'aux militants bolchéviques que Mgr Rouleau de Québec confondait avec les immigrants juifs d'origine russe (Audet, 1971 : 243). Sur ce sujet, la hiérarchie romaine n'avait d'ailleurs pas hésité dès 1926 à faire valoir son point de vue, par le biais d'une série d'éditoriaux publiés dans *L'Action catholique* et dus à la plume de l'abbé Antonio Huot[16] :

> On [l'Église] reconnaîtrait, dans la mesure où l'équité le demande et en tant que le permettent les conditions d'un État chrétien comme le nôtre, le droit des pères de famille juifs sur leurs enfants si, par une disposition de régie interne, l'une ou l'autre des deux commissions scolaires, ou les deux à la fois, permettaient à leur discrétion et par tolérance, l'établissement et le maintien, sous leur contrôle, d'écoles distinctes pour les enfants juifs avec un enseignement qui leur conviendrait mais ne contredirait pas aux vérités chrétiennes et surtout aux principes fondamentaux de l'ordre social, — les taxes scolaires payées par les Juifs étant affectées à l'entretien de ces écoles distinctes. Écoles distinctes et non pas *séparées*, parce qu'elles ne seraient pas établies par une loi (Huot, 1926).

Comme nous l'avons vu dans le chapitre précédent, pour les catholiques francophones, la clef de voute de l'édifice légal canadien et de la structure sociale, particulièrement au Québec où ils étaient la majorité, restait le caractère foncièrement chrétien de nombre d'institutions. Ce concept, maintes fois réaffirmé, trouvait au premier chef son application dans le secteur de l'éducation, et commandait la reconduction par la Législature du statu quo de 1903. Une autre hypothèse, qui inquiétait la hiérarchie catholique, voulait exclure les Juifs du Conseil de l'instruction publique et placer la responsabilité de leurs écoles séparées entre les mains d'une autorité provinciale, selon les dispositions constitutionnelles accordant aux provinces complète juridiction dans le domaine de l'éducation. C'eut été là aux yeux des évêques un précédent favorable à une intervention étatique directe dans un domaine où l'Église tenait à encadrer discrètement, en vertu des dispositions juridiques relatives à la confessionnalité des écoles, les pouvoirs du gouvernement. L'agitation tant protestante que catholique fit si bien, durant les

L'opposition de l'Église

28.
Peter Bercovitch, député libéral de la circonscription électorale de Saint-Louis, de 1918 à 1938. Élu par un électorat surtout composé d'immigrants récents et de francophones, Bercovitch n'en était pas moins un Uptowner, membre de la faction la plus établie et assimilationniste de la communauté juive de Montréal. *Archives du Congrès juif canadien, «The Jew in Canada», 1926, p. 231.*

29.
Michael Hirsch, membre de la commission Gouin et partisan du parti assimilationniste lors des négociations qui devaient mener au passage de la loi David de 1931, et à l'intégration définitive des écoliers juifs au réseau anglo-protestant. *Archives du Congrès juif canadien, «The Jew in Canada», 1926, p. 381.*

mois de février et mars 1930, que Taschereau retira la loi David et consentit à rencontrer personnellement les évêques, et ce, dans un climat de méfiance réciproque et d'opposition croissante.

Pendant qu'à la Législature du Québec, le projet de loi sur les écoles juives séparées progressait, des négociations avaient lieu sous le boisseau depuis plusieurs mois entre des représentants de la Commission scolaire protestante de Montréal et les *uptowners* du Jewish Education Committee (JEC). Conduites par Michæl Hirsch, ces tractations avaient pour but avoué une entente avec les autorités protestantes, qui aurait anéanti les espoirs des nationalistes juifs et aurait abouti au renouvellement sous une forme ou une autre de l'entente de 1903. Le *Va'ad Ha'ir* et son Separate School Committee étaient en effet en perte de vitesse depuis qu'un de ses membres illustres, Louis Fitch, avait en 1927 perdu aux mains du *uptowner* Bercovitch la bataille électorale de Saint-Louis (Jewab, 1986). Représentant d'une circonscription électorale où plus du tiers des électeurs étaient des immigrants d'origine juive, Bercovitch appartenait à la branche réformée du judaïsme montréalais, pour qui le libéralisme nord-américain et l'éthique protestante semblaient les meilleures garanties d'avancement. Privé d'appui direct à l'Assemblée législative, le *lobby* autonomiste juif s'affaiblissait, bien qu'une délégation de ses partisans, avec à sa tête H. M. Caiserman, se soit rendue le 22 janvier 1929 plaider la cause des écoles séparées auprès du premier ministre Taschereau. Finalement, le 1er avril 1930, après d'interminables jeux de coulisse et de multiples représentations, une loi nouvelle, parrainée par Athanase David, créait dans la métropole une Commission des écoles juives composée de sept membres. Égale en tout aux Commissions catholique et protestante, mais indépendantes d'elles et du Conseil de l'instruction publique, cette Commission juive était placée sous l'autorité directe du surintendant de l'Instruction publique. Comme les Comités protestant et catholique s'étaient opposés à la présence juive au sein du Conseil de l'instruction publique, le Conseil des ministres n'avait eu d'autre choix, donnant la fâcheuse impression que l'administration Taschereau entendait intervenir dans ce dossier relatif à l'éducation sans tenir compte des instances confessionnelles reconnues.

Jeux de coulisse

Il restait à rendre opératoire le cadre légal prévu pour la gestion des écoles juives, et à ouvrir ces classes sous juridiction totalement juive, mesure qui pouvait affecter en 1931 jusqu'à 11 300 enfants de confession mosaïque, ou 31 % de la clientèle de la Commission scolaire protestante de Montréal (Tableau 18 et Graphique, page 175). Il devint vite évident que ni Taschereau, ni les futurs commissaires juifs, acquis aux intérêts des *uptowners*, ne souhaiteraient aller plus loin. La commission scolaire juive, pure entité légale jusque-là, devait être simplement le levier d'une entente équitable à négocier avec les administrateurs scolaires protestants :

> Ayant constitué la commission scolaire, le gouvernement se mit à exercer une pression irrésistible sur ses membres afin qu'ils n'usent pas de leur droit d'établir leurs propres écoles, mais qu'ils passent plutôt contrat avec la Commission protestante pour l'éducation des enfants juifs* (Rome, 1975 : 127).

Une fois la loi David passée, et au-delà des préoccupations des évêques catholiques qui y voyaient un pas vers la création d'un ministère de l'Instruction publique, les pourparlers se précipitèrent entre une faction juive et la Commission scolaire protestante. Au bout de seulement quelques semaines, au début de la nouvelle session parlementaire, le 2 décembre 1930, le discours du Trône précisait qu'une entente était intervenue entre Juifs et protestants quant à l'instruction publique des enfants de confession mosaïque (Dupont, 1973).

Comment les choses auraient-elles pu évoluer autrement puisque cinq des sept membres de la Commission scolaire juive nommés par le Gouvernement avaient un penchant marqué pour la position des *uptowners*, à l'exception du Dr Max Wiseman et de Michæl Garber. De plus, les négociations auprès des protestants avaient été conduites par Michæl Hirsch, assimilationniste siégeant au sein de la Commission d'enquête Gouin de 1924. Noyautés par une faction plus puissante au sein de la collectivité, désorganisés financièrement les *downtowners* assistèrent impuissants au début de 1931 à la présentation d'une deuxième loi David. Prétextant la résolution du problème des écoles juives par voie de négociations, et l'approbation de l'entente survenue par les

TABLEAU 18

***Affiliation religieuse des élèves inscrits
dans les écoles primaires et secondaires
de la Commission des écoles protestantes de Montréal
1923-1940***

Année	Protestants	Juifs	Autres origines	Total	Élèves juifs (%)
1923	20 151	13 954	1 267	35 372	39
1924	20 573	13 432	1 106	35 111	38
1925	21 164	13 282	1 303	35 749	37
1926	21 038	12 812	1 336	35 186	36
1927	21 359	12 318	1 440	35 117	35
1928	21 345	12 165	1 720	35 230	34
1929	21 683	11 906	1 735	35 324	33
1930	22 754	11 475	1 761	35 990	31
1931	22 778	11 310	1 914	36 002	31
1932	23 666	11 010	1 961	36 637	30
1933	24 783	10 669	2 130	37 582	28
1934	24 841	10 426	2 160	37 427	27
1935	23 632	9 884	2 510	36 026	27
1936	21 746	9 051	3 292	34 089	26
1937	21 379	8 802	3 353	33 534	26
1938	20 630	8 391	3 585	32 606	25
1939	21 538	7 906	2 459	31 903	24
1940	21 100	7 622	2 420	31 142	24

Source : Neamtan, 1940 : 182.
* Voir graphique 1, page 175.

Comités catholique et protestant du Conseil de l'Instruction publique, le nouveau projet de loi n'accordait à la commission scolaire juive que le droit de surveiller l'exécution d'un contrat d'une durée de quinze ans, liant la communauté juive aux administrateurs scolaires protestants. Sur tous les plans, c'était un retour à la situation antérieure, qui soumettait les parents juifs à des dispositions légales presque intégralement reprises de la loi scolaire de 1903, où aucune représentation juive n'était prévue auprès des instances protestantes, et où aucune forme de judaïsme n'avait droit de cité dans les écoles. Cette conclusion, en avril 1931, de la crise des écoles juives, jeta le désarroi au sein de la communauté juive, en grande majorité ralliée à la position des autonomistes. Les *downtowners* purent mesurer l'ampleur des concessions faites par le Jewish Education Committee au lobby protestant. Les commissaires scolaires juifs démissionnèrent en bloc et les députés Bercovitch et Cohen, qui jusque-là s'étaient rangés du côté des assimilationnistes modérés, protestèrent, à Québec, contre la perte des avantages concédés quelques mois plus tôt à la communauté juive par la loi David première manière (Paris, 1980). Taschereau laissa en 1931 la tempête passer, bien conscient que quelques ruades de plus à gauche et à droite ne réussiraient pas à ébranler un édifice que dix ans de tractations et d'interventions des plus nuancées avaient contribué à solidifier. N'était-ce pas des Juifs qui avaient trouvé un terrain d'entente avec la Commission scolaire protestante? Certes, c'était au grand dam de certains de leurs coreligionnaires, mais qu'aurait pu faire le gouvernement libéral provincial contre les profondes divergences d'opinions de la communauté juive, dont il avait tenté jusqu'au bout de ménager les susceptibilités?

* * *

Un demi-échec   L'affaire des écoles juives fut peut-être une des questions légales les plus délicates qu'ait eu à régler un premier ministre québécois depuis la signature du pacte confédératif de 1867. Aucun politicien ne put en fait concilier, à l'intérieur d'un système scolaire public, l'intérêt particulier des groupes chrétiens dominants, auxquelles les structures accordaient tous les pouvoirs disponibles, et le droit à la représentativité de tous les citoyens, de quelque origine qu'ils soient. Toujours dans ce débat maintes fois repris il restait une population résiduelle, hors des cercles de laquelle s'exerçait le mandat des élus et des commissaires. La communauté juive fut profondément marquée par cette longue négociation, autant dans sa perception de la majorité chrétienne, que dans l'idée même qu'elle se faisait de son propre pouvoir et de ses stratégies d'intervention:

TABLEAU 19

Présence juive dans certaines écoles primaires et secondaires de jour, Île de Montréal 1923-1940

	1923	1940
Écoles publiques (protestantes) Ville de Montréal	13 954	7 622
Écoles publiques (protestantes) Ville d'Outremont	402	1 616
Écoles publiques (protestantes) Ville de Westmount	294	305
Total des écoles publiques	*14 650*	*9 543*
École privée Natsionale Radicale Schule-Peretz (niveau élémentaire)	—	130
École privée Talmud Torah (niveau élémentaire)	—	248
Total des écoles privées juives	**—**	**378**

Source: Neamtan, 1940: 189.

Essentiellement, l'historique de la décennie [1920-1930], c'est l'histoire de cette «négociation», si l'on peut employer ce terme pour un dialogue où l'autre partie, les protestants, a comme position qu'il n'y a rien à discuter. Ses droits sont fondamentaux et constitutionnels, et les Juifs n'y ont aucune part, si ce n'est comme menace* (Rome, 1975: 63).

En fait, près de cinquante ans de négociations et de compromis avec des instances scolaires en place n'avaient abouti à rien de plus que le droit pour les élèves juifs de prendre place sur des bancs d'école, dans des classes où le personnel enseignant était pour la très grande majorité étranger à leurs traditions, et dans un contexte administratif où leurs parents étaient privés de droits de représentation. La seule voie ouverte aux Juifs en 1931 restait la création d'écoles privées judaïques, solution que la communauté ne put considérer sérieusement que plusieurs années plus tard, manquant alors d'une instance organisationnelle unique et de moyens financiers adéquats (Tableau 19). En 1940, près de dix ans après le passage de la loi David de 1931, «Loi concernant l'éducation de certains enfants dans Montréal et Outremont[17]»,

Retour à la case zéro

30.
Cinq élèves de niveau secondaire posent, en 1931, en compagnie de leur professeur, Shimshon Dunsky, devant les locaux de la Yiddishe Folk Schule, au 3885 rue Saint-Urbain. *Archives du Congrès juif canadien, PC1/3/68E.*

seulement 378 élèves de confession mosaïque étaient inscrits à des écoles privées élémentaires, la Natsionale Radicale Schule, d'allégeance séculière, ou la Talmud Torah, sous le contrôle des orthodoxes. Pendant ce temps, près de 7 000 élèves se rendaient dans des écoles publiques protestantes des municipalités de Montréal, d'Outremont et de Westmount et se trouvaient toujours soumis aux conditions décrites plus haut (Neamtan, 1940). Le règlement de l'affaire scolaire laissa toutes les parties insatisfaites à des degrés divers, et c'est sur ce sentiment d'échec et d'impuissance que la communauté juive commença de vivre le deuxième tiers du XXe siècle, qui lui réservait des années d'une intensité sans précédent dans l'histoire de la diaspora juive moderne.

Notes du chapitre 4

1. De 1871 à 1901, la communauté juive doubla en nombre à tous les dix ans, passant de 459 âmes en 1871 à 7 607 en 1901. De 1901 à 1911, le taux d'augmentation de la population juive fut le plus élevé de son histoire au XXᵉ siècle, soit 400 %. En 1911 il y avait 30 648 personnes de confession mosaïque au Québec, habitant l'île de Montréal pour l'immense majorité.

2. La première synagogue montréalaise, Shearith Isræl, bien que regroupant des Juifs originaires d'Angleterre, de Hollande, d'Allemagne et d'Europe de l'Est, et donc de culture ashkénaze, suivait plutôt le rituel sépharade des premières synagogues américaines. Ce n'est qu'en 1846 que fut fondée à Montréal une congrégation dont le rituel dépendait pleinement de la tradition ashkénaze d'Europe de l'Est.

3. Le mitnagdisme est une forme d'orthodoxie juive qui s'oppose dans le judaïsme moderne au mouvement hassidique, tel que développé en Europe de l'Est au début du XIXᵉ siècle. Au Québec, en l'absence de représentants des collectivités hassidiques, le mitnagdisme se définit surtout, selon la tradition juive lituanienne, comme hautement traditionnaliste et rationaliste, centré sur le Talmud et inspirant un mode de vie spécifique.

4. Le bundisme est une idéologie englobante, née de la création en 1897 en Russie d'un parti ouvrier juif, le Bund, attaché à l'autonomie juive en Europe de l'Est, au développement de la langue yiddish et au nationalisme séculier.

5. Le sionisme est un mouvement idéologique aux multiples ramifications, né à la fin du XIXᵉ siècle en Europe, et ayant pour but le rétablissement du peuple juif en Palestine.

6. La loi de 1869 sur la confessionnalité dans le domaine de l'éducation remaniait le Conseil de l'Instruction publique créé 10 ans plus tôt, et le scindait en deux comités, l'un catholique et l'autre protestant. Dans les faits toutefois, le Conseil perdit graduellement de son influence jusqu'à ne plus se réunir une seule fois entre 1908 et 1960, laissant les Comités prendre la direction effective de leurs affaires respectives, soit l'administration des Commissions scolaires confessionnelles.

   Une minorité ne trouva pas son compte dans ce partage, soit la communauté irlandaise catholique du Québec, exclue du secteur protestant malgré son caractère anglophone et intégrée dans une structure religieuse qui ne répondait pas à ses aspirations linguistiques. Après quelques années toutefois, les principales commissions scolaires catholiques ouvrirent, sous la pression des Irlandais, leurs premières écoles anglophones.

7. « Jewish Education in the Province of Quebec, Canada », document déposé aux archives du Congrès juif canadien, Montréal et daté du 3 juin 1936.

8. « Loi amendant les lois concernant l'instruction publique relativement aux personnes professant la religion judaïque », *Statuts du Québec*, chapitre 16, 25 avril 1903 (3 Edouard VII).

9. Le premier professeur de confession juive engagé par la Commission scolaire protestante de Montréal le fut seulement en 1913.

10. Il s'agit ici précisément des mêmes personnes qui devaient appliquer au cours des années trente, à l'Université McGill, une politique d'admission défavorable aux étudiants juifs. Au moment où la Commission Gouin menait ses travaux, Arthur Currie occupait le poste de principal à McGill, et E. W. Beatty, celui de chancelier.

11. Littéralement en yiddish : « L'Union du peuple ».

12. Dès cette époque, et jusqu'à la fin des années trente, le Monument national, situé sur le boulevard Saint-Laurent, fut un des lieux de rencontre préférés de la communauté juive montréalaise. La plupart des assemblées importantes concernant les Juifs s'y tinrent, ainsi que les représentations du théâtre de langue yiddish.

13. Le Poale Zion, en hébreu, « les Travailleurs de Sion », était un parti politique spécifiquement juif, né en Russie dans les années 1890, et combinant dans son programme l'idéal du socialisme prolétarien et du sionisme juif. Représenté à Montréal depuis 1905, le Poale Zion n'avait d'auditoire qu'au sein de la communauté juive et sécularisée des quartiers immigrants. Le parti est aussi connu sous le vocable de travailliste sioniste ou, en anglais, Labor Zionism.

14. En yiddish, une personne « aérienne », portée à l'élévation de l'âme et de l'esprit, mais aussi détachée des réalités de ce monde. Ce terme peut également avoir un sens péjoratif.

15. Tiré d'un texte inédit de Ghitta Caiserman-Roth, fille de H. M. et elle-même artiste peintre.

16. Il s'agit du même prêtre qui, en 1914, avait publié, aux Éditions de l'Action sociale catholique, un pamphlet anti-juif intitulé : *La question juive. Quelques observations sur la question du meurtre rituel* (Huot, 1914).

17. « Loi concernant l'éducation de certains enfants dans Montréal et Outremont », *Statuts du Québec*, chapitre 63, 4 avril 1931 (21 Georges V).

31.
Hannaniah Meir Caiserman, secrétaire général du Congrès juif canadien de 1919 à 1950. *Archives du Congrès juif canadien, PC1/4/4M.*

5

Le Congrès juif canadien

Redécouvrant chez les chrétiens une méfiance allant jusqu'à l'hostilité, à l'époque où elle tentait de percer la barrière de classe où la majeure partie des immigrants étaient confinés, la collectivité juive tenta de présenter un front uni et de mettre de l'ordre dans sa maison. Désigner en son sein des interlocuteurs valables et proposer des stratégies d'approche face à la majorité chrétienne en place, fut une tâche gigantesque qui exigea, entre autres, le règlement préalable de la question des écoles, et obligea ses chefs de file à se pencher sur la réalité sociale et idéologique québécoise, jusque-là fermée à la plupart des Juifs montréalais. Comment parer le choc de l'antisémitisme si on ne comprenait pas le contexte où il se développait, ni ses nuances ni ses sources, et comment réagir aux insinuations et aux calomnies si on ignorait jusqu'à la langue dans laquelle elles étaient proférées. Autour de la question des écoles, les Juifs avaient pu, laborieusement certes, arriver à s'entendre sur leur identité collective, réussir à tourner le dos à un certain passé européen et à aborder, quoique timidement, les composantes de leur nouvel environnement social.

Le Congrès juif canadien, fondé en 1919 en tant qu'organe suprême des Juifs canadiens, réactivé en 1934, fut profondément marqué, de même que ses principaux porte-parole, par le débat sur les écoles juives. Le Congrès avait engagé ce combat sur la scène publique avec en arrière-scène les clivages communautaires propres à cet enjeu scolaire fondamental. Tout se passa comme si la collectivité juive n'avait pu, au cours des années, prendre la mesure de ses ennemis potentiels, ni même susciter chez les chrétiens une compréhension et des sympathies véritables, justement parce qu'elle hésitait sur sa propre identité. Les Juifs opteraient-ils ici pour la tradition ashkénaze qui avait prévalu outre-Atlantique, ou accepteraient-ils plutôt de s'assimiler en toutes choses, et à quelle majorité, sauf pour ce qui était de l'éthique religieuse distincte du judaïsme? Chercheraient-ils plutôt un compromis entre la fidélité à leurs origines mosaïques et la liberté de profiter des avantages de l'économie nord-américaine? Comment combattre les préjugés raciaux en l'absence de paramètres identitaires minimaux? Comment présenter un portrait favorable du Juif canadien si les traits de ce visage que l'on cherchait à faire aimer étaient indéfinissables? Ce furent ces hésitations des dernières décennies du XIXe siècle que le débat autour des écoles juives devait permettre de vaincre.

Lendemains difficiles

Si l'affaire des écoles juives avait officiellement pris fin le 4 avril 1931, avec le passage d'une deuxième loi David, les passions qu'elle avait soulevées allèrent en s'amplifiant. Un vent d'antisémitisme s'était levé au début de l'année 1931, à l'occasion du débat public sur la Commission scolaire juive au Parlement de Québec et avait continué de souffler dans les mois qui suivirent avec une force nouvelle. Provoqué par les demandes de la communauté juive montréalaise, ce courant s'alimentait d'éléments inédits de la scène politique mondiale. En fait, pour la première fois en 1931, l'affaire mit en présence, dans l'arène politique provinciale, certains protagonistes qui, au nom de critères identitaires ethniques et religieux traditionnels, s'emparèrent de l'antisémitisme comme d'un panache en vue de rallier les énergies et les volontés des francophones du Québec:

La publicité donnée aux lettres épiscopales, et surtout le geste de Mgr Gauthier à Montréal [dans l'affaire des écoles juives], entraînent les grandes sociétés canadiennes-françaises. L'Association catholique des Voyageurs de Commerce écrit au premier ministre. Le Conseil de la Société Saint-Jean-Baptiste de Montréal proteste contre tout changement dans la composition du Conseil de l'Instruction publique «à qui incombe la responsabilité de diriger la formation morale et intellectuelle de nos enfants selon les besoins du pays et les traditions de notre peuple» (Rumilly, 1956: 231).

Depuis le procès Plamondon de 1914, peu d'hostilité à la communauté juive s'était fait jour au Québec au sein de la population catholique, du moins non au point de susciter un débat public (Rome, 1982). La crise économique généralisée provoquée par le krach de 1929 et l'effondrement du niveau de vie d'une partie de la population vinrent toutefois réveiller chez certains francophones un sentiment nationaliste aigu. Ces personnes cherchaient manifestement, face aux misères de segments de la société, une explication grâce à laquelle ils puissent lancer une mobilisation par des campagnes de presse et l'action de regroupements volontaires. Quelque chose empoisonnait les cœurs, flétrissait les esprits et avilissait même l'élite qui ne maîtrisait plus les défis que lui opposait la crise. Se pouvait-il que l'influence d'étrangers, dont au premier chef les Juifs, peuple errant par excellence soit la source de cette dégradation?

Veillée d'armes

À force de tonner contre les prétentions juives à un système séparé d'éducation, spécialement en 1930-1931, l'épiscopat contribua peut-être malgré lui à aiguiller un nationalisme canadien-français traditionnel sur une voie qu'il n'avait empruntée jusque-là que de façon sporadique. À des tâcherons qui végétaient dans des organes de presse sans auditoire et sans envergure, la campagne des évêques donna des ailes et une cause d'une ampleur insoupçonnée, celle de l'antisémitisme. Ces individus, ou plutôt des groupes qui ne veillaient qu'à leurs propres intérêts, ne respectaient pas en fait le caractère fondamentalement chrétien de la majorité. Immoral, sans attaches et préoccupé du sort de ses seuls coreligionnaires, le Juif à leurs yeux menaçait l'assise de la société en revendiquant une égalité de traitement dans le système scolaire de la province. Formulée de cette manière et nourrie du fol-

Une campagne aux échos sinistres

klore de l'antisémitisme occidental traditionnel, la campagne catholique de 1930-1931 contre les écoles juives eut un certain retentissement. Par exemple, au cours de l'élection municipale d'avril 1930, à Montréal, alors que Camilien Houde, chef de l'opposition conservatrice à Québec, chercha à se faire réélire à la mairie de Montréal, puis à l'occasion de l'élection provinciale de 1931 (Audet, 1971 ; Jedwab, 1986). Peu d'organismes et d'associations francophones restèrent indifférents aux arguments présentés durant cette campagne. Au sein de ce tohu-bohu visant à bloquer la voie à l'émancipation scolaire de la communauté juive, l'historien Robert Rumilly l'affirme, Mgr Gauthier sortit de l'ombre une « recrue » de taille, promue à un certain avenir dans la veine antisémite : « D'autre part, il [l'évêque de Montréal] engage un jeune journaliste, Adrien Arcand, collaborateur des petits journaux de Joseph Ménard, à combattre le bill [David] — ce qui lance Adrien Arcand dans l'antisémitisme » (Rumilly, 1956 : 230).

Vulnérables et Juifs

Par ailleurs, les ondes de choc de l'affaire des écoles avaient secoué une certaine élite juive, confortablement installée sur les pentes du Mont-Royal, anglicisée et rassurée par près d'un siècle d'égalité de droits politiques, comme tout sujet de l'Amérique du Nord britannique. Descendants des immigrants qui avaient ouvert les premières synagogues et fondé les premières institutions juives du pays, ils avaient sans doute accueilli avec une certaine réticence leurs coreligionnaires yiddishophones d'Europe de l'Est. Minoritaires au sein de la population juive canadienne, ils s'étaient crus différents par leur situation économique, leur aisance dans le milieu anglo-saxon et leur éloignement géographique des quartiers où besognaient les nouveaux venus. Les longues négociations avec la Commission scolaire protestante de Montréal et leur conclusion au début des années trente annulèrent le détachement et la sérénité des *uptowners* face aux autres Juifs de la ville, et contribuèrent, peut-être plus que tout autre événement, à rapprocher les deux solitudes qui constituaient au début des années trente la communauté juive de Montréal. En dernière analyse, dans l'affaire des écoles, face au gouvernement et au lobby protestant, l'échec de la stratégie des nationalistes juifs, sécularisants ou fidèles à l'orthodoxie, avait mis à jour l'échec de toute reconnaissance des intérêts et des demandes de la communauté mosaïque, particulièrement de sa représentation dans les commissions scolaires. Rien de ce qui avait été nié aux autonomistes juifs ne fut accordé à la section haute-ville de la collectivité, les premiers comme les seconds recevant le même traitement aux mains des pouvoirs en place, les radicaux comme les assimilationnistes essuyant le refus poli mais obstiné des protestants :

> Les membres du Comité protestant [...] ont clairement affirmé leur détermination de sauvegarder l'autonomie scolaire protestante dans la province, dans le cadre de leurs compétences propres, et ainsi de s'acquitter pleinement et fidèlement de leurs responsabilités d'administrateurs. Ce que semble avoir oublié M. Bercovitch, particulièrement dans son attaque contre sir Arthur Currie et le révérend Dr Rexford, c'est que ces messieurs et d'autres, comme administrateurs pour la minorité protestante, défendent les droits des protestants* (Anon., 1930).

Si les *downtowners* vécurent cet échec avec un sentiment d'impuissance et dans un climat de désorganisation, les *uptowners* y virent la fin d'une magnifique illusion où ils se percevaient comme membres à part entière de l'élite de Montréal, citoyens égaux devant la loi et fidèles à la Couronne britannique. Contretemps et recul stratégique aux yeux des Juifs immigrants, l'affaire des écoles signifia pour les *uptowners* la négation définitive de leurs prétentions à un mariage de raison avec les Anglo-Saxons, l'annihilation de plusieurs décennies d'efforts d'intégration en douce à la classe ethnique dominante du pays. En 1931, les Juifs yiddichisants, peu habiles à jouer des subtilités de la langue anglaise et encore marqués des conditions politiques d'Europe de l'Est, étaient bien loin de l'élite protestante de Montréal, et nul n'aurait songé à le nier. Pour les assimilationnistes, cependant, un fin registre de subtilités culturelles, de nuances dans l'expression de leur tradition judaïque s'imposaient maintenant comme une barrière infranchissable entre eux et leurs voisins anglophones. Pour la première fois, peut-être depuis quelques générations, les *uptowners*, à l'occasion de la loi David de 1931, prirent pleinement conscience de leur judaïté et cette prise de conscience pava la voie à de nouveaux développements au sein de la collectivité juive montréalaise :

Une communauté isolée

La controverse [sur la question de l'école], au fil des ans, a détruit le sens fort et tranquille de l'appartenance canadienne qui avait été l'essentiel de la philosophie sociale des Juifs nés ici : ils ne pouvaient pas être identifiés à la société anglo-saxonne du Nouveau Monde. La religion et la confession étaient des barrières entre les Canadiens* (Rome, 1975 : 132).

Avec le dénouement de la controverse des écoles s'éteignit définitivement au Canada l'idéal victorien et surtout disraélien d'une communauté juive, fidèle à des traditions passéistes certes précieuses, mais tournée avec confiance vers des horizons sans limites où seul compte le progrès général d'une humanité indistincte. Un nouveau courant animé par les vétérans des luttes menées par les *downtowners* était sur le point d'évacuer les tranquilles certitudes des *uptowners*. Au romantisme quasi rousseauiste de la faction enrichie de la communauté se substituera un militantisme agressif, à l'image de l'expérience des mouvements syndicaux et nationalistes des Juifs de la Russie tsariste.

Vers la vérité, la justice et la paix

À part le débat autour des écoles juives, qui à lui seul avait permis de jeter les bases d'un consensus inédit au sein de la communauté juive, d'autres facteurs favorisèrent de l'extérieur la cause de cette unité organisationnelle qui faisait tant défaut chez les Juifs canadiens. Dès 1931, un rejet pur et simple de la présence juive au Canada se fit dans certains milieux. Pire encore, montait à l'époque en Europe un courant de marginalisation sociale et économique des Juifs, reposant sur des justifications raciales pseudo-scientifiques et une idéologie ultra-nationaliste habillée des formes classiques de l'antisémitisme médiéval (Hilberg, 1967). Des échos de ce nouveau ferment anti-juif parvenaient jusqu'aux rives du Saint-Laurent par le biais d'une littérature mensongère, simpliste et à la solde d'intérêts ultimement exclusionnistes. Tantôt produite et véhiculée par des groupes locaux, mais le plus souvent importée de France, de Grande-Bretagne et d'Allemagne et traduite dans un langage adapté aux conditions d'ici, cette littérature antisémite était en train d'acquérir au début des années trente une légitimité inquiétante, contre laquelle les Juifs demeuraient apparemment démunis et muets. Le ton et la fréquence des attaques anti-juives devinrent si offensants dans certains organes de presse, que les deux députés provinciaux qui avaient été mêlés au débat sur les écoles, Bercovitch et Cohen, présentèrent en janvier 1932 à la législature de Québec une loi autorisant des poursuites judiciaires contre les antisémites et leurs publications, et ce sur la base du libelle diffamatoire. Il s'agissait d'étendre à un peuple, ou à un groupe religieux un recours reconnu à des individus seulement, et passible de sanctions en vertu du code criminel. Malgré une révision importante en février 1932, pour faire que le projet de loi Bercovitch soit plus acceptable, il fut battu en chambre quelques semaines plus tard par la majorité (Betcherman, 1975).

En ce début de décennie, le leader incontesté de la presse antisémite québécoise était un jeune journaliste en début de trentaine, animateur d'une série de périodiques surgis pour la plupart au courant de l'année 1929 et dont le tirage avait été haussé par l'affaire des écoles juives. Adrien Arcand avait pris le grand virage de la haine envers les Juifs avec l'empressement et la passion d'un converti, et n'avait de cesse dans ses textes de retracer à une seule source toutes les incohérences et les incompétences de la société québécoise majoritaire, à la supposée complaisance des chrétiens à l'égard des Juifs. Les élucubrations obsessives et totalement sans fondement, de journaux comme *Le Goglu*, *Le Miroir* et *Le Chameau* atteignirent vers 1932 une virulence inconnue jusque-là, particulièrement au moment où Hitler se porta, en mars 1932, candidat à la présidence de la république de Weimar:

> La montée d'Hitler et ce qu'Arcand considérait comme sa propre victoire sur le projet de loi Bercovitch se combinèrent pour pousser son antisémitisme vers de nouveaux sommets. Il en était au stade de l'idéologie, où le mythe des Juifs destructeurs de l'ordre du monde est considéré comme la clé de l'histoire* (Betcherman, 1975: 21).

La stratégie d'Arcand était de gagner par la violence de ses propos l'attention qu'il souhaitait sur la scène publique québécoise. Ses vociférations antisémites et celles de ses semblables aboutirent devant les tribunaux à l'été de 1932, quand un marchand de Lachine, E. Abugov, décida de tester la validité des lois existantes contre les accusa-

Arcand entre en scène

Le procès Abugov

217

tions mensongères publiées par *Le Goglu* et *Le Miroir*. Peine perdue : bien qu'il ait personnellement condamné en cour les propos d'Arcand et exprimé sa crainte de leurs répercussions éventuelles, le juge Gonzalve Désaulniers ne put en septembre 1932 que regretter le vide du code au sujet de telles pratiques journalistiques, et n'eut d'autre choix que de refuser l'injonction demandée par le plaignant[1].

Reculs et rebuffades

Les agressions verbales d'Arcand pâlissaient toutefois en regard de la menace que constituaient au cours des années trente, pour les populations juives, les mouvements facistes implantés d'ouest en est du continent européen. Les Juifs de Montréal s'éveillèrent dès 1933 à ces réalités pénibles, quand commencèrent à affluer au pays les réfugiés de l'Allemagne nazie, ce qui n'allait bientôt apparaître que le prélude à des événements encore plus sombres, une fois déclenchée en septembre 1939 l'invasion de la Pologne. La rhétorique nationale-socialiste du début des années trente laissait en effet présager des lendemains très difficiles pour les Juifs d'Outre-Atlantique, qu'entrevirent rapidement et de façon quasi prémonitoire plusieurs personnalités juives de Montréal. À ces horizons assombris du côté de l'Europe et qui enveloppaient de menaces à peine voilées le cœur même du judaïsme ashkénaze, s'ajouta un flot de mauvaises nouvelles de la Palestine qui présageaient des embûches pour les établissements juifs en *Eretz-Israël*. De violentes émeutes avaient en effet éclaté à l'été de 1929 à Jérusalem, causant la mort de dizaines de personnes, et elles forcèrent le gouvernement britannique mandataire à réviser sa politique de gestion des territoires et à réduire les quotas d'immigration juive. L'hostilité manifeste des populations arabes face aux nouveaux arrivants risquait en effet de compromettre l'équilibre délicat existant entre les nationalismes en présence en Palestine, et de retarder d'autant l'accomplissement du rêve sioniste auquel une partie importante de la communauté juive montréalaise était gagnée.

Le Congrès juif réanimé

Vers 1932-1933, le report du « grand soir » sioniste, la montée des fascismes en Europe et la crise économique de 1929 qui frappait de plein fouet la communauté juive montréalaise encore mal ajustée au pays, conjugués à ses préoccupations en matière d'éducation firent sortir des limbes, où l'indifférence l'avait plongé, le Congrès juif canadien. Au nombre de ces préoccupations divergentes, la plus immédiate fut sans doute celle des écoliers juifs de Montréal, à qui on venait d'enlever l'espoir d'obtenir au sein du système public toute forme de traitement susceptible de préserver leur identité confessionnelle. Au début des années 1930, maintenant acquise la certitude qu'il ne fallait rien attendre du côté des pouvoirs public ni des tribunaux, la communauté juive portait seule à la fois, la responsabilité de l'éducation de ses enfants, et la défense de ses intérêts et de sa réputation contre les antisémites de tout crin qui espéraient encore se gagner une certaine opinion publique. Les règlements internes adoptés par le CJC indiquent bien la préoccupation fondamentale de l'organisme en ces heures éprouvantes : « Les objectifs du Comité sont de sauvegarder les droits des Juifs et d'aider à promouvoir le bien-être social, moral et intellectuel des Juifs, plus particulièrement au Canada...[2] »*

Le contexte angoissant et incertain dans lequel baignait la communauté juive montréalaise fut admirablement résumé par un éditorial paru en janvier 1932, dans le *Canadian Jewish Chronicle*, au moment même où se mettait en branle un nouvel effort en vue de pourvoir d'un organisme central la population juive du pays :

> L'antisémitisme dans ce pays est bien anodin, comparativement aux formes malignes et persistentes qu'il revêt dans certains pays, particulièrement en Europe centrale. Dans une large mesure, on peut dire qu'il se manifeste ici dans les exclusions sociales, dans la répugnance à embaucher des travailleurs juifs, surtout ceux qu'on appelle les cols blancs, dans l'existence d'une incapacité de détenir des fonctions officielles.

> Mais, ces dernières années, des quantités de gestes provocateurs ont été dirigés contre nous, par des ecclésiastiques catholiques et par certains journaux français, obscurs et insignifiants, dont la capacité de faire du tort s'est révélée beaucoup plus grande que leur influence intrinsèque, seulement à cause de la nature incendiaire du sujet dont ils se sont prévalus de façon aussi irresponsable* (Anon., 1932b).

Le cheminement de ce regroupement cher aux sécularistes et aux nationalistes juifs fut lent et semé d'embûches. Plusieurs mois s'écoulèrent pendant lesquels Cai-

Trouver des moyens de riposte

serman dut travailler pratiquement seul au projet, sans appui logistique, sans financement et pour seule base d'opération un petit bureau prêté par l'Institut Baron de Hirsch, dans son édifice de la rue Bleury. Finalement, le temps et les efforts d'animation menés auprès des différentes associations juives du Canada aboutirent au début de juin 1933. Une conférence préliminaire se réunit à Toronto, des élections furent prévues, un budget sollicité et un programme esquissé, dont les six points majeurs devaient constituer la plateforme politique du futur Congrès juif canadien (CJC): préserver les acquis civils, politiques, économiques et religieux des Juifs canadiens, travailler à la solution des conflits et des tensions internes propres à la communauté juive elle-même et qui en bloquaient le développement, appuyer les efforts sionistes en Palestine, contribuer à la fondation d'un Congrès juif mondial, s'intéresser de manière constante aux besoins les plus criants des diverses collectivités juives partout sur la planète et, finalement, combattre l'antisémitisme sous toutes ses formes. Parmi ces lignes d'action encore vagues, et qui allaient désormais figurer dans tous les documents officiels du futur CJC, deux devaient dominer durant une dizaine d'années le paysage politique des Juifs canadiens et mobiliser la presque totalité des énergies de ses chefs. D'une part, en 1933, les Juifs d'Europe centrale avaient commencé à subir les méfaits de l'hitlérisme et, d'autre part, au Canada, surgissaient au même moment des groupuscules fascisants qui profitaient, pour se faire entendre, d'un climat de lassitude généralisé face aux conditions économiques et plus spécifiquement, au Québec, d'une certaine intolérance des nationalistes à l'égard des partis politiques traditionnels. Les premiers gestes de la conférence juive de juin 1933 furent, sur le plan international, d'en appeler au boycott des marchandises allemandes et à la solidarité avec les Juifs persécutés et, d'un autre côté, de prendre immédiatement au Canada des contre-mesures destinées à combattre sur leur propre terrain les empiètements des antisémites: «Combattre les manifestations d'antisémitisme au Canada, au moyen d'une campagne intensive d'explications et d'information auprès des non-Juifs, aussi bien que par les voies législatives[3].»*

Assemblées
de fondation

Une fois le mécanisme de concertation enclenché et les délégués des diverses instances communautaires identifiés, le CJC passa à l'action à l'automne de 1933, au sein de ses trois subdivisions régionales. Une assemblée nationale des Juifs canadiens pouvait enfin être envisagée. Entre-temps, le 22 octobre, eut lieu à Montréal la première rencontre de la section de l'Est (Eastern Division) du CJC, réunissant 99 représentants choisis par 57 organismes de Montréal et deux de Québec. Les principes établis quelques semaines plus tôt à Toronto y furent repris dans le contexte de la société québécoise, que beaucoup de Juifs canadiens percevaient alors comme la plus hostile à la présence juive. Israël Rabinovitch, qui faisait alors carrière dans la presse juive de Montréal, déclara à cette occasion :

> Il reconnut dans ceci une situation susceptible de devenir dangereuse, à moins que la propagande [des journaux antisémites locaux] ne soit réduite au silence. Il avertit que la poussée antisémite locale était maintenant subventionnée par les Nazis et que nous ne pouvions plus demeurer indifférents. Il recommanda qu'une « action » soit intentée en cour criminelle contre ces feuilles antisémites qui excitaient la populace contre la race juive* (Anon., 1933).

Le militantisme agressif et déterminé des fondateurs du CJC trouva son aboutissement le 12 novembre 1933, à Montréal, lors de la première assemblée du Comité exécutif national (Dominion Executive) de l'organisation. Aussi modeste que fut l'événement, il consacrait le triomphe d'une campagne incessante de mobilisation et de conscientisation des différentes factions de la communauté juive. Une seule couleur de l'arc-en-ciel politique des Juifs canadiens avait été ignorée par les organisateurs du CJC, celle qui logeait à un extrême du spectre, loin des travaillistes sionistes et de l'ensemble des partis nationalistes qui avaient trouvé au pays un important bassin de sympathisants. Les communistes juifs furent en effet les seuls à être tenus à l'écart des délibérations et des assemblées de fondation du CJC, d'une part, parce qu'ils ne reconnaissaient pas l'urgence de préserver, même sur le mode séculier, l'héritage mosaïque des populations immigrantes juives installées depuis peu au Canada et, d'autre part, parce qu'ils constituaient pour la communauté établie ou aspirant à le devenir, une source constante d'embarras et de frustations sur la scène publique canadienne. Au Québec particulièrement, jusqu'à la fin de la période stalinienne, plus de la moitié des

Réticence face aux Communistes

32.
Adrien Arcand à son bureau du quotidien l'*Illustration nouvelle*, vers 1938.

33.
Adrien Arcand dans l'uniforme du parti national social chrétien, vers 1938. Sur sa table de travail, une copie des fameux *Protocoles des Sages de Sion*. *Archives du Congrès juif canadien, PC1/3/77E.*

membres du Parti communiste d'allégeance soviétique furent d'origine juive ashkénaze, et dans le contexte anti-communiste des années trente, particulièrement après le passage en 1937 par le gouvernement Duplessis de la loi dite « du cadenas », une des tactiques préférées des antisé-mites de toute eau fut d'assimiler en bloc la population juive à l'Internationale communiste (Weisbord, 1983). Dans ces conditions, une forme de coopération avec les tenants de l'idéologie marxiste prenait pour la commu-nauté juive organisée l'allure d'un suicide politique. En décembre 1936, le secrétaire général du CJC, dans une lettre au rabbin S. Frank, n'y alla d'ailleurs pas par quatre chemins pour faire valoir ce point de vue :

> Vous êtes conscient du fait que l'Église catholique, dans ce pays, mène une bataille impitoyable contre le commu-nisme dans notre Confédération. Vous savez également que le gouvernement de la province de Québec et l'op-position de Sa Majesté au parlement se sont déclarés prêts à appuyer le mouvement anticommuniste.

> Vous savez aussi que divers éléments, dans la Confédéra-tion, tentent de créer l'impression que le peuple juif et le communisme ne sont qu'une seule et même chose. [...]

> C'est la raison pour laquelle nous n'avons pas invité les groupes communistes à joindre les rangs du Congrès juif canadien. Nous leur avons toujours conseillé ceci : si vous faites du bon travail contre l'antisémitisme, faites-le et laissez-nous tranquilles. Quant à la manière dont les communistes travaillent contre l'antisémitisme, je pour-rais vous faire voir un dossier qui démontre qu'il feraient beaucoup mieux de ne pas s'en occuper[4].*

Adrien Arcand

Secourir leurs coreligionnaires européens et boy-cotter les biens manufacturés allemands allait s'avérer au long des années trente un programme ardu pour le CJC, mais sur ce front, les objectifs étaient au moins clairement délimités et inscrits dans la lignée des traditions phi-lanthropiques juives. Il en allait autrement du second volet proposé par le CJC sur le plan de son action fonda-mentale : personne jusque-là ne s'était vraiment opposé efficacement au sein de la communauté juive à la prolifé-ration d'écrits antisémites au Canada, ni à la montée de groupes d'intérêt qui, à un titre ou à un autre, plaçaient les Juifs au rang des ennemis du pays ou au mieux professaient les tolérer par pure charité chrétienne. Dans ce cloaque où baignaient côte à côte des individus à la réputation douteuse, des hystériques vite portés aux épithètes grossières et des suprémacistes doctrinaires, nulle organisation juive n'avait encore osé s'aventurer. Comment distinguer, dans ce marécage de l'antisémitisme, entre cette zone pestilencielle dont les émanations étaient insoutenables et où tout espoir de dialogue s'évanouissait et les zones intermédiaires où émergeaient de temps à autre des îlots de tolérance, se prêtant à une certaine forme d'échange? Sur ce terrain glissant qui menaçait les meilleures volontés et où l'émotivité jouait à plein, il importait de se donner des points de repères rationnels, et surtout de s'armer de patience. Au moins un membre de la communauté juive de Montréal s'était penché sur cette géographie de l'antisémitisme primaire, depuis ses abîmes insondables jusqu'à ses vastes plaines alluviales, où historiquement des théories racistes et xénophobes avaient pénétré des esprits, parfois des plus critiques, et des plus ouverts.

À la barre du Congrès juif

En accédant pour la seconde fois en quinze ans au poste de secrétaire général du CJC, H. M. Caiserman apportait avec lui en 1933 une longue expérience de rapports avec la société chrétienne dominante, autant au sein du mouvement syndical juif que du *Va'ad Ha'ir*, ou auprès de la Commission Gouin chargée d'enquêter en 1924 sur la situation des écoliers juifs de la province. Leader reconnu de la communauté, personnifiant à lui seul un de ses idéaux les plus élevés, celui de son unité organisationnelle, Caiserman jeta dans la bataille ses talents d'observateur et d'homme d'action, tirant profit de son expérience est-européenne qui s'accommodait de la diversité culturelle et religieuse de la société montréalaise: «Caiserman s'est attaqué à la tâche de faire du Congrès l'institution qu'il se représentait, avec une intensité qui semblait dépasser celle d'un seul être humain»* (Figler et Rome, 1962: 222).

Le doctrine Caiserman

Caiserman possédait de surcroît une carte maîtresse dans ce monde des rapports interculturels québécois. Il avait conçu en tant que Juif canadien une doctrine politique d'intervention au sujet des relations de sa communauté avec la faune très diversifiée des organes de presse et des groupes coupables à divers degrés d'antisémitisme, ou à tout le moins susceptibles de verser à un moment ou l'autre dans quelque abus de langage à l'endroit des Juifs et de leurs institutions. Peu de ses coreligionnaires, en effet, pouvaient saisir les nuances et les demi-tons de la coterie des antisémites québécois au cours des années trente, depuis les propagandistes viscéralement hostiles aux Juifs sinon au judaïsme jusqu'aux tièdes, hésitants et indifférents, dont la pensée habitait ce monde canadien du journal et du livre de langue française ou anglaise. Les frapper tous avec la même vigueur aurait été gaspiller de précieuses énergies ou, pire, susciter des réactions de défense au profit des préjugés eux-mêmes, tandis qu'ignorer ceux-ci ou ceux-là équivalait presque à rendre inopératoire toute démarche.

Devant les multiples causes à l'origine d'expressions fort diversifiées, Caiserman mit au point un traitement variable et progressif, en réaction d'abord contre les traumatismes les plus aigus. Pas un seul instant il ne douta qu'à Montréal sa tâche première était de réagir à l'antisémitisme ambiant, et il y consacra le meilleur de ses énergies au cours des années 1930, persuadé d'avoir trouvé la clef des blocages dont souffrait la communauté juive, tels que l'embauche problématique des jeunes professionnels, la création d'écoles juives privées, le renforcement du réseau institutionnel et l'amélioration des conditions générales de la collectivité juive : « L'aspect le plus sérieux de notre travail, dans la province de Québec, c'est la lutte contre les explosions antisémites et la vaste organisation derrière toute cette agitation[5]. »*

Répliquer

Les premières personnes que visa le secrétaire-général du CJC fut celles qui étaient identifiées à tort ou à raison avec le nazisme ou les théories racistes hitlériennes, et qui procédaient dans leur traitement des Juifs à la manière de Julius Streicher, fondateur en 1923 de l'hebdomadaire allemand *Der Stuermer*, consacré à l'illustration du caractère perfide et inhumain de la population juive et partisan de la « solution finale ». Inspiré des fabulations les plus cruelles, tel le mythe du meurtre rituel, ou artisan des inventions les plus invraisemblables, tel le supposé complot juif de domination du monde, ce type d'antisémitisme reposait sur les « classiques » de la littérature anti-juive, où figuraient en tête de liste les *Protocoles des sages de Sion*, introduits en Occident au début des

Les fascisants d'abord

années vingt et qui circulaient au Québec sous plusieurs versions dont la plus répandue s'intitulait *La clef du mystère*[6]. Dans cette littérature, aucune fausseté, aucune invention concernant le peuple juif ne semblait excessive et rien de ce qui y était affirmé, malgré une apparence de vérité scientifique, ne résistait à l'assaut de l'histoire. Le but poursuivi par les tenants de ces discours était l'exclusion pure et simple des Juifs de la vie sociale et économique québécoise, et la levée de barrières infranchissables contre leurs coreligionnaires intéressés à immigrer au pays.

Arcand en quarantaine

Caiserman refusa d'entrer en dialogue avec ces gens pour qui le Juif était l'incarnation même du mal et la source des misères du petit peuple. Il tenta plutôt d'isoler, par tous les moyens, ces mythomanes caractérisés et ces démagogues arrogants, notamment en bloquant si possible leurs sources de financement. Le représentant le plus achevé au Québec de ce type de «littérateur» demeure Adrien Arcand qui, avec son associé Joseph Ménard, fonda entre 1929 et 1938 pas moins d'une demi-douzaine de publications vicieusement anti-juives, et poursuivit dès 1934 ses objectifs à travers un parti politique dont le but était l'instauration au Québec d'un gouvernement corporatiste d'inspiration fasciste (Betcherman, 1975). Malgré sa carrière publique, l'histoire d'Adrien Arcand et du parti auquel son nom a été associé est peu connue et soulève encore des interrogations, d'autant plus que tous les documents de l'homme et du parti furent saisis par la Gendarmerie royale en 1940, lors de l'incarcération d'Arcand pour la durée du conflit mondial. Arcand ne peut être comparé aux grandes figures du fascisme européen; il coopéra, par exemple, longtemps avec le Parti conservateur au pouvoir à Ottawa et prôna, à l'intérieur du système politique canadien, résolument bipartite, des réformes inspirées de la droite traditionnelle. En fait, le parti d'Arcand ne fut jamais important et organisé; il s'inscrivit dans la foulée d'un mouvement d'opinion qui avait d'autres porte-parole, plus modérés ceux-là: «À part le thème de l'antisémitisme [...] il est assez facile de constater que la pensée d'Arcand, au début de la décade 1930-1940, ne diffère pas sensiblement de celle d'un nationaliste typique» (Caux, 1958: 26-27).

D'autres sources révèlent d'ailleurs que les journaux les plus connus d'Arcand firent faillite, pour la plupart faute de lecteurs et de fonds, notamment *Le Miroir* en mars 1933 et *Le Patriote* en septembre 1936, puis encore en janvier 1938 :

> *Le Patriote* continue *Le Miroir*, qui avait été fondé en 1929. Il reprend la même thématique. Il se dit convaincu que « notre race a perdu sa vigueur quand la doctrine anti-chrétienne est venue l'empoisonner ». Cette néfaste doctrine est un mélange de libéralisme, de communisme, de socialisme et de bolchevisme. Son agent c'est le Juif, « celui qui a assassiné le Sauveur ». On parle du « poison juif », du « youpin ». Le but principal du *Patriote* sera de « dégager » notre race du poison anti-chrétien et d'aider à ce qu'elle retourne aux sources de sa force, dans le passé (Hamelin, 1973-85 : VI,268).

Adrien Arcand, admirateur inconditionnel de Hitler et Mussolini, vécut davantage de sa plume au service de publications très quelconques que de son engagement partisan. Il fut après 1934 éditorialiste et éditeur de *L'Illustration* et de *L'Illustration nouvelle*. Sans appui populaire véritable, ignoré de l'intelligentsia francophone, notamment du *Devoir* où son nom n'apparaît pas une fois au cours des années 1930, Arcand sembla avoir trouvé dans un antisémitisme primaire et virulent une corde à son arc. En calomniant le Juif, le chef du Parti national social chrétien se projetait dans un grand décor de parades d'emblèmes et de drapeaux que ne permettaient pas des thèmes comme le retour à la terre prôné pendant la crise, la mission providentielle du peuple canadien-français, la lutte contre les trusts. Dans son bureau de la rue Bleury, le secrétaire-général du CJC reconnut toutefois dans la comédie jouée par Arcand, les mêmes éléments et le même langage que tenaient sur un mode tragique, au sujet de ses coreligionnaires, les membres du Parti national-socialiste allemand. Pour la communauté juive canadienne, la mascarade évoquait trop bien le drame qui se déroulait inéxorablement en Europe, pour être prise le moindrement à la légère.

Une comédie de mauvais goût

Au début des années trente, alors qu'Arcand bénéficiait d'une certaine crédibilité à la suite de la montée fulgurante de Hitler dans le firmament politique de la république de Weimar, la seule manière d'isoler Arcand et

Privés de revenus

227

ses publications fut de détourner les annonceurs qui les finançaient indirectement. Après tout, *l'Action catholique* elle-même n'avait-elle pas succombé naïvement au début de 1933 au charme indéfinissable des Nazis:

> Pourquoi décrier ce que les Allemands font aux Juifs, alors qu'ils ne font que se défendre courageusement.

> Ceci prouve la domination de la presse juive sur le monde, quand le plus petit incident [anti-juif] devient connu[7].

Arcand et ses partisans québécois avaient l'habitude de vendre sous de fausses représentations, de la publicité à des firmes reconnues, cela au profit de publications qui n'étaient rien d'autre que des véhicules d'un antisémitisme hystérique. Caiserman comprit qu'en dévoilant ce fait et en exposant ces méthodes auprès des compagnies impliquées, il porterait un coup à la diffusion d'idées racistes et anti-juives au pays:

> Le comité du Congrès a élaboré des plans sur la façon d'aborder la situation. Nous sommes déjà entrés en communication avec tous les annonceurs dans ces publications [*Le Patriote* et *Le Restaurateur*] [...] et nous sommes heureux d'affirmer qu'un assez bon nombre de sociétés importantes ont annulé leurs contrats de publicité.

> Nous avons aussi communiqué avec des firmes bien en vue comme Imperial Tobacco et Coca Cola, qui sont liées à ces feuilles, et nous avons des raisons de croire que certaines d'entre elles vont intenter des poursuites au criminel contre les rédacteurs en chef et les éditeurs[8].*

La stratégie de Caiserman eut un certain succès puisque *Le Restaurateur*, journal anti-juif s'adressant au milieu de l'alimentation et de la restauration, ne put tenir que quelques semaines par la suite. Sa disparition précéda de peu celle du *Patriote*, visant un public plus vaste. Les archives du CJC contiennent même la copie d'une lettre envoyée aux éditeurs du *Restaurateur* par un manufacturier de boissons gazeuses furieux d'avoir été trompé sur les objectifs du journal:

> Nous trouvons, cependant, à la lecture de votre premier numéro, que le contenu éditorial du journal semble avoir pour objet de dénigrer la race juive. En fait, le langage utilisé par l'auteur est vraiment malveillant et

suscitera de la rancune parmi nos concitoyens de confession hébraïque.

Nous n'avons aucune sympathie pour ce genre de propagande et, si elle doit se poursuivre, nous exigeons que vous retiriez immédiatement nos annonces[9].*

Les journaux fascisants furent à toutes fins utiles réduits au silence vers le milieu des années trente, ce qui permit au CJC de viser d'autres cibles. Par exemple, en mars 1936, après une campagne d'opinion menée personnellement par Peter Bercovitch, le permis de vente d'alcool fut retiré à un club social d'allégeance nazie, le Harmonia German-Hungarian Club, cassant ainsi les reins d'un centre reconnu de distribution de propagande hitlérienne à Montréal[10].

Arcand rebondit en octobre 1937 et relança *Le Patriote*, après l'apparition dès 1935 du *Fasciste canadien*, remplacé par *Le Combat national* en juin 1938, lors de la fusion du Parti national social chrétien avec d'autres regroupements fascisants du Canada anglais (Durocher, 1978). Ces années, les plus politiquement actives d'Arcand, virent se multiplier ses interventions publiques, un peu à la manière d'un politicien en pleine campagne électorale. Dès 1936, le CJC chercha des moyens de le bâillonner, notamment en travaillant à lui fermer les salles paroissiales et les édifices scolaires où il se produisait le plus souvent, et à lui faire interdire les places publiques:

Une lutte à finir

> J'aimerais beaucoup que vous puissiez vous arranger pour avoir sur place quelqu'un qui comprenne bien le français et qui note le plus fidèlement possible ce que dira Adrien Arcand. L'idéal, ce serait que quelqu'un qui connaît bien le français s'efforce de répondre, si jamais c'était possible.
>
> Il nous faut ces informations pour tenter d'établir le principe qu'aucun édifice scolaire ne devrait jamais plus, à l'avenir, être mis à la disposition d'Adrien Arcand pour aucune de ses activités[11].*

Après des mois de pressions de la part de Caiserman, la Commission des écoles catholiques de Montréal résolut en mars 1939 de ne plus louer de salles à des fins politiques, sauf en période électorale[12]. C'était un maigre résultat et surtout tardif, mais en cette année 1939, un allié de taille devait réaliser en un temps record une part des objectifs poursuivis par le CJC depuis dix ans.

Au début d'août 1939, le conseiller municipal Max Seigler, dans une lettre à J. M. Savignac, président du Comité exécutif de la ville de Montréal, exigea que soit retiré à Arcand tout permis de parole publique. À sa surprise probablement il lui fut répondu qu'aucune autorisation n'avait été signée à cet effet par l'administration :

> Aucun permis n'a été émis pour permettre à Adrien Arcand de faire des discours dans les lieux publics. Il loue des entrepôts et des salles, où il tient ses réunions, ce qu'il a le droit de faire aussi bien que quiconque, mais il n'a pas le droit d'utiliser des haut-parleurs.

> Je dois aussi ajouter que la police a reçu des instructions, concernant ces réunions, et devra voir à ce qu'elles ne soient pas tenues dans des lieux publics[13].*

La GRC s'en mêle

Par suite de la détérioration marquée des rapports entre l'Allemagne nazie et les démocraties occidentales, particulièrement après la conférence de Munich en septembre 1938 et l'entrée des troupes hitlériennes à Prague en mars 1939, le gouvernement de Mackenzie King ordonna de surveiller au pays les activités des sympathisants des puissances de l'Axe et leurs contacts auprès des ambassades et consulats. C'était à l'été 1939. Caiserman trouva alors pour la première fois des oreilles attentives chez les pouvoirs publics, autant à la Gendarmerie royale du Canada qu'à la Police provinciale. À partir d'août, le secrétaire général du CJC achemina au quartier-général de la GRC un torrent d'informations sur la diffusion au pays de propagande anti-juive, tour à tour fascisante, ultra-nationaliste ou simplement anti-gouvernementale, et où les activités d'Adrien Arcand et compagnie étaient au premier plan. Presque tout ce que Caiserman avait patiemment accumulé au cours des années dans son bureau de la rue Bleury aboutit ainsi en 1939 dans les filières des autorités policières compétentes :

> Je ressens profondément mes responsabilités civiques, particulièrement en ces temps difficiles.

> En ma qualité de travailleur social, j'ai accumulé une très substantielle collection d'informations sur les activités anticanadiennes d'étrangers et de naturalisés. Beaucoup de ces informations concernent des activités fascistes et nazies, et incluent divers documents et photographies.

> Si votre département est intéressé, je suis prêt à vous en faire parvenir une partie. Cependant, dans certains cas,

j'aimerais que les documents et les photographies me reviennent[14].*

Plus qu'aucun autre citoyen canadien, Caiserman contribua à l'arrestation et à l'internement d'Arcand en juin 1940 et au bannissement de son parti politique fascisant, l'Unité nationale. Quand Arcand recouvra la liberté en 1945, sa carrière politique était sans issue et, malgré quelques tentatives au cours des années cinquante, ses publications furent suspendues dans l'indifférence générale (Greening, 1955). Ainsi disparut de l'avant-scène québécoise celui qui avait été au XXe siècle un farouche ennemi de la communauté juive, et qu'un aveuglement sans bornes empêcha même de dialoguer avec ses membres les plus tolérants.

Interné en 1940

Des amis à cultiver

Si la doctrine Caiserman était incompatible avec toute confrontation ouverte de l'antisémitisme chez les personnes et organisations qui en faisaient l'appui majeur de leur credo politique, il en allait autrement de ceux-là qui faisaient profession de modération et n'abordaient la question juive, même négativement, qu'en surface et à l'occasion. Caiserman n'abandonna jamais l'espoir de les convertir à d'autres idées et à de meilleurs sentiments, que ce soit par l'amitié, par la persuasion ou la diffusion de documents éclairants. En fait, le secrétaire général du CJC finit par consacrer une large part de son temps, au cours des années trente, à cette tâche gigantesque, afin de déserrer l'étreinte des préjugés ethnocentriques, et d'appeler les chrétiens d'ici à une certaine coopération. Cette attitude constituait en réalité vers 1934 une sorte de révolution dans le monde juif montréalais, qui avait toujours gardé ses distances et refusé de tendre la main au-delà de sa barrière culturelle, réduisant ainsi à néant la bonne volonté des quelques individus isolés prêts à dépasser les réticences mutuelles:

> Mais ce qui s'est avéré tragique, au moment d'organiser le Congrès juif canadien, c'est que ni le B'nai Brith[15], pendant sa longue existence au Canada, ni aucune autre organisation juive, ne se sont donné la peine de rétablir les faits, relativement aux innombrables accusations mensongères portées contre nous par les antisémites. Pas plus qu'ils n'ont dressé la liste des noms et adresses

34.
L'édifice du Baron de Hirsch Institute, situé au 2040 rue Bleury, au coin de Maisonneuve, vers 1926. C'est à cette adresse que H. M. Caiserman occupa un bureau, d'où il devait relancer en 1934 le Congrès juif canadien, inactif depuis 1919. *Archives du Congrès juif canadien, «The Jew in Canada», 1926, p. 201.*

des personnages publics influents, parmi nos voisins français et anglais, de manière à les informer de la vraie nature des faits, au moyen de documents d'information[16].*

Infatigable, faisant parfois preuve d'un *khutzpah* à toute épreuve, Caiserman se lança donc en 1933, dès la résurrection du CJC, dans une entreprise de charme tous azimuts.

Le souci d'informer

De l'avis de Caiserman, seule une approche «scientifique» était fructueuse face aux manifestations antisémites de la société québécoise. La première tâche du CJC fut donc à ses yeux d'amasser, de trier et de publier toutes les informations pertinentes sur la présence juive au Canada, notamment les statistiques démographiques, occupationnelles et socio-économiques, les données sur le syndicalisme juif, l'immigration, les activités communautaires, voire même le profil de la criminalité juive sans oublier l'histoire des premiers arrivants. Puis, le secrétaire général rechercha à droite et à gauche, des textes solides, de préférence écrits par des non-Juifs, réfutant les thèses préférées des antisémites à propos du Talmud, du bolchevisme supposément d'origine juive[17], de la mainmise juive sur la presse internationale et sur les fameuses prétentions juives à la domination du monde. Le premier, Caiserman souhaita déchirer le voile d'ignorance qui cachait aux yeux de la majorité chrétienne la réalité juive profonde, autant dans son histoire millénaire que dans sa quotidienneté la plus prosaïque, ignorance qui autorisait les discours les plus offensants qui circulaient librement. Il y tenait tant qu'il fit inscrire, en 1934, au nombre des résolutions votées par la deuxième assemblée générale du CJC, la création à l'intérieur de l'organisation d'un fonds d'archives ad hoc[18]. Textes et documents statistiques de tous ordres servirent de munitions à Caiserman dans sa lutte acharnée contre l'antisémitisme. Le premier article à paraître dans cette veine fut le texte de la conférence donnée le 22 octobre 1933 par Israël Rabinovitch, éditeur du *Kanader Adler*, lors de la première réunion à Montréal de la section de l'Est du CJC ; il fut suivi de deux articles de Benjamin Sack intitulés « Are the Jews Foreigners in Canada » et « The Contribution of the Jews to the Development of the Province of Quebec[19] ».

La seule liste des textes, ouvrages et fascicules publiés au cours des années trente par le CJC prendrait à elle seule plusieurs pages. Toutes les préoccupations d'alors sont présentes. En 1936, dans un rapport interne, Caiserman affirmait recueillir, rue Bleury, l'ensemble de ce qui paraissait au sujet de la communauté juive dans plus d'une centaine de journaux canadiens. Dans la même veine il affirmait avoir dressé une liste de 31 000 correspondants au Canada et au Québec, à qui il avait fait parvenir en 74 envois différents plus d'un million de documents, fournis gratuitement par diverses organisations juives internationales[20]. Même en supposant qu'il faille peut-être les diviser par cent, de tels chiffres donnent une idée de l'effort consenti. Le secrétaire général écuma en fait pendant des années les bibliothèques européennes de langue française, à la recherche d'ouvrages ou même de bribes de texte qui puissent avoir un impact positif sur la population catholique et francophone québécoise, et s'empressa aussitôt de les faire imprimer de ce côté-ci de l'Atlantique aux frais du CJC :

Des correspondants par milliers

233

Il va de soi que, si nous devons mener une campagne contre le fascisme et le nazisme, parmi les catholiques, nous devons utiliser, comme publicité, des déclarations faites par des écrivains catholiques contre l'antisémitisme, le facisme et le nazisme.

C'est pour cette raison que nous étions heureux de reproduire les déclarations faites par Oscar de Férenzy. M. Férenzy n'a peut-être pas d'influence en France, mais ici, où il y a peu de dirigeants catholiques qui daignent s'identifier ouvertement à la lutte contre l'antisémitisme, les déclarations de M. Férenzy sont de la plus grande importance pour nous[21].*

Convaincre et redresser

En mai 1935, par exemple, le CJC faisait don à la Bibliothèque municipale de Montréal de 40 livres et 18 opuscules concernant le judaïsme et la communauté juive canadienne. Ceci après que Caiserman eût observé que les ouvrages disponibles à cette importante institution sur la question juive étaient soit défavorables aux Juifs soit carrément antisémites, à une exception près : les 12 volumes de la *Jewish Encyclopedia* parue en 1906. Combattre Drumont et Maurras n'était pas une mince affaire dans le Québec de l'entre-deux-guerres ; trouver de nombreux auteurs ou éditorialistes canadiens tolérants au sujet de la présence juive au pays constituait en soi un tour de force. En septembre 1936, Caiserman se plaignit amèrement à un correspondant français de n'avoir pu jusque-là convaincre un seul économiste canadien-français d'adopter une position critique au sujet de la « Campagne d'Achat chez nous », qui encourageait en un sens le boycott des commerçants non identifiés aux francophones de vieille souche et particulièrement des Juifs :

Dans ces conditions, notre problème est d'obtenir une réponse faisant autorité à la propagande de « L'achat chez nous », de la part d'un économiste français de tout premier plan qui serait prêt à écrire un article documenté sur le sujet. Pensez-vous que vous pourriez nous aider, sous ce rapport[22]?*

Le Droit de vivre

Un des épisodes les plus significatifs de cet effort constant d'information reste la parution, sous la responsabilité directe du CJC, d'un journal de combat consacré à la défense de la liberté et de la démocratie au Canada, intitulé *Le Droit de vivre*. Pastichant des organes de presse engagés comme *L'Ordre*, fondé en 1934 par Olivar Asselin, ou *Le Devoir*, fondé en 1910 par Henri Bourassa, *Le Droit de vivre* défendit d'un point de vue anti-fasciste, anti-raciste et anti-communiste la tolérance et la compréhension mutuelle entre les communautés de différentes origines et plus spécifiquement envers les Juifs. Officiellement publié par l'Association de l'unité et de la bonne-entente[23], *Le Droit de vivre* se présentait comme une publication d'inspiration catholique et canadienne-française et avait recruté un nommé Arthur Larose comme rédacteur et éditorialiste. En exergue, au sommet de la page un, on pouvait lire au lieu de «Un ordre imparfait vaut mieux que le désordre» de *L'Ordre* ou du «Fais ce que dois» du *Devoir* l'inscription liminaire: «Les hommes naissent libres et égaux en droits», puis «La liberté et la démocratie sont indivisibles». Un peu à la manière des journaux fascistes du groupe d'Arcand, qu'il cherchait à combattre, *Le Droit de vivre* parsemait ses pages de slogans tels: «Achetons l'un de l'autre, vendons l'un de l'autre», «La tolérance et la coopération ont toujours été liées inséparablement» ou encore: «La liberté est un trésor! Conservez-la!». Le journal publiait également divers documents issus notamment du Service d'information étrangère de Paris. Envoyé peut-être à une centaine de personnes, *Le Droit de vivre*, qui comptait quatre pages sur quatre colonnes, ne fut sans doute publié qu'une seule fois le 17 novembre 1936, même si Caiserman à la fin de cette même année nota à plusieurs reprises dans sa correspondance être en train de préparer un deuxième numéro.

Appuyé bénévolement par des gens compétents, le CJC réussit à produire après des années de recherches patientes mais souvent désordonnées, des ouvrages fondamentaux de références pour l'étude de la communauté juive canadiennne. Au premier rang figure l'ouvrage éminent de Louis Rosenberg, publié en 1939 par le Bureau of Social and Economic Research du CJC. Intitulé *Canada's Jews*, il contient une somme monumentale d'informations sur les aspects démographiques, géographiques et socio-économiques du judaïsme canadien (Rosenberg, 1939). Le CJC publia également en 1945 une histoire de la communauté juive, du régime français jusqu'à l'aube du XXe siècle, qui constitue une première tentative de synthétiser trois siècles de présence juive au pays (Sack, 1965). À

Canada's Jews

part l'Association de l'unité et de la bonne-entente, basée à Montréal dans les bureaux de la rue Bleury, le CJC avait également suscité en avril 1934, à Toronto, la formation d'un Committee on Jewish-Gentile Relationships, co-présidé par le pasteur C. E. Silcox et le rabbin M. N. Eisendrath, et qui publia en 1939 un excellent fascicule intitulé : *Facts and Fables about Jews*.

Avant toute chose, et avec une audace qui cadrait bien avec son tempérament enthousiaste et idéaliste, Caiserman chercha au milieu des années trente à contrer le réflexe profond de défense de certains francophones contre la présence juive. Cette préoccupation l'incita à prendre d'assaut deux institutions de première ligne, dont la pensée et les directives inspiraient les éléments les plus jeunes et plus prometteurs du Québec, le journal *Le Devoir* et l'Église catholique locale, telle qu'incarnée par sa hiérarchie. Alors qu'il n'avait voulu entretenir aucun lien avec le vociférant Adrien Arcand, il multiplia dès 1934 les contacts avec le personnel du *Devoir* et les ecclésiastiques, d'abord sous forme de lettres ou de protestations indignées, ou de reproche, ou de supplique ou d'appel à la raison. Caiserman fit aussi pleuvoir sur les gens installées aux postes de commande de la société francophone, des documents de toutes sortes et quantité d'imprimés susceptibles de contrer l'effet pernicieux d'une certaine presse anti-juive :

> Sous pli séparé, j'ai mis à la poste pour vous, aujourd'hui, environ 40 publications — articles et brochures, publiés par le Congrès juif canadien et par la Unity and Goodwill Association of Canada —, sur un total de 80 qui furent distribuées aux leaders de l'opinion publique au pays. [...] Je vous assure que la production et la distribution des dits articles et brochures ont demandé une grande somme d'effort, et nous ne pouvons pas mesurer exactement les résultats obtenus[24].*

Le Devoir La question juive canadienne et internationale et le journal *Le Devoir* et ses principaux collaborateurs méritent une étude à part, mais nous traiterons ici du dialogue entre le CJC et la hiérarchie catholique du Québec. Plusieurs autres milieux attirèrent l'attention de Caiserman qui, à divers titres, contribuaient à disséminer une perception des Juifs, soit juste et positive, soit partielle et déformée, et le secrétaire général n'en négligea aucun.

Dans un premier temps Caiserman tenta de s'allier *L'Autorité* les personnes et les organes de presse dont l'orientation cadrait avec la sienne, ceux qui semblaient intéressés à poursuivre la même quête de lumière ou du moins de ne pas s'y opposer. Aux heures sombres des années trente, lorsque la communauté juive allemande fut traquée par le pouvoir nazi et que se répercutaient au pays les échos d'un antisémitisme primaire, sans aucun espoir d'amélioration, il se trouva des gens qui réagirent et s'indignèrent. Tôt en 1933, par exemple, Gilbert LaRue, directeur de l'hebdomadaire d'idéologie libérale *L'Autorité*, était en relation avec les têtes dirigeantes de la communauté juive montréalaise, avec lesquelles il discuta des moyens les plus appropriés de mettre fin à la vague antisémite qui gagnait alors la presse francophone. LaRue appartenait à cette tendance idéologique alors minoritaire, qui étouffait sous la pression cléricale et nationaliste à outrance, et ne manquait pas une occasion de dépasser une fidélité aveugle à l'héritage traditionnel du Québec. Un des premiers, LaRue avait dénoncé dans *L'Autorité* les visées des fascisants installés à demeure au pays :

> C'est avec beaucoup d'intérêt et de plaisir que j'ai appris que vous aviez publié, dans le *Jewish Daily Eagle*[25], la semaine dernière, un article pour féliciter *L'Autorité* de sa campagne antisémite [contre les antisémites] et pour recommander le journal aux Hébreux de Montréal. [...] Je ne sais pas si vous êtes « au courant », mais il existe un journal, *Le Patriote*, qui est une continuation du *Miroir* et du *Goglu*, et dont le propriétaire est M. Ménard et le rédacteur en chef M. Arcand. Ce journal vient de publier son quatrième numéro [...] et ce même numéro contient plusieurs articles contre les Hébreux et qui, comme d'habitude, resteront sans réponse, si personne ne s'occupe de prendre la défense de vos concitoyens[26].*

Pour encourager LaRue, le CJC lui versa 75,00 $ *L'Ordre* durant l'année 1933, une somme substantielle à l'époque pour un journal qui tirait cette année-là à 12 000 copies (Hamelin, 1973-1985 : V, 90). De manière plus significative encore, *L'Ordre*, quotidien nationaliste indépendant, publiait dans son numéro du 16 mars 1934 une charge à l'emporte-pièce contre l'hitlérisme, l'antisémitisme viscéral et mensonger et ceux qui le propageaient au Canada français (Asselin, 1934b). Vitriolique, la dénonciation était signée par Olivar Asselin, qui ne se gênait habituellement pas pour dénoncer pêle-mêle, dans tous les domaines, la léthargie et les errances de la société québécoise francophone. Ce texte fit, par les soins de Caiserman, le tour des organisations préoccupées de mettre un frein aux calomnies dont les Juifs étaient l'objet. À peine quelques semaines plus tard, lors de la grève de l'Hôpital Notre-Dame, Asselin fustigea à nouveau les penchants antisémites de certains de ses concitoyens et collègues de la presse francophone (Asselin, 1934a).

La Presse   Après *L'Autorité* et *L'Ordre*, Caiserman se tourna au début de 1936 vers le journal *La Presse*, qui possédait à l'époque un tirage considérable de près de 130 000 copies (Hamelin, 1973-86: III, 112). À la fin de janvier, il rencontra un certain Henri E. Vautelet et le poussa à convaincre *La Presse* de rallier activement le camp des publications opposées au racisme:

> Je lui suggérai de mettre sur pied un groupe de Canadiens français influents — parmi lesquels je mentionnai le nom d'Aimé Geoffrion, son beau-père —, qui pourrait tenter d'obtenir de *La Presse* qu'elle mène une campagne d'information, dans ses colonnes, pour faire contrepoids à la propagande des périodiques antisémites[27].*

Le projet, qui donne une idée de l'ampleur des ambitions de Caiserman, n'eut apparemment aucune suite, mais *La Presse*, journal de nouvelles de style américain, n'ouvrit pas non plus ses pages au cours de cette période aux antisémites et demeura à l'écart des tensions entre les différentes communautés culturelles du Québec. La doctrine Caiserman, et c'est là sa grande originalité, prônait cependant plus que l'amitié et le bon voisinage, il réclamait des Juifs qu'ils résistent ouvertement à leurs détracteurs, et même se lancent à l'assaut des institutions et organes de presse qui faisaient preuve d'incompréhension ou d'hostilité à leur égard. En plein milieu des années trente, alors que les communautés juives d'Europe centrale et de Pologne semblaient se replier sur elles-mêmes face aux conditions adverses, cette attitude du CJC était radicalement innovatrice. En quelques années, et à l'exception de journaux et regroupements sous la coupe d'Adrien Arcand, Caiserman frappa à la porte d'à peu près tous les groupes d'intérêt et salles de rédaction que comptait le Québec francophone, depuis les antichambres feutrées du palais épiscopal à Québec jusqu'à l'austère bureau du rédacteur en chef du *Devoir*, en passant par une quantité indéfinissable de presbytères de campagne, d'administrations municipales et de feuilles éphémères. Parcourant toute la géographie québécoise de l'antisémitisme, Caiserman porta partout le même message : vous blâmez les Juifs pour tel et tel mal de notre société ou encore vous craignez leur supposée puissance commerciale, mais avez-vous approfondi au moins les données concrètes du problème ? Prenez connaissance des chiffres exacts publiés par les gouvernements, lisez les exposés des théologiens catholiques reconnus au sujet des fables antisémites, et vous changerez d'avis quant au judaïsme et à la communauté juive de Montréal.

Une main tendue aux tièdes et aux confus

Une des adresses favorites des admonestations de Caiserman, outre *Le Devoir* et le bureau du Cardinal Villeneuve, demeura pendant toutes ces années le quotidien *L'Action catholique*. Fondé en 1907 à Québec, ce journal d'inspiration fortement cléricale et nationaliste, exprima ouvertement jusqu'en 1945 une méfiance instinctive du judaïsme, mais toujours couchée en des termes modérés. *L'Action catholique* affublait les Juifs d'un rôle tantôt de puissance occulte et maçonnique campée en plein cœur de l'Occident, tantôt de force corrosive s'accaparant à son profit des économies productives, tantôt de ferment révolutionnaire, véritable avant-garde de l'athéisme et du communisme international (Jones, 1974). Ressassant inlassablement un flot de préjugés, de faussetés et d'inepties toutes aussi contradictoires les unes que les autres, *L'Action catholique* voguait alors sur une mer de certitude et de tranquillité, à cette différence près que contrairement à la presse créée spécifiquement pour combattre les Juifs, ce journal n'en fit jamais, jour après jour, la cible de son propos éditorial et journalistique. Le 12 février 1935, *L'Action catholique* faisait paraître dans sa rubrique intitulée « Petites notes » quelques paragraphes de commentaires au sujet d'une conférence sur le sionisme prononcée à Montréal par un Juif de Russie. À sa manière, le journal en profitait pour attaquer obliquement les Juifs de France et ceux du Canada, faisant flèche de tout bois, confondant sans sourciller la propension juive à contrôler à Paris la haute finance et à Moscou le bolchevisme révolutionnaire:

> À part d'assez rares exceptions, les Juifs ont-ils réellement raison de se plaindre?
>
> En France, par exemple, ils constituent dans la banque une puissance redoutable. Ils pullulent dans les universités, et ont au Parlement dix-huit députés, quoiqu'ils comptent eux-mêmes pour moins de un pour cent de la population totale.
>
> Ici, dans la province de Québec, où ils sont dans une proportion encore plus infime, ne sont-ils pas déjà nombreux dans nos universités; n'ont ils pas deux députés au Parlement, des échevins à Montréal, n'occupent-ils pas dans le commerce et la finance une place telle que les nôtres y paraissent éclipsés?
>
> [...]
>
> S'ils sèment la méfiance, et portent les chrétiens à se garder contre eux il n'y a donc pas à s'étonner. Trotzky [sic], Lénine n'étaient des Aryens, en somme[28].

L'Action catholique

Dès le lendemain, le 13 février, Caiserman exprimait à un correspondant sa surprise de voir *L'Action catholique* accumuler, sans aucune répugnance, les inexactitudes et affabulations au sujet des Juifs:

> Que Lénine n'ait jamais été juif et que Trotsky, bien qu'il fût un Juif, n'ait jamais été associé au judaïsme, même les enfants le savent, en plus du fait que les trois millions de Juifs en Russie même sont en train de perdre leur identité propre, dans les conditions culturelles et politiques qui prédominent là-bas.
>
> Pourquoi *L'Action catholique*, journal chrétien, devrait-elle nous traiter avec un manque de charité si peu chrétien[29]?*

Pourtant, quelques semaines auparavant, le secrétaire général du CJC avait écrit à la direction de ce quotidien pour réfuter une accusation de *L'Action catholique*, à savoir que les Juifs contrôlaient sur la scène mondiale les agences de presse internationales, et donc censuraient, entre autres, des informations pertinentes quant aux persécutions des catholiques au Mexique. Une à une Caiserman s'employait ainsi à redresser, par écrit et sur un ton ferme mais poli, les erreurs reprises allègrement par *L'Action catholique* de mois en mois, d'une rubrique à l'autre. Sans se décourager, il notait ce que le journal imprimait d'inexact sur le judaïsme et l'engageait à rectifier ses erreurs de tir en faisant appel à son sens de la justice et de la vérité, directement, sans intermédiaire ni retenue :

> Nous remarquons que vous n'hésitez pas à faire des Juifs les boucs émissaires de tout ce qui arrive aux catholiques et qui affecte leur vie, partout dans le monde.
>
> [...]
>
> Alors pourquoi répéter encore et encore des mensonges aussi évidents — que les Juifs sont responsables de la persécution des catholiques mexicains — et semer ainsi l'hostilité entre citoyens canadiens-français et canadiens-juifs ? [...] Quant aux souffrances des Juifs, des Protestants et des Catholiques dans l'Allemagne d'Hitler, je me permets de joindre à la présente une lettre attestée exacte en tous points, par la *New Republic* de New York, et corroborée par d'innombrables documents qui sont en notre possession [...]. Aucun des coupables ne sont des Juifs, absolument aucun[30] !*

Tout en poursuivant le dialogue avec *L'Action catholique* et *Le Devoir*, Caiserman étendit à la fin des années trente ses réprimandes à une foule de feuilles de chou et même de journaux plus sérieux, portant inlassablement le même message. Parmi ces périodiques notons *La Nation*, hebdomadaire politiquement engagé apparu en février 1936 à Québec, et qui prônait la création d'un État québécois indépendant, tout en restant attaché sur le plan social et religieux à un conservatisme rigide, frôlant même une sympathie ouverte pour les régimes fascistes européens. Dans un tel programme de rénovation nationale, les Juifs ne pouvaient avoir que la part congrue et *La Nation* servait çà et là quelques avertissements à la communauté juive canadienne, notamment par la publication le 18 août 1936 d'un numéro spécial intitulé « Les Juifs au Canada français ». Cela n'empêcha pas Caiserman d'entretenir avec le rédacteur en chef Marcel Hamel une correspondance qui passa de toutes les nuances de l'amitié et de la tolérance respectueuse aux reproches outrés :

> Je vous assure que je pense à vous souvent et que je me sens rempli de rage et d'indignation à l'égard de votre journal *La Nation* (qui ne mérite certainement pas le nom de journal), qui contient d'indescriptibles mensonges, semaine après semaine. Vous m'assurez que ce

La Nation

n'est pas de votre faute, mais de celle de vos collègues. C'est pour cette raison que je vous écris à ce sujet.

Bien à vous, avec mes meilleures salutations[31].*

La doctrine Caiserman d'intervention publique et répétée auprès des auteurs antisémites relevait d'une conviction profonde, à savoir que, face à ce genre de discours, le silence et la passivité constituaient une sorte d'aveu de culpabilité, et que l'indifférence à l'insulte et à la calomnie laissait le champ libre aux ennemis des Juifs. Une voie d'approche que réprouvait le secrétaire général du CJC était le recours aux tribunaux. Non seulement la loi autant canadienne que québécoise ne reconnaissait pas explicitement le libelle diffamatoire à l'endroit d'un groupe tout entier, fût-il un peuple, une ethnie ou les tenants d'une tradition spirituelle donnée, mais encore la publicité entourant automatiquement de tels recours aurait offert une tribune de choix aux antisémites. Après l'issue malheureuse du procès Abugov de 1932, et surtout par suite de l'hésitation du gouvernement Taschereau à introduire dans les mois qui suivirent une loi autorisant le recours contre un groupe ou une personne morale, Caiserman s'opposa à toute forme de démarche légale, qui ait pour but de contrer au pays la dissémination des idées et des publications expressément antisémites. Après consultation de juristes éminents[32], et en dépit d'opinions contraires dans la communauté juive de Montréal, Caiserman et le CJC s'en tinrent jusqu'à la fin des années trente à une approche patiente et à un effort de persuasion, de préférence à toute forme de confrontation[33].

Le CJC n'avait pas que des fines plumes à surveiller et les gens de robe à convaincre de la justesse de sa cause. Des gestes hostiles étaient commis de temps à autre dans la rue contre des Juifs et certains impliquaient l'usage de violence physique, à tel point qu'une bonne part des ressources de l'organisme durent au cours des années trente être consacrées à lutter contre le climat de harcèlement sporadique dans lequel baignait la communauté montréalaise :

Une part importante des activités du Congrès juif canadien consiste en du travail de relations publiques.

Il s'agit de s'occuper des manifestations quotidiennes de harcèlement des Juifs, comme les rapporte la presse du pays; des appels et des plaintes à nos bureaux, ou par courrier[34].*

Pendant un certain temps Caiserman compila des statistiques sur les plaintes soumises à son bureau de la rue Bleury à ce sujet. En décembre 1934, 20 plaignants frappèrent à la porte du CJC, puis 23 en janvier 1935[35]. En mars 1935, le chiffre grimpa à 62, tandis que 104 cas étaient dénombrés au cours de la même année durant les mois d'été[36]. En tout et partout, en vingt-deux mois de présence au sein de la communauté juive canadienne, le CJC traita de décembre 1933 à septembre 1935, 648 dossiers reliés à des manifestations quelconques d'antisémitisme, soit une trentaine en moyenne par mois à travers le Canada[37]. De ce nombre, peut-être la moitié concernait le Québec et couvrait un éventail très diversifié d'incidents, allant de la distribution de documents offensants à la profanation de lieux de culte, en passant par des insultes publiques, l'affichage de croix gammées sur des commerces tenus par des Juifs et l'exclusion de lieux fréquentés par une majorité de chrétiens. Comme la stratégie de *L'Action catholique* à l'endroit des Juifs qui consistait plutôt en des attaques improvisées, reprises à intervalles irréguliers et publiées loin des pages éditoriales; de la même manière ces incidents tenaient plutôt du fait divers, rarement imputable à une organisation ou à un mouvement précis, hors de toute logique qui eût pu faire croire à l'existence d'un quelconque plan directeur. En fait, à part le groupe mené par Arcand et ses journaux à sensation, du moins jusqu'à la fondation d'un parti fasciste canadien unifié en 1938, la matière que traita l'Anti-Defamation Committee du CJC fait plus songer à des querelles d'arrière-cour et à des gestes d'étudiants désœuvrés, qu'aux grandes manœuvres et manifestations antisémites qui avaient lieu en Europe à la même époque et culminèrent en novembre 1938 en Allemagne, lors de la nuit de *Kristallnacht*, par l'incendie de centaines d'édifices appartenant à des Juifs et par la mort d'une trentaine d'entre eux.

La seule exception à cette pétarade informe de sentiments antisémites reste le mouvement dit de «l'Achat chez nous», qui bien que perceptible avant le début des années trente, fut surtout le produit de la crise économique et des angoisses qu'elle fit naître dans la société. Thème important des courants nationalistes propres au

«L'Achat chez nous»

Québec français de la période, « l'Achat chez nous » visait à renforcer la position concurrentielle de la petite bourgeoisie commerçante canadienne-française, en lui attachant le pouvoir d'achat de l'immense classe laborieuse des villes et des campagnes. En soi, un tel mouvement ne possédait pas d'exutoire discriminant à l'endroit d'autres groupes. Appuyés par cette clientèle numériquement importante, les marchands croyaient ainsi se défendre contre le ralentissement de l'économie provoqué par le krach de 1929, sauf qu'on s'empressa dans certains milieux de pointer du doigt des boucs émissaires, à la faveur de perspectives illusoires et du climat antisémite et anticommuniste de l'époque :

> Un fort courant d'antisémitisme traversait ces mouvements. On imputa aux Juifs les chaînes de magasin, les magasins à rayon, la haute finance et le fardeau des hypothèques tout autant que le communisme. Fréquemment, les déclarations antisémites se rencontraient de pair avec des griefs contre la domination canadienne-anglaise et américaine des affaires et de l'industrie (Hughes, 1945 : 376).

Un boycott inefficace Il n'existe pas de recherche sérieuse sur l'effet concret et direct que ce discours eut sur la communauté juive montréalaise, mais il semble si on se réfère aux archives du CJC que son impact fut négligeable, pour la simple raison que la clientèle des marchands juifs à cette époque était des immigrants peu préoccupés de ces questions nationalistes locales, et une certaine classe laborieuse francophone déjà habituée aux contacts interculturels et que n'atteignaient pas les exhortations abstraites de la bourgeoisie. « L'Achat chez nous » n'eut certes pas au Québec l'emprise de mouvements idéologiques semblables en Europe de l'Est à la fin des années trente, dans des pays comparables quant à leur développement économique, notamment en Pologne où le boycott très étanche mené par le Parti national démocratique (Endecja) réduisit à la misère des communautés juives entières (Vishniac, 1983 ; Heller, 1977). Cette hostilité sourde et presque honteuse d'elle-même entre catholiques francophones et Juifs dans le Montréal des années trente, a été décrite par Yves Thériault dans son roman, *Aaron*, où il décrit une altercation entre le jeune héros Aaron Cashin et sa voisine Marie Lemieux :

Il sentait que la fille devant lui souffrait de l'impuissance qui s'accrochait à elle et qui la liait comme l'eut fait une chaîne solide. Plus que l'intimité naturelle entre adolescents de deux sexes qui s'affrontent, Aaron voyait dans le défi de Marie un décalque des traditions malsaines. Rien d'autre ne pouvait exister entre elle — comme fille des Gentils, quasi pubère et impudente par surcroît — et lui jeune juif aux yeux perçants qui surveillait impassiblement son manège quotidien.

— Fais ton homme, maudit Juif! répéta-t-elle, son accent canadien gras et choquant. Il paraît que tu vas te faire consacrer homme samedi? Arrive, défends-toi comme un homme!

Ils furent trois à se jeter sur lui. Marie, son frère, et un jeune Polonais catholique de la rue Saint-Dominique (Thériault, 1965: 40).

35.
Un exemple d'agitation que menait le duo Arcand-Ménard: la swastika surmontée d'une croix (insigne des fascistes canadiens français). À la fin de 1936, Julius Cohen, un commerçant acculé à la faillite, est accusé d'avoir lui-même mis le feu à sa boutique, rue Sainte-Catherine Est. Trois pompiers meurent en combattant l'incendie, tandis que Cohen prend la fuite. *Archives du Congrès juif canadien, I.D.4.*

Nous réclamons justice
pour tous !

Le Juif Julius Cohen,
s'il est condamné à mort,
qu'il soit pendu !

Certes, les leaders juifs de Montréal ne voyaient pas les choses avec le recul qui nous est possible aujourd'hui, et le climat mondial des années trente, chargé de présages angoissants, n'appelait certes pas au calme et à une vision objective des événements, même sur la scène étroite du Québec. Les archives du Congrès juif canadien regorgent pour cette période de descriptions d'incidents à contenu antisémite, qui nous permettent de nous faire une idée des pressions qui s'exerçaient alors sur la population d'origine juive. En 1934 par exemple, à Sainte-Madeleine, un commerçant juif avait été forcé de fermer boutique après que le curé de la paroisse eût prêché du haut de la chaire en faveur d'un boycott économique des Juifs, et qu'une affiche eût même été clouée sur la porte de la boutique en question par trois individus: «Soyons Patriotes en encourageant nos marchands locaux[38]». Le plus souvent toutefois il s'agissait d'actes disgracieux sans conséquences réelles, comme dans le cas de ce marchand itinérant (*rag peddler*) qui, un matin d'avril 1935 à Montréal, rue Sainte-Catherine ouest, avait été traité par un policier de «bloody Jew», pour avoir stationné son véhicule au mauvais endroit de la chaussée[39]. Un an plus tard, le 14 octobre 1936, une manifestation contre la guerre menée par quatre ou cinq cents personnes appartenant à un mouvement nationaliste, avait dégénéré en émeute aux coins des rues Bleury et Ontario. Identifiant Juifs et communistes comme une seule et même clique et inspirés des mots d'ordre de l'«Achat chez nous», les manifestants avaient crié des slogans antisémites et fait voler en éclat la vitrine d'une librairie affichant de la littérature communiste et celle d'un atelier de confection à l'étage au-dessus[40]. Le lendemain, le 15 octobre, dans un incident typique de cette période, deux personnes identifiées comme des francophones avaient insulté un vieillard d'origine juive et l'avaient saisi par la barbe, en plein cœur du marché Saint-Jean-Baptiste, sur le boulevard Saint-Laurent, là où s'étalaient les échoppes des épiciers du quartier juif. Appelés à l'aide, les policiers n'avait trouvé rien de mieux à faire, d'après les témoins, que de laisser filer les coupables le sourire aux lèvres[41]. Les deux événements avaient été rapportés en détail dans le *Canadian Jewish Chronicle*, où l'éditeur avait déclaré craindre le pire pour la communauté juive si persistait cette propension de certains nationalistes francophones à mettre dans un même sac, au rang des ennemis de l'identité et de la prospérité économique canadienne-française, Juifs et communistes[42].

... mais modérée

D'autres incidents, courants à cette époque, consistaient en l'exclusion des Juifs, par voie d'affiches, de certains lieux publics, notamment à Rawdon en 1936, où un concessionnaire gérait une plage appartenant à la municipalité[43]. Placards et tracts hostiles aux Juifs, insultes verbales et animosité ouverte, sans oublier les vexations exercées dans certaines localités fréquentées par des vacanciers, tout ce courant antisémite qui s'installa peu à peu au Québec au cours des années trente ne semble pas, toutefois, avoir eu des appuis dans la société, qui l'auraient propulsé au rang de mouvement politique. Dans une lettre à un correspondant américain, quelques semaines après l'émeute du 14 octobre 1936, Caiserman passait la situation en revue et notait : « Ce qui précède constitue pratiquement la somme des dommages matériels faits par le mouvement [antisémite] et, pourtant, ces manifestations insignifiantes ont été une source d'inquiétude pour tous les responsables de notre communauté[44]. »* Pourtant, la rationalité, qui à l'époque aurait permis de mesurer l'ampleur dérisoire à l'échelle mondiale des incidents antisémites observés au Québec francophone, était impensable et impossible chez les responsables des principales institutions juives de Montréal. Fort de l'expérience vécue en Allemagne par ses coreligionnaires, nul Juif ne pouvait prétendre être à l'abri d'un subtil alignement des forces sociales qui en quelques mois, à la faveur d'une dégradation des conditions économiques, était susceptible de transformer des étincelles de méfiance en un fort braisier de haine, que le vent du désespoir pousserait aux portes de la communauté juive.

L'affaire des Laurentides

La série noire des harcèlements à l'endroit de la communauté juive du Québec vit, après 1936, son centre de gravité déplacé vers les Laurentides, au nord de Montréal. Dans ce coin de pays qui demeurait à l'époque encore très largement agricole, se déplaçait l'été une population flottante de villégiateurs venus des quartiers juifs de la métropole, qui s'installait l'espace de quelques semaines dans des chalets et des hôtels de village, dont plusieurs appartenaient à leurs coreligionnaires. Tandis qu'à Montréal les populations de différentes origines occupaient des zones résidentielles presque imperméables à Sainte-Agathe, Val-David ou Saint-Faustin, catholiques et Juifs pouvaient lors de la belle saison se côtoyer constamment dans les commerces et sur les plages, au bureau de poste ou au cinéma. Démesurément grossie par l'apport temporaire de cinq à dix mille vacanciers, la population juive très minoritaire des Basses Laurentides pouvait ainsi représenter aux yeux des nationalistes radicaux cette menace visible qu'ils cherchaient par tous les moyens à mettre en lumière dans leurs écrits. Dans une lettre au premier ministre Duplessis, Peter Bercovitch résumait au printemps de 1938 le genre de méthodes pratiquées par les antisémites de la variété estivale :

> Je suis au courant de ce qui s'est passé dans les Laurentides, depuis le début de l'été dernier. [...] On a effrayé des femmes et des enfants, des hommes ont été attaqués, leurs maisons ont subi des dommages matériels, bris de carreaux et autres — sans parler de la profanation des lieux de culte juifs, dont il est question dans la lettre ci-jointe[45].*

L'affaire des Laurentides culmina le 29 juillet 1939, à Sainte-Agathe, lorsque des affiches imprimées en deux langues apparurent dans le village, peu après le passage d'Adrien Arcand et de ses sbires et la tenue d'une assemblée où fut servie à 2 000 personnes une harangue antisémite. Les tracts en question donnaient à lire le texte suivant : « Les Juifs ne sont pas désirés ici. Sainte-Agathe est un village canadien-français et nous le garderons ainsi. Jews are not wanted here in Ste. Agathe, so scram while the going is good[46]. » Le 30 juillet, le lendemain, le vicaire de la paroisse expliqua en chaire que la campagne visait à éduquer la population francophone et à les prévenir contre certains abus de la part des Juifs, mais il mit aussi les fidèles en garde contre toute forme de violence, et nia avoir personnellement participé à l'affichage des tracts. Aux prises avec un afflux estival de 2 000 à 3 000 Juifs, qui venaient doubler la population normale du village, le curé craignait simplement, en cet été 1939, que la vente de propriétés à des non-chrétiens ne vienne diminuer considérablement les revenus de la dîme, et risquer donc de réduire la Fabrique paroissiale à l'indigence. Accompagné d'un cortège de vexations anti-juives et d'insultes verbales, l'incident prit fin le 6 août suivant quand le curé Bazinet déclara à la messe du dimanche que le respect le plus grand et la tolérance la plus haute s'imposaient dans les rapports entre catholiques et Juifs à Sainte-Agathe, mais non au prix pour les premiers de la perte de leur identité nationale[47]. Le sermon de Mgr Bazinet fut utile pour ramener à de meilleurs sentiments les citoyens de Sainte-Agathe et les détourner des méthodes chères à Arcand, puisque le lendemain, H. Grover, un membre éminent de la synagogue réformiste Temple Emanu-El, écrivit une lettre de félicitations au curé, y joignant un chèque de cent dollars, sans doute dans le but de faire comprendre que les Juifs ne cherchaient pas à étouffer financièrement la paroisse catholique[48]. Même dans l'adversité, la communauté juive s'efforçait de ne pas couper tous les liens, parfois patiemment tissés au cours des années, avec ceux que la compassion pouvait encore toucher.

Des résultats mitigés mais prometteurs

Le récit de ces événements nous amène à évaluer l'impact, sur la scène publique, des efforts du CJC pour freiner au sein de la population francophone la montée de sentiments xénophobes et souvent antisémites. Déjà vers 1935, le travail de rapprochement entrepris par Caiserman auprès de certaines personnalités-clefs avait commencé à porter fruit. À la suggestion du CJC, des personnalités québécoises aussi prestigieuses que Henri Bourassa et Olivar Asselin, chacune dans sa sphère d'activité, prirent parti publiquement contre les coteries antisémites, et plusieurs individus moins connus à l'époque, se virent nourris de réflexions et les bras chargés de documents proposant la tolérance mutuelle : « Tous ces sujets auxquels le Congrès s'est intéressé au plus haut point ont entraîné une atmosphère merveilleuse, vous l'admettrez, comparativement à la situation qui prévalait il y a un an et demi[49]. »* Le seul fait de combattre activement le fléau du racisme et le déferlement des propagandes fascisantes, avait insufflé un regain de fierté et de confiance aux membres influents de la communauté juive montréalaise, qui pour beaucoup avaient assisté impuissants, quelques années plus tôt, lors de la crise des écoles, au recul des positions juives autonomistes. Cet irremplaçable sentiment de maîtriser, en partie du moins, son propre destin, a pu constituer pour les Juifs le principal bénéfice de la longue campagne anti-discriminatoire menée par le CJC.

Tant et si bien qu'à Genève, en août 1936, à une réunion du Congrès juif mondial, Caiserman déclara en rupture totale avec le climat lourd de conséquences de l'époque, que les Juifs canadiens ne craignaient pas outre mesure chez eux les effets de l'antisémitisme et avaient même déjà commencé à y opposer une réplique efficace[50].

Arcand
mis au pas Auprès de cette catégorie de gens que la doctrine Caiserman définissait comme malléables, bien qu'hostiles à divers degré au judaïsme, il semble bien que les diverses représentations tentées par le CJC aient connu un certain succès. Ainsi, peu après que le journaliste Raoul Renault eut publié en 1938 dans son journal de tendance nationaliste, *Le Franc parleur*, une attaque contre la communauté juive de Montréal, traitée à cette occasion de repaire de scélérats et de malhonnêtes individus, Caiserman écrivait à un correspondant: «Vous serez intéressé d'apprendre, M. Bercovitch, qu'une expérience semblable, avec un journal corporatiste de Montréal, a eu pour résultat que le harcèlement des Juifs est disparu de ses colonnes après que nous en eûmes rencontré les dirigeants[51]. »* Manifestement, à la fin des années trente, le vent avait commencé à tourner. Le plus grand exploit du CJC avait été de couper progressivement l'herbe sous le pied au grand maître de la vocifération anti-juive, Adrien Arcand. Sans les manœuvres de sape menées par Caiserman à son endroit, il est permis de croire que même avec un membership peu important[52], le mouvement fasciste aurait pu, au cours de la période, attirer un auditoire plus vaste et des sympathies plus prononcées au sein de la population francophone. Même l'affaire de Sainte-Agathe, à l'été de 1939, qui demeure pour la période un des hauts faits du groupe Arcand et aurait pu avoir des conséquences fâcheuses, ne fut qu'un feu de paille vite éteint une fois apparues les premières froidures de l'hiver. C'est du moins ce que concluait un rapport du Public Relations Committee du CJC[53], qui jugeait, en novembre 1939, que les activités antisémites avaient cessé dans les Laurentides, ou étaient entrées dans la clandestinité (*untererdich*).

Un travail
à long terme Cependant, la communauté juive ne devait recueillir les fruits de ces années de travail inlassable de la part de H. M. Caiserman, que beaucoup plus tard, au cours des années soixante, quand s'amorcerait pour le Québec francophone une ère de nouveaux départs sur le plan de ses

projets collectifs et de son identité culturelle. Par sa campagne de sensibilisation, Caiserman n'avait en somme fait que préparer le terrain pour d'autres ouvriers, qui viendraient après lui et dont les efforts seraient récompensés par une combien plus abondante moisson. Le message du secrétaire général était encore trop nouveau, au cours des années trente, et ses méthodes trop innovatrices pour qu'il ne fasse plus qu'esquisser, dans l'indifférence quasi générale, la voie à suivre en vue d'un rapprochement fructueux de deux collectivités. Si des cœurs avaient été touchés, la plupart des gens que Caiserman contacta au cours de la décennie, souvent par correspondance, et pour lesquels les Juifs n'étaient qu'un épiphénomène agaçant, eurent sans doute tôt fait de jeter aux orties les documents du CJC et de ses multiples prête-noms. Caiserman avait beau investir temps et énergies, il ne pouvait pas, à lui seul, infléchir l'attitude d'une masse imposante de ses concitoyens de confession chrétienne.

Des obstacles majeurs barraient encore la route au cours des années trente à une quelconque forme de rapprochement judéo-catholique, et certains se situaient au cœur même de la communauté juive canadienne, même chez ses membres les mieux disposés à l'endroit de la majorité francophone et pour qui l'urgence d'un dialogue s'imposait. Malgré leur bonne volonté manifeste, Caiserman et ses confrères du parti autonomiste juif ne possédaient pas une connaissance suffisante de la société québécoise de langue française et de ses rouages institutionnels, pour pouvoir, quand la communauté juive était menacée d'une manière ou d'une autre autre, intervenir au bon endroit et au bon moment. Entre 1933 et 1936 surtout, alors que le CJC était encore en voie de réorganisation, les documents d'époque révèlent très bien comment les porte-parole juifs furent saisis de panique face au courant fasciste et antisémite perçu au Québec, et ne réussirent pas à évaluer clairement son ampleur et sa résurgence potentielle, faute de contacts avec les milieux catholiques modérés et avec des nationalistes d'inspiration traditionnelle. Privés de cette connaissance essentielle du milieu, incapables d'une lecture juste et nuancée de la topographie sociale québécoise, les leaders juifs se demandèrent avec anxiété jusqu'où irait cette hostilité qui risquait d'emporter à la dérive toute la communauté. Cette ignorance et ces tâtonnements furent à l'origine de bien des malenten-

D'hésitations
en incertitudes

dus et d'échecs coûteux dans l'élaboration de stratégies et d'actions contre des groupes et organes de presse racistes ou fascisants. Ainsi, tard dans l'année 1933, Caiserman persistait encore à croire que le journal *Le Restaurateur*, vicieusement anti-sémite, était bel et bien l'organe officiel d'une association de quelque 2 000 propriétaires de restaurants dans la province de Québec, alors qu'une habile campagne, dirigée par le CJC, mettait à nu la position de faiblesse de ses éditeurs et propriétaires[54]. Au début de 1934, *Le Restaurateur* disparaissait sans avis, laissant derrière lui le vide le plus total, à tel point qu'il n'est même pas répertorié dans l'ouvrage de Hamelin et Beaulieu sur la presse québécoise (Hamelin, 1973-85). À la même époque, Caiserman s'imaginait également que *L'Action catholique* était l'organe officiel de l'Archevêché de Québec, que l'abbé Lionel Groulx dirigeait directement le mouvement Jeune-Canada et était jésuite. Le secrétaire général du CJC parvenait parfois difficilement à distinguer la teneur idéologique des différentes publications et périodiques du Québec français, vouant aux mêmes géhennes le très conservateur *Journal* de Québec, le fasciste *Patriote* d'Adrien Arcand, et même par moments *Le Devoir* tel que dirigé par Georges Pelletier. Au début des années trente, Caiserman en était encore réduit à assimiler les rudiments du contexte québécois francophone et il existe même une lettre de 1933 où il fait mention de « l'éminent leader nationaliste » et fondateur du *Devoir*: Henry Burosseau[55].

Des ratés   Plusieurs fois d'ailleurs, faute de précautions, la coopération entre le CJC et l'aile progressiste de la presse francophone faillit mal tourner, notamment en mai 1934, quand un certain Bernard Postal écrivit dans le *B'nai Brith Magazine*, publication juive américaine, que le journal *L'Ordre* et son fondateur Olivar Asselin étaient coupables de sympathies antisémites. Dans ce même article, qui passait en revue la situation des Juifs au Québec, Postal avait accumulé maladresses et bévues à tel point que Caiserman avait cru bon d'écrire au secrétaire du magazine:

> À part l'autre exagération faite par M. Postal, il est effectivement ridicule de mettre *Le Devoir* dans la même catégorie que *Le Patriote* et c'est « une accusation de meurtre rituel » de qualifier *Le Canada* de journal antisémite.

Comme fruit d'efforts acharnés, pendant plusieurs mois, nous avons réussi à établir de meilleures relations avec *Le Devoir*, ce qui, nous le craignons, a été réduit à néant par l'article imprudent et trompeur publié dans l'organe officiel du B'nai Brith[56].*

À la suite de cette affaire malencontreuse, Caiserman dut se rétracter publiquement au nom de la communauté juive auprès des rédacteurs de l'*Ordre* et du journal libéral *Le Canada*. L'incident illustre, en fait, à quel point étaient mal comprises au CJC les attitudes, du reste très diversifiées des francophones du Québec à l'égard des Juifs, sans compter que les nuances lexicales et syntaxiques de la langue française échappaient pour une bonne part à son secrétaire général. Peu à peu au cours des années trente, à force d'attentions et d'efforts constants, la brume se leva autour de ces questions, complexes même pour un francophone, et certains Juifs de Montréal finirent par mieux saisir les principales tendances politiques et sociales du Québec français, mais jamais au point de s'y sentir parfaitement à l'aise. Il faudra attendre la fin des années soixante-dix pour que, grâce à une meilleure connaissance du français, un souci réel de compréhension puisse s'exprimer clairement. Comme le rappellent Bernard Figler et David Rome dans leur biographie de Caiserman, quand le Poale Zion se lança pour la première fois en 1916 sur la scène politique municipale à Montréal, il ne tarda pas à comprendre que le principal obstacle à sa popularité dans le quartier Saint-Louis, n'était pas tant le caractère radical de son programme que le fait de ne pouvoir le communiquer dans la langue des électeurs non juifs : «La campagne se fit en yiddish, en anglais et en français. Si l'anglais présentait de nombreuses difficultés pour les immigrants du Poale Zion, le français était presque peine perdue»* (Figler et Rome, 1962 : 62).

Pendant qu'au cœur de la Babel linguistique montréalaise Caiserman[57] se demandait, en 1934, quelle pouvait être l'efficacité, auprès d'Omer Héroux du *Devoir* et d'Eugène L'Heureux de *L'Action catholique*, de lettres rédigées en anglais, des problèmes plus pressants se posaient au CJC. Certes empêtré dans son pauvre français, Caiserman devait aussi lutter contre l'indifférence et l'hostilité de ses propres coreligionnaires, qui assaillaient le seul organisme capable de représenter d'un bloc la

Un Congrès juif peu appuyé

36.
L. Zucker prend la parole lors de la cérémonie d'envoi de la construction du nouvel édifice de l'école Peretz, rue Duluth, 1942. Derrière l'estrade d'honneur une banderole proclame en yiddish: «Félicitations! Honneur aux bâtisseurs! En notre jeunesse réside notre espoir!». *Archives du Congrès juif canadien, PC1/6/551.*

communauté juive du Canada. Pendant des années, le secrétaire général dut, non seulement pallier leur ignorance du milieu francophone, mais aussi tenir à flot le seul véhicule de leur crédibilité face à la majorité chrétienne du pays. Dès juin 1933, Caiserman confessait à un correspondant de Toronto que le CJC n'avait aucune réserve de liquidités: «Sans un sou dans la caisse du Congrès projeté, j'ai enfin pu organiser un bureau et je me trouve au plus fort de l'ouvrage[58].»* La situation ne s'arrangea guère au cours des mois suivants puisque le 3 octobre 1935, un rapport interne établit que l'organisme n'a plus que 200 $ en caisse, juste assez pour couvrir les dépenses courantes pendant une semaine et demi[59]. Au début de décembre de la même année, le CJC devait l'équivalent de cinq semaines de salaires à son secrétaire général et deux semaines à l'ensemble du personnel[60], et ce, malgré plusieurs tentatives de collectes de fonds:

La situation financière du Congrès est désespérée. La campagne, à Montréal, fut un fiasco. Les gens n'avaient pas envie de contribuer à deux campagnes du Congrès dans une même année, et nos membres ont montré qu'on ne pouvait pas se fier à eux et qu'ils n'étaient pas intéressés[61].*

Se développa donc cette situation paradoxale entre toutes où, alors que Caiserman commençait à enregistrer vers 1935-1936 ses premiers succès véritables de coopération judéo-chrétienne, par un recul des propagandes antisémites, la communauté juive, première bénéficiaire de ce recul, refusait d'appuyer de ses contributions l'organisme qui en avait été l'artisane. Caiserman dut pour un temps s'interroger à savoir qui des fascistes ou des Juifs indifférents au CJC nuisaient le plus à la cause du judaïsme au Canada:

> Tout le pays, d'un océan à l'autre, semble satisfait des rapports sur le travail que nous accomplissons, mais quand vient le temps de prendre la responsabilité de maintenir le bureau, on semble croire que Caiserman devrait prendre en main son bâton de pèlerin et frapper à la porte des 160 000 Juifs du Canada pour rappeler à chacun quel est son devoir. J'aimerais avoir la capacité physique de le faire.
>
> Franchement, je suis pas mal découragé de la coopération que j'ai reçue[62].*

Il faut en effet juger des résultats obtenus par le CJC sur la scène québécoise, en gardant à l'esprit que Caiserman, son secrétaire général joua, au cours des années trente, le rôle d'un véritable homme-orchestre, accomplissant avec seulement quelques personnes, des tâches multiples et également urgentes étant donné les circonstances. Sans son épouse, Sarah Wittal, qui l'a soutenu même financièrement quand le CJC n'avait même pas assez de sous pour acheter des timbres-poste, il est fort probable que l'inertie de la communauté juive l'aurait privé des services éminents de cet homme dont l'énergie était sans bornes et la bienveillance inépuisable: «Il a soudé la communauté juive canadienne en un tout, grâce à sa présence, à ses exhortations et à ses rapports sur le travail accompli et à faire»* (Figler et Rome, 1962: 226).

Seul à la tâche

* * *

37.
H. M. Caiserman à la fin de sa vie.
Archives du Congrès juif cana-
dien, PP2.

Une nouvelle
aube

Ce n'est qu'en 1939, avec l'entrée en scène de Samuel Bronfman, que le CJC s'extirpa du marasme où une constante impécuniosité l'avait maintenu. En même temps que s'abattaient sur les antisémites de toute eau, comme une chape de plomb, les mesures imposées par l'état de guerre avec l'Allemagne et les puissances de l'Axe, qui devaient rapidement les conduire au camp d'internement, et interdire leurs écrits. Quand fut levée la censure en 1945, c'est face à un Québec nouveau que se retrouva la communauté juive de Montréal. Aiguillonnés par les profonds bouleversements sociaux et idéologiques mondiaux des années de guerre, les francophones allaient s'engager sur la voie de grands changements structurels et produire un type de société dont l'antisémitisme serait à toutes fins utiles absent (Anctil, 1984b).

Les journaux et leurs auteurs, les incidents de rue n'ont pas exclusivement occupé le secrétaire général du CJC. Dans ses efforts de rapprochement, Caiserman tendit également la main à certains membres du clergé catholique. C'est peut-être dans cette tâche que Caiserman excella, là où il put se révéler comme un précurseur du dialogue judéo-catholique.

256

Notes du chapitre 5

1. « L'honorable juge Désaulniers refuse d'accorder une injonction en faveur d'un marchand israélite » (*La Presse*, 13 septembre 1932, p. 3).

2. ACJCM, « By-laws Adopted at the General Meeting, Canadian Jewish Committee, 17th January 1932. »

3. *Idem*, « Platform and Resolutions as Adopted by the Preliminary Conference at Toronto on June 10th and June 11th, 1933, for Creating a Permanent All-Canadian Jewish Organisation. »

4. *Idem*, Lettre de H. M. Caiserman, secrétaire général du Congrès juif canadien, au rabbin S. Frank, président de la section de l'Ouest (Western Division) du Congrès juif canadien, Winnipeg, datée du 6 décembre 1936; et lettre à Lillie Shultz, directeur de la recherche, American Jewish Congress, New York, datée du 29 octobre 1936.

5. *Idem*, Lettre de H. M. Caiserman à Edmond Frankel, président de la section centrale (Central Division) du CJC, 11 décembre 1933.

6. Publié en deux langues vers 1937, l'ouvrage était une sorte de collage de textes et de citations éparses, puisées dans le répertoire étendu de la littérature antisémite occidentale. D'après les informations recueillies par le CJC à l'époque, il aurait été préparé par Gabriel Lambert, bras droit de Arcand au Parti national social chrétien, et imprimé à Montréal sur les presses de *L'Illustration nouvelle*.

7. « Le potin juif », *L'Action catholique*, 28 mars 1933, p. 1.

8. ACJCM, Lettre de H. M. Caiserman à Morris D. Waldman, secrétaire de l'American Jewish Committee (New York), 18 décembre 1933.

9. *Idem*, Lettre du président de la compagnie Charles Gurd aux éditeurs du journal *Le Restaurateur*, Montréal, 11 novembre 1933.

10. *Idem*, Lettre de H. M. Caiserman à Peter Bercovitch, député à la Législature de Québec et vice-président honorifique du CJC, 1er avril 1936.

11. *Idem*, Lettre de H. M. Caiserman à Maurice Hartt, Montréal, 10 février 1936.

12. *Idem*, Lettre de H. M. Caiserman à Louis Fitch, député conservateur au Parlement de Québec, 23 mars 1939.

13. *Idem*, Lettre de J. M. Savignac, président du Comité exécutif de la ville de Montréal, à Max Seigler, conseiller municipal, 22 août 1939.

14. *Idem*, Lettre de H. M. Caiserman au Commissaire S. T. Wood de la Gendarmerie royale du Canada (Ottawa), 18 septembre 1939.

15. Le B'nai Brith (les Fils de l'Alliance) est une association volontaire consacrée au bien-être et à la défense de la communauté juive. Établie au Canada à la fin du XIXe siècle, elle comptait à Montréal depuis 1913 une loge très active (Mount Royal Lodge) et qui s'occupait à combattre l'influence des antisémites.

16. ACJCM, H. M. Caiserman, « Summary of the Work Published by the Canadian Jewish Congress in the 4½ Years of its Existence », vers 1939.

17. Cette accusation spécifique émanait des milieux russes favorables au régime tsariste et fut, après 1917, propagée en Occident par les partis politiques et gouvernements hostiles aux thèses communistes.

18. ACJCM, Lettre de H. M. Caiserman à Henry Rieder (Montréal), 26 juin 1933.

19. *Idem*, Lettre de H. M. Caiserman à Morris D. Waldman, secrétaire de l'American Jewish Committee (New York) le 18 décembre 1933.

20. *Idem*, H. M. Caiserman, «A Concise Report of the CJC Activities During the Two Years of Its Existence», signé le 11 mars 1936.

21. *Idem*, Lettre de H. M. Caiserman à Bernard Lecache, président de la Fédération internationale des ligues contre l'antisémitisme (Paris) le 30 décembre 1936.

22. *Idem*, Lettre de H. M. Caiserman à Raymond Raoul Lambert, de l'Association juive de colonisation (Paris), le 24 septembre 1936.

23. Le CJC publiait également à l'époque de la documentation de langue anglaise sous le couvert de la Unity and Goodwill Association.

24. ACJCM, Lettre de H. M. Caiserman à Raymond Raoul Lambert, de l'Association juive de colonisation (Paris), le 24 septembre 1936.

25. Quotidien de langue Yiddish fondé en 1907 à Montréal par Hirsch Wolofsky et mieux connu sous le nom yiddish de *Der Kanader Adler*.

26. ACJCM, Lettre de Gilbert LaRue, directeur de *L'Autorité*, à Hirsch Wolofsky, propriétaire-fondateur du *Kanader Adler*, le 24 mai 1933.

27. *Idem*, «Memorandum of Confidential Conversation I had with Mr. Henry E. Vautelet at the Queen's Hotel, on Wednesday, January 29th, at 12:30». Document anonyme de 1936, probablement préparé par H. M. Caiserman.

28. «Antisémitisme», *L'Action catholique*, 12 février 1935, p. 4.

29. ACJCM, Lettre de H. M. Caiserman à Howard S. Ross, k.c., 13 février 1935.

30. *Idem*, Lettre de H. M. Caiserman à «l'Éditeur» de *L'Action catholique*, Québec, le 18 novembre 1934.

31. *Idem*, Lettre de H. M. Caiserman à Marcel Hamel, rédacteur en chef de *La Nation*, 10 février 1939.

32. *Idem*, Lettre de George F. Henderson, k.c., avocat, à A. J. Freiman, Ottawa, le 4 novembre 1933 et lettre de Max J. Kohler, avocat (counselor at law), New York, à H. M. Caiserman, 1er mai 1934.

33. «Vos Zol Men Fort Ton Zu di Khoutzpadike Antisemitiche Hetzes in Provinz Quebec», dans *Der Kanader Adler*, Montréal, 28 juin 1936. Il s'agissait d'une réponse de la rédaction du journal à une lettre de Caiserman, lequel s'opposait à la poursuite des antisémites québécois devant les cours de justice.

34. «Public Relations Committee», rapport non daté, produit vers 1939 et déposé aux archives du Congrès juif canadien, Montréal.

35. Cité dans le *Congress Newsletter*, vol. 1, n° 1, janvier 1935.

36. ACJCM, «Minutes of the 10th Meeting of the Delegates of the Eastern Division of CJC», 22 septembre 1935.

37. *Idem*, «Twenty-two Months of Canadian Jewish Congress Activities», septembre 1935.

38. *Idem*, «Memorandum. Re: D. Segal. St. Hyacinthe, Que», 1934.

39. *Idem*, Lettre de H. M. Caiserman à Max Seigler, échevin de la ville de Montréal, 29 avril 1935.

40. « U. of M. Students Take Active Part in Riot », *McGill Daily*, 15 octobre 1936.

41. ACJCM, Lettre de H. M. Caiserman à J. Schubert, échevin de la ville de Montréal, le 16 octobre 1936, et lettre à M. Weinfield, président du Public Relations Committee du CJC, 15 octobre 1936.

42. « ... And Other Disturbers of the Public Order », *The Canadian Jewish Chronicle*, 23 octobre 1936, p. 3.

43. ACJCM, Lettre de A. J. Rosenstein, résident de Rawdon, à H. M. Caiserman, 19 août 1936.

44. *Idem*, Lettre de H. M. Caiserman à M. M. Applebaum, du Hebrew Union College de Cincinnati, Ohio, le 16 novembre 1936.

45. *Idem*, Lettre de Peter Bercovitch, député libéral au Parlement de Québec, au premier ministre Maurice Duplessis, 6 mai 1938.

46. Archives photographiques du Congrès juif canadien, Montréal. Voir aussi « Ste-Agathe met le ban sur les Juifs », *Le Devoir*, Montréal, 31 juillet 1939, p. 3.

47. « Le sermon de Mgr Bazinet, curé de Sainte-Agathe », *L'Illustration nouvelle*, Montréal, 7 août 1939, p. 5

48. ACJCM, Lettre de H. Grover à Mgr Jean-Baptiste Bazinet, curé de Ste-Agathe-des-Monts, 7 août 1939.

49. *Idem*, Lettre de H. M. Caiserman à A. L. Mailman, Montréal, le 21 juin 1935.

50. « Kanade Hot Nit Moyre Far Antisemitizm, Zogt Barikht Zum Yidichen Welt Kongres », *The Daily Hebrew Journal/Der Yidisher Journal*, (Toronto), 12 août 1936.

51. ACJCM, Lettre de H. M. Caiserman à Peter Bercovitch, 9 février 1938.

52. En 1938, H. M. Caiserman évaluait le membership de la clique Arcand à 5 000 personnes, mais admettait du même coup que ses propres chiffres pouvaient être exagérés : « La Police montée de Montréal, qui affirme être bien au courant de la situation, ne connaît que 450 membres du Parti nazi dans le district de Montréal. »* (ACJCM, Lettre de H. M. Caiserman à A. G. Brotman, Secretary of the Board of Deputies of British Jews, Londres, Angleterre, 15 mars 1938).

53. « Aroum der Kanader Yidichen Kongres », *Der Kanader Adler*, 12 novembre 1939, p. 6.

54. ACJCM, Lettre de H. M. Caiserman à Morris D. Waldman, secrétaire de l'American Jewish Committee, New York, 18 décembre 1933.

55. *Ibid.*

56. *Idem*, Lettre de H. M. Caiserman à I. M. Rubinow, secrétaire de l'organisation B'nai Brith, Cincinnati, Ohio, 18 mai 1934.

57. Malgré qu'il soit né en Roumanie, et qu'il ait parlé couramment le roumain, une langue d'origine latine, Caiserman ne devint vraiment jamais à l'aise dans un contexte francophone. S'il pouvait sans doute lire le français, le secrétaire général du CJC ne parvint pas à maîtriser cette langue suffisamment pour la parler et l'écrire, comme en fait foi sa correspondance en anglais avec les organismes juifs de France.

58. ACJCM, Lettre de H. M. Caiserman à A. B. Bennett, Toronto, le 22 juin 1933.

59. *Idem*, «Minutes of the Meeting of the Montreal Members of the Dominion Executive of CJC», 3 octobre 1935.

60. *Ibid*, 5 décembre 1935.

61. *Idem*, Lettre de H. M. Caiserman à Simon Belkin, Regina, Saskatchewan, 30 juillet 1935.

62. *Idem*, Lettre de H. M. Caiserman à Alexander Brown, secrétaire exécutif de la section centrale du CJC, Toronto, 1er juillet 1935.

38.

Le *Kanader Adler*, fondé en 1907 par un immigrant du nom de Hirsch Wolofsky, fut le seul quotidien de langue yiddish à Montréal, au cours de l'entre-deux-guerres. Publication de haute tenue littéraire, le journal refléta fidèlement les événements marquants de la communauté, tel le début de la construction de l'hôpital général juif, le 8 octobre 1934. *Bibliothèque nationale du Québec*.

THE FIRST AND LARGEST JEWISH DAILY IN THE DOMINION

The Eagle — CANADA'S JEWISH MEDIUM

Vol. 28 No. 230   MONTREAL, MONDAY, OCTOBER 8, 1934   Price 3 Cents

6

Les racines religieuses du refus

Dans le Québec du début du siècle, les Juifs préoccupés d'échanges avec les francophones durent tenir
compte de la présence au pays d'une Église catholique
bien enracinée, pièce maîtresse de l'identité culturelle de
la majorité (Rioux, 1974 ; Miner, 1967). Par les institutions
d'enseignement dont elle assurait presque entièrement
l'encadrement intellectuel et moral, par son implication
dans la majorité des associations volontaires et surtout par
son accès direct à un corps de doctrines et à une pensée
aussi vieille que l'Occident chrétien, l'Église catholique
romaine, telle qu'incarnée au Québec, était au cœur de la
plupart des initiatives de changement social. Souvent, elle
avait amorcé les grands virages de la société québécoise
grâce aux immenses ressources humaines et matérielles
dont elle disposait, mais elle s'objectait aussi parfois à
certains courants jugés contraires au bien commun et à
l'avancement spirituel de la population (Hamelin, 1984 ;
Linteau, 1979). Les Juifs furent prompts à réaliser l'importance de cette institution religieuse qui, au Québec, tout
en étant soumise à l'autorité romaine en matière de foi et
de morale, savait aussi dans les faits faire preuve d'un
certain esprit d'indépendance. Le haut clergé, le plus souvent issu de la petite bourgeoisie canadienne-française,
partageait ses aspirations nationalitaires et sa volonté de se
démarquer de la majorité anglo-canadienne protestante.

Nous savons que le pacte confédératif de 1867 avait abouti au Québec à la formation de commissions scolaires confessionnelles, et plus généralement à une polarisation bi-culturelle et bi-nationale canadienne. La préservation des intérêts socio-politiques de l'Église catholique avait été tout aussi déterminante que celle des intérêts de l'Église d'Angleterre et des autres congrégations protestantes. Ce furent les Églises plutôt que l'État provincial qui, par leurs comités respectifs au sein d'un Conseil de l'instruction publique, prirent en charge la perpétuation, qui des droits ethno-linguistiques des francophones, qui de ceux des anglophones. L'adéquation de l'identité francophone avec la foi catholique, explique que les minorités ethniques et les immigrants furent souvent tentés de blâmer le clergé pour l'accueil mitigé, sinon hostile, dont ils eurent à faire les frais à Montréal, surtout s'ils appartenaient à une tradition spirituelle étrangère, que ce soit à la foi catholique romaine ou aux courants de la réforme protestante.

Quand au cours des années trente la communauté juive, pour la première fois, voulut réagir devant la montée des sentiments antisémites et plus particulièrement face à l'irruption d'une certaine presse fascisante, ses leaders tournèrent le regard vers le haut clergé catholique dans l'espoir d'un geste favorable à leur cause. D'autant plus que certains parmi les antisémites québécois militaient sous des bannières suggérant que l'Église aurait pu cautionner d'une manière ou d'une autre leur idéologie discriminatoire, en ce qui avait trait particulièrement à l'origine ethnique ou nationale. D'autres intervenants, moins radicaux il est vrai, n'en disaient pas moins, en repoussant la présence juive, défendre le caractère catholique de la société québécoise francophone. Adrien Arcand, par exemple, avait fondé en 1934 son premier regroupement politique sous le nom de *Parti national social chrétien*, et affirmait, entre autres, vouloir préserver de la menace bolchevique et juive, les racines fondamentalement chrétiennes de l'Occident. Dans d'autres sphères, la Ligue du dimanche, la Fédération des clubs ouvriers, la Société Saint-Jean-Baptiste de Montréal et même l'Association des voyageurs de commerce, des organisations professant leur allégeance à la doctrine sociale de l'Église catholique, et souvent accueillant en leur sein des aumôniers officiellement mandatés par leurs évêques, avaient fait preuve dès le début des années trente de méfiance, sinon d'hostilité à l'égard de la communauté juive de Montréal (Betcherman, 1975). Jusqu'à la Ligue d'action nationale, où siégeaient au bureau de direction de nombreux clercs, dont l'abbé Lionel Groulx, l'abbé Albert Tessier et monsieur Olivier Maurault, prêtre de Saint-Sulpice et futur recteur de l'Université de Montréal, qui publia en 1933 dans *L'Action nationale* des articles où transparaissait sous une forme à peine voilée un mépris certain du peuple juif :

> L'incurie de nos gouvernements du commencement de ce siècle, maîtres de nos destinées à cette époque, a permis à l'un des pires virus de nos traditions religieuses et nationales de prendre racine chez nous. Rien ne justifiait l'immigration juive de 1900 à 1910. Que les compagnies de chemin de fer voulussent alors transporter et établir ici des êtres humains tout court, et en quantité illimitée, on le comprend aisément. Mais l'histoire demandera un compte sévère aux gouvernants sans vues générales qui les laissèrent drainer d'Europe des peuples inassimilables, et les Juifs en particulier (Vanier, 1933 : 6).

La remise en marche du Congrès juif canadien (CJC) en 1933 fut l'occasion pour la communauté juive d'une réflexion nouvelle, et cette fois conséquente, concernant l'influence de l'Église catholique au Québec. Il importait au plus haut point de sonder les positions de la hiérarchie catholique, et surtout de mesurer jusqu'à quel point il pourrait être possible de rallier le haut clergé à la lutte que comptait entreprendre le CJC sur un terrain où simples prêtres et laïcs pratiquants s'étaient déjà aventurés d'une manière ou d'une autre. Cependant, et c'est là une des grandes originalités de la stratégie imaginée par H. M. Caiserman, les porte-parole juifs adoptèrent au départ une attitude positive et se montrèrent convaincus de la justesse de leurs propres perceptions des relations interculturelles et décidés à les négocier d'égal à égal, dans le respect mutuel et l'espoir d'améliorer à court terme le sort des Juifs dans la société. En fait, le CJC n'hésita pas dès le début des années trente à considérer le haut clergé comme son allié présumé, et comme l'ultime arbitre d'une situation qui risquait de dégénérer si rien n'était tenté :

Un préjugé favorable

Toute la population canadienne-française est incitée à détester le Juif. [...] D'autre part, nous savons tous que la moindre intervention des dignitaires de l'Église catholique arrêterait ces manifestations immédiatement ; pourtant, cette intervention ne vient pas [...]

Le Congrès juif canadien fait ce qu'il peut, mais nous avons le sentiment que l'intervention des hauts dignitaires de l'Église catholique aux États-Unis, avec les chefs de l'Église au Québec, pourrait donner certains résultats satisfaisants[1].*

Un passé
lourd
à porter

Le redoutable pari de Caiserman face à l'Église catholique québécoise et à sa doctrine socio-politique concernant la société francophone, consistait à faire fi de deux constantes historiques pourtant très largement connues de la communauté juive canadienne et qui avaient empoisonnée en d'autres périodes les rapports entre les membres des deux traditions spirituelles. Il était en effet connu des milieux judaïques montréalais, que certains des plus habiles propagateurs au Québec d'erreurs sur le judaïsme, notamment par le biais de l'imprimé, avaient été des prêtres diocésains et que, dans le passé, les idées antisémites classiques avaient souvent trouvé refuge dans les presbytères et dans des publications religieuses de second ordre. D'autre part, et c'est sans doute à ce sujet que Caiserman eut à surmonter les plus fortes réticences de ses coreligionnaires, l'Église catholique elle-même, tout au long de son histoire millénaire, n'avait pas été exempte de passions antisémites. Bien au contraire, c'est au sein même de l'Église que se propagèrent dès les premiers siècles de l'ère chrétienne des jugements défavorables aux Juifs et à leur conception du divin, réticences et méfiances qui éclatèrent périodiquement en persécutions violentes et donnèrent lieu à des attaques contre les synagogues et les établissements d'enseignement mosaïque de la diaspora partout en Occident. Si les catholiques québécois avaient parfois fait preuve d'intolérance et d'incompréhension face aux héritiers du judaïsme, combien plus sévère avait été le jugement des chrétiens de la période patristique qui a marqué plusieurs siècles de l'histoire européenne (Isaac, 1956, 1960 ; Cohen, 1982).

Le procès Plamondon de 1913

Dans son traitement de la question juive, l'Église catholique québécoise avait suivi au XIXᵉ siècle la tendance de l'Occident chrétien, qui avait repris des discours hostiles aux Juifs au cours des années 1860 et 1870, à peu près à l'époque où se firent sentir en Europe les tensions sociales et politiques dues, d'une part, à l'industrialisation et à l'urbanisation et, d'autre part, à la montée des nationalismes allemand et italien. Cette période fut aussi celle de l'émergence d'un athéisme ouvert, de l'anti-cléricalisme et, plus concrètement, de la montée d'une génération de Juifs en France, en Allemagne et en Grande-Bretagne qui, grâce aux effets conjugués de l'émancipation politique pratiquée au début du siècle et du développement général de la société, se virent ouvrir pour la première fois les portes de tous les secteurs d'activités (Poliakov, 1955-71). Avant le milieu du XIXᵉ siècle, la vallée du Saint-Laurent comme le reste de l'Amérique du Nord était resté à l'abri des divers courants antisémites, et le Bas-Canada avait même été le premier endroit dans l'Empire britannique où furent reconnus dès 1832 les pleins droits politiques des Juifs :

> Les récits de la vie des premiers colons juifs des colonies britanniques du nord de l'Amérique montrent que, pendant le premier siècle de colonisation juive (1759-1859), dans un climat de frontière et dans un Empire qui faisait preuve de moins d'autorité à l'égard de ses sujets éloignés que les autres puissances coloniales européennes, il n'y avait à peu près aucun acte ou parole antisémite.
>
> [...]
>
> Nous n'avons pas la plus petite indication que les Juifs occupant des fonctions aient souffert le moindre embarras, à cause de leur origine, ou se soient sentis en aucune façon contraints* (Rome, 1983 : 2).

D'après David Rome, les premières publications québécoises à contenu antisémite apparurent dans la foulée de l'encyclique *Quanta Cura* de 1864 et du *Syllabus, Recueil des principales erreurs de notre temps*, au nombre desquelles figuraient le libéralisme, le positivisme scientifique, le matérialisme, etc. Pie IX, comme ses prédécesseurs, concevait l'État comme une émanation du droit divin et souhaitait en voir les principes et les lois soumis à

L'héritage de Pie IX

l'autorité morale de l'Église, laquelle cherchait à se porter garante de l'ordre social. En ce milieu du XIXᵉ siècle, la présence de communautés ou de collectivités ne reconnaissant pas la primauté de l'Église catholique ni les dogmes chrétiens, constituait en soi une menace, ce qui fit ranger par les ultramontains[2], au rang des ennemis de l'ordre social, les Juifs déjà reconnus depuis des siècles comme adversaires de la chrétienté, aux côtés des socialistes, des communistes et autres adeptes d'une dialectique matérialiste de l'histoire. Sur le plan de l'engagement concret et politique, les catholiques de Europe de l'Ouest se partagèrent deux écoles de pensée: l'une basée sur le respect scrupuleux des enseignements du Vatican et l'assujettissement des intérêts de l'État et de l'ordre social au plan divin; et l'autre, plus libérale mais minoritaire au sein du clergé, reconnaissant une certaine autonomie aux regroupements d'intérêts proprements civils et au progrès des connaissances scientifiques.

Même « La Civiltà Cattolica »

Les principes établis par Pie IX et, sa méfiance face aux Juifs, trouvèrent des échos au Québec, notamment dans des publications comme *La Gazette des campagnes*, journal qui desservait dès 1861 la population rurale et proposait, outre des conseils concernant l'agriculture, un projet de société basé sur un ordre de valeurs propre à un catholicisme réactionnaire déplorant la désintégration des valeurs traditionnelles et l'ascendant des théories modernistes (Galipeau, 1971). *Le Franc-parleur*, journal ultramontain et conservateur fondé à Montréal en 1870 et organe de combat d'un certain nombre d'extrémistes, suscita, quant à lui, au sein des classes aisées des attitudes défavorables au judaïsme, notamment en associant les héritiers de cette tradition aux divers courants hostiles au christianisme. La deuxième moitiée du XIXᵉ siècle avait en effet vu se multiplier, dans les milieux catholiques européens, les ouvrages contestant d'une manière ou d'une autre la judéité, en commençant par celui de Gougenot des Mousseaux intitulé *Le Juif, le judaïsme et la judaïsation des peuples chrétiens*. Publié en 1869, cet ouvrage décrivait le développement de la franc-maçonnerie et de la pensée libérale au XVIIIᵉ siècle, comme un complot juif visant à affaiblir le christianisme en Occident. Une préoccupation obsessionnelle de la présence juive et une propension à voir en elle la source quasi unique de la dégradation des valeurs chrétiennes caractérisaient Édouard

Drumont qui, après avoir publié en 1886 *La France juive*, fonda une ligue antisémite dont l'organe de presse fut *La Libre parole* (Pierrard, 1970; Winock, 1982). Après 1880, en France, et encore plus après l'affaire Dreyfus en 1894 et la naissance de l'Action française de Charles Maurras et Léon Daudet en 1898, l'antisémitisme gagna nombre de cercles catholiques et finit par faire partie d'une certaine conception du monde, telle que proposée par des européens, par ailleurs rigoureusement attachés à la papauté (Sorlin, 1967). Même la revue vaticane *La Civiltà Cattolica*, se lança en 1878, après l'élection de Léon XIII, dans une campagne anti-juive. Dirigée par les Jésuites, elle reprit avec une violence inconnue jusque-là l'essentiel des accusations traditionnellement dirigées contre le judaïsme, dépoussiérant même vers 1880 la fable du meurtre rituel et condamnant sans hésitation, quelque dix ans plus tard, le capitaine Dreyfus.

La charge de catholiques français contre les Juifs installés sur le territoire de l'Hexagone, parée à l'occasion des fabulations du vieux répertoire antisémite, contribua fortement à alimenter au Québec un sentiment comparable chez une population fidèle à l'enseignement de Rome. La méfiance à l'endroit des Juifs se répandit d'abord auprès de membres des classes instruites, qui avaient accès aux publications françaises d'outre-Atlantique, et notamment auprès des clercs, lecteurs de journaux catholiques, et donc plus en mesure que quiconque de s'abreuver à la source même d'une pensée anti-juive triomphante. En l'absence au Québec français d'un véritable contre-poids libéral, tel qu'il en existait en Europe, ces thèses antisémites rencontrèrent peu d'opposition. En 1905, à Québec, des membres de professions libérales fondaient le journal *La Libre parole*, basé sur la pensée du sociologue français Frédéric Le Play et dont le titre reprenait celui du journal d'Édouard Drumont. Proposant la restauration de l'autorité romaine dans la plus pure veine ultramontaine, un des chevaux de bataille de cet hebdomadaire fut son opposition à l'établissement dans la basse-ville de Québec d'une colonie de marchands juifs. Cette campagne culmina le 30 mars 1910, quand un des rédacteurs, le notaire Jacques-Édouard Plamondon, prononça dans le quartier Saint-Roch, dans les locaux d'une école tenue par les Frères des écoles chrétiennes, une retentissante conférence intitulée *Le Juif*, aussitôt reproduite sur

Édouard Drumont

les presses de l'imprimerie La Libre parole (Plamondon, 1910). Catholique convaincu, Plamondon pouvait facilement déclarer avoir l'appui du clergé puisque, déjà à la fin de 1908, le curé Joseph-Avila Bélanger de la paroisse Saint-Louis-de-France de Montréal, s'était élevé en chaire contre « l'invasion » de son quartier par les Juifs, sans compter que Mgr Antoine Gauvreau, curé de Saint-Roch de Québec, avait fait au printemps de 1910 une déclaration semblable à propos de sa paroisse (Rome, 1982).

Le Talmud ?   La conférence du 30 mars apparut si mensongère et si provocante, que l'Institut Baron de Hirsch de Montréal, organisme philanthropique juif, quelques semaines plus tard, en mai 1910, intenta une poursuite pour diffamation contre Plamondon, et retint les services d'un jeune avocat du nom de S. W. Jacobs. En fait, sous prétexte d'éloigner des concurrents embarrassants, le notaire avait décidé de faire appel à l'arsenal des préjugés antisémites, tel que fourbi par ses contemporains européens. Il reprit ainsi le mythe du faux serment et l'accusation de malhonnêteté telle que supposément encouragée par le Talmud, sans oublier l'invention classique d'une conspiration juive visant la domination du monde chrétien. Commencé en 1913, le procès Plamondon révéla les sources documentaires de cet antisémite québécois, au premier rang desquelles figuraient des livres écrits par des prêtres et dont certains s'avérèrent n'être qu'un tissu de fabrications éhontées, fruit d'esprits maladifs et déséquilibrés. Entre autres, le notaire avait consulté *Le Juif talmudiste* de l'abbé Auguste Rohling, paru en 1871 en Allemagne, une collection de faussetés qu'un procès intenté à l'auteur en 1885 avait reconnues n'être basées sur aucune preuve vérifiable. Appelés à la barre des témoins par l'accusé, plusieurs clercs du diocèse de Québec appuyèrent pourtant les dires de Plamondon, les déclarant inspirés de la vérité historique. Ainsi firent l'abbé Jean-Nathan Nadeau, professeur de grec ancien et d'histoire, membre du personnel de rédaction de *La Semaine religieuse de Québec* et l'abbé Joseph-Émery Grandbois, professeur de théologie et d'écriture sainte au Grand séminaire de Québec. Comme Plamondon lui-même ignorait le premier mot du judaïsme véritable, il ne se trouva personne, même parmi les gens de lettres, pour faire montre d'une connaissance le moindrement fondée des bases de la tradition juive. En toute chose, à l'endroit des Juifs, on n'avait retenu que les calomnies et les injures :

> Un professeur, qui se présentait en faveur de Plamondon, témoigna sur le Talmud et dit, quand on lui montra les volumes du Talmud, qu'il ne lui servirait à rien de les regarder, car il n'en connaissait pas la langue. Il n'avait lu aucun livre favorable aux Juifs, puisqu'il n'y avait pas de livres de ce genre dans les bibliothèques du Québec.
>
> [...]
>
> Toute la panoplie du vénérable savoir catholique de la province ne contenait même pas la connaissance d'une seule page du Talmud*(Rome, 1982 : 104).

Faut-il s'étonner de la naïveté du notaire Plamondon quand *La Semaine religieuse de Québec*, fondée en 1888 et propriété de l'archevêché de Québec depuis 1901, avait reproduit dès le début de sa parution, et souvent sous la signature de clercs, notamment de l'abbé David Gosselin, une documentation sur les Juifs tirée de la presse antisémite catholique européenne. Le procès Beilis, qui eut lieu à Kiev en 1913, contribua d'ailleurs à relancer à cette époque les spéculations concernant l'existence d'une coutume juive telle que l'immolation de chrétiens pratiquée lors de la fête de la Pâque et connue sous le nom de « meurtre rituel ». Le 24 novembre 1913, peu après le procès Plamondon, l'abbé Antonio Huot faisait ainsi à Québec une conférence très documentée, intitulée *La question juive*, qui concluait preuves à l'appui à la justesse des accusations portées contre le peuple juif à ce sujet (Huot, 1914). Le jugement rendu en octobre 1913 à Québec par le jury avait exonéré le notaire Plamondon de tout blâme, concluant que la conférence considérée comme incriminante n'avait fait que traiter des Juifs d'une façon détachée et philosophique, n'abordant les qualités et les faiblesses de ces derniers que d'une manière générale, sans s'attarder à des invididus en particulier. La décision de 1913 fut toutefois renversée en appel en décembre 1914, la cour considérant que les Juifs de la ville de Québec, au plus 75 familles sur une population totale de 80 000 personnes, étaient suffisamment identifiés par Plamondon dans sa conférence de 1910 pour pouvoir craindre des représailles de la part de la majorité chrétienne (Rome, 1982 ; Figler, 1970).

Plamondon débouté

Le procès Plamondon avait mis en lumière un élément: plus d'un clerc n'avaient pas acquis une connaissance approfondie du judaïsme. Plutôt, on s'était contenté de brouter ici et là dans une presse tendancieuse quoique étiquetée catholique, un ensemble de demi-vérités, inspirées pour une part d'une actualité sensationnaliste et de l'autre d'une science religieuse douteuse. En somme, ces catholiques s'étaient montrés plus pressés d'étayer des accusations plus farfelues les unes que les autres, que d'approfondir les racines et le contenu de la spiritualité mosaïque:

> Cette fine fleur du milieu universitaire québécois n'avait aucune connaissance de l'hébreu ou de l'araméen, ou des ouvrages sur lesquels il [Plamondon] témoignait. Elle n'avait même pas lu les actes pontificaux qui repoussaient les accusations portées contre les Juifs, ni les déclarations plus récentes de prélats toujours en fonction en Angleterre ou en France* (Rome, 1982: 103).

C'était là, à tout le moins, des bases fragiles sur lesquelles initier un dialogue, puisque prêtres et rabbins avaient fait connaissance dans les salles d'audience d'un palais de justice, en témoignant dans une cause où les intérêts de leurs coreligionnaires semblaient s'opposer avec force. Rien de ce climat de suspicion réciproque n'était vraiment modifié quand débuta la période qui nous intéresse, soit celle de l'entre-deux-guerres, alors que des idéologies nouvelles concernant le judaïsme circulaient déjà en Europe, décrivant le Juif, non pas comme l'héritier d'une tradition précise, mais comme le descendant d'une race humaine spécifique, qu'une pseudo-démarche scientifique se chargeait d'identifier, et dont les caractéristiques anthropomorphiques établissaient l'infériorité congénitale. Religion judaïque ou race juive? À l'époque, les penseurs juifs de Montréal durent être tentés de conclure à propos de l'image que leurs concitoyens catholiques se faisaient d'eux: «Dans la mentalité chrétienne le Juif de légende est toujours plus vivant que le réel» (Isaac, 1962: 173).

Un dialogue de sourds

Nous avons déjà abordé brièvement, en traitant de l'admission d'étudiants juifs à l'Université de Montréal, la question de l'attitude de la haute hiérarchie catholique québécoise face aux Juifs au cours des années trente. En fait, il s'agissait d'un curieux mélange de prudence morale, de méfiance nationaliste et de patience charitable, parce que les Juifs faisaient manifestement partie du plan de Dieu, autant à eux qu'aux autres le catholique devait respect et considération humaine. Même si le clergé francophone ne s'était vraiment jamais soucié de la question à Montréal ou ailleurs au pays, les Juifs demeuraient des candidats éventuels à la conversion, et les repousser trop violemment équivalait à retarder d'autant le moment de vérité qui, espérait-on, les verrait réintégrer le juste chemin qu'ils avaient abandonné. L'histoire récente de l'Église catholique en Europe avait d'ailleurs fourni de nombreux exemples de conversions spectaculaires de Juifs, devenues par la suite, dans certains cas, des figures marquantes de leur époque, tels les frères Ratisbonne, Marie-Alphonse et Marie-Théodore. Ce sont d'ailleurs ces derniers qui, au milieu du XIXe siècle, avaient fondé la Congrégation Notre-Dame-de-Sion et celle des Pères de Sion, dans le but d'aider à la propagation du christianisme parmi les populations juives. Ces mêmes Sœurs de Sion avaient reçu la permission en 1904 de s'installer au Canada, en Saskatchewan plus précisément, d'où elles communiquaient régulièrement avec les autorités diocésaines québécoises. Ainsi, en mai 1933, durant la période précédant la fête du Sacré-Cœur, *La Semaine religieuse de Québec* annonçait la tenue d'une neuvaine de messes dans le but d'obtenir la conversion du peuple juif, œuvre appuyée par le pape lui-même[3]. Le 11 octobre 1934, le même périodique encourageait l'inscription de ses lecteurs à l'Archiconfrérie de prières pour le retour d'Israël, œuvre pieuse des Sœurs de Sion animée depuis leur maison de Prince Albert[4], et reproduisait quelques semaines plus tard des textes d'exhortation à cet effet, signés par la supérieure de la mission canadienne[5].

On avait pu observer au cours de ces années une certaine ouverture au judaïsme au sein de l'Église catholique, notamment au cours du pontificat de Pie XI. Un courant de sympathie avait abouti en mars 1928 à une première condamnation officielle de l'antisémitisme, à l'occasion de l'abolition de l'Association des amis d'Israël, considérée comme contraire dans ses gestes et prises de position à l'esprit de l'Église, mais sans que soit modifiée

Les Accords du Latran

substantiellement l'attitude traditionnelle de la chrétienté face aux Juifs de la diaspora. Pie XI avait, en février 1929, signé avec le gouvernement fasciste italien de Benito Mussolini les accords du Latran. Plusieurs membres du clergé québécois et d'éminents catholiques avaient vu dans cette entente la confirmation de leur penchant pour le régime corporatiste instauré par les fascistes dans la péninsule. Un concordat avec l'Allemagne hitlérienne, signé en juillet 1933, régularisait la situation de l'Église catholique allemande au sein du nouveau régime. Nombre de bons catholiques avaient conclu qu'on pouvait faire confiance au Reich[6].

La confusion vaticane Dans ce contexte mouvant de la politique de l'Église, les Juifs, troublés par la montée des fascismes, parvenaient difficilement à comprendre l'attitude du Vatican, en particulier au sujet du judaïsme et, ici au pays, celle des clercs face à la communauté juive de Montréal. La pensée catholique n'était-elle pas tissée de contradictions, puisque ses jugements montraient parfois la plus grande méfiance du judaïsme et parfois une ouverture certaine face aux Juifs, quoique colorée d'une invitation à la conversion, condition qui rebutait profondément la plupart d'entre eux? Époque transitoire entre une tradition ecclésiale plusieurs fois séculaire de rejet de l'enseignement talmudique[7], et une aube de compréhension nourrie du sentiment prémonitoire d'un déchaînement insensé des nationalismes, les années trente n'offraient pas de repère fiable à un éventuel dialogue judéo-chrétien, à supposer qu'une forte volonté se soit manifestée de part et d'autre. Ballottés entre une répugnance instinctive, née du poids même de la tradition catholique en ce domaine, et une ouverture réticente dictée par leur conscience morale, face à la question juive, les clercs québécois louvoyèrent pour la plupart comme des voyageurs franchissant des rapides, tantôt contournant l'obstacle, tantôt le surmontant, tantôt s'y frottant avec regret mais sans projet ferme, agissant plutôt au gré des évènements et des rencontres fortuites. Publié en avril 1933, au moment du débat au Parlement de Québec autour d'un projet de loi visant à protéger les Juifs contre les abus des publications antisémites locales, un texte de Jacques Brassier résume l'attitude courante des milieux catholiques québécois. Sous ce pseudonyme, l'abbé Lionel Groulx y exposait sa pensée quant aux Juifs de Montréal, qu'il se défendait pourtant de détester outre mesure. Toute simple, sa solution du « problème juif » renvoyait à « l'Achat chez nous », que le chanoine appuyait déjà depuis plusieurs années :

> L'antisémitisme, non seulement n'est pas une solution chrétienne ; c'est une solution négative et niaise. Pour résoudre le problème juif, il suffirait aux Canadiens français de recouvrer le sens commun. Nul besoin d'appareils législatifs extraordinaires, nul besoin de violence d'aucune sorte. Nous ne donnerions même pas aux nôtres ce mot d'ordre : « N'achetez pas chez les Juifs ! » Nous dirions simplement aux clients canadiens-français : « Faites comme tout le monde, faites comme tous les autres groupes ethniques : achetez chez vous ! » [...] Et que par miracle notre mot d'ordre fut compris et exécuté, et, dans six mois, un an, le problème juif serait résolu, non seulement dans Montréal, mais d'un bout à l'autre de la province. De Juifs, il ne resterait plus que ce qui pourrait subsister entre soi. Le reste aurait déguerpi, se serait forcément dispersé, pour chercher sa vie en d'autres occupations que le commerce (Brassier, 1933a : 242-243).

Quelques semaines plus tard, *L'Action nationale* récidivait en publiant une lettre pastorale de l'évêque de Linz, en Autriche, Mgr Gfœllner qui allait exactement dans le même sens que l'article de l'abbé Groulx : elle portait un regard bienveillant sur le peuple juif, mais maudissant le soi-disant « esprit juif international » (Gfœllner, 1933). Jusqu'à *L'Action catholique* qui conclua ce débat par une phrase dont ses éditeurs avaient le secret : « L'antisémitisme n'est pas plus aimable que le prosémitisme. Si l'un aboutit à la haine, l'autre conduit directement à la déchéance nationale[8]. » De telles déclarations durent jeter la consternation chez les leaders juifs de Montréal, qui ne pouvaient manquer d'être frappés par l'illogisme et la confusion de la position des catholiques à leur égard. Il dut en effet apparaître aux Juifs que la charité chrétienne ne manquait pas d'être aléatoire, quand elle permettait de chasser les marchands d'origine juive des rues de Montréal, notamment quand de tels mots-d'ordre étaient donnés dans des églises, le dimanche, par des représentants des autorités diocésaines. Le 29 mars 1934, à Granby, un certain père Paul Monty s'était adressé aux membres de l'Association catholique des voyageurs de commerce pour les mettre en garde contre l'influence juive dans les af-

Une charité
inégale

faires, en empruntant les sophismes de l'antisémitisme le plus classique[9].

« La revue
dominicaine »

La réactivation du Congrès juif canadien au milieu des années trente coïncida donc avec la publication au Québec d'un certain nombre de textes sur la question juive, écrits par des clercs et publiés dans des revues soumises à l'autorité morale de Rome. Nous avons déjà mentionné dans un chapitre précédent les articles du chanoine Cyrille Labrecque parus dans la *Semaine religieuse de Québec*, dont il était le directeur (Labrecque, 1934). *La Revue Dominicaine* publia également, dans le courant de l'année 1935, une série d'articles sur le judaïsme et ses rapports historiques et contemporains avec le christianisme, dont ceux du dominicain Ceslas Forest (cf. chapitre 3) qui tentaient de dresser une ligne de conduite face aux Juifs dans la société moderne[10]. Sobres, très fouillés et modérés sur le plan de la doctrine, ces articles avaient été publiés avec la permission du supérieur de l'Ordre des Dominicains au Canada français, et avaient été précédés d'une note du père M.-A. Lamarche, directeur de *La Revue dominicaine*. Cette courte introduction donnait le ton à l'ensemble, et citait entre autres *La Civiltà Cattolica* :

> Cela [la publication des articles] pour satisfaire au désir exprimé par un groupe de jeunes montréalais et pour répondre au vœu de l'Église qui encourage les publications scientifiques, pleines de sérénité et s'abstenant des polémiques ou, pis encore, des brûlantes invectives auxquelles d'autres ont recours, lorsque ces publications sont des œuvres sûres dans leurs principes et solides dans leurs conclusions, s'inspirant des doctrines éprouvées de l'Église et d'un zèle sincère pour le bien et la conversion des âmes, même des plus éloignées, comme celles des Juifs (Lamarche, 1935 : 50-51).

Tout à fait conformes à l'étroitesse de vue habituelle à l'endroit des Juifs, mais aussi remplis de bienveillance pour la tradition mosaïque et de charité dans le sens le plus large du terme, les textes de *La Revue dominicaire* firent bondir la communauté juive montréalaise. Les articles du chanoine Labrecque de Québec furent considérés par le CJC[11] comme « Une attaque venimeuse contre les Juifs »*; et la série patronnée par les Dominicains classée dans les bureaux de la rue Bleury du côté des écrits à teneur antisémite[12].

Un article en particulier insulta la communauté, parce que jugé proche d'une démarche théologique d'inspiration médiévale, celui du père Benoît Mailloux sur saint Thomas et le judaïsme, au point que Caiserman insista pour lui opposer une réplique sans délai et fit voter une résolution en ce sens par le CJC[13] (Mailloux, 1935). De bonne grâce, les Dominicains publièrent dans leur revue les protestations d'un professeur du Hebrew Union College de Cincinnati, Samuel S. Cohon, qui déclarait dès ses premières lignes:

> [...] Le professeur Benoît Mailloux a non seulement offensé beaucoup de nos concitoyens qui ne désire [sic] rien de plus que de vivre en paix avec le monde catholique romain, mais a aussi fait grandement tort à sa propre Église en cherchant à [l']entraîner dans les rangs de l'antisémitisme, un mal des plus honteux des temps modernes (Cohon, 1936: 72).

La polémique arracha à Mailloux un dernier commentaire qui illustre le fossé d'incompréhension qui séparait les deux parties: d'une part, les Juifs voyaient la société québécoise comme partie intégrante d'une vaste démocratie canadienne où dominaient, sous la tutelle de la Couronne britannique, les principes d'égalité politique des individus; et d'autre part, les clercs proposaient un modèle de société basé sur la doctrine sociale de l'Église, à l'intérieur d'un pays fondamentalement inspiré des principes chrétiens:

> Laissant subsister la distinction fondamentale du temporel et du spirituel, l'État catholique travaillera dans son secteur propre, le temporel, indépendamment de l'autorité ecclésiastique, mais non sans tenir compte des principes catholiques qu'il devra s'efforcer de faire pénétrer dans le corps social, sans toutefois refuser toute tolérance aux croyances et aux cultes dissidents (Mailloux, 1936: 219).

Plus encore, les Juifs furent heurtés en ces années charnières du dialogue judéo-chrétien au Québec, par l'apparente tolérance du Vatican face aux régimes fascistes d'Europe. Très vite cependant, l'Église catholique allemande avait subi des persécutions du régime nazi et, dès 1937, l'encyclique *Mit Brenender Sorge* consacrait la rupture totale de Rome avec le national-socialisme. Le fascisme italien réserva un sort plus modéré aux catholiques, mais là également les tensions ne tardèrent pas à se manifester et, en 1938, la Sacrée congrégation des séminaires et des universités fit parvenir à ses institutions affiliées, dont l'Université Laval, une cinglante condamnation des théories racistes défendues par l'État mussolinien[14]. C'est d'ailleurs à la fin des années trente, sous le pontificat de Pie XI (1922-1939), que la revue *La Civiltà Cattolica* reconnut avoir commis depuis près d'un demi-siècle des erreurs de jugement dans son traitement des Juifs. À la fin de son règne, Pie XI avait réagi aux souffrances infligées au peuple juif en Allemagne nazie, et à un groupe de pèlerins belges il avait déclaré en septembre 1938 qu'il n'était pas possible à des chrétiens d'être antisémites : « Spirituellement, nous sommes des Sémites » (Encyclopædia Judaica Research Foundation, 1971 : XIII, 572-573). Cette fois, le spectacle désolant des injustices cruelles perpétrées contre des Juifs avait secoué le Vatican et l'avait fait sortir des hautes sphères doctrinales d'où il avait l'habitude d'aborder les relations du judaïsme avec la tradition chrétienne. Ces années de tourmente, qui devaient aboutir à l'anéantissement des communautés juives de l'Europe de l'Est, marquèrent le coup d'envoi d'une révision de l'attitude qui se manifesta plus tard sous Jean XXIII, lors du Concile du Vatican, et suit encore son cours aujourd'hui.

Le rabbin Harry Joshua Stern

Toutefois, au Québec, des événements et des rencontres positives jalonnèrent cette longue marche dans l'obscurité que fut le dialogue judéo-chrétien des années trente. Pendant que, telles deux planètes poursuivant des orbites solitaires, les communautés juive et catholique ne parvenaient pas à s'ouvrir l'une à l'autre et encore moins à se rencontrer sur un terrain neutre, deux personnes, chacune membre à part entière qui de l'Église, qui de la tradition mosaïque, furent inopinément mises en présence l'une de l'autre. En fait, pendant près d'une génération, le rapprochement judéo-chrétien à Montréal allait être marqué de cet incident fortuit, qui devait ouvrir une brèche dans l'enfermement des grandes institutions religieuses d'alors. Au début du siècle, il demeurait en effet impossible à Montréal qu'un prêtre catholique et un rabbin fassent connaissance, même au hasard de rencontres sur la rue, à l'église ou à la synagogue. En réalité, le père

39.
Le rabbin Harry Joshua Stern, photographié à Genève à l'occasion des assises du premier congrès juif mondial, août 1936. *Archives du Congrès juif canadien, PC1/4/1Q5.*

jésuite Joseph Paré et le rabbin Harry Joshua Stern, les premiers à s'engager sur la voie d'un échange véritable entre Juifs et catholiques, se rencontrèrent au milieu de l'océan Atlantique, dans le salon d'un paquebot voguant vers l'Europe. Ce fut au début de juillet 1929, dans l'atmosphère feutrée d'une traversée de l'Atlantique, loin de toute contrainte, que jaillit la première étincelle de sympathie mutuelle entre un rabbin juif et un clerc franco-catholique. La rencontre, qui ne dura que quelques heures, parut à ceux qui en furent les témoins hautement significative. Le père Paré, préfet de discipline au Collège Jean-de-Brébeuf, s'était en effet embarqué le 28 juin sur l'*Ausonia* avec douze élèves à destination de Rome, tandis que Harry Joshua Stern, rabbin de la synagogue réformée Temple Emanu-El de Montréal et quelques adolescents juifs avaient fait de même en direction de Jérusalem (Mignault, 1956; Stern, 1973).

Ces pèlerins de l'été 1929, tous deux profondément enracinés dans leur propre tradition spirituelle, étaient de surcroît des personnes généreuses, tournées vers l'action et l'engagement social sous toutes ses formes:

> Les deux hommes se prirent tout de suite d'amitié. Le judaïsme du rabbin attirait le prêtre et le catholicisme de ce dernier suscitait le même intérêt chez le rabbin. Aux antipodes l'un de l'autre, sur le plan ethnique, ils trouvèrent un terrain d'entente dans les tâches qu'ils avaient entreprises* (Cleator et Stern, 1981: 97).

Jeunes juifs et collégiens catholiques francophones prirent leurs repas ensemble, fraternisèrent par la chanson et la musique, hors des contraintes institutionnelles, s'ouvrant mutuellement à leur altérité. Les rares jours passés en mer n'empêchèrent pas Paré et Stern de poursuivre leurs carrières respectives. En 1930, le jésuite était nommé aumônier et directeur de l'Association catholique de la jeunesse canadienne-française (ACJC), qui malgré son nom réunissait jusque-là surtout des étudiants francophones des collèges classiques de l'est du pays. Le voyage de l'été 1929 et la magnifique impression qu'il avait laissée, la prise en charge de l'ACJC qui fournissait à Paré une tribune de choix auprès de la génération montante, conforme à la mission que s'étaient donnée les Jésuites d'alors, formèrent avec l'idéologie libérale du judaïsme réformé auquel appartenait Stern une conjonction de facteurs favorables à la découverte chez les deux hommes de l'urgence du dialogue interconfessionnel, du reste fondamentalement désiré par CJC.

De la Lituanie
au réformisme

Harry Joshua Stern était né en Lituanie, province de l'Empire tsariste, siège reconnu dans le monde ashkénaze du judaïsme orthodoxe d'inspiration misnagdique. En 1897, année de sa naissance, la tradition mosaïque était florissante dans cette région et Stern fut envoyé dès son jeune âge, selon la coutume, sur les bancs d'un *khéder* pour assimiler les rudiments de la *tora* et maîtriser les textes des principaux exégètes juifs de la Mishna, des Guémaras et du Talmud, éducation qu'il compléta pendant quelques années dans une *yéshiva*, ou académie d'études judaïques avancées. Petit fils de rabbin, le jeune Stern n'eut toutefois pas le loisir de compléter le programme prévu, puisque vers 1906 ses parents lorgnaient déjà du côté de l'Amérique, plus précisément du côté des

Grands Lacs où une partie de la famille avait émigré quelques années auparavant. En 1908, le jeune Stern quittait définitivement sa Lituanie natale pour trouver une nouvelle patrie dans le Midwest américain, à Steubenville en Ohio. Ses frères avaient ouvert chacun une épicerie dans cette ville où l'orthodoxie juive se manifestait sous la forme d'une synagogue et d'une boucherie cachère, et où un *shokhet* se chargeait de l'abattage rituel des bêtes (Cleator et Stern, 1981). Formé en Europe sous la direction de maîtres fidèles à la plus pure tradition talmudique, Stern décida toutefois en 1916, dans le but d'obtenir le statut de rabbin, de s'inscrire au Hebrew Union College de Cincinnati. Situé à quelque quatre cents kilomètres de sa localité d'adoption, le collège en question était un des châteaux forts du judaïsme libéral américain, dont la conception de la loi de Moïse était diamétralement opposée à celle de l'orthodoxie stricte dans laquelle avait baigné pendant son enfance le jeune immigrant[15]. Le mouvement réformiste au sein de la pensée juive, quoique jeune encore, s'inspirait de l'esprit de la Réforme qui a ébranlé la chrétienté européenne au XVIe siècle et cherchait comme elle à démarquer l'individu des formes traditionnelles d'autorité, à simplifier les exigences religieuses et à les adapter aux impératifs des temps modernes. Né en Allemagne avec le siècle des Lumières, le judaïsme réformé avait connu depuis le milieu du XIXe siècle un grand rayonnement aux États-Unis, à l'époque où commencèrent à émigrer en Amérique les populations juives d'Europe centrale. Stimulé par la démocratie américaine, le réformisme favorisa dans ce pays l'apparition d'un nouveau type de Juif, assimilé à la société ambiante, ouvert aux diverses tendances idéologiques séculières et indiscernable de la masse des citoyens dont la langue était l'anglais et les mœurs d'origine chrétienne.

C'est donc ce rabbin au fait des subtilités de la discussion autour du Talmud, mais aussi gagné à l'idéal américain du judaïsme réformé, n'ayant conservé aucune trace d'accent yiddish, que devait accueillir en 1927 la congrégation montréalaise libérale du Temple Emanu-El. Fondée en 1882, cette assemblée avait été dès ses débuts composée de Juifs acquis à l'idée d'un judaïsme dépouillé. Pour la plupart ils appartenaient aux couches aisées de la société, et leurs occupations et intérêts se rapprochaient

Leader du Temple Emanu-El

manifestement de ceux de leurs concitoyens anglo-saxons de la ville. Ce judaïsme libéral adopté par une certaine élite était toutefois minoritaire dans la communauté juive de Montréal, attachée aux courants orthodoxe et conservateur, et il dépendait pour son maintien de son pendant américain, notamment pour le recrutement de ses rabbins (Rodal, 1984 ; Schœnfeld, 1981). Peu prisés de leurs coreligionnaires épris de plus de rigueur dans l'application de la loi mosaïque, ces Juifs réformés constituaient un regroupement marginal au Canada, et à Montréal ils se confondaient avec le parti des *uptowners*, composé de vieilles familles généralement affiliées aux synagogues orthodoxes et responsables en 1919 de la fondation du premier CJC. Tous ces facteurs conférèrent au jeune rabbin réformé du Temple Emanu-El une grande mobilité au sein de la société montréalaise et, très tôt, comme cela était fréquent parmi les membres éminents du judaïsme libéral aux États-Unis, il s'engagea résolument dans une forme avancée pour l'époque de dialogue interconfessionnel. Le début des années trente fournit à Stern une motivation supplémentaire, car les tensions sociales engendraient souvent au Québec, des discours hostiles à la diversité ethnique et religieuse. Chaud partisan de l'idéal démocratique américain, c'était là une situation que ne pouvait que déplorer et souhaiter combattre le jeune rabbin réformé.

Parenté de sentiments

Très vite Stern apparut à sa manière sur la scène montréalaise juive comme un radical, un homme attaché au dialogue en une époque colorée d'invectives et chargée de méfiances profondes. Ce désir d'ouverture et de compréhension, doublé d'une allure de flamboyance que seule la marginalité peut créer, ne fut pas sans plaire au groupe des Juifs socialisants et séculiers, dont H. M. Caiserman et les travaillistes-sionistes faisaient partie. Très tôt une complicité unique se dessina entre le rabbin réformé et les *downtowners*, qui souhaitaient tant susciter de la part de la communauté juive une adhésion au principe sacro-saint de l'unité institutionnelle et organisationnelle, et ne trouvaient pas auprès de la faction aisée et établie du judaïsme canadien l'appui qu'ils auraient souhaité. Stern venait d'un univers où coexistaient au sein d'une démocratie dite libérale trois grandes traditions spirituelles : la catholique, la protestante et la juive, et où l'État s'était complètement désengagé des intérêts religieux de ses

citoyens (Herberg, 1960). Parfaitement à l'aise devant ses
«confrères» membres des différents clergés des Églises
chrétiennes, tolérant face à toutes les formes de pratique
religieuse, catholique romaine comme protestante, et ma-
niant magnifiquement la langue de Shakespeare, ce qui
n'était pas un mince exploit aux yeux des socialistes yiddishophones de Montréal, Stern devint vite au début des
années trente le porte-parole attitré de la communauté
juive en matière de «religion» et de rapports avec les
autres traditions spirituelles. Il y avait là plus qu'une
touche d'ironie, car de tous les rabbins de la ville, le leader
de la congrégation du Temple Emanu-El était un des plus
jeunes d'âge et sans doute un des moins représentatifs de
l'ensemble, à une époque où une sévère orthodoxie partageait le terrain avec un courant conservateur à peine
moins soucieux de fidélité à la loi mosaïque.

La carrière «œcuménique» de Stern commença **La stratégie**
dès 1931, date où le rabbin rencontrait l'évêque coadju- **de Stern**
teur de Montréal, Mgr Georges Gauthier, afin de protester
contre la publication dans *L'Action catholique* d'un texte
particulièrement hostile à la communauté juive. Le geste
délibéré de Stern rompait radicalement avec l'indifférence et la distance pronées depuis plus d'un demi-siècle
par le rabbinat orthodoxe de Montréal et partagées aussi,
sauf pour ce qui était de manifestations périodiques d'hostilité dans certains organes de presse diocésains ou laïcs,
par le haut clergé catholique. Seule sa formation américaine avait pu permettre une telle démarche de la part
d'un rabbin, dans un pays où les Églises chrétiennes
étaient retranchées derrière leurs privilèges acquis, et où
les synagogues évoluaient en vase clos au cœur d'une
communauté juive repliée sur ses valeurs :

> Il [Stern] sait que de s'asseoir avec l'archevêque et de
> passer à travers le sujet calmement et objectivement —
> deux Canadiens de confessions différentes recherchant
> le bien du Canada — mettra entre les deux cette compré-
> hension qui doit mener aux résultats escomptés. Et le
> rabbin alla s'adresser à l'archevêque, qui fit lui-même
> preuve de bonne grâce et de discernement[16].*

La stratégie du rabbin Stern était véritablement révolutionnaire dans le paysage de Montréal, où les relations
entre chrétiens et Juifs s'enlisaient depuis des décennies
de part et d'autre de la barrière confessionnelle, en dépit

des meilleures volontés. Stern venait en 1931 de contourner les hésitations de toute une génération et d'ouvrir la voie à des perspectives totalement nouvelles. L'Église catholique du Québec ne changea bien sûr pas pour autant son attitude séculaire, mais dorénavant, les clercs ne pouvaient plus se permettre de proférer à l'endroit des Juifs n'importe quelle ineptie, conscients qu'ils étaient devenus de la vigilance de leurs concitoyens de tradition judaïque.

Caiserman recrute Stern

H. M. Caiserman trouva dès le début en Stern un allié de taille et dont les vues en matière de relations interconfessionnelles correspondaient parfaitement aux siennes. Enfin, le vieux routier de l'activisme juif montréalais avait avec lui un rabbin jeune et crédible, d'une congrégation juive reconnue, dont les manières correctes et le discours poli finiraient, croyait-il, par lui ouvrir les portes du palais cardinalice de Québec. Stern, de surcroît, comprenait fort bien ce milieu yiddichisant et immigrant dont il était issu sans en porter les marques indélébiles. À eux deux, chacun dans la mesure de ses compétences respectives, ils pouvaient envisager de prendre d'assaut le Québec francophone dont une partie de la population secrétait un antisémitisme des plus classiques, et dont la masse, ignorant à peu près tout du judaïsme, opposait simplement une grande méfiance au fait juif. Dès 1933-1934, Stern joignit les rangs de la vieille garde qui luttait pour l'unité institutionnelle de la communauté juive canadienne, et se rangea du côté de ceux qui travaillaient à opposer une fin de non-recevoir aux idéologies fascisantes et aux publications anti-juives : «La lutte contre l'antisémitisme n'est pas la seule préoccupation des Juifs, mais de toute la société. Nous, les Juifs, nous devons combattre l'antisémitisme comme étant seulement une phase dans un assaut généralité contre les droits élémentaires de l'humanité»* (Stern, 1937 : 73). Dès 1933, dans des rapports écrits à titre de secrétaire général du Congrès juif canadien, Caiserman rendait compte des efforts du rabbin Stern en vue d'alerter la hiérarchie catholique sur son penchant à imputer à la communauté juive des motivations morales incompatibles avec la tradition chrétienne[17]. Bientôt, le CJC mettra tous ses espoirs en la personne du leader spirituel de la synagogue réformée qui, en quelques années, ouvrira un chapitre radicalement nouveau dans l'histoire du judaïsme canadien:

> Le travail de relations publiques, au Congrès juif canadien, fut entrepris par le secrétaire général, sous la direction active de feu Nathan Gordon et du Comité de relations publiques, immédiatement après l'assemblée générale de Toronto, en 1934.
>
> [...]
>
> Dès le début, tous les sujets de nature antisémite survenant dans les milieux religieux ou dans les églises, ou proférés par des membres du clergé, étaient transmis par le Comité au rabbin Harry J. Stern[18].*

À *l'assaut du palais cardinalice*

Stern comprit dès son arrivée que tout était à faire au Québec dans ce domaine hautement sensible des relations interconfessionnelles, et il entreprit dès que cela fut possible d'améliorer la perception que les catholiques avaient du judaïsme, à commencer par les points les plus sensibles et les plus susceptibles de susciter la controverse. Afin d'infirmer, par exemple, l'opinion généralement répandue que les Juifs formaient une secte obscurantiste et intéressée uniquement à ses adhérents, le CJC publia en novembre 1934, sous forme d'une résolution votée à l'unanimité par son comité exécutif central[19], une déclaration en faveur de la liberté du culte au Mexique[20], où les catholiques subissaient la persécution d'un gouvernement anticlérical. Rédigé en anglais et en français cette déclaration, qui visait à contredire le préjugé largement partagé que le Juif était l'ennemi des catholiques, fut reprise par la presse libérale francophone du Québec, notamment par *Le Canada* du 6 décembre 1934. Quand coup sur coup, Pie XI condamna par voie d'encyclique en mars 1937 et le nazisme et le communisme[21], deux idéologies que les Juifs de Montréal et le monde juif occidental considéraient comme hautement défavorables à la survie du judaïsme, voire du peuple juif lui-même, Stern rédigea dans le *Temple Emanu-El Weekly Bulletin*, un commentaire des lettres papales et une appréciation dont on n'aurait jusque-là pu trouver l'équivalent dans aucune publication juive canadienne:

40.
Le Cardinal Jean-Marie-Rodrigue Villeneuve, en tenue d'apparât, photo-graphié à Rome au milieu des années 1930. *Institut d'histoire de l'Améri-que française*, photo encadrée.

> Les adeptes de vraie religion partout accueillent favorablement, dans l'ensemble, les deux fortes dénonciations prononcées récemment par le pape contre le communisme et le nazisme. Nous sommes particulièrement heureux que le chef de l'Église catholique déclare maintenant officiellement que le nazisme est tout autant un fléau que le communisme. Jusqu'à maintenant, l'attaque du Vatican n'était dirigée, semble-t-il, que contre la philosophie marxiste. Ainsi, les gens avaient l'impression que l'Église de Rome courtisait le fascisme[22].*

Le décès de Pie XI

Le texte du rabbin réformé, qui constitue une des pièces maîtresses du long processus de rapprochement judéochrétien au Québec, fut reçu si favorablement par les milieux catholiques canadiens qu'il fut traduit et reproduit en avril 1937 dans les principaux quotidiens francophones du Québec, dont le très méfiant *Le Devoir*[23]. Après quoi, il devint de plus en plus difficile d'accorder un quelconque crédit à l'idée reçue que les Juifs étaient figés dans une haine atavique de l'Église :

> Plusieurs journaux, même à Québec, ont publié votre bel article intitulé : « Two papals pronouncements ». Il a retenu l'attention du public — et avec beaucoup de sympathie — parmi nos Canadiens français. J'ai vu ce que vous avez écrit à ce sujet dans votre *Bulletin* et dans *Canadian Jewish Review*.
>
> Vous trouverez ci-joint un article de Georges Pelletier du *Devoir*. Son attitude s'est avantageusement modifiée, concernant la question juive. Qu'en pensez-vous ?[24]*

À la mort de Pie XI, en février 1939, Stern réitéra sa grande admiration pour le pontife qui avait condamné et l'antisémitisme et les fascismes, et devint ainsi sans doute le premier rabbin de Montréal à regretter publiquement le décès d'un des leaders spirituels de l'Église catholique (Stern, 1943). Fait unique, le CJC fit même à cette occasion parvenir un télégramme de sympathie à Rome, où se trouvait à ce moment le cardinal Villeneuve :

> Les Juifs du Canada se joignent à leurs concitoyens chrétiens pour pleurer la mort de Sa Sainteté le pape Pie XI. Parce qu'il s'était fait le champion de la paix dans le monde et de la défense des droits des minorités raciales et religieuses, il s'est attiré la gratitude du peuple juif[25].*

Le fascisme dénoncé

Le texte de Stern à l'occasion du décès de Pie XI fut lui aussi traduit et publié dans la presse franco-québécoise et le message télégraphié du CJC se mérita une réponse officielle du chancelier de l'archevêché de Québec[26]. Cette fois, après des années de tentatives patientes de la communauté juive et de progrès très lents des autorités ecclésiastiques, un dialogue réel était devenu possible entre les leaders de la communauté juive et la hiérarchie catholique francophone retranchée jusque-là derrière de vieux réflexes de suspicion. Certes, des événements dramatiques sur la scène mondiale allaient en suspendre le déroulement jusqu'à la fin des années quarante. La pierre de touche de ce rapprochement avait été du côté juif le rejet sans équivoque, par le Vatican, des thèses racistes prônées par les nazis, geste qui avait enfin permis de lever la cruelle ambiguïté de position que maintenaient dans certains cercles catholiques, des individus épris de nationalisme face aux fascismes. Après 1937, il devint en effet de plus en plus difficile pour un pratiquant de l'Église catholique de soutenir les méthodes du régime hitlérien et son traitement des groupes religieux, dont celui des Juifs. Quelques mois à peine après la condamnation romaine, apparurent d'ailleurs au Québec des dénonciations du fascisme qui contrastaient singulièrement avec certaines prises de position nationalistes du début de la décennie. L'une de ces dénonciations fut la circulaire de l'archevêque-coadjuteur de Montréal à son clergé en mars 1938, concernant plus spécifiquement le parti fondé par Adrien Arcand (Gauthier, 1940; Desmarais, 1939).

Confrontations amicales

Le rôle joué par le rabbin Stern auprès de ses vis-à-vis du clergé catholique, et qui s'apparentait tant aux théories de H. M. Caiserman au sujet de l'antisémitisme des francophones québécois, dépassa de loin la rédaction de textes d'ouverture et de bonne volonté. En fait, la capacité d'innovation du leader de la congrégation réformée de Montréal résidait surtout dans son don de la communication et sa volonté d'être présent à ses interlocuteurs catholiques. En une époque de myopie et de raidissements institutionnels, c'était là un pari qui témoigne plus que tout autre fait de l'optimisme du rabbin, pour qui n'existaient pas de portes définitivement fermées, ni de lieux inaccessibles au dialogue. C'est ainsi qu'à Québec, en février 1935, armé seulement d'un dossier comprenant des écrits hostiles à la communauté juive et au judaïsme, compilés au cours des mois précédents par le CJC à partir de publications nationalistes ou officiellement catholiques du Québec, Stern avait demandé une audience au cardinal Villeneuve. Dans ce dossier figurait certainement en première ligne la série d'articles du chanoine Labrecque, parue en septembre-octobre 1934 dans *La Semaine religieuse de Québec*. En agissant ainsi, le rabbin appliquait la même stratégie que son ami Caiserman auprès de certains journalistes et politiciens francophones, qui avaient fait montre de préjugés envers la communauté juive de Montréal. L'espoir de Stern et de Caiserman reposait sur la conviction que, confrontées abruptement mais poliment, les personnes coupables de quelque antisémitisme reconnaîtraient leurs erreurs et s'amenderaient sur le coup. Tel un enfant qui, placé devant les conséquences de ses actes et rappelé à ses responsabilités, admet ses torts, la plupart des ecclésiastiques ainsi appelés par Stern à mesurer leurs paroles et écrits au cours des années trente baissèrent pavillon et renoncèrent à aborder ce sujet du judaïsme.

La tactique propre à Stern avait déjà fait ses preuves en mars 1934, puisque le discours antisémite tenu à Granby par le père Paul Monty avait été condamné par Mgr Decelles de Saint-Hyacinthe et son auteur réprimandé[27]. Quand le rabbin fut reçu le 7 février 1935 au palais cardinalice par le chanoine P. Casgrain, en l'absence du cardinal Villeneuve, il engageait en réalité la première protestation formelle et globale de la communauté juive concernant les rapports entre les fidèles des deux traditions spirituelles. On peut imaginer la surprise d'un interlocuteur que rien n'avait préparé à une telle intervention :

La visite de 1935

> Avant son départ pour Québec nous lui avons fourni [à Stern] un important dossier de diffamations, étayé d'exemples tirés de la presse canadienne et de la presse de l'Église.

> La conversation, telle que l'a rapportée le rabbin Stern, porta d'abord sur des sujets d'intérêt général, tels que les problèmes ecclésiastiques et mondiaux. Mais, à un certain moment, dans la conversation, le rabbin Stern attira l'attention du chanoine Casgrain sur le fait que le but de sa visite n'était pas seulement de présenter ses respects comme visiteur de passage dans la ville, mais aussi d'informer le chanoine de certaines intolérances à l'égard de la minorité juive, imprimées et distribuées par diverses publications présumément catholiques.

287

> La chanoine lut très attentivement les pages du dossier et exprima son plus grand regret et sa désapprobation[28].*

L'hypothèse la plus plausible et qui rallia très tôt Stern et Caiserman, fut que les clercs et les hauts dignitaires de l'Église catholique canadienne ne savaient ou ne pouvaient d'aucune manière à l'époque mesurer la teneur antisémite de leurs écrits. Pour la plupart, ils se référaient les yeux bandés à la fois à l'histoire biblique du judaïsme et des conditions faites à ses héritiers dans le monde occidental. Ils étaient inconscients des malentendus au sujet de la communauté juive canadienne créés par des déclarations superficielles et des préjugés irresponsables. À cette époque de catastrophe imminente pour le peuple juif, les ecclésiastiques, à la suite de Drumont et Maurras, pensaient faire preuve de charité chrétienne en professant la tolérance à l'égard des Juifs établis au pays, à condition que ne leur soient accordés que des droits civils résiduels et une place marginale dans le domaine des professions et métiers. Quoi qu'il en fut, l'interpellation de Stern dut ébranler les certitudes de l'archevêché, puisque les insinuations et les contorsions anti-juives se firent beaucoup moins insistantes après 1935 dans les publications sous la gouverne de l'archevêque de Québec[29]: «Pendant une longue période, après cela, les allusions antijuives disparurent des colonnes de *La Semaine religieuse*[30].»*

Une récidive   L'attitude erratique et inconséquente de l'épiscopat francophone québécois au sujet des Juifs ne prit bien sûr pas fin avec la rencontre impromptue de février 1935, tant était ancré dans les consciences catholiques le langage tenu depuis des siècles par l'Église catholique sur le judaïsme et ses adeptes. Il importait donc au plus haut point pour le CJC d'entretenir des rapports personnels et suivis avec les autorités diocésaines, histoire de leur rappeler la présence vigilante mais amicale de Juifs en chair et en os dans leur société. Caiserman continua après 1935 de faire parvenir toute documentation pertinente au cardinal Villeneuve, notamment au début de l'année 1938, le texte d'une conférence du cardinal Verdier intitulée «L'Église et la liberté spirituelle», ce qui lui valut une note personnelle de remerciement de la part de l'archevêque de Québec[31]. Les craintes du secrétaire général concernant une possible rechute anti-juive s'avérèrent toutefois fondées, quand le 28 juillet de la même année *La Semaine*

religieuse de Québec fit paraître dans sa partie non officielle, des extraits d'un texte sur l'authenticité probable
des fameux *Protocoles des Sages de Sion*, que les Juifs
dénonçaient comme faux et pamphlétaires. L'article en
question était précédé d'une note de la rédaction qui
référait le lecteur à la pensée de Mgr L.-A. Pâquet[32] et situait
le débat né dans les cercles catholiques lors de l'apparition, vers 1920, des *Protocoles*:

> La question juive passionne toujours l'opinion publique.
> Sans verser dans un antisémitisme violent à la façon
> d'Hitler, les chrétiens doivent se mettre en garde contre
> la domination néfaste de la Juiverie, dont les plans ont
> été dévoilés dans les « Protocoles des Sages de Sion ». Le
> volume qui porte ce titre a fait gloser beaucoup, depuis
> trente ans. Actuellement nous voyons les Juifs dominer
> les agences de presse, le trust du cinéma, la finance
> internationale; ils manœuvrent la Société des Nations; ils
> ont mis la main sur une bonne partie du gouvernement
> de la France; chassés d'Allemagne ils menacent d'enva-
> hir le Canada[33].

La naïveté de l'archevêché au sujet des *Protocoles*
ne dut avoir d'égale que la déception de Caiserman de
voir des mois sinon des années de travail en vue d'une
réconciliation judéo-catholique mis en péril par cette malheureuse erreur de jugement:

**Patientes
interpellations**

> Je reviens à peine de l'Ouest canadien et je découvre que
> le dernier numéro de *La Semaine religieuse de Québec*,
> qui est la propriété du cardinal Villeneuve, a publié un
> article malveillant qui tente de prouver l'authenticité des
> *Protocoles des Sages de Sion*. Vous pouvez vous imaginer
> ce que je ressens, sachant que, depuis plus de deux ans,
> les colonnes de *La Semaine religieuse* avaient été
> exemptes de harcèlement contre les Juifs[34].*

Fidèle à sa tactique d'intervention répétée et insistante
auprès des personnes et des institutions coupables d'entretenir des préjugés à l'endroit de sa communauté, Caiserman reprit aussitôt la tâche et indiqua quelques jours
plus tard au cardinal Villeneuve, dans une lettre polie et au
français hésitant, combien pouvait être dommageable
pour les Juifs canadiens une telle attitude de la part de
l'Église catholique. Comment en effet, expliquait-il au
prélat, espérer un assouplissement de l'hostilité générale
des Québécois francophones envers la judéité, quand leur
chef spirituel lui-même entérinait dans les publications

émanant de son archevêché les faussetés les plus tenaces à l'endroit des Juifs, n'hésitant pas à fouler du pied et la vérité et la justice la plus élémentaire :

> C'est pour ces raisons que nous vous adressons très respectueusement notre appel vous priant d'empêcher la publication de telles libelles diffamatoires dans la « Semaine religieuse de Québec », lesquelles libelles avec leur message de haine et de fausseté ne peuvent avoir aucune conséquence autre que de nous exposer à la haine non-justifiée, si la haine peut être justifiable, de nos concitoyens de la foi catholique romaine[35].

A peine convaincus

La réplique de Caiserman dut faire son effet, en cette époque où il était peu courant de contester l'autorité de l'archevêque de Québec et de mettre en question sa fidélité à la charité chrétienne. Une réponse de la part de l'archevêché ne tarda pas. Elle vint sous la plume du chanoine Cyrille Labrecque, directeur de *La Semaine religieuse*, qui sans présenter d'excuses disait abandonner jusqu'à nouvel ordre dans cette publication diocésaine tout commentaire sur le texte des *Protocoles* : « aussi long-temps du moins que les événements ne m'indiqueront pas une autre attitude[36] ». En 1938, l'Église de Québec, qui était à une génération de Vatican II et de l'ouverture qu'il devait réserver aux Juifs, vivait encore des heures de confusion et d'empêtrement sous l'influence d'une vieille rhétorique antisémite. Mais *La Semaine religieuse de Québec* ne fit plus mention une seule fois du judaïsme sur ce ton de mépris qui lui avait été coutumier depuis sa fondation en 1888.

Le jésuite Joseph Paré

Toutefois, le rabbin Stern, au cours de ces années de lutte, ne se contenta pas de tirer parti de ses rapports avec la haute hiérarchie catholique. Jamais il n'oublia les quelques heures passées en 1929 sur l'*Ausonia*, en plein milieu de l'Atlantique, en compagnie du père Joseph Paré et de ses élèves du Collège Jean-de-Brébeuf. L'impression laissée chez le rabbin par le jésuite avait appelé quelques rencontres sans doute informelles pendant plusieurs an-nées, du moins jusqu'à ce que le CJC renouvelle ses préoccupations de dialogue. Aucun document n'atteste l'existence de contacts entre le père Paré et le rabbin Stern au début des années trente, mais on peut penser que c'est

41.
Le jésuite Joseph Paré, aumônier général de l'association catholique de la jeunesse canadienne-française de 1930 à 1942, et artisan du dialogue judéo-chrétien. Il est photographié ici à son bureau de la Palestre nationale, à la fin des années trente. *Collection privée du Père Adrien Pouliot, S.J.*

à partir de conseils du jésuite que le rabbin réformiste se dirigea pour la première fois en décembre 1931 vers les bureaux de l'archevêque de Montréal, pour protester contre les tendances antisémites de *L'Action catholique*. On peut penser aussi que c'est avec une recommandation expresse de l'aumônier de l'Association catholique de la jeunesse canadienne-française (ACJC), que Stern obtint de Mgr Gauthier une lettre d'introduction qui aboutit, à l'été de 1935, à une audience privée à Rome avec Pie XI (Stern, 1943). Cet épisode, ainsi que la visite du rabbin à l'archevêché de Québec en février 1935, relancèrent l'amitié des deux compagnons de voyage, qu'une conscience commune de l'état déplorable des relations au pays entre concitoyens d'origine juive et ceux d'allégeance chrétienne ne manqua pas de raviver. À la différence de la situation qui prévalait en 1929, le milieu juif montréalais disposait en 1935 d'un cadre organisationnel à l'intérieur duquel Stern pouvait exprimer concrètement et avec insistance son désir de rapprochement judéo-chrétien, et à cet effet l'urgence d'y engager efforts et ressources matérielles. Au courant des difficultés financières de l'ACJC, et particulièrement du fardeau qu'avait constitué l'acquisition de la Palestre nationale, édifice à vocation sociale et récréative, rue Cherrier à Montréal, le CJC consentit au début de 1935, malgré ses propres déboires, un don d'argent important à l'œuvre de jeunesse catholique dirigée par le père Paré. Ce geste marqua le coup d'envoi au Québec d'une démarche entièrement novatrice de conciliation et d'ouverture mutuelle entre deux traditions spirituelles jusque-là repliées sur elles-mêmes :

> Avec le peu d'anglais que je peux parler, je désire vous exprimer personnellement ma gratitude sincère pour votre si généreuse souscription, relativement à notre Palestre nationale.
>
> [...] Je ne perds jamais une occasion de dire un bon mot pour vous et les vôtres ; par exemple, quand vous avez si bien parlé, avec mon ami l'honorable Fernand Rinfret, contre la persécution d'Hitler ; et aussi, il y a un certain temps, dans une conversation avec mon camarade de classe, l'honorable Athanase David. J'ai particulièrement apprécié la protestation de vos coreligionnaires contre la persécution des catholiques au Mexique.
>
> Comme ce fut là un beau geste ! Je partage votre souffrance, je vous l'assure, au sujet de la méprise à jamais regrettable qui existe parmi nous concernant les vôtres[37].*

Un homme engagé

Le père Paré était de quelques années l'aîné de Stern, et comme lui était originaire d'une ville rurale. Né en 1881, à Deschambault, d'une famille pieuse qui tenait en haute estime la pratique religieuse et les manifestations extérieures de sa piété, il avait été élève du Collège de Sainte-Anne-de-la-Pocatière, puis du Collège Sainte-Marie de Montréal. Chez les Jésuites il avait fait l'apprentissage des qualités sociales et humaines qui allaient faire de lui un éducateur hors pair et un animateur de premier plan de la jeunesse catholique au pays, dans cet esprit d'engagement, de justice et de travail auprès de la société laïque qui caractérisait depuis sa fondation la Compagnie de Jésus. Entré au noviciat du Sault-au-Récollet en 1901, Paré mit quasi vingt ans à devenir un prêtre jésuite. Retardé à plusieurs reprises par la maladie, mis à l'épreuve par les longues études exigées des candidats à un ordre essentiellement missionnaire auxquels on demandait de maîtriser à la fois la doctrine de la foi catholique et les métiers et aptitudes nécessaires à leur apostolat auprès de divers milieux sociaux, Paré émergea en 1921 de cette longue période de formation comme préfet de discipline au Collège Sainte-Marie. Homme patient mais ferme, responsable de l'ordre interne et de l'éducation spirituelle de centaines de jeunes hommes issus souvent des meilleures familles francophones de Montréal, excellent orateur, le père Paré témoignait d'une grande ouverture d'esprit et il ne craignait pas de traverser les barrières de classe et de culture (Mignault, 1956). Ce jésuite possédait du fait de ses occupations et de son appartenance à un ordre religieux, une certaine autonomie face aux autorités diocésaines et cette liberté de manœuvre sociale qui lui permettait d'échapper aux contraintes imposées au clergé séculier, le plus souvent privé de tout contact avec d'autres traditions spirituelles et jaloux de ses pouvoirs. Se mouvant hors de ces ornières triomphalistes et confortables, Paré représentait un type de religieux qui paradoxalement s'apparentait dans le milieu juif montréalais à la position tenue par un Stern, lui aussi un franc tireur face aux tenants de la stricte orthodoxie mosaïque.

D'abord éducateur au Collège Sainte-Marie, Paré entra en 1928 au nouveau Collège Jean-de-Brébeuf, qui cette année-là recevait sur le chemin de la Côte-Sainte-Catherine ses premiers élèves, plus de six cents:

L'ACJC

> Ce dernier [Paré] eut particulièrement la tâche d'accueillir et de discipliner cette surabondante jeunesse. Les problèmes s'élevaient rapides, impérieux: trouver des locaux, maintenir la bonne humeur parmi des groupements d'élèves disparates, soutenir le moral du personnel. Le P. Paré y mit son énergie indomptable et son esprit d'adaptation (Mignault, 1956: 56).

Son séjour cependant devait être bref sur les pentes nord du mont Royal puisqu'en septembre il était nommé aumônier général de l'ACJC, un poste extrêmement exigeant qui devait accaparer toutes ses énergies jusqu'en 1942[38]. L'ACJC avait été fondé en 1904 dans la foulée des préoccupations sociales propres à l'encyclique *Rerum novarum* de 1891 et au pontificat de Léon XIII (1878-1903). Elle encadra à partir de 1904 les mouvements d'action catholique adaptés aux différentes classes sociales, occupations et groupes d'âge. Il s'agissait dans ce cas précis de l'ACJC de veiller à perpétuer, dans les milieux des jeunes laïcs éduqués, l'orientation donnée dans la paroisse et sur les

bancs de l'école, et de tenir éveillé l'esprit de dépasse-
ment national et de renouveau moral que le clergé séculier ne pouvait à lui seul porter dans tous les secteurs
d'activité sociale et humaine. L'ACJC s'apparentait donc au
début du siècle aux efforts d'assainissement des mœurs
politiques et de la moralité publique que conduisaient des
individus comme Henri Bourassa et Armand Lavergne, et
qui aboutirent à la fondation en 1910 du quotidien *Le
Devoir*:

> Le but à atteindre était de former une classe de catholi-
> ques éclairés et convaincus, de jeunes gens sachant pour-
> quoi ils sont catholiques et fiers de l'être; de former aussi
> une classe de jeunes gens renseignés sur les questions
> d'importance vitale dans le pays et disposés à les traiter à
> leur mérite, sans subir l'influence des partis politiques,
> comme d'honnêtes citoyens et de francs patriotes. Au
> lieu donc de procéder à un enrôlement sélectionné, on
> choisit, pour les regrouper en cercles, les jeunes gens les
> plus éveillés, les mieux doués, les plus influents sur leurs
> camarades, en un mot les leaders de demain (Colclough,
> 1918: 4-5).

Aumônier général   L'ACJC n'était toutefois pas une œuvre pieuse et
appliquait la formule des petits regroupements locaux,
appelés cercles, disposant pour leur direction spirituelle
d'un aumônier nommé par le curé de la paroisse, souvent
un jeune prêtre socialement engagé. L'organisation s'était
développée assez vite et comptait par exemple une centaine de cercles en 1917, en plus d'avoir tenu plusieurs
congrès généraux, dont celui de 1908 sur le thème de la
reconnaissance du français dans les services d'utilité publique; tant et si bien qu'en 1916 il avait fallu ouvrir à
Montréal un secrétariat permanent. En assurant en 1930 à
l'ACJC le leadership spirituel et le suivi administratif, Paré
dut mettre plus que jamais en valeur ses qualités de leader
et de communicateur, tant était devenu important à l'époque le mouvement des jeunesses catholiques. Nommé
responsable d'une élite dont l'idéal moral était très ambi-
tieux, et dont allait sortir au cours des années quarante et
cinquante nombre des individus qui mèneraient le Québec à la Révolution tranquille, le jésuite se trouva pendant
ces années cruciales au centre de tous les courants d'opinion, autant progressistes que traditionnels, qui agitaient
les francophones de la génération montante. Stern et
Caiserman ne mirent pas longtemps à comprendre vers

1934 à quel point Paré occupait de par ses fonctions, une position stratégique et centrale au sein de l'univers franco-catholique.

Le CJC n'eut pas à déployer de grands efforts pour décider Paré et ses confrères immédiats à embrasser la cause du rapprochement judéo-chrétien. Dès le printemps de 1935, plus précisément le 30 avril, le 9 et le 15 mai, le jésuite avait convaincu nul autre que Henri Bourassa de venir prononcer à la Palestre nationale une série de conférences portant sur le nationalisme et divers sujets connexes, dont celui de l'antisémitisme et du respect des minorités ethniques et religieuses[39]. Comme toutes les interventions publiques de Bourassa jusque-là, ses discours prononcés dans les locaux de l'ACJC en 1935 soulevèrent un intense intérêt et constituèrent sans doute à eux seuls l'affirmation la plus significative et la plus prestigieuse de la décennie, de la nécessité de rapports positifs entre Juifs et chrétiens au pays. Ils furent cependant reçus froidement par un public pour qui le fondateur du *Devoir* n'était plus le chef de file incontesté du nationalisme francophone d'inspiration catholique. Quelques semaines à peine après s'être exprimé si clairement en faveur de la tolérance et du respect mutuel entre peuples de différentes origines, Bourassa perdait son siège de député à Ottawa, à la faveur de l'élection générale de 1935, et se retirait de la scène politique (Rumilly, 1953). Paré commençait donc sa carrière de publiciste du rapprochement judéo-chrétien par une contribution de taille:

> Je ne peux résister au plaisir de vous envoyer un résumé, trop bref, de la conférence dont j'ai obtenu de M. Henri Bourassa, député au parlement fédéral, qu'il la prononce dans la grande salle de notre Palestre nationale.
>
> Cette conférence portait sur un sujet [l'antisémitisme] que nous prenons tous les deux très à cœur. «Le respect des races», la vraie charité due à chacun, même aux représentants de la nationalité juive, parmi lesquels il s'en trouve certains que j'apprécie tellement moi-même.
>
> M. Bourassa est un ami de votre peuple. Il y a chaque jour un peu plus de ce genre d'hommes parmi les Canadiens français, en dépit de la publicité contraire[40].*

Il se pouvait donc que le Québec francophone comptât en son sein des prêtres et des personnes influentes pour qui, dans le langage de l'époque, la charité envers autrui ne saurait s'assortir de conditions blessantes et propres à restreindre la portée du geste de bonne volonté chrétienne initialement consenti. Il avait suffi de quelques avances du côté de catholiques de vieille souche, pour que le CJC réalisât ce fait troublant qui contredisait les perceptions arrêtées des leaders de la communauté de Montréal.

À l'automne de 1935, le père Paré visita les bureaux du CJC situés rue Bleury et le Temple Emanu-El, devenant ainsi probablement le premier membre du clergé catholique à mettre les pieds dans les locaux d'un organisme juif à Montréal[41]. À cette occasion, il fit la connaissance du secrétaire général, H. M. Caiserman, avec qui il se lia d'amitié, au point que les deux hommes devaient échanger au cours des années suivantes une abondante correspondance et de fréquentes visites[42]. Ce jour-là, en ouvrant ses portes à Paré, le leader juif avait franchi un point de non-retour fondamental dans sa démarche d'ouverture. Ce qui lui avait fait défaut jusque-là lui devenait enfin possible, c'est-à-dire rencontrer en chair et en os des membres de la hiérarchie catholique et échanger avec eux. Dorénavant tous les espoirs étaient permis:

> La surprise et l'inquiétude [face à un nouveau mouvement antisémite] se sont accrues, dans la mesure où on s'est rendu compte, de façon générale, que ni les chefs religieux, politiques ou intellectuels canadiens-français, ni l'ensemble de la presse de la province [tant française qu'anglaise] n'avaient émis un seul commentaire de désapprobation ou de condamnation à l'encontre des accusations les plus irréfléchies et les plus diffamatoires portées contre la population juive.

> Les Juifs du pays ont soudainement pris conscience *que, malgré toutes leurs activités de défense, les organisations juives existantes avaient omis un détail important*, elles avaient oublié d'établir un lien d'amitié avec nos voisins, avec les chefs des majorités protestante et catholique [la plus grande] du Canada[43].*

Le premier rapprochement judéo-chrétien

Un demi-siècle plus tard et après des événements extrêmement marquants (holocauste, sionisme), il nous est difficile aujourd'hui d'évoquer l'esprit de ces premiers échanges judéo-chrétiens, à Montréal à la fin des années trente (Stern, 1936). L'examen des documents d'archives à ce sujet laisse en effet paraître, chez les deux ou trois principaux protagonistes, des sentiments et des élans qui nous semblent marqués d'une certaine naïveté, au point de donner à la démarche un caractère d'innocence et de superficialité. Or, il faut rappeler qu'en ces mois chargés de tensions et remplis des craintes les plus éprouvantes, qui précédèrent le début de la Deuxième Guerre mondiale, l'ouverture manifestée par quelques jésuites francophones revêtit auprès de la communauté juive un aspect inespéré, voire providentiel, qui contredisait les pires présages. Caiserman et Stern reportèrent donc sur une poignée de prêtres les espoirs qu'ils avaient investis dans la société francophone catholique, et prirent pour communiquer avec eux des accents qu'ils n'avaient jamais osé prendre en présence de qui que ce soit d'autre. Les voiles gonflées par l'émotion, les divers représentants du CJC prodiguèrent donc à Paré des marques d'attention, qui pour toutes normales qu'elles nous apparaissent aujourd'hui, n'en étaient pas moins exceptionnelles en cette époque de cloisonnement et de retenue entre membres de différentes allégeances religieuses, ce qui donna aux relations entre les deux parties concernées une aura de grande élévation. À l'été 1937, par exemple, quand l'aumônier de l'ACJC fit à nouveau une traversée vers l'Europe, Juifs et jeunes militants des mouvements d'action catholique se côtoyèrent sur le quai pour lui souhaiter un bon voyage en mer :

> Outre cela, quelle ne fut pas ma surprise de trouver en entrant dans ma cabine un superbe panier de fruits des plus riches, des plus variés, sous la signature du Rabbin Stern et de M. Greenberg, le grand contrôleur juif de la soierie artificielle.

> Autre délicatesse, qui — je ne puis le nier — me toucha profondément c'est la visite du Rabbin Stern accompagné du Secrétaire général du Congrès juif, M. H. M. Caiserman. Chacun m'offrit un superbe volume de lecture pour le voyage : «L'esprit des Juifs» — «La femme juive à la charrue».[44]

Plusieurs lettres et notes échangées au cours de cette période sont parvenues jusqu'à nous, notamment celles de Caiserman et Paré, deux protagonistes qui se complétaient et partageaient un sens aigü de l'engage-

Une amitié fraternelle

ment social. Ces notes témoignent de leur respect mutuel et de découvertes qui furent la première étape d'un long processus d'ouverture, dont les fruits ne seraient cueillis qu'à la génération suivante:

> Je vous suis très reconnaissant pour votre gentille lettre du 16 avril et pour vos paroles d'encouragement.
>
> Plus j'ai le privilège de vous connaître depuis longtemps, plus je trouve de force morale et d'encouragement quand je m'adresse à vous.
>
> Je prie Dieu qu'il vous garde en santé, pour que vous puissiez continuer votre grande œuvre de fraternité[45].*

À ces paroles généreuses, le jésuite répondait quelques semaines plus tard:

> Mon bien cher ami,
>
> Je suis heureux de voir avec quel intérêt vous suivez la grande lutte entre le Pape Pie XI et son vieil ami Mussolini: le Pape agit sans aucun profit personnel, uniquement pour le salut d'un grand principe, où seuls les Juifs *et non* les catholiques sont en cause.
>
> Vous ne sauriez croire comme je suis heureux moi-même, de constater cette fermeté et cette générosité de notre Saint-Père en faveur de votre Race, contre l'antisémitisme[46].

À pas
feutrés
En soi, et pour minces qu'elles pussent nous sembler aujourd'hui, ces tentatives débouchèrent au début de 1937, initiées par Caiserman et Stern, sur une série de rencontres formelles entre des représentants de l'aile juive agissante et quelques catholiques francophones gravitant autour des institutions jésuites de la ville[47]. Leur but ne fut nul autre que l'échange d'informations fiables et de données de première main sur l'identité, la tradition culturelle et la spiritualité spécifiques des deux groupes en présence, à partir desquelles devenaient possibles des discussions sur la situation des Juifs et des catholiques dans la société québécoise:

> Je n'oublierai jamais notre première rencontre, au collège Sainte-Marie, avec ces messieurs et leurs étudiants. Ils nous posèrent toutes les questions qu'ils voulaient, au sujet de la vie juive, et nous les questionnâmes sur la vie canadienne-française. Je me souviens du rabbin Stern entamant cette causerie avec l'image de deux groupes éloignés se réunissant dans la fraternité et l'entente[48].*

Sans doute pour la première fois, s'assirent à une même table, à quatre reprises entre le 8 janvier et le 18 mars 1937, des personnes d'allégeances mosaïque et chrétienne, intéressées à jeter les bases d'une certaine coopération à Montréal, là où chacun se repliait sur ses propres certitudes. La démarche n'avait engagé que quelques personnes, une trentaine tout au plus, mais le seul fait d'y avoir consenti constituait une telle percée dans les attitudes courantes du temps, que tous durent en être profondément touchés. De longs comptes rendus de ces séances rédigés par le secrétaire général du CJC, mettent à nu des préjugés et des méfiances irrépressibles, autant d'obstacles à vaincre sur la voie d'un rapprochement.

La première rencontre, le 8 janvier 1937 en terrain neutre, c'est-à-dire à l'Hôtel Mont-Royal, de la rue Peel, mit en présence trois Juifs et trois francophones ; il s'agissait de faire connaissance et de s'ouvrir à des horizons nouveaux, non sans tâtonnements. Les jeunes catholiques, par exemple, durent admettre que ce préjugé, à savoir que les populations juives du Canada étaient coupables de sympathie à l'endroit du communisme, était sans fondement ; le rabbin Stern, Isaac Greenberg et Michæl Hirsch concédèrent que l'ignorance dont la majorité des membres de leur communauté faisaient preuve de la langue de Molière, empêchait tout dialogue véritable. Les jésuites et un laïc administrateur de l'ACJC constatèrent que le judaïsme demeurait pour eux une véritable *terra incognita*. Ils convinrent aussi qu'ils étaient représentatifs de l'opinion d'une part importante du Québec français, que le climat de l'époque empêchait par prudence de s'exprimer au grand jour :

> Le père Paré, s'adressant au rabbin Stern, déclara de façon précise que, lors d'une récente discussion avec le cardinal Villeneuve, ce dernier avait parlé de la nécessité d'un rapprochement entre les chefs de l'Église et les dirigeants juifs, et que lui-même aurait avec joie organisé une telle rencontre, mais qu'il croyait que la masse des catholiques n'était pas encore prête pour de tels gestes[49].*

En fait, le dialogue judéo-chrétien n'était pas encore né à Montréal. Lors de la rencontre suivante, le 20 février 1937, Caiserman sentit le besoin de réfuter point par point, statistiques à l'appui, trois des « accusations » les plus courantes dont la communauté faisait l'objet, soit que le taux de natalité juif était un des plus élevés au Canada[50], qu'un grand nombre d'incendies frauduleux étaient dus à la cupidité et aux pratiques déloyales des Juifs, et que les citoyens juifs occupaient une place de choix dans l'échelle sociale, sans commune mesure avec leur nombre au Québec. Plus significativement encore, cette deuxième discussion se tint dans un local du Collège Sainte-Marie, un des bastions du catholicisme militant à Montréal, où aucun représentant des organisations juives n'avait mis les pieds jusque-là. Participèrent à cette rencontre 14 jeunes scouts francophones, âgés respectivement de 13 à 16 ans. Interrogé par ses vis-à-vis juifs sur la tolérance apparente de la hiérarchie face à la propagande des fascisants canadiens, le jésuite Thomas Mignault avait déclaré alors qu'Adrien Arcand avait fait pression à plusieurs reprises pour que la direction du collège accepte d'inclure dans son programme d'études ces idéologies alors courantes, ce à quoi on s'était refusé catégoriquement. Quant au responsable des activités scoutes au Collège Sainte-Marie, Hervé Benoit, il avait admis que la question juive avait été discutée par les jeunes de l'institution, mais entre eux seulement et à la lumière des publications antisémites alors disponibles au Québec.

Que d'ignorance!   Deux autres rencontres furent préparées cet hiver-là, dont une se tint le 8 mars 1937 au Montefiore Club, rue Guy, dans un édifice que fréquentait la société juive la plus élégante de Montréal, et une autre le 18 mars 1937 à nouveau au Collège Sainte-Marie, en présence de parents d'élèves. Cette fois encore, les préoccupations typiques de l'époque refirent surface, en particulier l'influence grandissante au Canada de l'idéologie fasciste, dont les Juifs espéraient voir les francophones s'éloigner fermement et que ces derniers jugeaient alors avec beaucoup moins de sévérité, surtout dans la variété mussolinienne qui prônait l'idée d'un État corporatiste:

> Cette discussion déboucha sur la question du fascisme dans la province de Québec et le père Paré expliqua que l'Église de Rome, d'où part l'autorité catholique, s'opposait tant au communisme qu'au fascisme, mais que, puisque ce dernier faisait une place à la religion, l'Église se voyait obligée de pencher pour le moindre de deux maux[51].*

Les personnes présentes eurent également des échanges ce soir-là sur le communisme, que plusieurs francophones croyaient sincèrement avoir été en Russie l'œuvre d'agitateurs juifs. On aborda aussi des sujets comme le Hebrew Free Loan Association et l'originalité des autres institutions juives de la ville, l'inaptitude apparente des Juifs à pratiquer l'agriculture et enfin le degré de canadianisation des nouveaux immigrants. Le 8 mars 1938, une dernière session eut lieu au Temple Emanu-El même, et à laquelle participèrent les responsables du Cercle Mgr Gauthier de l'ACJC, sous l'autorité de leur directeur, le père Joseph Paré. À cette occasion, les invités du rabbin Stern purent pénétrer dans une synagogue pour la première fois de leur vie et découvrir la version hébraïque de la Bible, telle que présentée dans les rouleaux de la *tora*. Les catholiques s'enquérirent de la loi mosaïque et de son influence sur le comportement éthique des Juifs en affaires, secteur d'activité où plusieurs francophones croyaient devoir faire remonter jusqu'aux préceptes du Talmud la supposée propension des commerçants juifs à tromper leurs clients chrétiens :

> Ce qui semblait les gêner le plus, c'était le Juif en affaires. Ils demandaient : « Est-il vrai que, du point de vue des Juifs, il est méritoire de tromper les non-Juifs ? » Ces hommes, au fait, ont une formation universitaire et sont généralement bien informés, mais ils démontrèrent une ignorance étonnante concernant les Juifs[52].*

Des Jésuites philosémites

Ces rencontres judéo-catholiques de 1937-1938 coïncidèrent avec les efforts de rapprochement menés par le rabbin Stern et le CJC auprès des francophones en général. Elles furent pour ces derniers un stimulant énorme, en cette époque où si peu d'information circulait sur l'action poursuivie par les différentes communautés ethniques ; elles soulevèrent aussi l'enthousiasme des personnes qui s'y engagèrent. Caiserman obtint de Paré des listes de personnes bien placées dans la hiérarchie catholique et susceptibles de s'ouvrir aux publications du CJC, et se vit certainement prodiguer des conseils pratiques quant à la façon de les aborder[53]. Plus encore peut-être, la fréquentation de personnes d'origine juive hâta chez ces jésuites l'efflorescence d'un certain sentiment philosémite, et contribua à les lancer ouvertement dans une lutte à finir contre l'arbitraire dont leurs compatriotes catholiques faisaient souvent preuve à l'endroit de la population juive. C'est ainsi que le 15 mars 1938, Paré fit paraître dans *Le Devoir* un démenti formel concernant les *Protocoles des sages de Sion*, lequel s'appuyait sur un article du jésuite Pierre Charles, paru en Belgique dans une publication officielle de l'Église (Charles, 1938). Un an plus tôt, le père Mignault avait écrit à un correspondant juif français:

> Comme nous vivons au cœur du monde anglo-saxon et américain, en étroite amitié avec la France et la Belgique, nos allées et venues peuvent avoir des répercussions internationales. Si nous parvenons à résoudre de manière humaine le problème israélite dans notre pays, vous verrez quelle exhortation salutaire on peut faire aux peuples qui proposent une solution brutale et inhumaine.

42.
Le *Kanader Adler*, lu surtout par une population juive immigrée au pays, portait une attention particulière aux événements affectant les communautés juives d'Europe de l'Est. Le 9 décembre 1920, le journal mentionnait à la une l'imminence d'un conflit militaire en Pologne: «Les Bolcheviques massent cinq armées à la frontière polonaise». *Bibliothèque nationale du Québec.*

En ce moment, je m'applique à détruire les préjugés qu'entretiennent certains de mes compatriotes à l'égard des Israélites. J'essaie de leur faire comprendre qu'ils ont moins à craindre des Juifs que de leur propre faiblesse. Si nous étions forts, nous serions heureux de fraterniser avec une race forte[54].*

La communauté juive de Montréal fit une large publicité autour de ces gestes de bonne volonté de la part de prêtres catholiques, notamment dans le quotidien de langue yiddish *Der Kanader Adler*, où un éditorial paru le 4 avril 1937 vint appuyer l'initiative du CJC auprès de francophones à l'esprit ouvert[55]. Peu de gens toutefois eurent le temps et le loisir de réfléchir sur la portée des rencontres judéo-chrétiennes initiées par Stern, Paré et Caiserman à la fin des années trente, tant le geste avait été novateur et imprévu dans le climat mondial de morosité et de méfiance, qui allait connaître un dénouement fatidique dès septembre 1939 avec l'invasion de la Pologne par l'Allemagne nazie. Les événements qui menèrent au déclenchement de la Deuxième Guerre mondiale occupaient déjà tous les esprits au Canada en 1937-1938 et l'ouverture des hostilités et l'urgente mobilisation de tous les acteurs sociaux, firent que se rompit le fil ténu qui avait uni dans une entreprise de patiente ouverture réciproque, une poignée de jésuites et deux ou trois membres actifs de la communauté juive. Sans compter que Samuel Bronfman, élu président en janvier 1939, imposa ses propres méthodes de travail au CJC. Il y eut bien quelques contacts occasionnels après 1938 entre les protagonistes du premier rapprochement judéo-chrétien, mais ils se limitèrent surtout à des marques d'amitié spontanées et personnelles[56]. Paré d'ailleurs se vit retirer la direction spirituelle de l'ACJC à la fin de 1942, et quitta aussitôt Montréal pour devenir jusqu'en 1949 supérieur à Québec de la Villa Manrèse[57], une maison de retraites fermées. Il s'y dévoua sans ménagement mais peu de tâches toutefois auraient pu l'éloigner davantage de ses préoccupations quant aux Juifs de Montréal (Mignault, 1956).

Seuls face à la tourmente

* * *

Même si les efforts de Stern, Paré et Caiserman en vue d'un réel dialogue judéo-chrétien n'eurent pas de suites immédiates dans le milieu montréalais des années trente, les premiers pas de ces quelques individus éclairés allaient bientôt faire figure de gestes prophétiques une fois écrasée la menace nazie et rétablie la paix. Caiserman au CJC, Stern à la synagogue et Paré parmi les catholiques francophones, furent en fait en 1937-1938, de véritables visionnaires qui ouvrirent la voie d'un rapprochement entre catholiques et Juifs, à un moment où se détournaient de la question et la hiérarchie catholique et la population juive canadienne. Il est donc possible, en cette sombre période des années trente à Montréal, de retracer chez quelques personnes, et au-delà de publications anti-juives et d'hostilités mutuelles de tous genres, une conception articulée des rapports judéo-chrétiens et un modèle d'é-changes réels entre des protagonistes, dans l'espoir de conditions favorables à leur manifestation au grand jour. Non seulement le dialogue entre prêtres et rabbins, entre jeunes juifs et jeunes catholiques, mais également l'ouver-ture des Juifs au fait français, faisaient déjà partie dans l'esprit de quelques individus d'exception d'un vaste pro-gramme à mettre en application le plus tôt possible :

> Je serais enchanté que vous ayez l'amabilité de présenter à votre comité de direction [au CJC], à la première occa-sion, les suggestions suivantes : étudier des moyens de mettre sur pied, dans la ville de Montréal, une organisa-tion qu'on appellerait «L'Alliance Israélite Française de Montréal», dans le but de cultiver la langue française parmi les Juifs et de donner aux principaux citoyens canadiens-français de notre communauté une tribune pour passer d'importants messages en français[58].*

Une nouvelle génération hérita des efforts de défri-chement qu'avaient consentis, dans ce terrain du rappro-chement judéo-chrétien et en dépit de l'indifférence gé-nérale, les Stern, Paré et Caiserman ; comme s'il fallait que s'applique là la parabole évangélique du grain de sénevé. Aiguillonné par certains de ses aînés dans la Compagnie de Jésus, un jeune aspirant jésuite qu'animait un vent de philosémitisme, Stéphane Valiquette, fit en 1937 la connaissance au Temple Emanu-El du rabbin Stern, et visita un peu plus tard les bureaux du CJC[59]. Encore novice, il décida de consacrer sa carrière au rapproche-ment judéo-chrétien[60]. En 1945, à Montréal, Mgr Joseph

Charbonneau, successeur de Mgr Georges Gauthier, fondait un organisme diocésain du nom de Commission d'apostolat auprès des non-catholiques de l'archidiocèse de Montréal. Au sein de cette commission fut créé un comité connu sous le nom de Comité Saint-Paul, dont le mandat originel dit de « conversion » des Juifs se transforma très vite en une mission de bonne volonté et de rapprochement judéo-chrétien, autant auprès des Juifs eux-mêmes que de l'ensemble du clergé catholique (Robillard, 1981 ; Valiquette, 1945). Le Comité Saint-Paul combattit à la fin des années quarante, sous l'impulsion de Valiquette et de quelques autres prêtres, de l'intérieur même de l'Église, les tendances antisémites de certains catholiques, notamment en publiant en 1947 un fascicule intitulé *Le prêtre et la question juive*, que Saul Hayes du CJC considéra à l'époque comme très positif[61]. Valiquette et les membres de son comité dénoncèrent également en public, au nom de la charité chrétienne, la timide réapparition au lendemain de la Deuxième Guerre mondiale d'une certaine presse d'inspiration antisémite (Anctil, 1984b ; Rome, 1955). Pendant ce temps, Valiquette, avec la permission expresse de ses supérieurs jésuites et de Mgr Charbonneau, assistait en 1943 au Temple Emanu-El aux délibérations annuelles de l'Institute on Judaism, un séminaire d'inspiration œcuménique imaginé par le rabbin Stern. Premier prêtre catholique délégué à un tel forum interconfessionnel, le jésuite allait précéder de vingt-cinq ans nul autre que le cardinal Paul-Émile Léger (Valiquette, 1984 ; Cleator et Stern, 1981). L'œuvre de rapprochement de Caiserman, qui avait couvert toutes les formes de l'antisémitisme québécois et atteint maints milieux sociaux et culturels, fut poursuivie au CJC par David Rome, qui en véritable fils spirituel adapta à une nouvelle époque la doctrine d'intervention vigoureuse de son prédécesseur. Rome lança ainsi en 1950 avec l'aide de Naïm Kattan le Cercle Juif de la langue française, dans le but manifeste de rapprocher l'intelligentsia francophone catholique de la communauté juive ashkénaze[62].

Ce cheminement, même s'il demeura le fait d'une petite minorité d'individus, mérite tout de même qu'on lui accorde une certaine importance. Grâce à lui, le Québec émergea comme le lieu privilégié d'un dialogue judéo-chrétien qui ne sera enclenché ailleurs en Occident qu'après la fin de la Deuxième Guerre mondiale, une fois

Dix ans
avant
l'Europe

qu'aura péri dans la tourmente nazie la presque totalité des populations juives de l'Europe de l'Est. Devançant la catholicité européenne de près de dix ans, Paré, Valiquette et Mignault avaient entrevu très tôt que la seule solution à l'antisémitisme latent des masses francophones du Québec demeurait l'établissement d'un contact véritable avec les héritiers du judaïsme, qui passerait par une campagne d'éducation populaire et par une rencontre au sommet des leaders des deux communautés en présence. Les quelques sessions d'échange tenues à Montréal en 1937-1938 précédèrent ainsi celles qui furent tenues en 1947 dans la ville de Seelisberg, en Suisse, entre catholiques et Juifs européens et dont sortit un programme commun d'action pour la lutte dans l'Église contre le principe même de l'antisémitisme, appelé «Les dix points de Seelisberg» (Isaac, 1960: 57-64). Le principal représentant juif de ces discussions, le citoyen français Jules Isaac, dont la famille avait été cruellement victime de l'occupation nazie, fut consulté quelques années plus tard par la curie romaine lors des travaux qui devaient aboutir au Concile Vatican II à la déclaration concernant les rapports entre le judaïsme et le catholicisme. L'esprit si novateur des jésuites montréalais fut d'ailleurs repris une décennie plus tard dans la ville de Québec, lors de rencontres entre juifs, protestants et catholiques menées sous l'égide des Amitiés judéo-chrétiennes et auxquelles participèrent pendant plusieurs années, de 1952 à 19960, l'abbé Louis O'Neil et Mgr Ernest Lemieux (Bédard: 1972).

Souder les cœurs

La volonté de rapprochement qui avait animé les contacts des participants de la première heure devait beaucoup à H. M. Caiserman, qui manifesta au sujet de ces tentatives de dialogue un enthousiasme sans bornes, bien au-dessus du climat et des événements de l'époque, autant au Québec que sur la scène européenne. Le secrétaire général du CJC appuya de toutes ses forces au cours des années trente les initiatives qui pouvaient contribuer d'une manière ou d'une autre à forger une compréhension mutuelle entre les peuples, même si quelques personnes seulement consentaient à s'y associer. Il fit d'ailleurs un accueil hors du commun au père Paré quand celui-ci accepta de coopérer avec la communauté juive organisée et ne tarit pas d'éloges à son endroit une fois les premiers échanges entamés: «Le niveau élevé de nos conversations et l'échange vraiment sincère et original d'informations véridiques m'ont fait une impression extraordinaire[63]. »*

Peut-être Caiserman était-il toujours demeuré au cours de ces années charnières l'immigrant roumain que le port de Montréal avait vu débarquer dans la ville en 1910, encore profondément marqué par le conflit des nationalismes tel qu'il avait éclaté en Europe centrale avant la Première Guerre mondiale. Sans doute, beaucoup mieux qu'un Juif canadien coupé de ses racines européennes, Caiserman avait-il compris qu'en un Québec marqué par la présence de deux communautés linguistiques farouchement jalouses de leurs privilèges acquis, et que rien ne permettait d'espérer voir s'aligner sur un modèle américain d'unanimité monoculturelle, il valait beaucoup mieux pour les Juifs faire preuve d'ouverture et adopter une stratégie de conciliation et de dialogue constructif avec les parties en place (Le Borgne, 1983). Surtout, Caiserman crut jusqu'à la fin de sa carrière que la communauté juive canadienne avait plus à craindre de sa propension à s'isoler de la majorité et à ignorer la langue d'usage et les motivations de ses voisins francophones, qu'elle n'avait à redouter les coups et les traîtrises de ce que la population canadienne comptait d'antisémites et de racistes en puissance.

Rompre l'étanchéité

Notes du chapitre 6

1. ACJCM, Lettre de H. M. Caiserman à B. Z. Goldberg, New York, le 21 novembre 1933.

2. Terme introduit en France au milieu du XVIIIe siècle et issu de la fusion des mots latins «ultra», au-delà, et «mons», montagne. Le mot désignait l'aile intégriste du catholicisme français, qui souhaitait la stricte soumission à Rome, et dont l'origine étymologique s'explique par la position géographique des fidèles attendant de Rome, au-delà des Alpes, directives et encouragements.

3. «Neuvaine de messes pour la conversion d'Israël», *La Semaine religieuse de Québec*, Québec, 25 mai 1933, n° 39, p. 621-622.

4. «Notre-Dame de Sion», *La Semaine religieuse de Québec*, Québec, 11 octobre 1934, n° 6, p. 85-86.

5. «Pour la conversion des Juifs», *La Semaine religieuse de Québec*, Québec, 22 novembre 1934, n° 12, p. 188.

6. Eugène L'Heureux, «Le concordat entre le Saint-Siège et le Reich Allemand», *L'Action catholique*, Québec, 8 août 1933, p. 4.

7. La pensée chrétienne ne pouvait pas en toute logique rejeter l'enseignement contenu dans l'Ancien testament, tel qu'interprété textuellement par la tradition masorétique. Le Talmud cependant, un ensemble fort complexe de commentaires postérieurs au début de l'ère chrétienne, suscita de tous temps à Rome et en Occident une grande méfiance.

8. Voir «Bon sens», *L'Action catholique*, Québec, 9 décembre 1933, p. 4.

9. Rapport non titré déposé aux archives du Congrès juif canadien, Montréal, mars 1934.

10. La série comprend les articles suivants publiés dans le tome XLI:
    — M.-A. Lamarche, «Notre étude d'ensemble sur la question juive», janvier 1935, p. 50-54.
    — Rég. Garriou-Lagrange, «L'Oeuvre de Notre-Dame de Sion», janvier 1935, p. 54-64.
    — Albert, Saint-Pierre, «Les Juifs et les premiers chrétiens», février 1935, p. 85-97.
    — Raymond-Marie Martineau, «Les Juifs et la chrétienté», mars 1935, p. 167-185.
    — Benoît Mailloux, «Les Juifs et les temps modernes (1500-1800)», avril 1935, p. 245-264.
    — Yves-M. Faribault, «Le Sionisme», mai 1935, p. 327-345.
    — Jacques Maritain, «À propos de la Question juive», juin 1935, p. 401-410.
    — Benoît Mailloux, «Saint-Thomas et les Juifs», septembre 1935, p. 123-151.
    — M.-Ceslas Forest, «La question juive au Canada-I», novembre 1935, p. 246-277.
    — M.-Ceslas Forest, «La question juive au Canada-II», décembre 1935, p. 329-349.

11. ACJCM, «Anti-Defamation Report», 1934.

12. *Idem*, «Minutes of the Meeting of the Montreal Members of the Dominion Executive of CJC», Montréal, 3 octobre 1935.

13. *Ibid.*

14. AUL, MPSQ, Lettre circulaire datée du 13 avril 1938 et dénonçant en 8 points les attaques et erreurs dont s'était rendu coupable le racisme allemand d'inspiration nazie.

15. Le judaïsme fut de tout temps fracturé en divers courants, tous légitimes aux yeux de la tradition mosaïque, et qui avançaient diverses interprétations de l'histoire et de la spiritualité juive. Dans la période moderne, trois grandes orientations sont généralement reconnues et qui sont elles-mêmes sujettes à des opinions divergentes de l'intérieur de leur rationalité propre, soit l'orthodoxie, gardienne de la stricte application de la loi divine, le conservatisme, qui défend une position médiane et le libéralisme qui propose un remaniement des préceptes de base dans le but d'adapter le judaïsme aux nécessités de la vie moderne.

16. «Archibishop Gives Audience to Rabbi», *The Gazette*, 12 décembre 1931, p. 14. Voir aussi: «Agitation against Jews is Protested», *The Montreal Daily Star*, 12 décembre 1931, p. 7. La presse francophone de Montréal ne fit aucune mention de la rencontre.

17. ACJCM, Lettre de H. M. Caiserman à B. Z. Goldberg, New York, 21 novembre 1933.

18. *Idem*, «Public Relations Work of the Jewish-Christian Relationship Commitee Under the Leadership of Rabbi Harry J. Stern», rapport rédigé vers 1938, présumément par H. M. Caiserman.

19. *Idem*, «Résolution passée unanimement par le Comité exécutif du Dominion du Congrès canadien des Juifs», 29 novembre 1934.

20. La question mexicaine fut, au cours des années trente, une source de préoccupation constante de l'Église catholique et entraîna plusieurs déclarations officielles de la part d'évêques canadiens et la publication de l'encyclique *Acerba Animi* en octobre 1932.

21. L'encyclique *Mit Brenender Sorge*, publiée le 14 mars 1937 et l'encyclique *Divini Redemptoris*, publiée le 19 mars de la même année.

22. Voir «Two Papal Pronouncements», *Temple Emanu-El Weekly Bulletin*, Montréal, 2 avril 1937.

23. Voir «Double enseignement papal», *Le Devoir*, 10 avril 1937. Le texte de Stern fut également publié à la même date dans *La Patrie* et le 12 avril dans *Le Canada*, *L'Événement*, *Le Soleil* et *La Presse*.

24. ACJCM, Lettre du père Joseph Paré, s.j. au rabbin Harry Joshua Stern, 23 avril 1937.

25. *Idem*, Télégramme de Samuel Bronfman, président du CJC, à son éminence le cardinal Villeneuve, Vatican, 13 février 1939.

26. *Idem*, Lettre de René Bernier, prêtre, chancelier de l'archevêché de Québec, à O. Miller, président de la communauté juive de Québec, le 17 février 1939.

27. APC, Fonds Stern, Lettre de E. Chouinard, prêtre, archevêché de Québec, à Harry Joshua Stern, 9 avril 1934; ACJCM, «Public Relations Work of the Jewish-Christian Relationship Commitee Under the Leadership of Rabbi Harry J. Stern», rapport rédigé vers 1938 présumément par H. M. Caiserman.

28. ACJCM, «Memorandum on Anti-Defamation», février 1935, présumément écrit par H. M. Caiserman; APC, Fonds Stern, Lettre du chanoine Philippe Casgrain, archevêché de Québec, à Harry Joshua Stern, 2 février 1935.

29. L'oblat Jean-Marie-Rodrigue Villeneuve avait été en 1933 le quatrième cardinal canadien. Son siège de Québec lui avait d'ailleurs permis d'exercer un fort ascendant sur les autres évêques québécois, fait qui n'avait pas échappé à l'attention de la communauté juive de Montréal. À noter que le leader Caiserman ne se contenta pas de faire appel à la hiérarchie catholique, mais contacta aussi des membres du haut clergé protestant. En 1938, à l'instigation du CJC, le révérend John C. Farthing, évêque anglican de Montréal, avait dénoncé au synode de son Église la montée de l'antisémitisme au Canada et les mirages de l'idéologie fasciste. Voir ACJCM, Lettre de H. M. Caiserman au Dr Sascha Charles, American Jewish Committee, New York, 24 août 1938.

30. ACJCM, «Public Relations Work of the Jewish-Christian Relationship Committee Under the Leadeship of Rabbi Harry J. Stern», rapport rédigé vers 1938, présumément par H. M. Caiserman.

31. *Idem*, Note manuscrite du cardinal Villeneuve aux responsables du Congrès juif canadien, Québec, 22 février 1938.

32. Mgr Louis-Albert Pâquet avait en quelque sorte formulé la position officielle de l'Église canadienne face aux Juifs, au chapitre douze de son ouvrage théologique intitulé: *Droit public de l'Église, principes généraux*, p. 268-290 (Pâquet, 1908).

33. Voir «Les Protocoles des Sages de Sion», *La Semaine religieuse de Québec*, Québec, vol. 50, n° 48, 28 juillet 1938, p. 757-760. Le texte fut repris dans l'édition du 2 août 1938 de *L'Action catholique*.

34. ACJCM, «Lettre de H. M. Caiserman à A. J. Rosenstein, Montréal, 2 août 1938.

35. *Idem*, Lettre de H. M. Caiserman au Cardinal Villeneuve, 30 août 1938.

36. *Idem*, Lettre du chanoine Cyrille Labrecque, directeur de *La Semaine religieuse de Québec* à H. M. Caiserman, 12 septembre 1938.

37. *Idem*, Lettre de l'aumônier de l'ACJC, le père Joseph Paré, au rabbin Harry Joshua Stern, 2 mars 1935.

38. ANQ Saguenay-Lac-Saint-Jean, Fonds ACJC, Lettre de l'Archevêque-coadjuteur de Montréal, Georges Gauthier, au père Joseph Paré, 18 septembre 1930, et lettre de F.-X. Bellavance, provincial de l'ordre jésuite, à Joseph Dansereau, président général de l'ACJC, 19 septembre 1930.

39. La conférence du 15 mai, intitulée «Catholiques et non-catholiques», qui aborda plus spécifiquement la question du rapport des francophones catholiques avec les Juifs, fut reproduite dans *Le Devoir* du 16 mai 1935, p. 8.

40. ACJCM, Lettre du père Joseph Paré au rabbin Harry Joshua Stern, 14 mai 1935.

41. *Idem*, «October 3rd Minutes of the Meeting of the Montreal Members of the Dominion Executive of the CJC», 1935; APC, Fonds Stern, «Temple Emanu-El Visitor's Register», 8 octobre 1935.

42. Ghitta Caiserman-Roth, la fille cadette de Hannaniah Meir, au cours d'une entrevue menée le 22 juillet 1985, se rappela même le souvenir de journées d'hiver au cours de son enfance, où le jésuite l'amenait sur les pentes du mont Royal, pour une glissade en traîneau.

43. ACJCM, « Goodwill Work in the Province of Quebec », texte probablement écrit vers 1938 par H. M. Caiserman.

44. APJ Saint-Hippolyte, Fonds Joseph Paré, « Mon voyage 1937 ».

45. ACJCM, Lettre de H. M. Caiserman au père Joseph Paré, 21 avril 1938.

46. *Idem*, Lettre de Joseph Paré à H. M. Caiserman, 7 juin 1938.

47. *Idem*, Manuscrit sans titre ni date, non signé mais présumément écrit par H. M. Caiserman vers 1938.

48. *Idem*, « The First Chapter in Jewish-Catholic Cooperation », par H. M. Caiserman. Version anglaise d'un texte publié dans le *Kanader Adler*, Montréal, sans mention de date précise.

49. *Idem*, Compte rendu de la réunion du 8 janvier 1937, tenue à l'Hôtel Mont-Royal (sans titre), probablement rédigé par H. M. Caiserman peu après l'événement.

50. En 1931, parmi 61 groupes religieux recensés au Canada, les Juifs avaient à la fois le taux de natalité et le taux de mortalité le plus bas (Rosenberg, 1939).

51. ACJCM, Compte rendu de la réunion du 8 mars 1937, tenue au Montefiore Club (sans titre). Probablement rédigé par H. M. Caiserman peu après l'événement.

52. *Idem*, « Public Relations Work of the Jewish-Christian Relationship Committee Under the Leadership of Rabbi Harry J. Stern ». Rapport rédigé vers 1938, présumément par H. M. Caiserman.

53. *Idem*, Lettre de Joseph Paré au rabbin Harry J. Stern, 10 mars 1938; lettre de Joseph Paré à H. M. Caiserman, 13 juillet 1938.

54. *Idem*, Lettre de Thomas Mignault, préfet de discipline au Collège Sainte-Marie, à Fernand Benda, vice-président de l'Union patriotique des Français israélites, Paris, 15 février 1937. Il s'agit probablement d'une traduction anglaise préparée par les soins du CJC.

55. Voir « Redendik Vegen Gudvil », *Der Kanader Adler*, Montréal, 4 avril 1937, p. 4. Voir aussi le long reportage à ce sujet écrit par Y. Medresh dans l'édition du 26 mars 1937 et intitulé : « Vos Me Redt Bei Yidish Katoïliche 'Gut Vil' Konferentzn In Montreal ».

56. ANQ Saguenay-Lac-Saint-Jean, Fonds de l'ACJC, Lettre de Joseph Paré à Harvey Golden, 10 janvier 1939, le félicitant pour ses dix ans d'activisme auprès du Young Men's Hebrew Association de Montréal. Il y eut également correspondance entre l'ACJC et le B'nai Brith, en février 1941 et en janvier 1942, au sujet d'un ralliement patriotique de la jeunesse canadienne en faveur de l'effort de guerre.

57. APC, Fonds Stern, Lettre de Joseph Paré, Québec, à Harry Joshua Stern, Montréal, 2 mars 1943.

58. ACJCM, Lettre de A. J. Livinson, membre du Archives Commitee du CJC, à H. M. Caiserman, 17 octobre 1935.

59. APC, Fonds Stern, « Temple Emanu-El Visitor's Register », 15 juin 1937.

60. Archives personnelles du père Stéphane Valiquette, Montréal, « Ma vocation aux amitiés judéo-chrétiennes », texte autobiographique dactylographié.

61. *Idem*, Lettre circulaire de Saul Hayes, directeur exécutif du CJC, aux membres de l'organisme, 22 mars 1948.

62. Voir « Les Juifs et le français. Une évolution significative », *Le Devoir*, 13 novembre 1950, p. 4.

63. ANQ Saguenay-Lac-Saint-Jean, Fonds de l'ACJC, Lettre de H. M. Caiserman au père Joseph Paré, 7 avril 1937.

Conclusion

Au printemps de 1942, une dernière fois sans doute sur ce ton, parut dans *L'Action catholique* [1], sous la plume du père Bonaventure Péloquin, une série d'articles offensants, qui soulevèrent l'ire de la communauté juive [2]. Sur la scène provinciale, le dernier épisode de l'antisémitisme virulent survint à Québec, en mai 1944, à l'occasion de l'incendie partiel de la synagogue de la rue Crémazie, survenu la veille de son inauguration. Un an plus tôt, Duplessis avait rendu publique une lettre de H. L. Roscovitz adressée à un rabbin de Montréal, qui promettait aux candidats libéraux fédéraux une contribution financière importante s'ils acceptaient d'appuyer le projet d'établir, dans la province de Québec, plus de 100 000 Juifs originaires d'Europe de l'Est (Black, 1977). La lettre, jugée incriminante par Duplessis et supposément révélatrice des visées à la fois libérales fédérales et juives, fut publiée le 17 février 1944 dans la presse anglophone et francophone de la province. La veille de ce jour, le chef de l'Opposition, Maurice Duplessis, avait déposé à l'Assemblée législative de Québec un dossier contenant des preuves explicites du « complot sioniste » et de l'« affaire Roscovitz ». Ce geste outragea la communauté juive, comme le montre le commentaire qu'en fit quelques jours plus tard Maurice Hartt, député libéral provincial d'origine juive :

Quand, le 16 février 1944, M. Duplessis prit la parole pour produire un échange de correspondance entre les gouvernements fédéral et provincial, concernant l'immigration [les lettres de Roscovitz], il porta une attaque antisémite très acerbe, qui peut être considérée comme l'une des pires jamais entendues dans ce pays. L'auditoire de l'Assemblée législative était tendu, anxieux et inquiet[3].*

L'affaire Roscovitz

Il s'avéra que la lettre proposant l'entrée au pays de 100 000 Juifs était un faux, forgé de toutes pièces, ainsi que le rabbin Schwartz, directeur exécutif de la Zionist Organization of Canada le déclara sous serment. Caiserman, du Congrès juif canadien, protesta contre cette manœuvre dans une lettre adressée aux médias en février 1944[4]. L'affaire Roscovitz ne refit pas surface au cours de la campagne électorale de la même année ; en fait, elle n'eut pas de suites sur la scène politique québécoise et s'évanouit d'autant plus facilement de la mémoire collective autant juive que francophone, qu'elle concernait la question générale des réfugiés et non le sort de la communauté juive montréalaise proprement dite (Abella et Troper, 1982). La fin de la guerre en Europe et un immense espoir de renouveau achevèrent de balayer de la place, ou à tout le moins atténuèrent considérablement, le sentiment anti-immigrant de l'intelligentsia québécoise et du mouvement nationaliste, qu'allait bientôt traverser un vent de libéralisme. Comme nous l'avons vu, la classe politique francophone ne bascula pas d'un coup, à la fin des années quarante, dans le camp de la tolérance à l'égard des immigrants, mais suffisamment d'esprits prirent le parti de l'ouverture et de l'accueil pour que les appels même stridents au repli sur soi et à une idéologie de frontières closes se fassent plus rares.

Dans l'oubli

Les nationalistes, même radicaux, oublièrent le cas des Juifs, qui ne formèrent qu'une fraction négligeable des immigrants de l'après-guerre, soit à peine plus de 2 % du total. Même après 1948, quand les portes leur furent enfin timidement ouvertes, les Juifs européens, qu'on avait tant redoutés quelques années plus tôt, ne furent au rendez-vous qu'en très petit nombre. Trente-huit mille Juifs entrèrent au pays entre 1951 et 1960 alors que le Canada accueillit massivement surtout des Britanniques, des Allemands, des Hollandais et autres nationalités du nord de l'Europe, ainsi qu'un fort contingent d'Italiens. À

Montréal, la communauté juive céda nettement la place à la communauté italophone. Détrônés sur le plan démographique, engagés dans un processus d'anglicisation rapide et de relocalisation hors des quartiers immigrants traditionnels, les Juifs montréalais quittèrent le devant de la scène vers 1950, emportant avec eux dans l'ombre les derniers sursauts du mouvement antisémite d'expression française. L'ascension sociale juive, si redoutée vingt ans plus tôt par les anglophones et les francophones du Québec, s'inscrivit dans une relative indifférence. Au début des années soixante-dix la communauté juive avait le revenu moyen *per capita* le plus élevé de tous les groupes ethniques et religieux montréalais, (Szacka, 1984b).

Après l'armistice de 1945, l'ouverture des francophones à l'endroit des Juifs, ou plutôt leur oubli relatif de ce groupe ci-devant honni, n'eut aucun rapport avec la nouvelle lentement répandue dans le monde du génocide des populations juives d'Europe de l'Est. L'holocauste, fait capital de l'histoire juive universelle, effleura à peine les consciences d'ici, pas plus d'ailleurs que cet autre événement fondamental, soit la création en 1948 de l'État d'Israël au Moyen-Orient. Ce relâchement dans les attitudes tint à des facteurs spécifiques de la société québécoise, agitée par un courant inédit de libéralisastion. S'il faut y voir quelque influence proprement juive, ce serait celle des efforts de rapprochement de la communauté juive montréalaise. Certes, le Québec fut entraîné dans l'après-guerre dans un courant nord-américain de décloisonnement institutionnel et de mobilité socio-culturelle. Quand une idéologie libérale fut enfin appliquée vers 1950 à la question des immigrants et de l'admission des réfugiés, déjà elle était le partage d'intellectuels francophones qui la traduisaient dans les termes propres au nationalisme québécois. Un des effets de cette ouverture de l'après-guerre fut la prise de conscience de l'énorme fossé d'ignorance mutuelle qui séparait francophones et Juifs. Dans un compte rendu du livre de B. G. Sack publié en 1947, *Les Juifs au Canada*, Jean Le Moyne écrivait:

Un nouveau climat

«L'ouvrage ... arrive opportunément et contribuera, espérons-le à une compréhension, à un rapprochement que non seulement la religion impose, mais aussi un élémentaire devoir social» (Le Moyne, 1947: 6), puis ajouta: «il [Sack] ne peut ignorer à quel point la connaissance du Juif est vague et fausse chez nous » (Le Moyne, 1947 : 14). Ces paroles faisaient écho, dans un contexte moins dramatique certes, aux réflexions que l'affaire Roscovitz avait inspirées quelques années plus tôt au député provincial Maurice Hartt : « Mon expérience de l'Assemblée législative m'enseigne que nos voisins non juifs ne nous connaissent pas et n'ont pas commencé à nous comprendre. Nous n'avons rien fait pour établir le contact nécessaire[5]. »*

Détente

La communauté juive apprit aussi dans le Montréal de l'après-guerre à s'ouvrir graduellement et à répondre à des invitations au dialogue, discrètes peut-être, des francophones (Anctil, 1984b). Le leadership juif avait d'ailleurs évolué entre-temps ; le Congrès juif canadien, mieux pourvu financièrement et dirigé depuis 1939 par le philanthrope Samuel Bronfman, s'orienta lentement après 1945 vers la reconnaissance du fait français au Québec. Le travail de Caiserman avait porté fruit, et les quelques francophones qu'il avait réussi à émouvoir au cours des années trente émergèrent comme certains des interlocuteurs les plus valables du judaïsme montréalais. Tel fut le cas du Jésuite Stéphane Valiquette, le premier clerc à avoir tenté de présenter à ses compatriotes catholiques, sous un jour positif, la communauté juive montréalaise (Valiquette, 1945). Certes, dans les années immédiates de l'après-guerre, seul un petit nombre de Québécois se firent les artisans du rapprochement judéo-chrétien, mais ils œuvrèrent dans un climat relativement serein, sous un ciel dégagé des menaces que faisaient porter sur leur sincérité les discours antisémites traditionnels, voire même les méfiances de leur entourage réciproque. Font foi de ce nouveau contexte quelques passages furtifs parus en 1947 dans l'organe officiel du Congrès juif canadien, et qu'il faut attribuer à la plume de David Rome :

> Depuis la dernière séance plénière, en janvier 1945, il s'est produit une série de développements dont on ne peut exagérer l'importance. Ceci ne signifie pas que les préjugés raciaux ou religieux ont disparu de cette partie du Canada [le Québec], pas plus qu'ailleurs au pays. Ceci ne signifie pas, non plus, qu'il y a eu une volte-face [en français, dans le texte] ou un changement de politique ou de doctrine dans cette partie du peuple canadien [les Québécois francophones]. Disons plutôt que les amis que nous avons toujours eus parmi eux sont devenus plus actifs dans la présentation de leurs vues. Il se pour-

rait aussi que la communauté juive du Canada ait appris, avec le temps et l'expérience, les moyens de mieux se faire valoir, face aux Canadiens-français, et de se mériter leur support.

Le changement est considérable, même si les indices en sont intangibles* (Anon., 1947 : 24).

* * *

Ce rendez-vous manqué de l'histoire, cette ambivalence de perception ne furent nulle part plus apparents que dans la réaction du Congrès juif canadien au contexte québécois des années trente. Les leaders juifs de Montréal investirent en effet le plus clair de leurs énergies et de leurs maigres ressources financières à combattre et contrecarrer l'influence des antisémites francophones de tout poil, qui certes formaient une menace potentielle pour les intérêts juifs et dont le verbe résonnait fort et haut. Pendant ce temps, le CJC ignorait ou décidait de ne pas agir ou même de protester contre les préjugés plus insidieux de l'élite d'affaire anglo-protestante. Le fait demeure que la clameur anti-juive retentissante de certains milieux catholiques pouvait avoir quelque chose d'effrayant chez une population fraîchement marquée par les persécutions violentes subies en Europe de l'Est. Toutefois, cette hystérie langagière n'approchait en rien, sous l'angle de l'efficacité concrète, la discrète campagne antisémite menée par les milieux financiers et professionnels anglophones de Montréal. Arcand pouvait certes vitupérer et tonner d'impatience contre le mythe juif de domination du monde, sa seule arme demeurait le recours à la foule ; tandis qu'une simple décision administrative prise à l'université McGill, ou dans les couloirs feutrés d'une banque du centre-ville, privait d'une éducation supérieure ou d'emplois bien rémunérés un segment de la nouvelle génération juive. Caiserman et ses collègues eurent raison à coup sûr de s'élever contre les excès commis par les nationalistes québécois à l'endroit de la communauté juive, mais ce combat occulta sans doute aux yeux de Juifs du temps, à cause de son intensité dramatique et émotive, la discrimination combien plus coûteuse, mais que rien ne permettait d'identifier au grand jour tant était étanche sur ce sujet le consensus de l'élite anglo-protestante de Montréal.

Bruyante clameur

317

L'unanimité d'opinion était de plus loin d'être acquise chez les francophones des années trente quant à l'attitude à adopter face à la montée démographique et économique juive. Même au sein du mouvement nationaliste plus radicalement revendicateur, et malgré les efforts tentés en vue de présenter un front uni, d'importantes lézardes apparurent sur cette question souvent jugée déroutante. Les catholiques québécois poussèrent même l'audace jusqu'à se quereller publiquement entre eux, à certains moments, quant à la juste perception de la question juive, ainsi lors de la grève de l'Hôpital Notre-Dame en 1934. Ce brassage parfois violent d'impressions contradictoires accentua encore plus dans les oreilles juives l'écho des tendances antisémites sorties, croyait-on, des profondeurs mêmes de la culture franco-québécoise. L'indécision et l'exaspération de surface des nationalistes, pour peu qu'il eut les moyens de l'observer à son aise, aurait vite révélé à tout leader juif un enchevêtrement de revirements et d'incohérences sans fin.

La direction pourtant jugée éclairée du journal *Le Devoir* vogua par exemple sur la question juive, au cours des années 1934-1935, de paradoxes en paradoxes, passant de l'admiration parfois béate à la condamnation la plus sévère. Les rédacteurs pratiquèrent ce jeu souvent à l'intérieur d'un même éditorial, comme si les ignominies et les qualités les plus admirables pouvaient être jetées pêle-mêle d'un seul jet de plume sur le dos des Juifs. Cette ambivalence extrême a été notée par John Higham dans le cas de la société américaine du tournant du siècle:

> Vers la fin du dix-neuvième siècle, l'essentiel de l'antisémitisme, dans les milieux américains d'origine, était mêlé d'une sympathie continuelle, contexte dont nous devons progressivement prendre conscience, si nous voulons éviter d'exagérer ou de sous-estimer le phénomène* (Higham, 1975a: 124).

Ceci ne signifie pas qu'un fond antisémite n'ait pas pu persister intact au Québec au cours de la période qui nous préoccupe, comme le craignaient avec raison les leaders juifs, mais plutôt que l'image du Juif chez les Québécois de souche demeurait carrément mobile, migrant et se transformant au gré des circonstances politiques et économiques. En ce sens, les Juifs eurent raison peut-être de redouter un nationalisme francophone, si détaché du réel, qu'il n'aurait pas toujours su reconnaître dans la question juive qui le préoccupait tant, la part du fantaisiste et de l'incongru et celle du concret indéniable. Sans doute n'est-il pas inutile d'avancer en guise de conclusion, comme le fit d'ailleurs le critique et écrivain juif Naïm Kattan, que le Juif joua à un moment assez précis de l'histoire culturelle des francophones le rôle symbolique de l'étranger, mais sous l'apparence assez bouleversante et incontournable d'un *alter ego*. Kattan note ce phénomène de transfert chez les romanciers de l'après-guerre, depuis Yves Thériault en passant par Claude Jasmin et Claire Martin (Shek, 1984). Curieusement, dans les œuvres de ces écrivains surgissent des personnages juifs :

> Dans ces [...] romans, le Juif est doté d'une image favorable. Il est idéaliste et honnête, et il a l'esprit ouvert et un sens moral très développé. Mais est-il vraiment juif ? Extérieurement, oui, mais il n'a pas de substance, de solidité. Sa judéité reste inconnue* (Kattan, 1968 : 111).

Je crois qu'il faut chercher la racine de ces images positives dans la période de gestation idéologique que constitua le premier tiers du XXe siècle, où apparurent côte à côte dans le discours politique francophone, le Juif méprisable et menaçant, et l'autre, presque aussi répandu, dont le sens de la solidarité et l'esprit de travail faisaient figure de modèle de renouvellement des énergies québécoises. L'idée peut étonner à cinquante ans de distance, puisque les deux communautés en présence firent le choix le plus souvent de ne percevoir l'une face à l'autre que le volet négatif de leurs relations. Force est de constater cependant qu'il ne s'était agi là que d'un reflet du discours idéologique politique et religieux dominant, et que des circonstances globales très défavorables sur le plan économique ne faisait qu'exacerber. À tout le moins, Juifs et Québécois francophones avaient partagé depuis le début de leur cohabitation montréalaise le sort commun aux peuples minoritaires, qui était de n'avoir pas pleinement accès, même sous un régime démocratique, à tous les leviers de promotion économique et sociale :

Deux peuples minoritaires

> [...] car le Juif ressemble au Canadien français, dans la mesure où il idéalise les mêmes vertus, s'attache à ses propres traditions, exprime sa fidélité envers ses origines et son groupe. Plus important encore, il appartient à une minorité. Ainsi, il ne représente pas une menace

pour les positions du Canadien français, mais un exemple et une source d'encouragement et de support moral* (Kattan, 1968: 111).

Or, comment ne pas admettre que dans une période de grande incertitude, le minoritaire craignit le minoritaire qu'il rencontrait d'ailleurs au bas de l'échelle sociale, soumis comme lui aux difficultés d'une situation inacceptable beaucoup plus que le majoritaire, l'Anglo-Saxon du Montréal des années trente, qui lui semblait représenter la porte de sortie, l'issue hors de la pauvreté et de la marginalisation. Ainsi peut-on tenter d'expliquer que, voisins dans l'échelle sociale, Juifs et franco-catholiques ne vécurent pas ce qui les unissait sur le plan socio-politique, mais plutôt qu'ils se firent concurrence au sein d'un marché en forte régression.

* * *

Une société d'abord chrétienne

En plus des conditions économiques pénibles propres à l'entre-deux-guerres et qui en furent une cause indéniable, autant chez les franco-catholiques que chez les anglo-protestants, joua aussi dans l'antisémitisme, du moins du côté des nationalistes traditionnels, mais d'une façon moins marquée peut-être, la conception que les francophones se faisaient du déroulement de l'histoire contemporaine et des fondements de leur société. Les Juifs furent difficilement tolérés sous ce rapport, parce que les clercs et les nationalistes jugèrent comme des gestes anti-chrétiens et leur admission au pays et leur intégration dans les institutions scolaires et politiques de la majorité. L'antisémitisme pouvait prendre la teinte d'un christianisme militant de droite, et il fut vécu comme tel par une aile nationaliste par ailleurs fort préoccupée de rectitude morale et de charité évangélique. L'idée de société chrétienne s'étendait toutefois beaucoup plus loin, selon le sens qu'on lui donnait à la fin du XIXe siècle, qu'à une saine gestion du comportement humain et de ses fins dernières. Pour plusieurs bons catholiques, qu'effrayaient la déchristianisation des masses ouvrières, l'urbanisation et le libéralisme politique, il importait de bloquer un type menaçant de société bourgeoise et industrielle avancée. Le progrès lui-même dans son acceptation d'instrument de changement social devait se voir barrer la route, avec en corollaire le rejet de notions telles que la méthode scientifique, le rationalisme athée et la démocratie républicaine. Après les condamnations doctrinaires de Pie IX, après l'unification politique de l'Italie et la perte des États pontificaux, après la proclamation en 1870 de l'infaillibilité papale, une part importante de l'épiscopat et du clergé catholique ne concevait plus déjà l'apparition en Occident de quelque idéologie moderniste, que comme une atteinte à l'autorité de l'Église catholique elle-même.

Certains courants idéologiques bien sûr peuvent être définis comme étant ennemis de l'Église et de la nation, mais encore faut-il qu'ils soient socialement incarnés. Ils ne manquèrent pas, dans l'optique du nationalisme francophone, ces coupables de modernisme à désigner du doigt, qui occupèrent le devant de la scène selon l'humeur et les circonstances du moment: les Anglais protestants, les athées, les francs-maçons, les communistes et autres assimilés, les Américains livrés au matérialisme à outrance et bien sûr les Juifs. En fait, surtout au sein du catholicisme francophone, européen mais aussi québécois, le mouvement de modernisation des sociétés occidentales prit le nom d'américanisme[6], terme qu'Édouard Montpetit s'empressa de définir en 1941 comme: « le progrès moderne en ce qu'il a de pratique et de répandu » (Montpetit, 1941 : 11-12). Le rejet de l'américanisme, dont l'apparition au Québec remonte au mouvement annexionniste de 1849, se retrouva sous une forme ou une autre dans toutes les manifestations nationalistes francophones, depuis Jules-Paul Tardivel à la fin du XIXe siècle jusqu'à la période qui nous intéresse, et le plus souvent sous les couleurs d'un mal à dénoncer (Jones, 1984 ; Savard, 1967).

L'antisémitisme des franco-catholiques québécois, hors ses aspects plus strictement religieux, fut ainsi associé de très près dans l'esprit de ses porte-parole à un combat mené contre le changement social et la modernité, et peut donc être considéré à ce titre comme une variante de l'anti-américanisme et de l'anti-modernité. En soi, la seule haine des Juifs aurait sans doute pu constituer un ferment idéologique notable dans la culture québécoise, mais accouplé à la notion de révolution politique et associé aux bouleversements économiques, l'antisémitisme parvenait à réunir en un seul élan deux grands axes de la pensée chrétienne de droite historiquement divergents. Fusionnées en un seul discours, la méfiance millé-

Le rejet du modernisme

L'anti-américanisme

naire face au peuple déicide et la crainte toute récente du progrès des Lumières européennes et de leurs conséquences ultimes sur l'organisation sociale, donnèrent ainsi naissance à une forme renouvelée d'antisémitisme, à un type de mépris enraciné dans la pratique économique quotidienne et qui pouvait puiser à foison dans la vie de tous les jours des exemples précis à l'appui de ses dires. Déboires, rebuffades et humiliations nationales pouvaient ainsi trouver dans l'immédiat des explications crédibles sous la figure du Juif boutiquier, décrit comme exploiteur du peuple et artisan de vastes conspirations planétaires en vue de tourner à son avantage la conduite des affaires publiques, et dont toutes, croyait-on, visaient le renversement de l'ordre établi et l'abandon des valeurs d'une société d'inspiration chrétienne. L'anti-américanisme contribua à transformer la vision du Juif prisonnier de la synagogue et rivé à l'étude du Talmud et de la Cabale, tel qu'on le percevait au Moyen Âge, en celle d'un être immoral et abject, circulant dans la société à tous les niveaux et poursuivant en toute chose un but ultime d'enrichissement et d'arrivisme matérialiste (Higham, 1975). Présentée dans un contexte de nationalisme défensif, cette figure juive pouvait ainsi revêtir l'aspect sombre et effrayant d'une menace souterraine, d'un complot de tous les instants imaginé dans le but de détourner au profit d'une petite minorité, la richesse collective si péniblement accumulée par les premiers habitants du pays. Tapi derrière ses étals, réfugié dans son arrière-boutique, le Juif préparait déjà activement dans la dissimulation et la ruse l'avènement d'un autre ordre social qui, cette fois, lui serait favorable.

Le Juif comme messager

Porteur du matérialisme athée, figure de proue d'une société séculaire d'où toute référence à une tradition religieuse chrétienne aurait été écartée, le Juif nouvelle manière faisait aussi craindre la montée de la ville cosmopolite, où s'entremêleraient diverses influences culturelles et morales exogènes, et où la classe commerciale tiendrait le haut du pavé. En le combattant, surtout sous cette apparence caricaturale, les antisémites visaient en dernière instance la société moderne elle-même, dont le Juif semblait constituer le signe avant-coureur par excellence. Incarnée par les États-Unis, elle menaçait par son cinéma, ses scandales, son vulgarisme, ses mœurs tapageuses et, surtout, ses possibilités de mobilité sociale à l'emporte-pièce. L'exemple même de cette société cauchemardesque du futur n'était-il pas déjà à nos portes, enracinée dans la république voisine où l'on avait consenti à dissocier l'État de l'Église, où les immigrants des contrées les plus éloignées étaient admis librement et où la jouissance du matérialisme ambiant semblait le seul credo moral des masses. Face à ce débridement, les élites intellectuelles francophones voulurent opposer la contemplation du passé, la cohésion nationale, et les valeurs chrétiennes de la ruralité :

> Le mieux que l'on puisse espérer, c'est qu'ils [les gens du Canada français] mettent dans leurs gestes le noble instinct d'une tradition ; mais la tradition est dans un singulier péril quand l'âme ne la perçoit plus. Au contact des mœurs étrangères, elle ne saura même pas qu'elle périt lentement (Montpetit, 1936 : 144).

Ce même Édouard Montpetit, qui occupa à l'Université de Montréal de 1920 à 1950 la fonction de secrétaire général, et qui sans doute incarna le mieux dans la pensée nationaliste de l'entre-deux-guerres, cette méfiance face à une modernité jugée excessive, tenta au long de sa carrière d'économiste de garder rivées sur la vieille Europe, loin des influences américaines toutes proches, les aspirations collectives des Québécois francophones :

> Car si l'on croit angliciser le Canadien français, on se trompe : libéré de ses attaches, délié de sa race, il s'américanisera sûrement, jetant le poids de sa trahison du côté de la vie libre et de la gaieté. Et les masses, venues d'Europe, feront de même. L'Anglo-Saxon en définitive résistera-t-il mieux ? Il ne représente qu'une partie de la population du Canada comme aux États-Unis le vieux fonds puritain qui, dilué, ne retient plus les emportements d'un peuple enivré de progrès (Montpetit, 1937 : 24).

Cette perception du Juif comme agent de changement social et culturel, comme avant-garde de la modernité apparaît en termes à peine voilés dans une série d'études ayant pour titre « Notre américanisation » de la *Revue dominicaine* de l'année 1936. Les thèmes en sont aussi diversifiés que le cinéma, la radio, le journal et le magazine, sans oublier les champs plus abstraits de la philosophie, des pratiques financières et de la féminité[7].

Un spectre
à repousser

Parus seulement un an après une autre série d'articles sur les Juifs, aussi dans la *Revue dominicaine*, ces textes sur l'américanité dégagent une impression à peine différente d'angoisse et d'assiègement, cette fois face à la menace matérialiste états-unienne plutôt que face au péril d'un judaïsme jugé déshumanisant. Dans sa préface de janvier 1936, le père M.-A. Lamarche remercie les auteurs de l'étude précédente sur les Juifs, qu'il qualifie collectivement d'«ennemis du nom chrétien», et se lance ensuite dans une longue tirade contre l'influence américaine au Québec français :

> [...] signalant avec vigueur et clareté le danger de l'améri-canisme sous toutes ses formes. Danger de fééries trop sensibles, des productions sans mystère parce que sans pensée. Danger de ces divertissements faciles, véhiculés chez nous, de ces plaisirs fugaces, épidermiques, obte-nus sans la moindre tension intellectuelle : art et façon de vivre où tout s'absorbe par les sens, au lieu de contraindre l'esprit à gagner sa satisfaction par l'angoisse de sa recherche et la ténacité de son effort. Menace d'autant plus directe que l'esprit oisif du Canadien fran-çais court au devant d'elle... (Lamarche, 1936 : 2-3).

Dans ce passage, le lecteur d'aujourd'hui a peine à dis-tinguer sur le plan des idées le langage de l'anti-amé-ricanisme de celui de l'antisémitisme, tant la parenté d'es-prit s'établit aisément entre les deux courants de pensée qui, en fin de compte, sont confrontés à un seul et même mal : le modernisme. La parenté entre les deux thèmes apparaît encore plus frappante dans le premier article de la série, dû à la plume du dominicain Raymond-M. Voyer, qui, s'attaquant au «néo-paganisme» de la culture améri-caine, aurait pu avoir été écrit au sujet de l'influence juive et des *peddlers* du boulevard Saint-Laurent :

> Ses organes principaux sont le journal, le magazine et le cinéma. La marchandise colportée, est toujours la même : une vie morale dévaluée, l'idéal humain réduit à un égoïsme jouisseur, un matérialisme abject des senti-ments individuels et des ambitions sociales (Voyer, 1936 : 9).

La juiverie internationale

Que l'antisémitisme n'ait été le plus souvent au Québec qu'une forme exacerbée d'anti-modernisme, il ne faut pas s'en surprendre, car c'est à cette enseigne même que logea partout en Occident depuis le XIXe siècle la haine des Juifs (Higham, 1975c). Devant l'écroulement des valeurs chrétiennes traditionnelles et l'affaissement des activités économiques de type rural et artisanal, devant la concentration sans cesse accrue des capitaux et l'apparition des premiers monopoles économiques, nombre de penseurs et d'idéologues, laïcs comme clercs, ne tardèrent pas à chercher une cause aisément identifiable, socialement incarnée et qu'on pourrait désigner à l'opprobre général. Pour beaucoup ce coupable universel fut le Juif, qui offrait l'avantage, à défaut d'être en mesure d'incarner dans son ensemble le modernisme, de se situer hors de la collectivité nationale francophone. Le Juif vivait tout près, dans les quartiers de la grande ville, au coin de la rue, là même où la foule pouvait le voir aisément et le houspiller à l'occasion. Comment en effet prendre pour cible dans ce désarroi la haute finance anglo-protestante ou même la fraction industrielle et commerçante de la bourgeoisie canadienne-française, alors que l'on pouvait donner un nom retentissant à cette menace diffuse du renversement des idées sociales reçues, celui de « juiverie internationale » ? Le Juif certes, mais non celui de la tradition biblique ou talmudique, plutôt cet individu lié au progrès des Lumières et au matérialisme séculier, celui-là même qui apparaissait comme le porteur des caractéristiques idéologiques mêmes de la république américaine.

En ce sens, le Québec francophone ne put entrer de plain-pied dans la modernité sans briser cette image tenace du Juif menaçant, représentation commode des angoisses et des échecs collectifs, et sans rompre avec le courant idéologique de l'anti-américanisme, ou à tout le moins l'atténuer considérablement (Lamonde et Trépanier, 1986). En devenant « moderne », dans le sens où l'entendait par exemple la doctrine catholique de la fin du XIXe siècle, c'est-à-dire en s'adaptant au moment de la Révolution tranquille à l'environnement socio-culturel nord-américain, la société québécoise rendit largement caduque cette perception anti-juive. Devenue séculière, axée sur la langue plutôt que sur la foi, l'identité nationale québécoise des années soixante ne risquait plus de se heurter de front au judaïsme ni de s'opposer radicalement au Juif, tel que décrit par les antisémites du tournant du siècle. Ce basculement subit du Québec français dans la

Un Québec sécularisé

modernité (Fournier, 1986), objet précis des craintes de l'entre-deux guerres, «judaïsa» en quelque sorte les institutions et les mentalités francophones, du moins au sens où l'entendaient tous les judéophobes des décennies précédentes. Reléguée au rang de «juive», c'est-à-dire déchristianisée, sécularisée, ouverte aux influences intellectuelles que réprouvait l'Église et engagée à fond dans un rattrapage économique, comment la société québécoise aurait-elle pu maintenir une attitude franchement et ouvertement hostile aux Juifs véritables?

Un parcours inachevé

Libérés de l'image du Juif occulte, par la modernisation subite de leur société au moment de la Révolution tranquille, les Québécois d'origine française se retrouvèrent toutefois dans leur rapport avec la communauté juive montréalaise, bien réelle et bien palpable celle-là, comme face à un vide indéfinissable, à une indifférence complète. Prisonniers de leurs perceptions idéologiques négatives à l'endroit des Juifs, les francophones n'étaient entrés en contact au cours de leur histoire qu'avec les aspects les plus extérieurs et superficiels du judaïsme et de la judéité. Juifs et francophones ne s'étaient rencontrés jusque-là qu'au niveau du discours, chacun demeurant l'enjeu des craintes et des frustrations de l'autre. Pour que cet éloignement ait quelque chance d'être entamé, et qu'un rapprochement s'engage à l'échelle des relations socialement incarnées et d'une connaissance objective de l'autre, il faudra à terme beaucoup plus que les réaménagements identitaires et institutionnels imaginés par la Révolution tranquille.

Notes de la conclusion

1. Bonaventure Péloquin, o.f.m., « La question juive », *L'Action catholique*, 5 mai 1942, p. 4 ; 18 mai 1942, p. 4 et 2 juin 1942, p. 4. Voir également l'éditorial d'Eugène L'Heureux, « La montée juive », dans le même journal, le 27 avril 1942, p. 4.

2. ACJCM, Lettre de H. M. Caiserman à Jos. Simon, Halifax, 10 juin 1942.

3. *Idem*, Lettre de Maurice Hartt, député libéral de Montréal-Saint-Louis, à Saul Hayes, Congrès juif canadien, 20 mars 1944.

4. Voir « Lettre des Juifs à M. Duplessis », *L'Action catholique*, 23 février 1944, p. 16.

5. ACJCM, Lettre de Maurice Hartt, député libéral de Montréal-Saint-Louis, à Saul Hayes, Congrès juif canadien, 20 mars 1944.

6. L'anti-américanisme avait reçu à la fin du XIXe siècle, au sein de l'Église catholique, une puissante impulsion quand une lettre de Léon XIII avait condamné sous le vocable spécifique d'« américanisme » certaines tendances idéologiques modernes, dont cette opinion jugée répandue aux États-Unis que le Vatican devait s'adapter au nouveau contexte du progrès scientifique et du libre-arbitre humain. *Testem benevolentiæ*, publié en janvier 1899, reçut notamment un large écho polémique en France et dans le monde francophone.

7. La série sur l'américanisme comprend les articles suivants :

Voyer, Raymond-M., o.p., « L'américanisme et notre vie religieuse », janvier 1936, vol. XLI, p. 6-25 ;

Janin, Alban, « Notre américanisation par le cinéma », février 1936, vol. XLI, p. 69-88 ;

Desbiens, Lucien, « L'infiltration américaine par la radio », mars 1936, vol. XLI, p. 134-149 ;

Bastien, Hermas, « L'américanisation par la philosophie », avril 1936, vol. XLI, p. 197-214 ;

Pelletier, Georges, « Notre américanisation par le journal », mai 1936, vol. XLI, p. 273-282 ;

Forest, M.-Ceslas, o.p., « Notre américanisation par les sports », juin 1936, vol. XLI, p. 348-363 ;

Bruchési, Jean, « Notre américanisation par le magazine », juillet-août 1936, vol. XLII, p. 5-21 ;

Pineault-Léveillé, Ernestine, « Notre américanisation par la femme », octobre 1936, vol. XLII, p. 127-149 ;

Jasmin, Damien, « L'américanisme et nos pratiques financières », novembre 1936, vol. XLII, p. 187-201 ;

Lamarche, M.-A., o.p., «Notre américanisation. Notes complémentaires et mot de la fin», décembre 1936, vol. XLII, p. 249-260.

Contrairement à la série sur les Juifs publiée en 1935, les articles sur l'américanisation furent colligés et publiés en un seul volume en 1937, à Montréal, par l'Oeuvre de presse dominicaine, sous le titre : *Notre américanisation*. Pour une réaction d'André Laurendeau à cette série d'articles, voir «Commentaires : menaces de l'américanisme» dans *L'Action nationale*, Montréal, vol. X, n° 4, décembre 1937, p. 312-323.

Bibliographie

1. SOURCES MANUSCRITES

a) Archives du Congrès juif canadien, Montréal

Fonds du secrétariat général

La section consultée de 1933, date de réactivation de l'institution, à 1940, correspond à une partie du mandat de H. M. Caiserman, qui s'étendit jusqu'à sa mort en décembre 1950. De 1919 à 1933, le CJC n'exista que sur papier.

Le Fonds est divisé en séquences chronologiques, où sont consignés mois après mois toutes les interventions du CJC et un état détaillé de son fonctionnement interne. Il représente la masse documentaire la plus complète dont nous ayons disposé, les archives des diocèses de Montréal et Québec n'étant pas ouvertes aux chercheurs pour cette période récente.

Fonds Henri Bourassa

Il s'agit d'un dépôt de quelques lettres échangées entre le fondateur du *Devoir* et les responsables du Congrès juif canadien (1933-1935).

Fonds H. M. Caiserman (1910-1950)

Ce fonds regroupe tous les papiers personnels trouvés en possession du secrétaire général au moment de sa mort, en décembre 1950. Presque aussi considérable que le fonds décrit en (a), cet ensemble touche assez peu toutefois le sujet qui nous intéresse.

b) Archives de l'Université McGill, Montréal

Fonds du bureau du principal (R.G.2)

Il s'agit d'un fonds classé thématiquement et dont furent consultées les sections portant spécifiquement la mention «Jews». Pour l'essentiel, l'ensemble porte sur l'administration de Sir Arthur Currie, principal de 1920 à 1933. Furent aussi dépouillés les documents relatifs à A. E. Morgan (1935-1937), L. W. Douglas (1938-1939) et F. C. James (1940-1948). L'auteur a aussi consulté les dossiers relatifs à l'admission des étudiants. En tout, une cinquantaine de pièces, dont surtout de la correspondance interne entre les différentes instances administratives.

Archives privées de Hugh M. Urquhart

Il s'agit d'une section des archives privées concernant l'histoire de la guerre et de la vie militaire. Urquhart publia en 1950 une biographie de Currie et fit don de ses archives à l'Université McGill.

c) Archives de l'Université de Montréal

L'essentiel du sujet qui nous intéresse est abordé dans le Fonds du secrétariat général (1876-1950). On y trouve consignées toutes les pièces importantes concernant les Juifs. Les documents pertinents, une trentaine en tout, se présentent pour la plupart sous la forme de correspondance interne entre les différents paliers décisionnels, et couvrent les années 1928 à 1941.

Édouard Montpetit a été secrétaire général de 1920 à 1950, et les événements pertinents à notre étude recoupent les mandats des recteurs A.-V.-J. Piette (1923-1934) et Olivier Maurault (1934-1950).

d) Archives de l'Université Laval, Musée du Petit Séminaire de Québec

On retrouve dans ces archives les documents utiles sous la classification générale «Juifs», soit des rapports internes du secrétaire général Arthur Maheux datés de 1938 à 1948, en tout moins de dix documents seulement.

e) Archives privées de la famille Bourassa, Outremont

Il s'agit d'un ensemble de documents, dont une vingtaine de lettres de Henri Bourassa, entre 1905 et 1935, et d'une collection de livres, imprimés et mémoires liés très directement à la question juive.

Ces lettres furent repérées grâce à la thèse de Cameron Nish: *Inventaire de la correspondance publique de Henri Bourassa, 1895-1924*, Université de Montréal, 1959, et grâce à la dépositaire des archives, Anne Bourassa.

f) Archives nationales du Québec, Centre d'archives du Saguenay-Lac-Saint-Jean, Chicoutimi

Fonds de l'Association catholique de la jeunesse canadienne-française (ACJC)

Dans ce fonds, il a été possible de consulter la correspondance du Père Joseph Paré, s.j., alors qu'il était aumônier général de l'organisme, de 1930 à 1942. On y trouve aussi la correspondance de François Desmarais, administrateur de l'ACJC (1930-1943) et de André Laurendeau (1930-1936). Peu volumineux pour le sujet qui nous intéresse, ce dépôt contient des indications précieuses sur l'état d'esprit des milieux étudiants catholiques face au dialogue judéo-chrétien. On y trouve aussi de nombreux documents relatifs à l'apostolat du Père Paré et sa prédication.

g) Archives publiques du Canada, Ottawa

Fonds Harry J. Stern (MG 31 F 12)

Ce fonds est surtout utile pour la consultation de la correspondance privée du rabbin Stern, qui s'étend de 1920 à 1984. Le rabbin fut de 1927 à 1972 responsable de la congrégation réformée Temple Emanu-El et y initia dès 1933, avec l'aide du Congrès juif canadien, un dialogue organisé entre le judaïsme et les diverses autorités ecclésiastiques de foi chrétienne. On trouve dans ce fonds une chronologie des événements et des documents relatifs au contexte propre à la congrégation juive montréalaise, qui la première s'engagea dans un dialogue judéo-chrétien. Le fonds Stern renferme entre autres quelques lettres échangées avec les autorités ecclésiastiques catholiques relatives à la participation de clercs aux activités œcuméniques.

h) Archives de l'Institut d'histoire de l'Amérique française, Outremont

Fonds André Laurendeau

Surtout utile pour éclairer le rapport entre Laurendeau et Groulx dans la période du début des années trente, en plus de fournir un éclairage intéressant sur l'état d'esprit de ceux qui animèrent de 1933 à 1936 le mouvement Jeune-Canada.

Fonds Lionel Groulx

Groulx, malgré l'ampleur de sa correspondance privée, a très peu abordé dans ses écrits personnels la question juive. Le fonds est surtout valable pour la chronologie qu'il permet d'établir quant à certains événements précis, telles publications d'ouvrages, conférences et recensions diverses. Groulx avait aussi recueilli et classifié une abondante documentation, ce qui permet parfois d'abréger le travail du chercheur.

i) Archives provinciales jésuites, Saint-Hippolyte, Québec

Il s'agit surtout ici de documents permettant de retracer la carrière du Père Joseph Paré, dont quelques-uns portent plus directement sur la période des années trente et les relations avec la communauté juive.

j) Archives personnelles du Père Stéphane Valiquette, s.j.

Le Père Valiquette se lia d'amitié avec le rabbin Stern au début de sa carrière sacerdotale, et prit contact avec la communauté juive organisée de Montréal dès la fin des années trente. Le fonds Valiquette renferme entre autres de précieux documents relatifs à la chronologie de la période et à la gestion interne du dialogue judéo-chrétien au début des années quarante, dans le diocèse de Montréal.

2. JOURNAUX ET PÉRIODIQUES

a) *Le Devoir*, janvier 1910 à juillet 1913, août 1932 à septembre 1939, août 1945 à janvier 1952.

En plus d'une étude systématique entreprise pour les périodes décrites plus haut, l'auteur a pu consulter *Le Devoir* à partir de l'index des écrits de Henri Bourassa préparé par André Bergevin, Cameron Nish et Anne Bourassa et publié par *l'Action nationale* en 1966.

Les éditoriaux et articles de Georges Pelletier furent consultés à partir du Fonds Georges Pelletier de l'Institut d'histoire de l'Amérique française, Outremont, et du Fonds Lionel Groulx. Les archives du Congrès juif canadien fournirent également une mine de renseignements sur les écrits jugés antisémites contenus dans *Le Devoir*, et publiés au cours de la période qui nous intéresse.

b) *La Revue dominicaine*, années 1933-1939.

c) *La Semaine religieuse de Québec*, années 1932-1939.

d) *L'Action catholique*, années 1933-1939.

Ce journal ne fut pas consulté systématiquement. Les archives du Congrès juif canadien permettent de retracer, pour la période 1933-1939, la plupart des articles concernant le judaïsme et les Juifs de Montréal parus dans ses pages.

e) *L'Action nationale*, années 1933-1939.

3. SOURCES ORALES

a) Plusieurs entrevues avec David Rome, agent de relations publiques au Congrès juif canadien de 1942 à 1953 et ami personnel de H. M. Caiserman (1983 à 1987).

b) Entrevue avec le rabbin Harry J. Stern, responsable de la congrégation Temple Emanu-El de 1927 à 1972 (le 2 août 1984).

c) Entrevues avec le Père Stéphane Valiquette, s.j., un des premiers artisans à Montréal du rapprochement judéo-chrétien (le 2 novembre 1984 et le 2 avril 1985).

d) Entrevue avec Ghitta Caiserman-Roth, fille de H. M. Caiserman, secrétaire exécutif du Congrès juif canadien de 1919 à 1950 (le 22 juillet 1985).

e) Entrevue avec Lucien Ménard, s.j., et Adrien Pouliot, s.j., confrères du Père Joseph Paré, initiateur du dialogue judéochrétien à Montréal (le 21 août 1985).

f) Entrevue avec Louis O'Neill participant au cours des années cinquante, aux Amitiés judéo-chrétiennes, à Québec (le 21 août 1985).

g) Entrevue avec Claude Ryan, député d'Argenteuil, directeur du *Devoir* de 1963 à 1978 (le 4 octobre 1985).

h) Entrevue avec Anne Bourassa, fille de Henri Bourassa (le 29 janvier 1987).

4. LIVRES ET ÉTUDES

Anon., *Loi constituant en corporation l'Université de Montréal*, Montréal, Arbour et Dupont, 1920, 18 p.

————, « Protestant Educational Rights », *The Gazette*, Montréal, 7 janvier 1930, p. 10.

————, «Les Juifs contaminent l'Université de Montréal», *Le Miroir*, Montréal, 23 octobre 1932a, p. 3.

————, «The Canadian Jewish Committee», *The Canadian Jewish Chronicle*, Montréal, 22 janvier 1932b, p. 6.

————, «Eastern Division, Canadian Congress, Receives Warm Support», *The Canadian Jewish Chronicle*, Montréal, 27 octobre 1933, p. 7.

————, «M. Gobeil et l'Université de Montréal», *Le Patriote*, Montréal, 8 mars 1934a, p. 4.

————, « L'Imbroglio de Notre-Dame », *L'Action médicale*, Montréal, juillet 1934b, vol. X, nº 7, p. 353-355.

————, « La Grève des internes de l'Hôpital Notre-Dame se continue », *Le Devoir*, Montréal, 18 juin 1934c, p. 3.

————, « Recommandations conciliaires » (p. 10-13) dans *Annuaire général, 1934-1935*, Montréal, Université de Montréal, 1934d, 327 p.

————, « Les Conférences de M. Bourassa », *L'Action nationale*, Montréal, 1935, vol. V, nº 5, p. 257-265.

————, « The State of Anti-Semitism in French Canada », *Congress Bulletin*, mai 1947, vol. 4, nº 4, p. 24-25.

————, *A Guide to Archival Ressources at McGill University*, Montréal, McGill University Archives, 1985, 172 p.

Abella, Irving M. et Harold Troper, *None Is Too Many : Canada and the Jews of Europe, 1933-1948*, Toronto, Lester and Orpen Dennys, 1982, 336 p.

Anctil, Pierre, « Double majorité et multiplicité ethnoculturelle à Montréal », *Recherches sociographiques*, Québec, 1984a, vol. XXV, nº 3, p. 441-456.

————, « A.M. Klein : du poète et ses rapports avec le Québec français », *Revue d'études canadiennes/Journal of Canadian Studies*, Peterborough, Ontario, vol. 19, nº 2, été 1984b, p. 114-131.

Anctil, Pierre et Gary Caldwell, *Juifs et réalité juives au Québec*, Québec, Institut québécois de recherche sur la culture, 1984, 371 p.

Archambault, Joseph-P., s.j., « Bourassa et la doctrine sociale de l'Église » (p. 113-118), dans André Laurendeau, *Hommage à Henri Bourassa*, Montréal, Le Devoir, 2e éd., 1952, 305 p.

Asselin, Olivar, « La Grève de l'internat », *L'Ordre*, Montréal, 1934a, 22 juin, p. 1 et 23 juin, p. 1.

————, « L'Antisémitisme au Canada », *L'Ordre*, Montréal, 16 mars 1934b, p. 1.

Audet, Louis-Philippe, *Histoire de l'enseignement au Québec, 1840-1971*, Montréal, Holt, Rinehart et Winston, 1971, 2 vol.

Avery, Donald, *Dangerous Foreigners : European Immigrant Workers and Labour Radicalism in Canada, 1869-1932*, Toronto, McClelland and Stewart Ltd, 1979, 204 p.

Beaulieu, André et Jean Hamelin, *Les Journaux du Québec de 1764 à 1964*, Québec, Les Presses de l'Université Laval, 1965, 329 p. (Les Cahiers de l'Institut d'histoire, n° 6).

Bédard, Émile, *Les Amitiés judéo-chrétiennes de Québec*, thèse de maîtrise (sciences religieuses), Ottawa, Université d'Ottawa, 1972, 180 p.

Bégin-Wolff, Claudette, *L'opinion publique québécoise face à l'immigration (1906-1913)*, thèse de maîtrise (histoire), Montréal, Université de Montréal, 1970, 170 p.

Behiels, Michæl D., *Prelude to Quebec's Quiet Revolution: Liberalism Versus Neo-Nationalism, 1945-1960*, Montréal, McGill-Queen's University Press, 1985, 366 p.

Bélanger, André-J., *L'Apolitisme des idéologies québécoises: le grand tournant de 1931-1936*, Québec, PUL, 1974, 392 p.

Ben-Sasson, H. H., *A History of the Jewish People*, Cambridge, Massachusetts, Harvard University Press, 1976, 1170 p.

Bergevin, André, Cameron Nish et Anne Bourassa, *Henri Bourassa. Biographie. Index des écrits. Index de la correspondance publique 1895-1924*, Montréal, Éditions de L'Action nationale, 1966, 150 p.

Berton, Pierre, *Vimy*, Toronto, McClelland and Stewart, 1986, 336 p.

Betcherman, Lita-Rose, *The Swastika and the Maple-Leaf. Fascist Movements in Canada in the Thirties*, Toronto, Fitzhenry and Whiteside, 1975, 167 p., ill.

Black, Conrad, *Duplessis*, Montréal, Les Éditions de l'Homme, 1977, 2 vol.

Bourassa, Henri, *Religion, langue, nationalité*, Montréal, Imprimerie du «Devoir», 1910, 30 p.

————, *L'Affaire de Providence et la crise religieuse en Nouvelle-Angleterre*, Montréal, Le Devoir, 1929, 22 p.

————, «Mon Nationalisme» (p. 250-261), dans André Laurendeau (éd.), *Hommage à Henri Bourassa*, Montréal, Le Devoir, 2ᵉ éd., 1952, 305 p.

Brassier, Jacques, «Pour qu'on vive...», *L'Action nationale*, Montréal, avril 1933a, vol. 1, n° 4, p. 238-247.

————, «Pour qu'on vive...», *L'Action nationale*, Montréal, juin 1933b, vol. 1, n° 6, p. 361-367.

Bredin, Jean-Denis, *L'Affaire*, Paris, Julliard, 1983, 551 p.

Brown, Michæl, *Jew or Juif? Jews, French Canadians and Anglo-Canadians, 1759-1914*, Philadelphia, The Jewish Publication Society, 1987, 356 p.

Caiserman, H. M., «The History of the First Canadian Jewish Congress» (p. 465-482), dans Arthur Daniel Hart (éd.), *The Jew in Canada*, Montréal, Jewish Publications Limited, 1926, 575 p.

_____, *Yidishe Dikhter in Kanade*, Montréal, Farlag Niuansn, 1934, 221 p.

_____, «Builders of Canadian Jewry» (p. 132-139) dans *Canadian-Jewish Year Book, 1939-40*, Montréal, Canadian Jewish Year Book Registered, 1939, 352 p.

Caplan, Usher, *Like One That Dreamed : a Portrait of A.M. Klein*, Toronto, McGraw-Hill Ryerson, 1982, 224 p.

Caux, Réal, *Le Parti national social chrétien. Adrien Arcand, ses idées, son œuvre et son influence*, thèse de maîtrise (sciences politiques), Québec, Université Laval, 1958, 94 p.

Chantigny, Louis, «André Laurendeau à Paris, ou l'effervescence intellectuelle», *L'Incunable*, Montréal, vol. 18, n° 3, septembre 1984, p. 6-13.

Charles, Pierre, s.j., «Les Protocoles des sages de Sion», *La Nouvelle revue théologique de Louvain*, Louvain, Belgique, vol. 65, n° 1, janvier 1938, p. 56-78.

Choinière, Robert, *Évolution de la population juive du Québec de 1931 à 1971*, thèse de maîtrise (démographie), Montréal, Université de Montréal, 1980, 156 p.

Chouinard, Denis, «Des contestataires pragmatiques : les Jeune-Canada, 1932-38», *Revue d'histoire de l'Amérique française*, Montréal, vol. 40, n° 1, 1986, p. 5-28.

Chrestohl, Leon D., *Di Geshikhte Foun Yidichen Shule-Problem in Quebec. Foun Ir Antchteyung Bizn Heinticken Tog / The Jewish School Problem in the Province of Quebec. From its Origins to the Present Day*, Montréal, Eagle Publishing Co., 1926, 34 + 21 p.

Chouraqui, André, *La Pensée juive*, Paris, PUF, 1983, 126 p. (Coll. «Que sais-je», n° 1181, 1re éd. 1965).

Cleator, Kenneth Irving et Harry Joshua Stern, *Harry Joshua Stern. A Rabbi's Journey*, New York, Bloch Publishing Company, 1981, 147 p.

Cohen, Jeremy, *The Friars and the Jews. The Evolution of Medieval Anti-Judaism*, Ithaca, New York, Cornell University Press, 1982, 306 p.

Cohn, Norman, *Warrant for Genocide: the Myth of the Jewish World-Conspiracy and the Protocols of the Elders of Zion*, Chico, California, Scholars Press, 1981, 285 p.

Cohon, Samuel S., « Saint Thomas et les Juifs. Réponse au T.R.P. Benoît Mailloux, o.p. », *La Revue dominicaine*, Montréal, tome XLII, septembre 1936, p. 72-89 et octobre 1936, p. 158-169.

Colclough, Edgar, s.j., *Un nouveau type d'association pour la jeunesse*, Montréal, Secrétariat général de l'ACJC, tract n° 9, 1918, 14 p.

Cunningham, Henri-Paul, *Coup d'œil sur la faculté de philosophie*, Québec, Université Laval, 1985, 32 p.

Dancocks, Daniel G., *Sir Arthur Currie, a Biography*, Toronto, Methuen, 1985, 332 p.

Dandurand, Pierre, « Crise économique et idéologie nationaliste, le cas du journal *Le Devoir* » (p. 41-59) dans *Idéologies au Canada français 1930-1939*, Québec, Les Presses de l'Université Laval, 1978, 361 p. (Coll. « Histoire et sociologie de la culture », n° 11).

Dansereau, Pierre *et al.*, *Politiciens et Juifs*, Montréal, 1933, 67 p. (Les Cahiers des Jeune-Canada, n° 1).

De Bonville, Jean, *Jean-Baptiste Gagnepetit. Les travailleurs montréalais à la fin du XIXe siècle*, Montréal, L'Aurore, 1973, 253 p.

Desmarais, Marcel-Marie, o.p., « Nazisme et catholicisme », *La Revue dominicaine*, Montréal, tome LXV, avril 1939, p. 203-208.

Douville, Raymond, *Aaron Hart, récit historique*, Trois-Rivières, Éditions du Bien public, 1938, 194 p.

Drumont, Édouard, *La France juive*, Paris, C. Marpon et E. Flammarion, 1895, 2 vol.

Dupont, Antonin, *Les Relations entre l'Église et l'État sous Louis-Alexandre Taschereau, 1920-36*, Montréal, Guérin, 1973, 366 p.

Durocher, René, « *Le Fasciste canadien*, 1935-1938 » (p. 257-269) dans *Idéologies au Canada français, 1930-1939*, Québec, Les Presses de l'Université Laval, 1978, 361 p. (Coll. « Histoire et sociologie de la culture », n° 11).

Elliott, Jean Leonard, «Canadian Immigration: A Historical Assessment» (p. 289-301), dans Jean Leonard Elliott, *Two Nations, Many Culture: Ethnicgroups in Canada*, Scarborough, Ontario, Prentice-Hall Canada Inc., 2ᵉ éd., 1983, 493 p.

Encyclopædia Judaica Research Foundation: *Encyclopædia Judaica*, New York, The Macmillan Company, 1971-72, 16 vol.

Ertel, Rachel, *Le shtetl. La bourgade juive de Pologne*, Paris, Payot, 1982, 321 p.

Felteau, Cyrille, *Histoire de la Presse*, Montréal, Les Éditions de la Presse Ltée, 1983-84, 2 vol.

Figler, Bernard, *Louis Fitch*, Montréal, s.é., 1968, 98 p.

_____, *Sam Jacobs, Member of Parliament, 1871-1938*, Ottawa, 1970, 282 p.

Figler, Bernard et David Rome, *Hannaniah Meir Caiserman. A Biography*, Montréal, Northern Printing and Lithographing Co., 1962, 494 p.

Forest, M.-Ceslas, o.p., «La Question juive au Canada», *La Revue dominicaine*, Montréal, novembre 1935a, vol. XLI, p. 246-277.

_____, «La Question juive chez nous», *La Revue dominicaine*, Montréal, vol. XLI, décembre 1935b, p. 329-349.

Fournier, Marcel, *L'Entrée dans la modernité. Science, culture et société au Québec*, Montréal, Éditions Saint-Martin, 1986, 239 p.

Frégault, Guy, *Lionel Groulx tel qu'en lui-même*, Montréal, Leméac, 1978, 237 p.

Frenette, Yves, «Les Éditoriaux de *La Presse*, 1934-1936: une défense de la démocratie libérale», *Revue d'histoire de l'Amérique française*, Montréal, décembre 1979, vol. 33, n° 3, p. 451-462.

Frost, Stanley B., *McGill University, for the Advancement of Learning*, Montréal, McGill-Queen's University Press, 1984, 2 vol.

Frost, Stanley B. et Sheila Rosenberg, «The McGill Student Body: Past and Future Enrolment», *McGill Journal of Education*, Montréal, vol. XV, n° 1, hiver 1980, p. 39-53.

Galipeau, Pierre, «*La Gazette des campagnes*» (p.149-178) dans Fernand Dumont *et al.*, *Idéologies au Canada français, 1850-1900*, Québec, Presses de l'Université Laval, 1971, 327 p.

Gauthier, Georges, «Circulaire de l'archevêque-coadjuteur au clergé du diocèse» (n° 82, p. 593-605) dans *Mandements, lettres pastorales, circulaires et autres documents publiés dans le diocèse de Montréal depuis son érection*, Montréal, Arbour et Dupont, 1940, vol. XVIII, 670 p.

Gendreau, Benoît et André Lemieux, *Le Milieu scolaire québécois. Vade-mecum*. Montréal, Les Éditions France-Québec, 1977, 441 p.

Gfœllner, Mgr, «L'Internationalisme juif», *L'Action nationale*, Montréal, tome I, juin 1933, p. 380-382.

Gill, Charles, *Correspondance*, Montréal, Parti Pris, 1969, 245 p. (Coll. «Terre-Québec», n° 1).

Gingras, Pierre-Philippe, *Le Devoir*, Montréal, Libre-Expression, 1985, 293 p.

Gobeil, Samuel, *La Griffe rouge sur l'Université de Montréal*, Montréal, Éditions du Patriote, 1934, 20 p.

Gouvernement du Canada, *Compte rendu officiel des débats de la Chambre des communes du Canada*, Ottawa, S. E. Dawson imprimeur, 1899, vol. L, 3 vol.

————, *Compte rendu officiel des débats de la Chambre des communes du Canada*, Ottawa, S. E. Dawson imprimeur, 1906, vol. LXXIV, 4 vol.

————, *Compte rendu officiel des débats de la Chambre des communes du Canada*, Ottawa, S. E. Dawson imprimeur, 1906-07, vol. LXXXI, 4 vol.

————, *Compte rendu officiel des débats de la Chambre des communes du Canada*, Ottawa, J.-O. Patenaude, 1934, vol. CC, 4 vol.

Graham, Gwethalyn, *Earth and High Heaven*, Toronto, McClelland and Stewart, New Canadian Library, 1969, n° 13 (1944), 254 p.

Greening, W. E., «Adrien Arcand Rides Again», *The Chicago Jewish Forum*, Chicago, 1955, vol. 13, n° 4, p. 207-212.

Grenier, Lise, *Communautés ethniques, connaissance et idéologie: analyse des discours du journal* Le Devoir *(1977)*, Montréal, Université de Montréal, 1982, 171 p.

Groulx, abbé Lionel, «Les Idées religieuses de Louis-Joseph Papineau» (p. 167-211) dans *Notre Maître le passé*, Montréal, Granger Frères, 1936, 2ᵉ série, 305 p.

———, «Montréal, son histoire singulière» (p. 19-25) dans *Notre Maître le passé*, Montréal, Granger Frères, 1944, 3ᵉ série, 318 p.

———, *Mes Mémoires*, Montréal, Fides, 1970-1974, 4 vol.

Halpern, Ben, «What is antisemitism?», *Modern Judaism*, Baltimore, vol. 1, 1981, p. 251-262.

Hamelin, Jean (éd.), *La Presse québécoise, des origines à nos jours*, Québec, Les Presses de l'Université Laval, 1973-1985, 7 vol.

———, *Histoire du catholicisme québécois*, Montréal, Boréal Express, 1984, 2 vol.

Heller, Celia S., *On the Edge of Destruction: Jews of Poland Between the Two World Wars*, New York, Columbia University Press, 1977, 369 p.

Herberg, Will, *Protestant, Catholic, Jew: an Essay in American Religious Sociology*, New York, Garden City, 1960, 309 p.

Higham, John, *Strangers in the Land. Patterns of American Nativism, 1860-1925*, New York, Atheneum, 1973, 431 p.

———, «Ideological Anti-Semitism in the Gilded Age» (p. 116-137) dans *Send These to Me. Jews and Other Immigrants in Urban America*, New York, Atheneum, 1975a, 259 p.

———, «Social Discrimination Against Jews, 1830-1930» (p. 138-173) dans *Send These to Me. Jews and Other Immigrants in Urban America*, New York, Atheneum, 1975b, 259 p.

———, «Anti-Semitism and American Culture» (p. 174-195) dans *Send These to Me. Jews and Other Immigrants in Urban America*, New York, Atheneum, 1975c, 259 p.

Hilaire, frère, «Lettre au recteur Piette, Montréal, 20 février 1934», *Bulletin des Études*, Montréal, vol. XVI, nᵒ 7, avril 1934, p. 138.

Hilberg, Raul, *The Destruction of the European Jews*, Chicago, Quadrangle Books, 1967, 790 p.

Howe, Irving, *World of Our Fathers. The Journey of the East European Jews to America and the Life They Found and Made*, New York, Harcourt Brace Jovanovich, 1976, 714 p.

Hughes, Everett C., *Rencontre de deux mondes. La crise d'industrialisation du Canada français*, (Traduction de *French Canada in Transition*), Montréal, Lucien Parizeau (1943), 1945, 388 p.

Huot, Antonio, abbé, *La Question juive. Quelques observations sur la question du meurtre rituel*, Québec, Éditions de l'Action sociale catholique, 1914, 37 p. (Lectures sociales populaires, n° 2).

———, «La Question juive chez nous», *L'Action catholique*, Québec, 1926, 17 mai, p. 3; 18 mai, p. 3; 19 mai, p. 3.

Isaac, Jules, *Genèse de l'antisémitisme. Essai historique*, Paris, Calmann-Lévy, 1956, 352 p.

———, *L'Antisémitisme a-t-il des racines chrétiennes*, Paris, Fasquelle, 1960, 75 p.

———, *L'enseignement du mépris. Vérité historique et mythes théologiques*, Paris, Fasquelle, 1962, 195 p.

Jænen, Cornelius J., «Thoughts on French and Catholic Anti-Semitism», *Jewish Historical Society of Canada Journal*, Windsor, Ontario, vol. 1, n° 1, avril 1977, p. 16-23.

Jedwab, Jack, «Uniting Uptowners and Downtowners: the Jewish Electorate and Quebec Provincial Politics (1927-1939)» dans *Études ethniques au Canada*, 1986, vol. XVIII, n° 2, p. 7-19.

Jones, Richard, *L'Idéologie de l'Action catholique 1917-1939*, Québec, Les Presses de l'Université Laval, 1974, 359 p. (Coll. «Histoire et sociologie de la culture», n° 9).

———, «Le Spectre de l'américanisation» (p. 145-166), dans Claude Savard, *Les Rapports culturels entre le Québec et les États-Unis,* Québec, Institut québécois de recherche sur la culture, 1984, 353 p.

Kage, Joseph, *Jewish Immigration and Immigrant Aid Effort in Canada, 1760-1957*, thèse de doctorat, Montréal, Université de Montréal, 1958, 291 p.

Kalbach, Warren E. et Wayne W. McVey, *The Demographic Bases of Canadian Society*, 2ᵉ éd., Toronto, McGraw-Hill Ryerson, 1979, 402 p.

Kattan, Naïm, «Jews and French Canadians» (p. 104-115) dans Philip Leblanc, o.p. et Arnold Edinborough, *One Church, Two Nations?*, Don Mills, Longmans Canada Limited, 1968, 190 p.

Katz, Jacob, *Out of the Ghetto. The Social Background of Jewish Emancipation, 1770-1870*, New York, Schocken Books, 1973, 271 p.

Klein, A. M., *The Rocking Chair and Other Poems*, Toronto, The Ryerson Press, 1951 (1948), 56 p.

Krentzman, Meyer et Esther Benhaim-Ouaknine, *Lexique de concepts judaïques choisis*, Québec, Office de la langue française, 1983, 272 p.

Labrecque, chanoine Cyrille, « Envers les Juifs », *La Semaine religieuse de Québec*, 1934, vol. 47, n° 3, 20 septembre, p. 37-39; n° 4, 27 septembre, p. 51-54; n° 5, 4 octobre, p. 67-71.

Lalanne, P. E., *Why We Should Oppose the Jew*, Montréal, Le Patriote, 1935, 16 p.

Lamarche, M. A., o.p., « Notre étude d'ensemble sur la question juive », *La Revue dominicaine*, Montréal, vol. XLI, janvier 1935, p. 50-54.

————, « Notre Américanisation », *La Revue dominicaine*, Montréal, vol. XLII, janvier 1936, p. 1-5.

Lamonde, Yvan et Esther Trépanier, *L'Avènement de la modernité culturelle au Québec*, Québec, Institut québécois de recherche sur la culture, 1986, 311 p.

Langlais, Jacques et David Rome, *Juifs et Québécois français, 200 ans d'histoire commune*, Montréal, Fides, 1986, 286 p. (Coll. « Rencontre des cultures »).

La Terreur, Marc, *Les Tribulations des Conservateurs au Québec. De Bennett à Dienfenbaker*, Québec, PUL, 1973, 265 p.

Laurendeau, André, « Partisanerie politique » dans *Politiciens et Juifs*, Montréal, 1933, p. 53-67, (Les Cahiers des Jeune-Canada, n° 1).

————, « L'Actualité », *L'Action nationale*, Montréal, vol. X, n° 3, novembre 1937a, p. 181-192.

————, « À propos d'une récente encyclique », *L'Action nationale*, Montréal, vol. 10, n° 3, novembre 1937b, p. 181-192.

————, « Introduction à la thèse de Rosenberg », *L'Action nationale*, Montréal, vol. 10, n° 2, septembre 1937c, p. 14-15.

————, *Hommage à Henri Bourassa*, Montréal, Le Devoir, 1952, 2e éd., 305 p.

————, *La Crise de la conscription, 1942*, Montréal, Les Éditions du Jour, 1962, 157 p.

————, «Personne n'est hostile. Pourquoi nous rappeler à chaque instant qu'il est Juif», *Le Magazine McLean*, Montréal, vol. 3, n° 2, février 1963, p. 3.

Lavergne, abbé Édouard-Valmore, *Sur les remparts*, Québec, L'Action sociale, 1924, 322 p.

Le Borgne, Louis, «Les Juifs de Montréal: entre l'Europe et l'Amérique», *Conjoncture politique au Québec*, Montréal, n° 4, automne 1983, p. 119-128.

Le Moyne, Jean, «Les Juifs au Canada», *La Revue dominicaine*, Montréal, vol. LIII, tome 2, février 1947, p. 79-87.

————, «Le Retour d'Israël» (p. 164-184) dans *Convergences*, Montréal, HMH, 1961, 324 p. (Coll. «Constantes», n° 1).

Levine, Moshe Elimelekh, *Kinder Ertsiung Bay Idn. A Historiche Nakhforchung. Pedagogy Among the Jews. A Historical Enquiry*, Montréal, Eagle Publishing Co. Ltd, 1910, 128 p.

Levitt, Joseph, *Henri Bourassa and the Golden Calf. The Social Program of the Nationalists of Quebec, 1900-1914*, Ottawa, Les Éditions de l'Université d'Ottawa, 1972, 178 p. (Cahiers d'histoire, n° 3).

Linteau, Paul-André, «Georges Pelletier et la vie économique des Canadiens français» (p. 405-416) dans Robert Comeau, *Économie québécoise*, Montréal, Presses de l'Université du Québec, 1969a, 495 p. (Cahiers de l'Université du Québec, n°s 19-20).

————, *La pensée économique et sociale de Georges Pelletier, 1910-29*, Mémoire de maîtrise en histoire, Montréal, Université de Montréal, 1969b.

————, *Histoire du Québec contemporain. De la confédération à la crise*, Sillery, Boréal Express, 1979, 660 p.

————, «La montée du cosmopolitisme montréalais», *Questions de culture*, Québec, n° 2, 1982, p. 23-53.

Linteau, Paul-André *et al.*, *Histoire du Québec contemporain. Le Québec depuis 1930*, Montréal, Les Éditions du Boréal Express, 1986, 739 p.

Mailloux, Benoît, o.p., «Saint Thomas et les Juifs», *La Revue dominicaine*, Montréal, tome XLI, septembre 1935, p. 123-151.

————, «À propos de 'Saint Thomas et les Juifs'», *La Revue dominicaine*, Montréal, tome XLII, octobre 1936, p. 213-219.

McMurray, Dorothy, *Four Principals of McGill*, Montréal, The Graduates' Society of McGill University, 1974, 73 p.

Mignault, Joseph, s.j., «Le R.P. Joseph Paré, s.j., 1882-1955», *Lettres du Bas-Canada*, mars 1956, vol.X, n⁰ 1, p. 48-61.

Miller, Evelyn, « The Learned Hazan of Montreal : Reverend Abraham de Sola, L.L.D., 1825-1882», *American Sephardi*, New York, 1979, vol. 7-8, p. 23-43.

Miner, Horace, *St. Denis, a French-Canadian Parish*, Chicago, University of Chicago Press (1939), 1967, 229 p.

Monet, Jacques, *The Last Canon Shot, a Study of French Canadian Nationalism, 1837-1850*, Toronto, University of Toronto Press, 1969, 422 p.

Monière, Denis, *André Laurendeau et le destin d'un peuple*, Montréal, Québec-Amérique, 1983, 347 p.

Montpetit, Édouard, *Le Front contre la vitre*, Montréal, Éditions Albert Lévesque, 1936, 278 p.

_____, *D'Azur à trois lys d'or*, Montréal, Éditions de l'Association canadienne-française, 1937, 144 p.

_____, *Reflets d'Amérique*, Montréal, Éditions Bernard Valiquette, 1941, 253 p.

Montsion, Rollande, *Les grands thèmes du mouvement national social chrétien et d'Adrien Arcand vus par les principaux journaux fascistes au Canada français, 1929-38*, thèse (histoire), Ottawa, Université d'Ottawa, 1975, 124 p.

Morin, Rosaire, *L'Immigration au Canada*, Montréal, Éditions de l'Action nationale, 1966, 172 p.

Neamtan, Hyman, « The Rise and Fall of Jewish Attendance in the Protestant Schools of Greater Montreal » (p. 180-196) dans *The Canadian Jewish Year Book, 1940-41*, Montréal, 1940, vol. II.

Neusner, Jacob, *Invitation to the Talmud. A Teaching Book*, New York, Harper and Row Publishers, 1973, 263 p.

Nish, Cameron, *Inventaire de la correspondance publique d'Henri Bourassa, 1895-1924*, Montréal, thèse de maîtrise (histoire), Université de Montréal, 1959, 8 vol.

Onep, Dʳ, «Écho de la grève de Notre-Dame», *L'Action médicale*, Montréal, vol. X, n⁰ 7, juillet 1934, p. 351-353.

Oren, Dan A., *Joining the Club. A History of the Jews and Yale*, New Haven, Yale University Press, 1985, 440 p.

Orenstein, Eugene, «Yiddish Culture in Canada Yesterday and Today» dans Weinfeld M., W. Shaffir et I. Cotler, *The Canadian Jewish Mosaic*, Toronto, J. Wiley and Sons, 1981, p. 293-313.

Pâquet, Mgr Louis-Adolphe, *Droit public de l'Église. Principes généraux*, Québec, Imprimerie de l'Action sociale, 1908, 378 p.

Paris, Erna, *Jews, An Account of their Experience in Canada*, Toronto, Macmillan, 1980, 304 p.

Pelletier, Georges, *L'Immigration canadienne*, Le Devoir, Montréal, 1913, 73 p.

————, «Et le malade?», *Le Devoir*, Montréal, 18 juin 1934, p. 1.

Penisson, Bernard, «L'Émigration française au Canada (1820-1929)» dans *L'émigration française. Étude de cas. Algérie, Canada, États-Unis*, Paris, Publications de la Sorbonne, 1985, p. 51-106, (série internationale n° 24).

Pierrard, Pierre, *Juifs et catholiques français*, Paris, Fayard, 1970, 336 p.

Piette, A. V. J., Mgr, «Lettre au frère Hilaire, c.s.c., Montréal, 2 mars 1934», *Bulletin des études*, Montréal, vol. XVI, n° 7, avril 1934, p. 138-140.

Plamondon, Jacques-Édouard, *Le Juif. Conférence donnée au Cercle Charest de l'ACJC, le 30 mars 1910*, Québec, Imprimerie La Libre Parole, 1910, 31 p.

Poliakov, Léon, *Histoire de l'antisémitisme*, Paris, Calmann-Lévy, 1955-71, 4 vol.

Porter, John, *The Vertical Mosaic*, Toronto, University of Toronto Press, 1965, 626 p.

Rexford, Elson I., *The Jewish Population and the Protestant Schools, Our Educational Problem*, Montréal, Renouf, 1924, 50 p.

Rioux, Marcel, *Les Québécois*, Paris, Seuil, 1974, 188 p. (Coll. «Le temps qui court», n° 42).

Robillard, Denise, «Le P. Valiquette et ses amis juifs», *Le Devoir*, Montréal, 3 octobre 1981, p. 7.

Roby, Yves, *Les Québécois et les investissements américains (1918-1929)*, Québec, Presses de l'Université Laval, 1976, 250 p. (Cahiers d'histoire de l'Université Laval, n° 20).

Rodal, Alti, « Institutions et tendances religieuses jusqu'aux années trente » (p. 173-192), dans Pierre Anctil et Gary Caldwell, *Juifs et réalités juives au Québec*, Québec, Institut québécois de recherche sur la culture, 1984, 371 p.

Romalis, Coleman, *The Attitudes of the Montreal Jewish Community Toward French Canadian Nationalism and Separatism*, thèse de maîtrise (sociologie), Montréal, McGill University, 1967, 87 p.

Rome, David, « A Mutiger Katoilicher Geistlikher Farteidiker Foun Yidn In Kanade », *Der Kanader Adler*, Montréal, 28 juillet 1955, p. 4, 6.

_____, « On the Jewish School Question in Montreal, 1903-1931 », *Canadian Jewish Archives*, Montréal, 1975, new series, n° 3, 136 p.

_____, *Clouds in the Thirties. On Anti-Semitism in Canada, 1929-1939*, Montréal, Canadian Jewish Congress, 1977-1981, 13 vol.

_____, « The Plamondon Case and S. W. Jacobs », *Canadian Jewish Archives*, Montréal, Canadian Jewish Congress, 1982, new series, n°s 26-27, 2 vol.

_____, « Early Anti-Semitism : Threats to Equality », *Canadian Jewish Archives*, Montréal, 1983, new series, n° 31, 111 p.

Rome David, Judith Nefsky et Paula Obermeir, *Les Juifs du Québec. Bibliographie respective annotée*, Québec, Institut québécois de recherche sur la culture, 1981, 317 p.

Rosenberg, Louis, *Canada's Jews. A Social and Economic Study of the Jews in Canada*, Montréal, Canadian Jewish Congress, 1939, 418 p.

Roshkies, Diane K. et David G. Roskies, *The Shtetl Book. An Introduction to East European Jewish Life and Lore*, New York, Ktav Publishing House, 1979, 327 p.

Ross, Harold, *The Jew in the Educational System of the Province of Québec*, thèse de maîtrise, Montréal, McGill University, 1947, 120 p.

Rouillard, Jacques, *Les Travailleurs du coton au Québec, 1900-1915*, Montréal, Presses de l'Université du Québec, 1974, 152 p.

Rudin, Ronald, *The Forgotten Quebecers. A History of English-Speaking Quebec, 1759-1980*, Québec, Institut québécois de recherche sur la culture, 1985, 315 p.

Rumilly, Robert, « Georges Pelletier » (p. 206-210) dans *Chefs de file*, Montréal, Éditions du Zodiaque, 1934, 266 p. (Collection du Zodiaque, n° 35).

―――, *Henri Bourassa. La vie publique d'un grand Canadien*, Montréal, Les Éditions Chanteclerc, 1953, 791 p.

―――, « L'Affaire des écoles juives (1928-1931) » dans *Revue d'histoire de l'Amérique française*, Montréal, vol. 10, n° 2, 1956, p. 222-244.

―――, *Histoire des Franco-Américains*, Montréal, s.é., 1958, 552 p.

―――, *Histoire de la Société Saint-Jean-Baptiste de Montréal : des patriotes au fleurdelisé, 1834-1948*, Montréal, L'Aurore, 1975, 564 p.

Sack, Benjamin Gutelius, *History of the Jews in Canada*, Montréal, Harvest House (1945), 1965, 299 p.

Savard, Pierre, *Jules-Paul Tardivel, la France et les États-Unis, 1851-1903*, Québec, PUL, 1967, 499 p. (Cahiers de l'Institut d'histoire, n° 8).

Schœnfeld, Stuart, « Canadian Judaism Today » (p. 129-149), dans Weinfeld M., W. Shaffir et I. Cotler, *The Canadian Jewish Mosaic*, Toronto, J. Wiley and Sons, 1981, 511 p.

Schull, Joseph, *Laurier*, Montréal, HMH, 1968, 530 p.

Shaffer, Robert, « Jews, Reds, and Violets. Anti-Semitism and Anti-Radicalism at New York University, 1916-1929 », *The Journal of Ethnic Studies*, Bellingham, Washington, vol. 15, n° 2, été 1987, p. 47-83.

Shek, Ben-Z, « L'image des Juifs dans le roman québécois » (p. 257-288), dans Pierre Anctil et Gary Caldwell, *Juifs et réalités juives au Québec*, Québec, Institut québécois de recherche sur la culture, 1984, 371 p.

Sorlin, Pierre, *La Croix et les Juifs, 1882-1899*, Paris, Grasset, 1967, 345 p.

Stern, Harry Joshua, « My Jesuit Brother », *Temple Emanu-El Weekly Bulletin*, Montréal, 30 octobre 1936.

―――, « Jewish Congress Goals » (p. 71-76) dans *Judaism in the War of Ideas. A Collection of Addresses*, New York, Bloch Publishing Company, 1937, 150 p.

―――, « Pope Pius XI : Friend of Israël » (p. 196-199) dans *The Jewish Spirit Triumphant. A Collection of Addresses*, New York, Bloch Publishing Company, 1943, 213 p.

————, «Reverend Father Joseph Paré» (p. 127-128) dans *One World or No World. A Collection of Sermons, Essays and Addresses*, New York, Bloch Publishing Company, 1973, 165 p.

Szacka, Alexandra, «Immigration et démographie» (p. 95-121), dans Pierre Anctil et Gary Caldwell, *Juifs et réalités juives au Québec*, Québec, Institut québécois de recherche sur la culture, 1984a, 371 p.

————, «Bases économiques et structure sociale, 1931-1971» (p. 125-141), dans Pierre Anctil et Gary Caldwell, *Juifs et réalités juives au Québec*, Québec, Institut québécois de recherche sur la culture, 1984b, 371 p.

————, «Antécédents idéologiques de la communauté ashké-naze québécoise» (p. 145-167), dans Pierre Anctil et Gary Caldwell, *Juifs et réalités juives au Québec*, Québec, Institut québécois de recherche sur la culture, 1984c, 371 p.

Teboul, Victor, *Le Jour: émergence du libéralisme moderne au Québec*, Montréal, Hurtubise HMH, 1984, 436 p. (Collection «Les Cahiers du Québec», n° 80).

Thériault, Yves, *Aaron*, Montréal, Les Éditions de l'Hommme (1954), 1965, 158 p.

Trépanier, Esther, *Peintres juifs et modernité, Montréal, 1930-1945*, Montréal, Centre Saidye-Bronfman, 1987, 181 p., ill.

Troper, Harold Martin, *Only Farmers Need Apply. Official Canadian Government Encouragement of Immigration From the United States, 1896-1911*, Toronto, Griffin House, 1972, 192 p.

Tulchinsky, Gerald, «The Third Solitude: A.M. Klein's Jewish Montreal, 1910-1950», *Journal of Canadian Studies*, Peterborough, Ontario, vol. 19, n° 2, été 1984, p. 96-112.

————, «Clarence de Sola and Early Zionism in Canada, 1898-1920» (p. 174-193), dans Moses Rischin (éd.), *The Jews of North America*, Detroit, Wayne State University Press, 1987, 279 p.

Turcotte, Edmond, «Les Juifs à l'Université de Montréal», *Le Canada*, Montréal, 7 octobre 1933, p. 2.

————, «Sur la voie patriotique», *Le Canada*, Montréal, 20 juin 1934, p. 2.

Urquhart, Hugh M., *Arthur Currie. The Biography of a Great Canadian*, Toronto, J. M. Dent and Sons Ltd, 1950, 363 p.

Valiquette, Stéphane, s.j., « La Minorité juive au Québec », *Relations*, Montréal, vol. V, n° 51, mars 1945, p. 72-74.

―――――, « En hommage au 'rabbin œcuménique' de Montréal », *Le Devoir*, Montréal, 11 octobre 1984, p. 9.

Vanier, Anatole, « Les Juifs au Canada », *L'Action nationale*, Montréal, vol. 1, n° 2, septembre 1933, p. 5-24.

Vaugeois, Denis, *Les Juifs et la Nouvelle-France*, Trois-Rivières, Boréal Express, 1968, 154 p.

Vigod, Bernard L., *Quebec Before Duplessis. The Political Career of Louis-Alexandre Taschereau*, Montréal, McGill-Queen's University Press, 1986, 312 p.

Vishniac, Roman, *A Vanished World*, New York, Farrar, Straus and Giroux, 1983, 180 photographies.

Voyer, Raymond-M., o.p., « L'Américanisme et notre vie religieuse », *La Revue dominicaine*, Montréal, vol. XLI, janvier 1937, p. 6-25.

Wechsler, Harold S., *The Qualified Student. A History of Selective College Admission in America*, New York, John Wiley and Sons, 1977, 341 p.

Weinfeld, Morton, William Shaffir et Irwin Cotler, *The Canadian Jewish Mosaic*, Toronto, J. Wiley and Sons, 1981, 511 p.

Weisbord, Merrily, *The Strangest Dream : Canadian Communists. The Spy Trials and the Cold War*, Toronto, Lester and Orpen Dennys, 1983, 255 p.

Winock, Michel, *Édouard Drumont et Cie. Antisémitisme et fascisme en France*, Paris, Seuil, 1982, 218 p.

Wirth, Louis, *The Ghetto*, Chicago, University of Chicago Press, 1956, 298 p.

Woodsworth, James S., *Strangers Within our Gates*, Toronto, University of Toronto Press (1909), 1972, 279 p.

Yelin, Shulamis, *Shulamis. Stories From a Montreal Childhood*, Montréal, Vehicule Press, 1983, 158 p.

INDEX

A

B

Bouchard, Paul: 117
Bourassa, Henri: 29, 136, 235, 249, 294, 295
Brassier, Jacques (pseud.): 272
Brittain, W.H.: 89
Bronfman, Samuel: 102, 191, 255, 303, 316

C

Caiserman, Hannaniah Meir: 176, 188-192, 194-196, 201, 210, 219, 224-226, 228-243, 249-255, 263, 264, 280, 282, 288, 290, 296-299, 301, 303-307, 314, 316, 317
Canadian Jewish Chronicle: 219, 246
Cass, Samuel (rabbin): 101
Chalifoux, Aniclet: 117
Charbonneau, Joseph (Mgr): 304, 305
Charles, Pierre, o.p.: 302
Cohen, Joseph: 119, 120, 198, 217
Cohen, Samuel W.: 181, 182
Comité Saint-Paul: 305
Commission des écoles catholiques de Montréal: 197, 229
Commission des écoles protestantes de Montréal: 62, 63, 173, 176, 177, 179, 181, 182, 197, 201, 202, 204, 214
Commission scolaire juive: 201, 202, 212
Confédération de 1867: 24, 168, 185, 204
Congrégation: — hispano-portugaise Shearith Israël 167; — Shaar Hashomayim 75, 167
Congrès juif canadien (CJC): 29, 133, 187-191, 193, 196, 212, 219-221, 223-225, 227-240, 242-244, 246, 249-255, 263, 274, 275, 278, 280, 282, 283, 285-288, 290, 292, 296, 297, 301, 303-306, 314, 316, 317; — Anti-Defamation Committee 243
Congrès juif mondial: 220, 250
Conseil de l'instruction publique: 169, 170, 182, 198, 199, 262; Comité catholique du — 198, 201, 203; Comité juif du — 198, 201; Comité profestant du — 170, 171, 198, 201, 203
Conseil privé de Londres: 184, 197
Currie, Arthur William: 76, 77, 79, 81-88, 92, 93, 95, 103, 104

D

Dandurand, Raoul: 133
Daudet, Léon: 267
David, Athanase: 197, 198, 201; — Loi David 198, 201, 202, 204, 205, 212, 215
Dickstein, Moshe: 196
Douglas, Lewis William: 73, 88, 90, 99
Drumont, Édouard: 266, 267
Dunsky, Shimshon: 206
Duplessis, Maurice: 120, 223, 248, 313

E

Earth and High Heaven: 90, 93, 95, 102, 103

École: — Adélard-Langevin à Montréal 130; — Bancroft 176; — Fairmount 176; — Mount Royal 176; — secondaire Baron Byng 172, 174, 176; — Strathearn 166, 174

Église catholique de Rome: 150-152, 155, 266-267, 274, 275, 285, 291

Encyclique: — *Mit Brenender Sorge* 275; — *Quanta Cura* 265; — *Rerum novarum* 293

Europe: 86, 88, 104, 117, 142, 187, 218, 227, 243, 265, 267, 270, 279, 297, 314, 323; — de l'Est 165, 190, 215, 244, 306, 317; — occidentale 143, 266; — du Nord 23, 314; — centrale 238, 307

F

Facts and Fables about Jews: 236

Fédération des clubs ouvriers: 117, 262

Fitch, Louis: 182, 195, 196, 201

Folks Farband: 187

Folks Shule: 168, 206

Forest, Ceslas, o.p.: 127, 142-145, 148, 150, 152, 274

G

Garber, Michæl: 195, 196, 202

Gauthier, Georges (Mᵍʳ): 125, 126, 140, 148, 150, 214, 291, 305 -

Gauvreau, Antoine (Mᵍʳ): 268

Gendarmerie royale du Canada: 84, 226, 230

Gill, Charles: 25

Gobeil (Affaire): 117, 118, 119-122, 124, 125, 128, 129, 131, 133, 134, 138, 141, 151, 156

Gosselin, David (abbé): 269

Gouin, Lomer: 164; Commission — 179, 183, 184, 195, 196, 202, 224

Graham, Gwethalyn: 90

Grandbois, Joseph-Émery (abbé): 268

Groulx, Lionel: 136, 252, 263, 272, 273

Grover, H.: 249

H

Harmonia German-Hungarian Club: 229

Hartt, Maurice: 313, 316

Hayes, Saul: 305

Hebrew Free Loan Association: 301

Hebrew Union College: 275, 279

Héroux, Omer: 253

Hirsch, Michel: 164, 181, 182, 184, 200, 201, 202, 299

Hitler, Adolf: 135, 136, 186, 217, 225, 227, 229

Hôpital: Notre-Dame 117, 132, 133, 136, 156, 157, 318; Conseil médical de l' — 132; — Sainte-Justine 113

Houde, Camilien: 214

Hughes, Everett C.: 111

Huot, Antonio (abbé): 199, 269

I

J

K

L

P

Pâquet, L.-A. (Mgr) : 289
Paré, Joseph, s.j. : 277, 278, 290, 292-297, 301-304, 306
Parent, Simon-Napoléon : 171
Parti : — national chrétien 121, 227, 229, 262 ; — communiste d'allégeance soviétique 223 ; — démocrate (Endecja) 244
Pelletier, Georges : 138, 252
Péloquin, Bonaventure, o.f.m. : 313
Perrault, Antonio : 125
Pie IX : 265, 266, 321
Pie XI : 271, 272, 276, 283, 285
Piette, André-Vincent-Joseph (Mgr) : 125, 126, 128-130, 141, 148
Plamondon, Jacques-Edouard : 267-269 ; procès de — 213, 268-270
Poale Zion : 189, 190, 192, 196, 253
Protocole des sages de Sion : 84, 225, 289, 290, 302

R

Rabinovitch, Israël : 221, 233
Rabinovitch, Samuel : 131-133, 135, 137
Renault, Raoul : 250
Revue dominicaine : 148, 274, 323, 324
Richler, Mordecai : 174
Rohling, Auguste (abbé) : 268
Rome, David : 253, 265, 305, 316
Roscovitz, H.L. : 313, 314, 316
Rosenberg, Louis : 46, 235
Rouleau (Mgr) : 199
Ruffini (Mgr) : 150
Rumilly, Robert : 214

S

Sack, Benjamin : 233
Savignac, J.M. : 230
Schubert, Joseph : 164, 183
Seigler, Max : 230
Sifton, Clifford : 78
Sigler : 93, 95
Société Saint-Jean-Baptiste : 129, 130, 262
Sola, Abraham de : 81, 166, 167
Steicher, Julius : 225
Stern, Harry Joshua : 77, 98, 277-283, 285-288, 290-294, 297-299, 301, 303-305
Sturmer (Der) : 225

T

Talmud : 121, 233, 268, 278, 279, 301, 322 ; — Torah de Montréal 207
Tardivel, Jules-Paul : 321
Taschereau, Louis-Alexandre : 119, 120, 179, 180, 186, 198, 201, 202, 204

Temple Emanu-El: 77, 98, 249, 277, 279-281, 296, 301, 304, 305
Tessier, Albert (abbé): 263
The Financial Post: 53
The Jewish Encyclopedia: 234
Turcotte, Edmond: 123, 137

U

Université: Columbia 95-97, 153;
— de Montréal 26, 63, 72, 99, 109, 111, 113-115, 117, 119-126, 129, 130, 132-135, 138-142, 145-158, 263, 270, 323; Billets anti-sémites 112; Faculté de médecine 131, 133, 147, 153-155;
— rue Saint-Denis 108;
— Harvard 97, 153;
— Laval 64, 138, 153-155, 276;
— McGill 62-65, 68, 72-75, 77-83, 85, 86, 88-90, 95-103, 109, 123, 145, 146, 156-158, 317; Faculté des arts 66, 71-75, 77-81; — et des sciences 73, 74, 77, 81; — droit 65; — médecine 73, 74; — pharmacie 72; Bibliothèque universitaire Redpath 66; — Graduation (1933) 76; Roddick Gates 58;

V

Va'ad Ha'ir: 75, 182, 194, 195, 201, 224
Valiquette, Stéphane, s.j.: 304-306, 316
Vanier, Anatole: 122, 123, 136
Vatican: 266, 272, 275, 276, 286; — Concile Vatican II 276, 290, 306; Sacrée congrégation des séminaires et des universités 150, 152, 276
Villeneuve, Jean-Marie Rodrigue (card.): 122, 150, 285, 287, 288
Voyer, Raymond-M., o.p.: 324

W

Wiseman, Max: 202
Wittal, Sarah: 255

Y

Yelin, Shulamis: 166, 173, 174
Yiddishe Folks Bibliotek: 189

Z

Zionist Organisation of Canada: 314

Les publications de l'IQRC*

I. Les conditions féminine et masculine; les générations; la famille

1. Denise Lemieux et Lucie Mercier. *La recherche sur les femmes au Québec: bilan et bibliographie*. Coll. « Instruments de travail » n° 5, 1982, 339 pages.   14,25 $
2. Renée Cloutier, Gabrielle Lachance, Denise Lemieux, Madeleine Préclaire et Luce Ranger-Poisson. *Femmes et culture au Québec*. Coll. « Documents préliminaires » n° 3, 1982, 107 pages.   6,00 $
3. Alain Vinet, Francine Dufresne et Lucie Vézina. *La condition féminine en milieu ouvrier: une enquête*. Coll. « Identité et changements culturels » n° 3, 1982, 222 pages.   18,50 $
4. Yolande Cohen. *Les thèses québécoises sur les femmes*. Coll. « Instruments de travail » n° 7, 1983, 124 pages.   8,00 $
5. Denise Lemieux. *Les petits innocents. L'enfance en Nouvelle-France*. 1985, 205 pages.   12,00 $
6. Fernand Dumont, dir. *Une société des jeunes?* 1986, 397 pages.   14,50 $
7. Marie-Marthe T. Brault. *Du loisir à l'innovation. Les associations volontaires de personnes retraitées*. Coll. « Documents de recherche » n° 15, 1987, 176 pages.   15,00 $
8. Renée B.-Dandurand et Lise Saint-Jean. *Des mères sans alliance. Monoparentalité et désunions conjugales*. 1988, 297 pages.   22,00 $
9. Renée B.-Dandurand. *Le mariage en question. Essai socio-historique*. 1988, 190 pages.   18,00 $

---

* Le prix des publications est sujet à modification sans préavis.

II. Les communautés ethnoculturelles

1. David Rome, Judith Nefsky et Paule Obermeir. *Les Juifs du Québec — Bibliographie rétrospective annotée.* Coll. «Instruments de travail» n° 1, 1981, 319 pages. 13,00 $
2. Gary Caldwell et Éric Waddell, dir. *Les anglophones du Québec: de majoritaires à minoritaires.* Coll. «Identité et changements culturels» n° 1, 1982, 482 pages. 14,00 $
3. Gary Caldwell et Éric Waddell, editors. *The English of Quebec: from majority to minority status.* Coll. «Identité et changements culturels» n° 2, 1982, 466 pages. 14,00 $
4. Gary Caldwell. *Les études ethniques au Québec — Bilan et perspectives.* Coll. «Instruments de travail» n° 8, 1983, 108 pages. 10,50 $
5. Honorius Provost. *Les premiers Anglo-Canadiens à Québec — Essai de recensement (1759-1775).* Coll. «Documents de recherche» n° 1, 2ᵉ édition, 1984, 71 pages. 7,50 $
6. Tina Ioannou. *La communauté grecque du Québec.* Coll. «Identité et changements culturels» n° 4, 1984, 337 pages. 18,00 $
7. Pierre Anctil et Gary Caldwell. *Juifs et réalités juives au Québec.* 1984, 371 pages. 20,00 $
8. Richard Dominique et Jean-Guy Deschênes. *Cultures et sociétés autochtones du Québec. Bibliographie critique.* Coll. «Instruments de travail» n° 11, 1985, 221 pages. 19,50 $
9. Ronald Rudin. *The Forgotten Quebecers. A History of English-Speaking Quebec, 1759-1980.* 1985, 315 pages. 14,00 $
10. Ronald Rudin. *Histoire du Québec anglophone, 1759-1980.* Traduit de l'anglais par Robert Paré, 1986, 332 pages. 15,00 $
11. Denise Helly. *Les Chinois à Montréal, 1877-1951.* 1987, 315 pages. 20,00 $
12. Fernand Ouellet, dir. *Pluralisme et école. Jalons pour une approche critique de la formation interculturelle des éducateurs.* 1988, 617 pages. 30,00 $
13. Pierre Anctil. *Le rendez-vous manqué. Les Juifs de Montréal face au Québec de l'entre-deux-guerres.* 1988, 366 pages. 25,00 $
14. Pierre Anctil. *«Le Devoir», les Juifs et l'immigration. De Bourassa à Laurendeau.* 1988, 170 pages. 18,00 $

III. La culture populaire

1. Yvan Lamonde, Lucia Ferretti et Daniel Leblanc. *La culture ouvrière à Montréal (1880-1920): bilan historiographique.* Coll. «Culture populaire» n° 1, 1982, 178 pages. 9,00 $
2. Danielle Nepveu. *Les représentations religieuses au Québec dans les manuels scolaires de niveau élémentaire (1950-*

1960). Coll. «Documents préliminaires» n° 1, 1982, 97 pages. 6,50 $

3. Jean-Pierre Dupuis, Andrée Fortin, Gabriel Gagnon, Robert Laplante et Marcel Rioux. *Les pratiques émancipatoires en milieu populaire*. Coll. «Documents préliminaires» n° 2, 1982, 178 pages. 9,00 $

4. Jean Bourassa. *Le travailleur minier, la culture et le savoir ouvrier*. Coll. «Documents préliminaires» n° 4, 1982, 79 pages. 5,25 $

5. Sophie-Laurence Lamontagne. *L'hiver dans la culture québécoise (XVIIe-XIXe siècles)*. 1983, 197 pages. 11,50 $

6. Joseph Laliberté. *Agronome-colon en Abitibi*. Coll. «Littérature quotidienne» n° 1, 1983, 157 pages. 12,00 $

7. Benoît Lacroix et Jean Simard. *Religion populaire, religion de clercs?* Coll. «Culture populaire» n° 2, 1984, 444 pages. 22,00 $

8. Benoît Lacroix et Madeleine Grammond. *Religion populaire au Québec. Typologie des sources — Bibliographie sélective (1900-1980)*. Coll. «Instruments de travail» n° 10, 1985, 175 pages. 15,00 $

9. Andrée Fortin. *Le Rézo. Essai sur les coopératives d'alimentation au Québec*. Coll. «Documents de recherche» n° 5, 1985, 282 pages. 17,00 $

10. Jean-Pierre Dupuis. *Le ROCC de Rimouski. La recherche de nouvelles solidarités*. Coll. «Documents de recherche» n° 6, 1985, 282 pages. 17,00 $

11. Centre populaire de documentation de Montréal. *Le choc du passé. Les années trente et les sans travail. Bibliographie sélective annotée*. Coll. «Documents de recherche» n° 11, 1986, 186 pages. 15,00 $

12. Yvan Lamonde et Raymond Montpetit. *Le parc Sohmer de Montréal, 1889-1919. Un lieu populaire de culture urbaine*. 1986, 231 pages. 17,00 $

13. Thérèse Beaudoin. *L'été dans la culture québécoise, XVIIe-XIXe siècles*. Coll. «Documents de recherche» n° 10, 1987, 235 pages. 20,00 $

14. Gabriel Gagnon et Marcel Rioux. *À propos d'autogestion et d'émancipation. Deux essais*. 1988, 190 pages. 17,00 $

IV. La création et la diffusion de la culture

1. Jean-Robert Faucher, André Fournier et Gisèle Gallichan. *L'information culturelle dans les médias électroniques*. Coll. «Diagnostics culturels» n° 1, 1981, 167 pages. 7,00 $

2. Angèle Dagenais. *Crise de croissance : le théâtre au Québec*. Coll. «Diagnostics culturels» n° 2, 1981, 73 pages. 5,00 $

3. Yvan Lamonde et Pierre-François Hébert. *Le cinéma au Québec — Essai de statistique historique (1896 à nos jours)*.

Coll. « Instruments de travail » n° 2, 1981, 481 pages.18,00 $

4. François Colbert. *Le marché québécois du théâtre*. Coll. « Culture savante » n° 1, 1982, 112 pages.   8,00 $

5. Jean-Pierre Charland et Nicole Thivierge. *Bibliographie de l'enseignement professionnel au Québec (1850-1980)*. Coll. « Instruments de travail » n° 3, 1982, 284 pages.14,00 $

6. Vivian Labrie. *Précis de transcription de documents d'archives orales*. Coll. « Instruments de travail » n° 4, 1982, 220 pages.   11,00 $

7. Sylvie Tellier. *Chronologie littéraire du Québec*. Coll. « Instruments de travail » n° 6, 1982, 352 pages.   18,50 $

8. Jean-Pierre Charland. *Histoire de l'enseignement technique et professionnel*. 1982, 485 pages.   25,50 $

9. Nicole Thivierge. *Écoles ménagères et instituts familiaux: un modèle féminin traditionnel*. 1982, 478 pages. 25,50 $

10. Yvan Lamonde. *L'imprimé au Québec: aspects historiques (18ᵉ-20ᵉ siècles)*. Coll. « Culture savante » n° 2, 1983, 370 pages.   18,00 $

11. Yvan Lamonde. *Je me souviens. La littérature personnelle au Québec (1860-1980)*. Coll. « Instruments de travail » n° 9, 1983, 278 pages.   17,00 $

12. Claude Savary, dir. *Les rapports culturels entre le Québec et les États-Unis*. 1984, 353 pages.   17,00 $

13. Pierre Lavoie. *Pour suivre le théâtre au Québec. Les ressources documentaires*. Coll. « Documents de recherche » n° 4, 1985, 521 pages.   22,00 $

14. Jacques Dufresne, Fernand Dumont et Yves Martin. *Traité d'anthropologie médicale. L'Institution de la santé et de la maladie*. Presses de l'Université du Québec, Institut québécois de recherche sur la culture, Presses Universitaires de Lyon, 1985, XVII-1 245 pages.   59,95 $

15. Léon Bernier et Isabelle Perrault. *L'artiste et l'œuvre à faire*. « La pratique de l'art 1 », 1985, 518 pages.   30,00 $

16. Marcel Fournier. *Les générations d'artistes* suivi d'entretiens avec Robert Roussil et Roland Giguère. « La pratique de l'art 2 », 1986, 202 pages.   18,00 $

17. Yvan Lamonde et Esther Trépanier. *L'avènement de la modernité culturelle au Québec*, 1986, 320 pages. 24,50 $

18. Vivian Labrie. *ABC: Trois constats d'alphabétisation de la culture*. 1986, 246 pages.   29,00 $

19. Maurice Lemire, dir. *L'institution littéraire*. IQRC et CRELIQ, 1986, 217 pages.   19,50 $

20. Alfred Dumais et Johanne Lévesque. *L'auto-santé. Des individus et des groupes au Québec*. 1986, 223 pages. 17,00 $

21. Gabrielle Lachance, dir. *Mémoire d'une époque. Un fonds d'archives orales au Québec*. Coll. « Documents de recherche » n° 12, 1987, 251 pages.   16,00 $

22. Marcel Fournier, Yves Gingras et Othmar Keel. *Sciences et médecine au Québec: perspectives sociohistoriques*. 1987, 212 pages.   20,00 $

23. Maurice Lemire, dir., avec la collaboration de Pierrette Dionne et Michel Lord. *Le poids des politiques. Livres, lecture et littérature.* 1987, 191 pages.   18,00 $
24. Vivian Labrie. *Alphabétisé-e-s! Quatre essais sur le savoir-lire.* 1987, 270 pages.   30,00 $
25. Claude Galarneau et Maurice Lemire, dir. *Le livre français au Québec, 1800-1850.* 1988, 270 pages.   22,00 $

V. Les régions du Québec

1. Jules Bélanger, Marc Desjardins et Yves Frenette. *Histoire de la Gaspésie.* Coll. «Les régions du Québec», Montréal, Boréal Express, 1981, 807 pages.   29,95 $
2. Jean-Claude Marsan. *Montréal, une esquisse du futur.* 1983, 325 pages.   15,00 $
3. André Dionne. *Bibliographie de l'île Jésus.* Coll. «Documents de recherche» n° 2, 1983, 324 pages.   18,50 $
4. Serge Gauthier et collaborateurs. *Bibliographie de Charlevoix.* Coll. «Documents de recherche» n° 3, 1984, 320 pages.   18,00 $
5. Serge Gauthier et collaborateurs. *Guide des archives de Charlevoix.* 1985, VIII-97 pages.   6,00 $
6. Serge Laurin et Richard Lagrange. *Bibliographie des Laurentides.* Coll. «Documents de recherche» n° 7, 1985, 370 pages.   18,00 $
7. Yves Hébert. *Bibliographie de la Côte-du-Sud.* Coll. «Documents de recherche» n° 8, 1986, 339 pages.   18,00 $
8. Guy Gaudreau. *L'exploitation des forêts publiques au Québec, 1842-1905.* 1986, 126 pages.   11,00 $
9. Yves Beauregard. *Bibliographie du Centre du Québec et des Bois-Francs.* Coll. «Documents de recherche» n° 9, 1986, 495 pages.   25,00 $
10. Marc Desjardins. *Bibliographie des Îles-de-la-Madeleine.* Coll. «Documents de recherche» n° 13, 1987, 281 pages.
20,00 $
11. Daniel Tessier et al. *Bibliographie de Lanaudière.* Coll. «Documents de recherche» n° 14, 1987, 270 pages. 20,00 $
12. Antonio Lechasseur avec la collaboration de Jacques Lemay. *Municipalités et paroisses du Bas-Saint-Laurent, de la Gaspésie et des Îles-de-la-Madeleine. Populations et limites territoriales 1851-1981.* 1987, 51 pages, 5 microfiches (Bas-Saint-Laurent, 563 p., Gaspésie et Îles-de-la-Madeleine, 304 p.).   10,00 $
13. Marc Desjardins. *Bibliographie de la Gaspésie.* Coll. «Documents de recherche» n° 16, 1987, 436 pages.   24,00 $

VI. Hors chantier

1. Paul Aubin. *Bibliographie de l'histoire du Québec et du Canada (1966-1975)*. 2 tomes — 1981, 1 425 pages, 22 000 titres. 60,00 $
2. Gabrielle Lachance. *La culture contemporaine face aux industries culturelles et aux nouvelles technologies*. Rapport-synthèse, Rencontre franco-québécoise sur la culture, Québec-Montréal, du 4 au 8 juin 1984, 145 pages. 7,00 $
3. *Statistiques culturelles du Québec (1971-1982)*. 1985, XLII-932 pages. 45,00 $
4. Paul Aubin et Louis-Marie Côté. *Bibliographie de l'histoire du Québec et du Canada/Bibliography of the History of Quebec and Canada (1976-1980)*. 2 tomes — 1985, LXIV-1 316 pages, 20 000 titres. 60,00 $
5. Jean-Paul Baillargeon, dir. *Les pratiques culturelles des Québécois. Une autre image de nous-mêmes*. 1986, 394 pages. 19,50 $
6. Paul Aubin et Louis-Marie Côté. *Bibliographie de l'histoire du Québec et du Canada/Bibliography of the History of Quebec and Canada (1946-1965)*. 2 tomes — 1987, LXXVII-1 396 pages, 22 000 titres. 60,00 $

VII. Collection Questions de culture

1. Fernand Dumont, dir. *Cette culture que l'on appelle savante*. 1981, 190 pages. 15,00 $
2. Fernand Harvey et Gary Caldwell, dir. *Migrations et communautés culturelles*. 1982, 159 pages. 15,00 $
3. Fernand Dumont, dir. *Les cultures parallèles*. 1982, 172 pages. 15,00 $
4. Jean-Charles Falardeau, dir. *Architectures: la culture dans l'espace*. 1983, 210 pages. 15,00 $
5. Yvan Lamonde, dir. *Les régions culturelles*. 1983, 189 pages. 12,00 $
6. Madeleine Préclaire, dir. *La culture et l'âge*. 1984, 198 pages. 12,00 $
7. Gabrielle Lachance, dir. *La culture: une industrie?* 1984, 216 pages. 12,00 $
8. Pierre Anctil, Léon Bernier et Isabelle Perrault, dir. *Présences de jeunes artistes*. 1985, 190 pages. 12,00 $
9. Denise Lemieux, dir. *Identités féminines: mémoire et création*. 1986, 199 pages. 12,00 $
10. Gabriel Dussault, dir. *L'État et la culture*. 1986, 173 pages. 12,00 $
11. Thérèse Hamel et Pierre Poulin, dir. *Devenir chercheur-e: itinéraires et perspectives*. 1986, 185 pages. 12,00 $

12. Madeleine Gauthier, dir. *Les nouveaux visages de la pauvreté.* 1987, 258 pages.   18,50 $
13. Renée B.-Dandurand, dir. *Couples et parents des années quatre-vingt.* 1987, 284 pages.   20,00 $
14. Gladys L. Symons, dir. *La culture des organisations.* 1988, 220 pages.   18,00 $

VIII. Collection Diagnostic

1. Laurent Laplante. *Le suicide.* 1985, 126 pages.   9,95 $
2. Jacques Dufresne. *La reproduction humaine industrialisée.* 1986, 126 pages.   9,95 $
3. Gérald LeBlanc. *L'école, les écoles, mon école.* 1986, 110 pages.   9,95 $
4. Jean Blouin. *Le libre-échange vraiment libre?* 1986, 135 pages.   9,95 $
5. Jacques Dufresne. *Le procès du droit.* 1987, 127 pages. 9,95 $
6. Michel Plourde. *La politique linguistique au Québec (1977-1987).* 1988, 143 pages.   9,95 $
7. Vincent Lemieux. *Les sondages et la démocratie.* 1988, 122 pages.   9,95 $

IX. Collection Edmond-de-Nevers

1. Lucie Robert. *Le manuel d'histoire de la littérature canadienne de Mgr Camille Roy.* 1982, 198 pages.   11,00 $
2. Réal Brisson. *La charpenterie navale à Québec sous le régime français.* 1983, 320 pages.   19,50 $
3. Hélène Lafrance. *Yves Thériault et l'institution littéraire québécoise.* 1984, 174 pages.   13,50 $
4. Hélène Laforce. *Histoire de la sage-femme dans la région de Québec.* 1985, 237 pages.   19,50 $
5. Michel Sarra-Bournet. *L'Affaire Roncarelli. Duplessis contre les Témoins de Jéhovah.* 1986, 196 pages.   18,00 $
6. Denis Goulet. *Le commerce des maladies. La publicité des remèdes au début du siècle.* 1987, 139 pages.   20,00 $
7. Hélène Bédard. *Les Montagnais et la réserve de Betsiamites (1850-1900).* 1988, 149 pages.   20,00 $

X. Rapports de recherche et manuscrits à diffusion limitée*

1. Louise Rondeau. *Le récit de fin du monde: orientations méthodologiques de recherche.* Québec, IQRC, 1982, 70 pages.

2. Michelle Trudel-Drouin. *Vie quotidienne en Nouvelle-France: un choix de textes.* Montréal, IQRC, 1982, 166 pages.
3. Paule Chouinard. *Anthologie de poèmes québécois sur les saisons.* Montréal, IQRC, 1983, 1 350 pages.
4. Mireille Perreault. *Marchandisation, industrialisation de la culture.* Rimouski, IQRC, 1983, 72 pages.
5. Carmen Quintin. *Les pratiques émancipatoires dans deux coopératives d'habitation de la région montréalaise.* Montréal, IQRC, 1983, 124 pages.
6. Gary Caldwell, Paule Obermeir *et al. Out-migration of 1971 English Mother-tongue High School Leavers from Quebec: eleven years after.* Lennoxville, IQRC et Anglo Quebec en Mutation Committee, 1984, 37 pages.
7. Gabrielle Lachance. *Le rapport industrie/culture.* 1987, 5 cahiers. I. L'artisanat et les métiers d'art, 38 p. II. Les arts d'interprétation, 38 p. III. Le cinéma, 40 p. IV. Le livre, 40 p. V. Quelques indications bibliographiques, 38 p.

XI. Banques de données sur support informatique

1. Jean-Pierre Chalifoux. *Le livre et la lecture au Québec au XXe siècle.* Montréal, IQRC, 1982, (8 000 titres)**.
2. Paul Aubin et collaborateurs. *HISCABEQ. Bibliographie de l'histoire du Québec et du Canada (1946-1980).* Montréal, IQRC, 1981, (70 000 titres — mise à jour trimestrielle)***.

XII. Documents audio-visuels*

1. Arthur Lamothe. Culture amérindienne. Archives. (Vingt documents produits par les Ateliers audio-visuels du Québec.)

---

 * disponibles sur demande à l'IQRC, 14, rue Haldimand, Québec, G1R 4N4
   (418) 643-4695.
 ** accessible sur demande à La Centrale des bibliothèques, 1685, rue Fleury est, Montréal, H2C 1T1
    (514) 381-8891.
 *** pour s'abonner à HISCABEQ, communiquer avec IST-Informathèque Inc.
     Service d'assistance technique:

Code régional	Numéro à composer
514	383-1611
418, 514, 613, 819,	1-800-361-4777
416, 519, 705, 506, 902	

Achevé d'imprimer à Cap-Saint-Ignace
sur les presses des Ateliers graphiques Marc Veilleux Inc.
en septembre 1988